Internationalisierungsbetroffenheit und Internationalisierungsstrategien kleiner und mittlerer Unternehmen der deutschen Nahrungsmittelindustrie nach Vollendung des europäischen Binnenmarkts

von

Vasileios Kormalis

Tectum Verlag
Marburg 2005

Dissertation (Dr. rer. pol.), Universität Bremen
Erstgutachter: Prof. Dr. Erich Bauer
Zweitgutachter: Prof. Dr. Axel Sell
Tag der mündlichen Prüfung: 17. Februar 2005

Kormalis, Vasileios:
Internationalisierungsbetroffenheit und Internationalisierungsstrategien
kleiner und mittlerer Unternehmen der deutschen Nahrungsmittelindustrie
nach Vollendung des europäischen Binnenmarkts
/ von Vasileios Kormalis
- Marburg : Tectum Verlag, 2005
Zugl.: Bremen, Univ. Diss. 2005
ISBN 978-3-8288-8852-4

© Tectum Verlag

Tectum Verlag
Marburg 2005

Vorwort

Vor der Schaffung des europäischen Binnenmarkts waren die nationalen Wirtschaften in Europa durch protektionistische Maßnahmen der einzelnen Regierungen vor ausländischer Konkurrenz geschützt. Die Verwirklichung des europäischen Binnenmarkts hat durch den Abbau von materiellen, technischen und steuerlichen Schranken erhebliche Veränderungen in der Unternehmensumwelt nach sich gezogen. Diese Veränderungen zeichnen sich durch eine zunehmende Homogenisierung der politisch-rechtlichen, technologischen und ökonomischen Faktoren der Unternehmensumwelt aus.

Diese neuen Rahmenbedingungen wirken sich in besonderer Weise auf die Unternehmen der Nahrungsmittelindustrie aus, doch hat sich bislang nur eine kleine Zahl von Beiträgen im Bereich des strategischen internationalen Marketings mit den Auswirkungen der veränderten Unternehmensumwelt auf die kleinen und mittleren Unternehmen (KMU) der deutschen Nahrungsmittelindustrie beschäftigt, was angesichts der starken Stellung der deutschen Ernährungsbranche innerhalb des deutschen verarbeitenden Gewerbes wie auch innerhalb der EU ein bemerkenswertes Forschungsdesiderat darstellt.

Die vorliegende Arbeit bietet eine Analyse der Unternehmensumwelt der KMU der deutschen Nahrungsmittelindustrie nach der Schaffung des europäischen Binnenmarkts und weist diejenigen Faktoren aus, die für die Unternehmen als ‚Internationalisierungstreiber' bzw. als ‚Internationalisierungshemmnisse' wirken. Vor diesem Hintergrund wird dann untersucht, inwieweit sich die KMU der deutschen Nahrungsmittelindustrie von den Veränderungen der Unternehmensumwelt betroffen fühlen und wie sie den Herausforderungen des europäischen Binnenmarkts im Falle einer Internationalisierung begegnen.

Diese Arbeit ist im Wintersemester 2004/05 vom Fachbereich Wirtschaftswissenschaften der Universität Bremen als Dissertation angenommen worden. Ich danke meinem wissenschaftlichen Betreuer, Herrn Prof. Dr. Erich Bauer, für sein Vertrauen in das Gelingen dieser Arbeit und für seine stets förderliche kritische Anteilnahme an ihrem Zustandekommen. Mein Dank gilt auch Herrn

Prof. Dr. Axel Sell für die bereitwillige Übernahme des Zweitgutachtens sowie den Herren Prof. Dr. Hans Dietrich Haasis und Prof. Dr. Klaus Grenzdörffer, die freundlicherweise bereit waren, als Prüfer zu wirken.

Zu Dank verpflichtet bin ich auch jenen KMU der deutschen Nahrungsmittelindustrie, die durch ihre Teilnahme an einer schriftlichen Befragung meine Analyse erst ermöglicht haben.

Mein besonderer Dank gilt Stefan Borchers, M.A. für die gewissenhafte sprachliche Überarbeitung des Manuskripts sowie Dipl.-Kaufmann Thomas Batz für das Lesen der Arbeit. Dr. Bettina Grote danke ich für vielfache freundschaftliche Unterstützung. Amalia Sdroulia, M.A. danke ich schließlich für ihre Anteilnahme an meiner Arbeit und an meinem Leben.

Vasileios Kormalis

Inhaltsverzeichnis

Abkürzungsverzeichnis

A	Österreich
Abb.	Abbildung
aktual.	aktualisierte
Aufl.	Auflage
B	Belgien
Bd.	Band
bearb.	bearbeitete
BfG/BfELF	Bundesministerium für Gesundheit/Bundesministerium für Ernährung, Landwirtschaft und Forsten
bspw.	beispielsweise
bzw.	beziehungsweise
D	Deutschland
DK	Dänemark
DM	Deutsche Mark
E	Spanien
Ecu	European Currency
EEA	Einheitliche Europäische Akte
EG	Europäische Gemeinschaft
EGKS	Europäische Gemeinschaft für Kohle und Stahl
EL	Griechenland
erg.	ergänzte
erw.	erweiterte
EU	Europäische Union
EURATOM	Europäische Atomgemeinschaft
EWG	Europäische Wirtschaftsgemeinschaft
EWWU	Europäischer Wirtschafts- und Währungsgemeinschaft
EZB	Europäische Zentralbank
F	Frankreich
f.	folgende Seite
ff.	folgende Seiten
FIN	Finnland

GU	Großunternehmen
H.	Heft
Hrsg.	Herausgeber
I	Italien
i.S.	im Sinne
IRL	Irland
Jg.	Jahrgang
KMU	Kleine und mittlere Unternehmen
L	Luxemburg
Mass.	Massachusetts
Mill.	Millionen
Mrd.	Milliarden
MU	Mittelständische Unternehmen
neubearb.	neubearbeitete
N.J.	New Jersey
NL	Niederlande
Nr.	Nummer
o.J.	ohne Jahr
o.O.	ohne Ort
o.V.	ohne Verfasser
P	Portugal
S	Schweden
S.	Seite
s.	siehe
Sp.	Spalte
Tab.	Tabelle
Tsd.	Tausend
u.a.	unter anderem; und andere
u.ä.	und ähnliche
überarb.	überarbeitete
UK	Großbritannien
vgl.	vergleiche
vollst.	vollständig

Abbildungsverzeichnis

Tabellenverzeichnis

TEIL I: Theoretischer Bezugsrahmen, Problemstellung und Ziele der Arbeit

1 Gegenstand der Arbeit

Vor 1992 waren die Märkte in Europa aufgrund von materiellen, technischen, und steuerlichen Schranken stark fragmentiert. Diese Schranken lassen sich definitorisch folgendermaßen gegeneinander abgrenzen (vgl. Backhaus/Büschken/Voeth 2001, S. 309f.; Backhaus/Büschken/Voeth 1998, S. 191ff.; Krägenau 1989, S. 25ff.; Teske 1991, S. 12; Mohrmann 1990, S. 10f.; Weindl/Woyke 1999, S. 91f.):

- Materielle Schranken ergeben sich aus unterschiedlichen infrastrukturellen Entwicklungsständen im europäischen Binnenmarkt und behindern einen freien Warenfluß.
- Technische Schranken werden durch unterschiedliche technische Produktions- und Sicherheitsstandards zwischen den Mitgliedsstaaten errichtet. Sie stellen insbesondere im Lebensmittelbereich wegen der unterschiedlichen Lebensmittelgesetze und der Zusatzstoffverordnungen ein Hindernis für den grenzüberschreitenden Handel dar.
- Steuerliche Schranken werden durch die unterschiedlichen Steuersätze (insbesondere Mehrwertsteuer) der Mitgliedsstaaten gebildet und führen zu einer differenzierten Preispolitik für gleiche Produkte in Europa.

Diese Schranken zwangen die Unternehmen zu einer differenzierten Marktbearbeitung für verschiedene europäische Länder. In der Folge waren europäische Unternehmen bei der Bearbeitung der europäischen Märkte mit höheren Kosten und geringeren Gewinnen konfrontiert als etwa amerikanische oder japanische Unternehmen bei der Bearbeitung ihrer heimischen Märkte (vgl. Berger/Töpfer 1991, S. 12f.).

Diese Situation belastete die europäischen Unternehmen, weil Konkurrenten aus nicht-europäischen Staaten, insbesondere amerikanische oder japanische, aufgrund der hohen Skaleneffekte Wettbewerbsvorteile erzielen konnten.

1

Die schrittweise Verwirklichung des europäischen Binnenmarkts als Hauptvorgabe der Einheitlichen Europäischen Akte (EEA) vom 1. Juli 1987 ist am 1. Januar 1993 abgeschlossen worden. Dieses ehrgeizige Programm hat durch den Abbau der materiellen, technischen, und steuerlichen Schranken den freien Verkehr von Kapital, Dienstleistungen, Waren und Personen durchgesetzt (vgl. Hölper 1994, S. 1; Becker 1990, S. 4; Backhaus/Büschken/Voeth 1998, S. 191).

Der europäische Binnenmarkt zielt auf die Überwindung der einzelstaatlichen gesättigten Absatzmärkte (vgl. Backhaus/Büschken/Voeth 2001, S. 308), ein höheres wirtschaftliches Wachstum, eine Stärkung der Wettbewerbsfähigkeit der europäischen Unternehmen sowie auf eine stärkere Position der Europäischen Gemeinschaft[1] in der Weltwirtschaft (vgl. Becker 1990, S. 5).

Das hier dargestellte Binnenmarktkonzept wird in dieser Arbeit im Hinblick auf die kleinen und mittleren Unternehmen (KMU) der deutschen Nahrungsmittelindustrie zu analysieren sein. Es wird mithin untersucht, in welcher Weise die Liberalisierung des Handels (Abbau der Handelshemmnisse) innerhalb des europäischen Binnenmarkts[2] die deutschen Nahrungsmittelhersteller betrifft.

2 Stand der Literatur und Relevanz des Themas

Im Bereich des internationalen Marketing liegen zahlreiche Studien vor, doch nur sehr wenige beschäftigen sich mit der Gestaltung einer Strategie für Unternehmen der Nahrungsmittelindustrie. In der Forschungsliteratur konzentriert sich die Mehrzahl der Arbeiten auf die ‚starken Branchen' der deutschen Wirtschaft (Industriegütermarketing, Automobilmarketing). Im Unterschied zu den Industriegütern lassen sich die Konsumgüter in zwei Kategorien teilen, nämlich in kulturell nicht gebundene Produkte sowie in kulturgebundene Produkte, zu denen insbesondere Nahrungsmittel zählen (vgl. Meffert/Bolz 1998, S.183).

---

[1] Ab dem 1. November 1995 Europäische Union.

[2] Diese Arbeit konzentriert sich allein auf die fünfzehn EU-Mitgliedsstaaten vor dem Beitritt ehemaliger Ostblock-Staaten, Maltas und Zyperns. Die Berücksichtigung der EU-Erweiterung würde aufgrund erneut veränderter Rahmenbedingungen in der externen Unternehmensumwelt der KMU der deutschen Nahrungsmittelindustrie einen eigenen Forschungsanlaß darstellen.

Speziell mit der Nahrungsmittelindustrie beschäftigt sich beispielsweise der Beitrag von Müller (1986), der die konkurrenz- und handelsbezogenen Strategien von Nahrungsmittelherstellern untersucht. Er konzentriert sich auf die Analyse von Strategien gegenüber anderen Nahrungsmittelherstellern wie auch gegenüber dem Handel als Hauptabnehmer von Produkten der Nahrungsmittelindustrie, beschränkt sich dabei jedoch auf die nationale Ebene. Die Untersuchung von Hölper (1994) befaßt sich mit der Wettbewerbsstellung der deutschen Süßwarenindustrie im Prozeß der Schaffung des europäischen Binnenmarkts, wobei die Wettbewerbsfähigkeit aus verschiedenen Perspektiven diskutiert wird. Beide Untersuchungen, die die Nahrungsmittelindustrie aus verschiedenen Blickwinkeln betrachten, konzentrieren sich auf kleine und mittlere Unternehmen. Dagegen beschäftigt sich der Beitrag von Freidhof (1995) mit der Gestaltung des strategischen Managements von Großunternehmen und Konzernen der italienischen Nahrungsmittelindustrie.

Eine Durchsicht der Literatur zeigt, daß es Forschungsdefizite insbesondere bezüglich des internationalen Marketing deutscher Nahrungsmittelhersteller gibt. Diese Defizite sind in folgenden Bereichen zu lokalisieren: Erstens wird die Kulturgebundenheit von Nahrungsmitteln vernachlässigt, die sich in unterschiedlichen Präferenzen und Gewohnheiten der Konsumenten ausdrückt. Dies stellt einen Forschungsanlaß für die vorliegende Arbeit dar, die sich dementsprechend um Aussagen zur Differenzierung bzw. Standardisierung des Marketing im europäischen Binnenmarkt bemüht. Zweitens werden in der Forschung die Internationalisierungsstrategien der kleinen und mittleren Unternehmen der deutschen Nahrungsmittelindustrie nur selten diskutiert. Dieses Defizit bildet einen weiteren Anlaß zu einer detaillierten Untersuchung der am häufigsten verfolgten Strategien der kleinen und mittleren Unternehmen. Die damit skizzierten Defizite resultieren aus der Unterschiedlichkeit der behandelten Themen sowie aus den verschiedenen Schwerpunkten, die von den genannten Studien verfolgt werden.

Die vorliegende Arbeit wird hinsichtlich der genannten Aspekte zeigen, wie sich die Lage der kleinen und mittleren Unternehmen der deutschen Nahrungsmittelindustrie gegenwärtig darstellt und welche Perspektiven sie im Rahmen der Europäischen Union haben. Dazu wird auch auf die Ergebnisse einer eigenen Befragung von 39 kleinen und mittleren Unternehmen in der deutschen Nahrungsmittelindustrie im September/Oktober 2000 zurückgegriffen[3].

3 Problemstellung

Der Abbau der Schranken und die Liberalisierung des Handels im europäischen Binnenmarkt führten zu einem verschärften Wettbewerb. Dementsprechend wird heute die ausschließliche Bearbeitung eines nationalen Markts als problematisch angesehen, die vor 1992 noch die Existenz von vielen kleinen und mittleren Unternehmen sichern konnte. Allerdings stellt die Entscheidung für einen Ausbau der Geschäftstätigkeit außerhalb des lokalen Markts für viele kleine und mittlere Unternehmen generell eine Hürde dar (vgl. Köhler 1999, S. 4). Folglich ist zu fragen, wie die kleinen und mittleren Unternehmen der Nahrungsmittelindustrie reagieren sollten, um ihre Position angesichts dieser neuen Realität zu stärken.

Der Abbau der Schranken (materielle, technische und steuerliche) hat auf Unternehmensseite zur Kostensenkung und zur Vereinfachung der europaweiten Herstellung und Vermarktung von Produkten beigetragen (vgl. Strohmayer 1996, S. 52). Er hat zugleich zu einer Intensivierung des Wettbewerbs geführt, was eines der Hauptziele bei der Schaffung des Binnenmarkts war (vgl. Kommission der Europäischen Gemeinschaften 1999, S. 5). Politische (Abbau von Handelshemmnissen), technologische (Verbesserung der Informationstechnologie und die dadurch reduzierten Transport- und Kommunikationskosten) sowie ökonomische (steigende Bedeutung der Realisierung von Größenvorteilen) Faktoren tragen zu einer Globalisierung der Märkte bei (vgl. Bamberger/Wrona 1997, S. 715). Daher ist es sinnvoll zu untersuchen, ob sich die kleinen und mittleren Unternehmen der deutschen Nahrungsmittelindustrie von der Veränderung der Rahmenbedingungen im europäischen Binnenmarkt betroffen fühlen, die zu einer verstärkten Internationalisierung der europäi-

---

[3] Die Ergebnisse einer eigenen Befragung von 39 kleinen und mittleren Unternehmen der deutschen Nahrungsmittelindustrie (23 internationalisierte Unternehmen und 16 nicht-internationalisierte Unternehmen) werden nicht als Spiegel der Grundgesamtheit, sondern vielmehr für tendenzorientierte Aussagen benutzt (siehe ausführlicher dazu Teil III, Abschn. 2.1).

schen Wirtschaft[4] führt. Eine empirische Studie hat gezeigt, daß die kleinen und mittleren Unternehmen der Nahrungsmittelindustrie sich unterdurchschnittlich von den Dimensionen der Globalisierung der Märkte (zunehmender Wettbewerb und dadurch erzeugter Kostendruck, Notwendigkeit eines Ausbaus der Aktivitäten, Nachfragehomogenität) betroffen fühlten, stärker dagegen von tarifären Handelshemmnissen (vgl. Bamberger/Wrona 1997, S. 721f.). In diesem Zusammenhang stellt sich die Frage, ob die Homogenisierung der Rahmenbedingungen in der Europäischen Union (vgl. Backhaus/Büschken/ Voeth 1998, S. 191) tatsächlich einen Weg zur Standardisierung der Marktbearbeitung eröffnet oder ob nicht kulturelle Unterschiede solche Erwartungen wenig realistisch erscheinen lassen.

Anlaß zu solchen Fragen gibt der Gedanke, daß zwar die Harmonisierung der Lebensmittelregelungen im europäischen Binnenmarkt durch den Abbau technischer Schranken (wie oben erwähnt, stellten gerade sie ein Hindernis für den grenzüberschreitenden Handel mit Nahrungsmitteln dar) zum freien Warenverkehr beigetragen hat, es zugleich aber fraglich bleibt, ob die Homogenisierung solcher Regelungen tatsächlich eine Standardisierung der Marktbearbeitung für Nahrungsmittelhersteller ermöglicht.

Die Ernährungsbranche ist eine sehr empfindliche Branche in dem Sinne, daß die Herstellung von Nahrungsmitteln sehr stark mit gesundheitlichen Aspekten verknüpft ist und daher stets strengen nationalen Regelungen unterworfen war, die zu Einfuhrbeschränkungen zwischen den EU-Mitgliedstaaten führten. Da protektionistisches Verhalten nicht mit der Idee des Binnenmarkts vereinbar war (vgl. Freidhof 1995, S. 69), rechtfertigten die Regierungen der Mitgliedstaaten ihre Reinheitsgebote am häufigsten mit Gründen des Gesundheits- oder Verbraucherschutzes. Einen solchen Fall stellt das in der Literatur oft zitierte Importverbot des französischen Johannisbeerlikörs „Cassis de Dijon" durch

---

[4] Als Internationalisierung der europäischen Wirtschaft wird hier die Veränderung der Umwelt (z.B. das Zusammenwachsen der Märkte) verstanden, mit der die Unternehmen im europäischen Binnenmarkt verbunden sind. Von einer Internationalisierungsbetroffenheit wird hier vorderhand gesprochen, insoweit sich diese Umweltveränderung auf die Unternehmen als Internationalisierungsdruck auswirkt und von ihnen wahrgenommen wird. Der Begriff Internationalisierungsbetroffenheit wird in dieser Arbeit nur in Bezug auf die Absatzmärkte der KMU der deutschen Nahrungsmittelindustrie verwendet und nicht in Bezug auf Beschaffungsmärkte oder andere. Eine eingehendere Klärung dieses Begriffs wird in Teil IV, Abschn. 2.1 und 2.2 unternommen.

die deutsche Bundesregierung dar, dessen Alkoholgehalt nicht der Mindestanforderung des deutschen Gesetzes entsprach (vgl. Graf 1989, S. 13ff.; Brockmeier 1991, S. 164f.; Freidhof 1995, S. 67ff.; Ringel 1996, S. 90ff.). Dieser Fall von 1979 führte auch zur ersten Befassung des Europäischen Gerichtshofs mit Reinheitsgeboten als Handelshemmnissen. Ergebnis der Auseinandersetzung war die Einführung des Prinzips der gegenseitigen Anerkennung und der Verzicht auf nationale Reinheitsgebote, soweit importierte Lebensmittel nicht den Gesundheits-, Verbraucher- und Umweltschutz verletzen (vgl. Cecchini 1988, S. 52).

Weitere bekannte Beispiele sind das deutsche Bier-Reinheitsgebot und das italienische Teigwaren-Reinheitsgebot. Alle diese Reinheitsgebote stellten zwar den Gesundheits- und Verbraucherschutz in den Vordergrund, wollten aber vor allem die nationale Produktion vor ausländischen Importen schützen (vgl. Freidhof 1995, S. 69). In die gleiche Richtung zielten auch die Bemühungen der griechischen Regierung beim Europäischen Gerichtshof, die Bezeichnung „Feta" (Schafskäse) als geschützte Ursprungsbezeichnung zu erhalten (vgl. o.V. 1999c, S. 322).

Die Harmonisierungsbemühungen und das Prinzip der gegenseitigen Anerkennung haben die Voraussetzungen für eine Steigerung der europaweiten Aktivitäten der Nahrungsmittelindustrie grundsätzlich verbessert. Die Schaffung der rechtlichen Grundlagen stellt einen entscheidenden Fortschritt dar und bildet die Vorbedingung für einen Ausbau der grenzüberschreitenden Aktivitäten vieler Nahrungsmittelhersteller. Sie darf jedoch nicht isoliert betrachtet werden, denn auch nach der Beseitigung tarifärer und nicht-tarifärer Handelshemmnisse lassen sich immer noch andere Faktoren ausmachen, die für eine Standardisierung bzw. Differenzierung der Marktbearbeitung der Nahrungsmittelhersteller von Bedeutung sind.

So steht die Einbeziehung ökonomischer Faktoren in enger Beziehung zum Abbau von technischen und materiellen Schranken und der daraus resultierenden Marktintegration in Europa. Der Abbau von technischen Schranken führte zu jährlichen Kosteneinsparungen von 500 Millionen bis 1 Milliarde Ecu. Diese Kosten entstanden infolge unterschiedlicher Bestimmungen etwa über den Anteil von pflanzlichen Fetten in Schokolade und Speiseeis, durch die Reinheitsgebote für Bier und Teigwaren und die Vorschriften zur Saccharimetrie und über Plastikbehälter (vgl. Checchini 1988, S. 98). Der Abbau von materiellen Schranken durch die Beseitigung von Grenzformalitäten wird hinsichtlich der Kosteneinsparungen für die mittelständischen Unternehmen höher bewertet als für Großunternehmen (vgl. Checchini 1988, S. 29). Ein weiteres durch die Schaffung des europäischen Binnenmarkts verfolgtes Ziel waren die Größenvorteile in der Produktion, die aus der gleichzeitigen Bearbeitung mehrerer Märkte und den dadurch erzielbaren Kostensenkungen durch Steigerung der Produktion und Senkung der Kosten je Produkteinheit resultieren.

Es stellt sich somit die Frage, ob die Homogenisierung der rechtlichen Vorschriften und die daraus resultierenden ökonomischen Vorteile tatsächlich dazu führen, daß die Marktbearbeitung innerhalb der Europäischen Union ähnlich der eines nationalen Marketing und nicht eines internationalen Marketing erfolgen kann. Die Beantwortung dieser Frage erfordert vor allem die Einbeziehung kultureller Faktoren, zumal gerade in der Nahrungsmittelbranche kulturelle Unterschiede innerhalb der Europäischen Union von Bedeutung sind. Die Konsumpräferenzen und -gewohnheiten werden nämlich wesentlich von kulturellen Faktoren beeinflußt (vgl. Meffert 1989, S. 448; Meffert/Bolz 1998, S. 183; Baron/Bierach/Thelen 1997, S. 130ff.). Kulturelle Einflüsse drücken sich in alltäglichen Gewohnheiten der Menschen aus, ohne daß ihnen dieser Einfluß bewußt wird (vgl. Kroeber-Riel/Weinberg 2003, S. 542). Jeder Mensch und somit auch jede Gesellschaft hat eigene Muster für das Denken, Fühlen und Handeln, wobei ein Großteil von der näheren Umwelt des Individuums vermittelt wird (vgl. Hofstede 1993, S. 18; Kroeber-Riel/Weinberg 2003, S. 553). Deshalb ist es nicht immer sicher, daß ein Nahrungsmittel, das in einem Land von den Konsumenten akzeptiert worden ist, in einem anderen Land denselben Erfolg haben wird. Das zeigt sich etwa an dem Beispiel einer in Amerika industriell hergestellten Backmischung, die auf dem amerikanischen Markt Erfolg hatte, jedoch auf dem englischen Markt scheiterte, weil gerade bei Kuchen die Konsumgewohnheiten der Engländer anders sind als die der Amerikaner (vgl. Cateora/Graham 2002, S. 353).

Es läßt sich also zeigen, daß die Vernachlässigung der kulturellen Besonderheiten, die sich in unterschiedlichen Konsumpräferenzen und -gewohnheiten ausdrücken, im Zusammenspiel mit dem Streben nach Kostenvorteilen, die aus einer Standardisierung der Marktbearbeitung (aufgrund der Harmonisierung der Rahmenbedingungen) resultieren, nachhaltig zur Gefährdung der Marktposition von Unternehmen führen kann (vgl. Meffert 1990, S. 126).

Die Umweltveränderung in der Ernährungsbranche ist nicht allein durch die Aufhebung nationaler Regelungen bzw. die Durchsetzung des Prinzips der gegenseitigen Anerkennung gekennzeichnet; es lassen sich darüber hinaus starke Konzentrationstendenzen ausmachen, die sich aus dem Versuch der Großunternehmen erklären, in jedem wichtigen Teilmarkt präsent zu sein und dabei der wachsenden Macht des Lebensmitteleinzelhandels ein Gegengewicht zu bieten (vgl. Breitnaher/Täger 1990, S. 109). Die kleinen und mittleren Unternehmen haben dagegen (infolge beschränkter Ressourcen für Marketingaktivitäten) eine vergleichsweise ungünstige Verhandlungsposition gegenüber den großen Handelsunternehmen (vgl. Breitnaher/Täger 1996, S. 158).

Insgesamt stellen die Umweltveränderungen, die in den letzten Jahren mit der Schaffung des europäischen Binnenmarkts eingetreten sind und die daraus resultierende Intensivierung des Wettbewerbs die Nahrungsmittelproduzenten in der Europäischen Union vor neue Herausforderungen.

4 Zielsetzung

Aus der oben entwickelten Problemstellung ergeben sich für die Arbeit zwei zentrale Fragenkomplexe:

1. Läßt die Homogenisierung der Rahmenbedingungen eine standardisierte Bearbeitung der Nahrungsmittelmärkte innerhalb des europäischen Binnenmarkts zu oder ist weiterhin eine differenzierte Bearbeitung erforderlich?

2. Welche Konsequenzen ergeben sich für die kleinen und mittleren Unternehmen der deutschen Nahrungsmittelindustrie aus den durch einen verschärften Wettbewerb nach dem Wegfall der nationalen Grenzen gekennzeichneten Veränderungen im europäischen Binnenmarkt?

Für die Beantwortung der ersten Problematik muß die Entwicklung der Nachfrage nach Nahrungsmitteln berücksichtigt werden. Es erscheint bedeutsam zu erwähnen, daß die Nachfrage nach Nahrungsmitteln seit Anfang der siebziger Jahre von Sättigungstendenzen bestimmt ist. Dies zeigt sich an der rückläufigen Tendenz der Verbrauchsausgaben für Nahrungsmittel (vgl. Breitnaher/Täger

1990, S. 98). Eine solche Entwicklung führt zu einem preisaggressiven Wettbewerb. Die Veränderung der Ernährungsgewohnheiten hängt auch sehr eng mit den Veränderungen der Lebensweisen zusammen (vgl. Breitnaher/Täger 1996, S. 54), wodurch sich die Frage erhebt, ob mit der Angleichung der Ernährungsgewohnheiten in Europa schon eine Basis für eine standardisierte Bearbeitung der Märkte gegeben ist. Dazu sind die Entwicklungen der Ernährungsgewohnheiten der Konsumenten innerhalb der Europäischen Union zu betrachten, um zu ermessen, in welche Richtung sich heute die Nachfrage nach Nahrungsmitteln bewegt. Sie wird entscheidend von zwei Tendenzen geprägt, nämlich von der Bevölkerungsentwicklung und der Einkommensentwicklung.

Zur Bevölkerungsentwicklung läßt sich sagen, daß die steigende Erwerbstätigkeit von Frauen wie auch die Zunahme der Einzelpersonenhaushalte zu einer wachsenden Nachfrage nach Convenience-Produkten (Fertiggerichte, Tiefkühlkost, koch- und bratfertige Produkte), aber auch zur Nachfrage nach kleineren Portionen geführt haben (vgl. Breitnaher/Täger 1996, S. 58). Die verstärkte Nachfrage nach Tiefkühlkost ist mit der zunehmenden Verbreitung von Mikrowellengeräten in vielen Haushalten verbunden (vgl. Wendt 1988, S. 313; Breitnaher/Täger 1990, S. 101). Die steigenden Einkommen in der Europäischen Union haben zu einem Nachfragerückgang nach einigen Nahrungsgütern geführt, die als „inferiore Güter" bezeichnet werden. Als solche Güter werden etwa Kartoffeln, Getreide und Haushaltszucker genannt (vgl. Breitnaher/Täger 1996, S. 54). Berücksichtigt man jedoch den Pro-Kopf-Verbrauch und das Pro-Kopf-Einkommen, so scheint es nicht immer richtig, diese Güter als „inferior" zu bezeichnen. Für Deutschland hat sich gezeigt, daß das steigende Pro-Kopf-Einkommen zwar zu einem Rückgang des Pro-Kopf-Verbrauchs von Kartoffeln und Zuckerwaren, nicht aber von Getreide geführt hat. Diese Trends sind allerdings nicht für alle Länder der Europäischen Union in gleicher Weise feststellbar (vgl. Roland 1994, S. 386ff.). So gibt es zwar eine gewisse Konvergenz im Nahrungsmittelverbrauch, sie erstreckt sich jedoch nicht gleichermaßen auf alle Nahrungsmittel. Beispielsweise steht dem Rückgang des Pro-Kopf-Verbrauchs an Kartoffeln in Deutschland (West) und Wein in Italien ein Anstieg des Pro-Kopf-Verbrauchs an Wein in Deutschland und Kartoffeln in Italien gegenüber (vgl. Roland 1994, S. 372). Wird die Konvergenzthese damit also im Grundsatz bestätigt, so gibt es doch andere Nahrungsmittel, die eine Divergenz des Verbrauchs erkennen lassen. Dies ist etwa der Fall bei Käse und Geflügel (vgl. Roland 1994, S. 382).

Neben den beiden Haupttendenzen lassen sich weitere Faktoren ausmachen, die die Nachfrage nach Nahrungsmitteln prägen:

Erstens ist die wachsende Freizeit zu nennen, die sich in drei Formen äußern kann (vgl. Breitnaher/Täger 1996, S. 59):

- Passive Freizeitgestaltung wie Fernsehen führt zu einer Nachfrageentwicklung nach Nahrungsmitteln wie „Snack"-Sortimenten.

- Außerhaus-Aktivitäten wie Sport sind mit einer Nachfrage nach kalorienarmen Speisen und Getränken verbunden.

- „Gesellige Zusammenkünfte" erhöhen die Nachfrage nach Nahrungsmitteln mit geringem Arbeitsaufwand (Grillgerichte, Fertig-Cocktails).

Zweitens hat das gestiegene Ernährungsbewußtsein dazu geführt, daß Produkte bevorzugt werden, die kalorienarm, vitaminreich und frisch sind. Infolgedessen läßt sich ein Verzicht auf alkoholische Getränke und eine Bevorzugung von Milch und Milcherzeugnissen sowie von alkoholfreien Getränken, aber auch von Brot und Backwaren beobachten (vgl. Breitnaher/Täger 1990, S. 101f.).

Die oben diskutierte Angleichung des Konsums von Nahrungsmitteln spricht mehr für eine Standardisierung der Marketingkonzepte, aber diese Konsequenz läßt sich nicht generell vertreten. So zeigt sich, daß die Verwendung von haltbaren Lebensmitteln (z.B. Fertigsuppen) in verschiedenen Ländern der Europäischen Union eine unterschiedliche Präferenz von seiten der Konsumenten aufweist. In Ländern wie Frankreich, Italien, Luxemburg, Finnland und im deutschsprachigen Raum werden von 60% der Haushalte Fertigsuppen verwendet gegenüber 27% der Haushalte in Ländern wie Griechenland, Portugal und Spanien, wo Suppen traditionell aus frischen Gemüsen zubereitet werden. Die genannten Ländergruppen bilden zwei Cluster, die mit differenzierten Marketingkonzepten zu bearbeiten sind, wohingegen die Länder eines Clusters eine standardisierte Marktbearbeitung ermöglichen (vgl. Müller/Kornmeier 1996, S. 22).

Vor diesem Hintergrund ist es Ziel der Arbeit, zu untersuchen, inwiefern kleine und mittlere Unternehmen die Entwicklung von Nachfragetendenzen innerhalb der Europäischen Union überhaupt beobachten und durch eine Anpassung ihres Produktsortiments bedienen und ob sie sie durch eine Standardisierung bzw. Differenzierung der Marketing-Instrumente befriedigen können. Die weitgehende Homogenisierung der Rahmenbedingungen ist mit einer Unternehmenskonzentration in Industrie und Handel verknüpft, die sich als Streben nach Marktanteilen und Profilierung im europäischen Binnenmarkt bemerkbar macht. Dies hat zu einer deutlichen Verschärfung des Wettbewerbs geführt, die die Existenz der kleinen und mittleren Unternehmen der Nahrungsmittelindustrie gefährdet. Lademann beschreibt diesen Prozeß folgendermaßen:

> „Die Ernährungsindustrie befindet [sich] spätestens seit Mitte der 80er Jahre, als der EuGH im ‚Cassis-de-Dijon-Fall' die EG-weite Verkehrsfähigkeit von Ursprungserzeugnissen entschieden hatte, in einem Prozeß der Internationalisierung, der in vielen Teilmärkten schon globale Strukturen hervorgebracht hat. [...] An dem über 910 Mrd. DM schweren Markt für Nahrungs- und Genußmittel einschließlich Tabakwaren sowie Wasch-, Putz- und Reinigungsmittel [...] in Westeuropa halten allein die 100 größten Konzerne und Unternehmensgruppen einen Umsatzanteil von gut 45 Prozent. Die restlichen 55 Prozent teilen sich alle übrigen rd. 18000 Hersteller. [...] Während die führenden, bislang schon internationalisierten Unternehmen der Ernährungsindustrie einen großen Teil der Neuausrichtung bereits bewältigt haben, spielt die Erschließung der (westeuropäischen) Märkte bei vielen mittelständischen Unternehmen oft überhaupt noch keine Rolle. Sie laufen Gefahr, zwischen den Wettbewerbsvorsprüngen der führenden Markenartikler und dem anhaltenden Margendruck des sich international organisierenden Lebensmittelhandels immer mehr in kleine [sic!] rein inländischen [sic!] Nischen abgedrängt zu werden. Insofern drohen die von der EG-Marktintegration induzierten Marktkräfte die nationale Unternehmensvielfalt in Industrie und Handel zu vermindern und eine neue, heute bereits in Gang gekommene Konzentrationsspirale zwischen beiden Wirtschaftsstufen zu bewirken. [...] Es bliebe ein hoher Preis, wenn eine zwar global gestärkte Ernährungswirtschaft die Verarmung der nationalen Unternehmens- und Angebotsvielfalt zur Voraussetzung hätte." (Lademann 1993, S. 87-88).

Dies wirft jedoch die Frage auf, mit welcher Form der Internationalisierung die kleinen und mittleren Unternehmen der Nahrungsmittelindustrie ihre Märkte am günstigsten bearbeiten, um ihre Marktanteile zu verteidigen oder gar auszuweiten.

Laut einer Analyse der ‚Rabobank' wird von den 6.000 Betrieben, die heute in der deutschen Ernährungsbranche tätig sind, nur ein Drittel den in den nächsten zehn Jahren zu erwartenden Konzentrationsprozeß überleben. Hier sind besonders „kleinere Nahrungsmittelhersteller mit geringer Produktionskapazität, keiner eigenen Marken [sic!] und geringer Marktanteile [sic!]" gefährdet (o.V. 2000, S. 2).

Die deutsche Nahrungsmittelindustrie ist gegenüber internationalem Engagement aus mehreren Gründen sehr zurückhaltend (vgl. Breitnaher/Täger 1996, S. 50). Der erste Grund resultiert aus der Struktur der Branche, die zum größten Teil aus kleinen und mittleren Unternehmen besteht. Die Ursache für diese Struktur ist in der schnellen Verderblichkeit der meisten Nahrungsmittel zu sehen. Die kleinen und mittleren Unternehmen, die überwiegend in der Mälzerei, in der Alkoholbrennerei, in der Fleischerei wie auch in der Mahl- und Schälmühlenbranche anzutreffen sind, haben zwar nur ein begrenztes Absatzgebiet, verfügen aber gegenüber den Großunternehmen über den Vorteil der Flexibilität (vgl. Breitnaher/Täger 1996, S. 35). Die Großunternehmen sind vor allem in der Herstellung von Margarine, Nährmitteln, Süßwaren sowie Dauermilch zu finden (vgl. Breitnaher/Täger 1996, S. 38). Ein zweiter Grund liegt in der Existenz einer Vielzahl von Vorschriften im Lebensmittelrecht. Wie schon erwähnt, hatten die einzelnen EU-Mitgliedsstaaten ihre eigenen Vorschriften für den Handel mit Nahrungsmitteln, wobei zwar gesundheitliche Aspekte als Hauptgrund angeführt wurden, aber die Absicherung von lokalen Produkten (und Herstellern) mindestens ebenso wichtig war (siehe oben). Ein dritter Grund, der die Zurückhaltung der deutschen Nahrungsmittelindustrie erklärt, ist in den unterschiedlichen Geschmacks- und Verzehrgewohnheiten zu sehen, die sich vor allem auf die Backwarenindustrie (vgl. Breitnaher/Täger 1996, S. 48, S. 50) und die Fleischindustrie (vgl. Biehl 1990, S. 75) auswirken. Ein vierter Grund ist mit der Wiedervereinigung Deutschlands gegeben: Viele westdeutsche Nahrungsmittelhersteller haben nach der Wiedervereinigung in Ostdeutschland investiert, was zu Lasten ihrer Direktinvestitionen im Ausland ging (vgl. Breitnaher/Täger 1996, S. 51).

Die Zurückhaltung der deutschen Nahrungsmittelindustrie gegenüber internationalem Engagement spiegelt sich auch im Verhältnis der Ein- und Ausfuhren wider: In den Jahren 1990 bis 2002 hat Deutschland im Bereich des Ernährungsgewerbes ein Handelsbilanzdefizit in Höhe von 70,4 Milliarden DM angesammelt (vgl. Anhang, Tab. 1-A). Betrachtet man allerdings die jährlichen Zuwächse der deutschen Ein- und Ausfuhren innerhalb der Europäischen Union, so wird deutlich, daß die Ausfuhren seit 1998 in einem stärkeren Maße wachsen als die Einfuhren (vgl. Anhang, Tab. 2-A).

Wenn man die deutschen Direktinvestitionen im Ausland mit den ausländischen Direktinvestitionen in Deutschland vergleicht, läßt sich eine große Diskrepanz ausmachen: Obwohl die Direktinvestitionen des deutschen Ernährungsgewerbes im Ausland (1995–2000) eine steigende Tendenz aufweisen, sind sie sehr gering im Vergleich zu den Direktinvestitionen des ausländischen Ernährungsgewerbes in Deutschland (vgl. Anhang, Tab. 3-A). So betrugen die unmittelbaren und mittelbaren Direktinvestitionen des deutschen Ernährungsgewerbes im Ausland im Jahre 2000 1,8 Milliarden Euro und erwirtschafteten einen Jahresumsatz von 9,8 Milliarden Euro. Dagegen beliefen sich die ausländischen Direktinvestitionen des Ernährungsgewerbes in Deutschland im selben Jahr auf 4,4 Milliarden Euro, erwirtschafteten jedoch einen Jahresumsatz von 25,3 Milliarden Euro (vgl. Deutsche Bundesbank 2002a, S. 27 und S. 61). Die Patent- und Lizenzbilanz des deutschen Ernährungsgewerbes war gleichfalls negativ: Betrachtet man die grenzüberschreitenden Einnahmen und Ausgaben für den Patent- und Lizenzverkehr in den Jahren 1992, 1995 und 2001, so ergibt sich, daß die gesamten Einnahmen mit 74 Millionen DM deutlich geringer waren als die gesamten Ausgaben in Höhe von 979 Millionen DM (vgl. Anhang, Tab. 4-A). Auch innerhalb der Europäischen Union sind in diesem Zeitraum die deutschen Ausgaben für Patente und Lizenzen im Nahrungs- und Genußmittelgewerbe deutlich geringer als die Einnahmen (vgl. Anhang, Tab. 5-A).

Es sind insbesondere die „traditionellen" Zweige der Ernährungsbranche wie die Brauereien oder die Wurstwarenindustrie (im weitesten Sinne die Fleischindustrie), die auf ein intensives Auslandsengagement[5] verzichten. Einen solchen Fall stellt etwa die Internationalisierungsstrategie der „Warsteiner"-Brauerei dar, die nur über Exporte und nicht durch Direktinvestitionen oder Kooperationen in Europa tätig ist. Dieser Verzicht erklärt sich aus der Philosophie, die sich für das Brauen von Bier in Deutschland im Laufe der Zeit entwickelt hat (vgl. o.V. 1990, S. 63f.). Auch in der Fleischwarenindustrie werden Exporte als Internationalisierungsstrategie bevorzugt. So haben viele deutsche

---

[5] Der Begriff „intensives Auslandsengagement" wird hier im Sinne einer Kooperation mit ausländischen Partnern oder einer Direktinvestition im Ausland verwendet (siehe mehr dazu Teil V, Abschn. 3.2 und 3.3).

Fleischwarenhersteller nach 1990 ihre Exportanstrengungen verstärkt. Der Grund für die Umsatzsteigerung allein durch den Export war die geringe Auslandserfahrung der Unternehmen (vgl. Hoffmann 1990, S. 83).

Die genannten Fakten, von den unterschiedlichen Verzehrgewohnheiten der Konsumenten bis hin zu den Produkten mit nationaler Herstellungstradition, haben die KMU der deutschen Nahrungsmittelindustrie weitgehend von Internationalisierungsgedanken abgehalten. Diejenigen, die eine Bearbeitung von Märkten über die Grenzen hinaus aufgenommen haben, taten dies bevorzugt durch Exporte. Diese Einschätzung bestätigt auch eine branchenübergreifende empirische Untersuchung der Stratos Group. Sie kommt zu dem Ergebnis, daß 50% der kleinen und mittleren Unternehmen die Auslandsmärkte durch Exporte bearbeiten (vgl. Bamberger/Evers 1997, S. 119; Bamberger/Wrona 2002, S. 290f.).

Das soll aber nicht zu der Annahme führen, daß kleine und mittlere Unternehmen unter dem Aspekt der Wettbewerbsintensivierung innerhalb des europäischen Binnenmarkts nicht auch andere Internationalisierungsformen benutzen. Es gibt Fälle, in denen mittelständische Unternehmen auf den zunehmenden Wettbewerb und die Konzentrationstendenzen im Handel durch Übernahmen reagiert haben, zumal in der Nahrungsmittelindustrie ein Aufkauf günstiger ist als der Aufbau eines Unternehmens (vgl. Breitnaher/Täger 1990, S. 109). Es gibt verschiedene Beispiele von Kooperationen und Übernahmen in der Nahrungsmittelindustrie (vgl. Strecker/Reichert/Pottebaum 1990, S. 376), die aber zumeist national und nicht international getätigt wurden. Solche Kooperationen und Direktinvestitionen werden in dieser Arbeit nicht behandelt. Vielmehr spielen Exporte als Internationalisierungsstrategie für viele kleine und mittlere Unternehmen eine zentrale Rolle bei ihrer Internationalisierung (vgl. Bamberger/Evers 1997, S. 106; Bamberger/Wrona 2002, S. 276). Exporte lassen sich mit geringem Kapitaleinsatz und geringen Kontrollkosten realisieren, im Falle eines indirekten Exports sind zudem die Kosten niedriger als bei einem direkten Export (vgl. Meffert/Bolz 1998, S. 125). Da Exporte im Vergleich zu anderen Formen des internationalen Geschäfts (Kooperation, Direktinvestition) mit einem geringeren Risiko verbunden sind, erscheinen sie gerade für KMU als sinnvolle Internationalisierungsstrategie, die sich insbesondere als Anfangsphase einer Internationalisierung zum Erwerb von Auslandswissen anbietet (vgl. Kumar/Epple 2002, S. 270). Die Internationalisierungsstrategien der kleinen und mittleren Unternehmen der deutschen Nahrungsmittelindustrie werden in dieser Arbeit als Antwort auf die oben genannten Umweltveränderungen im europäischen Binnenmarkt analysiert. Damit ist das zweite Ziel dieser Arbeit skizziert.

5 Gang der Untersuchung

Die Bearbeitung der genannten Probleme und Ziele geschieht in folgenden Schritten:

Nach Darlegung von Problemstellung, Zielsetzung und Gang der Untersuchung in Teil I widmet sich Teil II zunächst der Klärung der verwendeten Begrifflichkeiten. Dazu ist kurz die historische Entwicklung der Europäischen Union in ihrer Relevanz für den Untersuchungsgegenstand darzustellen, weil die Schaffung des europäischen Binnenmarkts in einen größeren Prozeß des Zusammenwachsens der nationalen Wirtschaften der Mitgliedsstaaten eingebettet ist. Anschließend werden die verschiedenen Definitionen des Begriffs „kleine und mittlere Unternehmen" innerhalb der Europäischen Union und Deutschlands diskutiert. Zudem wird die Stellung der deutschen Nahrungsmittelindustrie innerhalb des deutschen und des europäischen verarbeitenden Gewerbes erörtert, die in der betriebswirtschaftlichen Literatur zum strategischen internationalen Marketing im allgemeinen unterschätzt wird.

In Teil III der Arbeit werden zur Bestimmung von Internationalisierungsstrategien der KMU der deutschen Nahrungsmittelindustrie die wesentlichen Theorien zur Internationalisierung diskutiert. Auf diese Weise wird die theoretische Basis zur Analyse der Internationalisierung gelegt. In diesem Teil wird auch die Vorgehensweise der empirischen Erhebung dargestellt, deren Ergebnisse in den Teilen IV und V der Arbeit präsentiert werden.

Teil IV und V bilden den praktischen Bezugsrahmen des Themas. Teil IV stellt das Zusammenwachsen der vormals stark fragmentierten nationalen Wirtschaften in der EU dar. Die heutige Lage der kleinen und mittleren Unternehmen der Nahrungsmittelindustrie in der Europäischen Union wird mit Hilfe einer Umweltanalyse betrachtet, die die politisch-rechtliche, ökonomische, geographische und soziokulturelle Umwelt der Unternehmen erfaßt und analysiert. Unter besonderer Berücksichtigung der soziokulturellen Aspekte, die bei der Diskussion um die Standardisierung bzw. Differenzierung der Marktbearbeitung für Nahrungsmittel in der Europäischen Union von zentraler Bedeutung sind, wird die Homogenisierung der Bedürfnisse und Präferenzen der Konsumenten untersucht. Die Betroffenheit der kleinen und mittleren Unternehmen der deutschen Nahrungsmittelindustrie von Veränderungen der Unternehmensumwelt nach Vollendung des europäischen Binnenmarkts wird dabei durch empirische Daten belegt.

Anschließend wird die Entwicklung der Nachfragetendenzen im Nahrungsmittelbereich analysiert. Diese Tendenzen entstehen durch Konsumgewohnheiten und Präferenzen beim Kauf von Nahrungsmitteln. Für die Erklärung von Präferenzen und Gewohnheiten spielen demographische, sozioökonomische und psychographische Faktoren eine wesentliche Rolle. Diese Faktoren werden zuerst theoretisch betrachtet und in einem weiteren Schritt durch Beispiele aus Analysen von Nachfragetendenzen illustriert. Dabei wird die Bevölkerungs- und Einkommensentwicklung als Hauptträger der Veränderungen betrachtet, die sich in den Präferenzen und Gewohnheiten der Konsumenten ausdrücken. Daneben werden aber auch weitere Tendenzen berücksichtigt, die die Ernährungsgewohnheiten der Konsumenten charakterisieren. In diesem Zusammenhang spielen Freizeitaktivitäten sowie genuß- und qualitätsorientierte Tendenzen eine große Rolle. Unter Verwendung von tendenzorientierten Aussagen aus einer eigenen Befragung einzelner Unternehmen wird gezeigt, inwieweit solche Entwicklungen überhaupt von kleinen und mittleren Nahrungsmittelherstellern wahrgenommen und verfolgt werden.

Teil V befaßt sich mit den Internationalisierungsstrategien der kleinen und mittleren Unternehmen der deutschen Nahrungsmittelindustrie. Im Vordergrund dieses Teils stehen Analysen ihrer Internationalisierungsmotive und internationalen Orientierung sowie ihrer Marktauswahl-, Markteintritts- und Timing-Strategien. Insbesondere werden Motive und Ziele sowie Formen des

Auslandsengagements gezeigt und die Standardisierungs- bzw. Differenzierungsmaßnahmen des Marketing-Programms von KMU der deutschen Nahrungsmittelindustrie diskutiert.

Der abschließende Teil VI faßt die Ergebnisse der Arbeit zusammen und gibt einen kurzen Ausblick.

TEIL II: Historische und begriffliche Voraussetzungen

1   Historische Entwicklung

1.1   Der Hintergrund der Schaffung eines europäischen Wirtschaftsraumes

Die Unterzeichnung der Römischen Verträge verwirklichte die Idee eines europäischen Staatenbundes, die sich bis ins 14. Jahrhundert zurückverfolgen läßt. Als wichtige Stationen auf dem Weg zu ihrer Realisierung sind William Penns Vorschlag zur Einrichtung eines europäischen Parlaments (1693) (vgl. Gibbs 1991, S. 27) und die Gründung des „Deutschen Zollvereins" (1834) zu nennen (vgl. Pallarz 1991, S. 1; Schusser 1996, S. 6f.). Ihre eigentliche Verwirklichung erfuhr die Idee der europäischen Integration aber erst nach Ende des Zweites Weltkriegs im Zusammenwirken ökonomischer und politischer Motive (vgl. Weidenfeld 1986, S. 19ff.; Uterwedde 1989, S. 15):

- Nach dem Zweiten Weltkrieg war der Aspekt der Sicherheit von besonderer Bedeutung. Die politische Integration Europas sollte den Nationalismus überwinden und zur Friedenssicherung beitragen. Die Unfähigkeit der einzelnen Nationalstaaten, der deutschen Expansion rechtzeitig ein Gegengewicht zu bieten, verlangte nach dem Kriegsende neue Konzepte für die Stabilität in Europa.
- Ein weiterer Grund, der für eine europäische Integration sprach, war der Machtverlust der westeuropäischen Staaten (mit Ausnahme Großbritanniens) im weltpolitischen und -wirtschaftlichen Geschehen.
- Das Sicherheitsbedürfnis gegenüber der zunehmenden Etablierung des Kommunismus in den Ostblock-Staaten erforderte einen politischen Zusammenhalt der westeuropäischen Staaten.
- Der wirtschaftliche Wiederaufbau in Europa schien ohne zwischenstaatliche Zusammenarbeit unmöglich.

Diese Motive setzten einen Prozeß in Gang, der schließlich zur Vollendung des europäischen Binnenmarkts 1992 führen sollte. Einige wichtige Stationen auf dem Weg dahin verdienen eine genauere Betrachtung.

1.2 Europa nach dem Zweiten Weltkrieg

1.2.1 Gründung und Aufbauphase

Der erste politische Schritt zur europäischen Integration war 1949 die Gründung des Europarats durch zehn europäische Regierungen. Dieser Schritt, der von Winston Churchills Vision der Vereinten Staaten von Europa inspiriert war, sollte die Struktur einer politischen Union schaffen – ein ehrgeiziges Ziel, das sich zunächst nicht verwirklichen ließ (vgl. Pallarz 1991, S. 5).

Der französische Wirtschaftspolitiker Jean Monnet erkannte, daß die deutsch-französische Einigung den Kern der europäischen Einigung darstellte. Er erarbeitete das Konzept für eine europäische Montanunion, das 1951 mit der Gründung der Europäischen Gemeinschaft für Kohle und Stahl (EGKS) durch sechs Staaten (Frankreich, Deutschland, Italien, Belgien, Niederlande und Luxemburg) ins Werk gesetzt wurde (vgl. Weindl/Woyke 1999, S. 1f.). Die Gründung der EGKS, die als Hauptmotiv die Überwindung des historischen deutsch-französischen Gegensatzes verfolgte, wurde Wegweiser für die künftige europäische Integration.

Angesichts der Weigerung der Nationalstaaten, ihre politische Souveränität aufzugeben, stellten die sechs Gründungsmitglieder die politische Zielsetzung jedoch zurück und beschlossen 1955 auf der Konferenz von Messina die Verflechtung ihrer Volkswirtschaften (vgl. Pallarz 1991, S. 6). So wurde 1957 mit der Unterzeichnung der Römischen Verträge die Europäische Wirtschaftsgemeinschaft (EWG) gegründet. Der EWG-Vertrag setzte sich die Schaffung eines großen einheitlichen Wirtschaftsgebiets zum Ziel. Von der zunehmenden wirtschaftlichen Integration wurde zugleich ein neuer Schub für die politische Integration erwartet[6] (vgl. Uterwedde 1989, S. 9ff.). Im selben Jahr (1957)

---

[6]   1969 wurden die Ziele der Römischen Verträge durch die Errichtung einer Wirtschafts- und Währungsunion (WWU) ergänzt. 1972 wurde für diese Zielsetzung der Begriff der Europäi-

wurde auch die Europäische Atomgemeinschaft (EURATOM) gegründet. Im Jahre 1961 interessierte sich Großbritannien für einen EWG-Beitritt. 1967 wurde die Fusion der drei Gemeinschaften beschlossen, die aber erst im Jahre 1978 auch förmlich vollzogen wurde. Seitdem trägt sie den Namen Europäische Gemeinschaft oder Europäischen Gemeinschaften. Erst 1968 wurde auch die Zollunion verwirklicht, die ein wichtiges Element des EWG-Vertrags darstellte. Mit der Schaffung der Zollunion wurden die nationalen Schranken zwischen den Mitgliedsstaaten teilweise abgebaut und die Handelsschranken der EWG-Staaten gegenüber Drittländern größtenteils angeglichen (vgl. Pallarz 1991, S. 6; Uterwedde 1989, S. 13f.).

Nachdem 1963 der Beitritt Großbritanniens noch am Veto Frankreichs gescheitert war, beschloß der Rat der Europäischen Gemeinschaften am 1. Januar 1973 den EWG-Beitritt Großbritanniens, Dänemarks und Irlands, womit die ersten Schritte des Erweiterungsprozesses der Europäischen Gemeinschaft unternommen wurden, denen 1981 mit dem Beitritt Griechenlands und 1986 mit dem Beitritt Spaniens und Portugals eine Süderweiterung folgte. Im Jahr 1995 traten dann Österreich, Finnland und Schweden der EU bei, die damit auf fünfzehn Mitglieder anwuchs (vgl. Pallarz 1991, S. 7; Weindl/Woyke 1999, S. 6). Mit der jüngsten EU-Erweiterung durch den Beitritt mehrerer ehemaliger Ostblock-Staaten, Maltas und Zyperns[7] im Jahr 2004 stieg die Zahl auf fünfundzwanzig.

1.2.2 Stagnation und Weiterentwicklung

Die zunehmende Erweiterung der EG brachte zusätzliche Probleme mit sich, die neue Verhandlungen und eine neue Orientierung erforderlich machten (vgl. Weindl/Woyke 1999, S. 8):

- Die steigende Zahl der Mitgliedsstaaten erschwerte einstimmige Beschlüsse im Ministerrat (vgl. Uterwedde 1989, S. 18).

---

schen Union (EU) geprägt, der deutlich macht, daß die Integration nicht nur eine wirtschaftliche, sondern auch eine politische ist (vgl. Pallarz 1991, S. 7).

[7]   Siehe dazu auch Seite 2, Fußnote 2.

- Die Süderweiterung der EG schuf aufgrund der unterschiedlichen Entwicklungsniveaus der Länder weitere Probleme.
- Die Bedrohung aus dem Osten wirkte nicht mehr wie zu Zeiten des kalten Krieges integrationsfördernd.
- Die USA wandelten sich zu einem Konkurrenten der Integration, gegen den sich die EG außenpolitisch und weltwirtschaftlich behaupten mußte.

Diese Aspekte führten zu einer gewissen Europamüdigkeit, wirkten aber gleichzeitig als Motivationsmotor für die Weiterführung der europäischen Integration. Nachdem Frankreich und Deutschland 1984 einen Bericht über die Verwirklichung des Binnenmarkts vorgelegt hatten, wurde unter der Präsidentschaft Jacques Delors' von der Europakommission ein „Weißbuch" erstellt, das die Verwirklichung des europäischen Binnenmarkts durch die Aufhebung aller innergemeinschaftlichen Barrieren bis 1992 vorsah (vgl. Weindl/Woyke 1999, S. 8).

Das Inkrafttreten der Einheitlichen Europäischen Akte (EEA) am 1. Januar 1987 war der bedeutendste Schritt nach der Unterzeichnung der Römischen Verträge, der den Willen der EG-Staaten zur Festigung ihrer Beziehungen unter Beweis stellte (vgl. Pallarz 1991, S. 7). Ihr Ziel war, die bestehenden Verträge (von 1957) zu ändern und über die bestehende vertragliche Basis hinaus die politische Zusammenarbeit zu regeln (vgl. Weindl/Woyke 1999, S. 9). Die wichtigsten Elemente der EEA waren (vgl. Uterwedde 1989, S. 23f.; Weindl/Woyke 1999, S. 9f.):

- Bekräftigung der beabsichtigten Verwirklichung des europäischen Binnenmarkts.
- Bekräftigung der beabsichtigten Schaffung einer Europäischen Union (EU).
- Einführung von Mehrheitsentscheidungen im Ministerrat (mit gewissen Ausnahmen) bei der Verwirklichung des europäischen Binnenmarkts.
- Weitere Absichtserklärungen galten der Konvergenz der Wirtschafts- und Währungspolitik, der Verbesserung der Arbeitsumwelt, der wirtschaftlichen und sozialen Zusammenarbeit und der Stärkung der europäischen Industrie.

1.2.3 Die Vollendung des Binnenmarkts als Meilenstein der Weiterentwicklung

Das oben erwähnte Weißbuch bildete die methodische Grundlage für die Verwirklichung des Binnenmarkts zum 31.12.1992. Es sah dafür den Abbau von materiellen, technischen und steuerlichen Schranken vor (vgl. Krägenau 1989, S. 25ff.; Teske 1991, S. 12; Mohrmann 1990, S. 10f.; Weindl/Woyke 1999, S. 91f.).

Materielle Schranken, die Kontrollen für Waren und Personen umfassen, zählten zu den Hauptgründen für die Zersplitterung des innergemeinschaftlichen Handels. Trotz zwanzigjähriger Bestrebungen zu ihrem Abbau durch die Schaffung der Zollunion (1968) waren die Zollstellen aus steuerlichen, handelspolitischen, gesundheitlichen, statistischen, wirtschaftlichen und polizeilichen Gründen beibehalten worden. Sie sollten bis 1992 abgeschafft werden. Die Kontrollrichtlinien wurden nicht bis ins Detail abgeschafft, sondern gegenseitig anerkannt. Problematisch blieb der Bereich der Personenkontrollen, weil hier Fragen wie Kriminalität, Drogenmißbrauch, Asyl- und Ausländerrecht berührt wurden, die nur durch völkerrechtliche Vereinbarungen zu lösen waren. In diese Richtung wies das „Schengener Abkommen" aus dem Jahre 1985, das 1990 von allen zwölf damaligen Mitgliedsstaaten unterzeichnet wurde (mehr dazu siehe Weindl/Woyke 1999, S. 151f.).

Grenzkontrollen waren nicht nur für Reisende lästig, sondern auch für Unternehmen teuer. Laut einer Studie im Rahmen des Cecchini-Berichts[8] betrugen die Kosten für Verwaltungsaufwand und Wartezeiten an den Grenzen rund 8 Milliarden Ecu. Dies entsprach 2% des Wertes der gehandelten Güter. Vom Abbau dieser Handelsschranken wurden Kosteneinsparungen von rund 4,5 bis 15 Milliarden Ecu für die Unternehmen und von 500 Millionen bis 1 Milliarde Ecu für die Staatsregierungen erwartet (vgl. Tab. 1). Der Abbau der Grenzformalitäten versprach für die kleinen und mittleren Unternehmen vergleichsweise größere Einsparungen, da ihre Kosten laut der Studie 30% bis 45% höher lagen als bei Großunternehmen (vgl. Cecchini 1988, S. 28f.).

---

[8] In dieser Studie wurden 500 Unternehmen aus sieben EG-Mitgliedsstaaten (Belgien, Bundesrepublik Deutschland, Frankreich, Italien, Niederlande, Luxemburg, Vereinigtes Königreich) befragt.

Tabelle 1: **Kosten der Grenzformalitäten**

Kosten	in Mill. Ecu
Interner Verwaltungsaufwand	7.500
Wartezeiten	415-830
Entgangene Umsätze	4.500-15.000
Staatliche Ausgaben für innergemeinschaftliche Grenzkontrollen	500-1.000

Quelle: Cecchini 1988, S. 28

Zur Überwindung solcher Kostenbarrieren innerhalb der EG, die durch Grenz-formalitäten verursacht wurden, traten zum 1. Januar 1988 drei Maßnahmen in Kraft:

„ – das Harmonisierte System zur Bezeichnung und Kodierung der Waren (HS)
– der neue integrierte Zolltarif der Europäischen Gemeinschaften für Waren (TARIC), die entsprechend dem Harmonisierten System gekennzeichnet sind.
– das Einheitliche Warenbegleitdokument (‚Einheitspapier‘). Es ersetzt eine Fülle von Einzeldokumenten für Einfuhr, Ausfuhr und den Transit." (Cecchini 1988, S. 29f.).

Der Abbau der technischen Schranken beendete die unterschiedlichen natio-nalen Diskriminierungen (Beschränkungen auf den Kapital-, Dienstleistungs- und Verkehrsmärkten), die ein Hindernis für den freien Warenverkehr inner-halb der EG-Länder dargestellt hatten. So hatten die nationalen Regierungen durch unterschiedliche Produktnormen und Produktionsvorschriften ihre natio-nalen Wirtschaften vor ausländischer Konkurrenz geschützt, den europäischen Unternehmen aber zugleich zusätzliche Kosten aufgebürdet (vgl. Mohrmann 1990, S. 10f.). Zum Abbau der technischen Schranken führte die Kommission das Prinzip der gegenseitigen Anerkennung ein. Dadurch sollten alle Güter, die in einem EG-Land produziert und in den Warenverkehr gebracht werden durf-ten, auch in allen anderen EG-Länder akzeptiert werden, soweit dies nicht den Gesundheits-, Verbraucher-, und Umweltschutz verletzen würde (vgl. Krägenau 1989, S. 27f.). Durch den Abbau der technischen Schranken entfielen zugleich nicht-tarifäre Handelshemmnisse für die Nahrungsmittelindustrie. So bestanden etwa verschiedene Zusatzstoffverordnungen oder die erwähnten Reinheitsgebote für Bier in Deutschland und für Nudeln in Italien, die den freien Warenverkehr erheblich beschränkten[9] (vgl. Freter 1990, S. 49f.).

Auch die steuerlichen Schranken behinderten den freien Warenverkehr in Europa. Ihr Abbau war einer der schwierigsten Prozesse bei der Schaffung eines einheitlichen europäischen Wirtschaftsraumes. Die zentrale Schwierigkeit war, daß die Regierungen der Mitgliedsstaaten die Besteuerung als wichtiges wirtschaftspolitisches Instrument betrachteten (vgl. Backhaus/Büschken/ Voeth 1998, S. 195). Zu den europaweiten Kaufkraftunterschieden trugen insbesondere die verschiedenen Mehrwertsteuersätze mit ihren Auswirkungen auf die Verbraucherpreise bei (vgl. Berger/Töpfer 1991, S. 13). Dementsprechend strebte die Europäische Kommission eine Annäherung der verschiedenen Steuersätze an und schlug dazu die Einrichtung von Zielkorridoren vor (vgl. Weiler 1991, S. 107). Die Steuern sollten zudem nach dem Herkunftsland und nicht nach dem Bestimmungsland erhoben werden. Aber alle diese Bemühungen der Kommission blieben erfolglos, da die Mitgliedsstaaten ihre wichtigste Einnahmequelle nicht widerstandslos aufgeben wollten (vgl. Kommission der Europäischen Gemeinschaften 2000d, S. 3). Da dieses Ziel nicht bis zum 1. Januar 1993 durchzusetzen war, konzentrierte sich die Kommission zunächst darauf, diejenigen Steuern (Mehrwertsteuern, Verbrauchssteuern) anzugleichen, derentwegen die meisten Ausgleichsmaßnahmen und Kontrollen an den Grenzen stattfanden. Dementsprechend wurde eine Übergangsregelung vereinbart, die Anfang 1993 in Kraft trat und bis Ende 1996 in Kraft bleiben sollte, die aber tatsächlich immer noch besteht (vgl. Kommission der Europäischen Gemeinschaften 2002, S. 40). Für die Verbrauchssteuern war (mit einigen Ausnahmen) eine Vereinheitlichung der Steuersätze vorgesehen (vgl. Donges u.a. 1992, S. 57f.; Kommission der Europäischen Gemeinschaften 2002, S. 40). Die Mitgliedsländer einigten sich darauf, für einige Gütergruppen wie Mineralölprodukte, Tabakwaren und Alkoholgetränke ein einheitliches Verbrauchssteuersystem einzurichten, das allerdings für nicht-harmonisierte Verbrauchssteuern offen bleiben sollte (z.B. Ökosteuern), soweit diese kein Handelshemmnis darstellen (vgl. Kommission der Europäischen Gemeinschaften

---

[9] Diese Art von Schranken wird in Teil IV, Abschnitt 1.1.2 mit Bezug auf die Veränderungen der externen Unternehmensumwelt in der Nahrungsmittelindustrie detailliert analysiert.

2000i, S. 18). Diesen 1996 von der Kommission unterbreiteten Vorschlägen war jedoch nur wenig Erfolg beschieden. Die Mehrwertsteuer-Übergangsregelung war mit ihrer Vielzahl von Vorschriften zu kompliziert und insgesamt veraltet. Eine einheitliche Mehrwertsteuerregelung steht daher immer noch aus[10] (vgl. Tab. 2). Auch das langfristige Ziel einer Besteuerung von Waren und Dienstleistungen im Herkunftsland ließ sich bislang nicht verwirklichen (vgl. Kommission der Europäischen Gemeinschaften 2000d, S. 5ff.; Kommission der Europäischen Gemeinschaften 2001, S. 53ff.).

Tabelle 2: **Mehrwertsteuersätze* der Mitgliedsstaaten (in %)**

Mitgliedsstaat	stark ermäßigter Satz	ermäßigter Satz	Normalsatz
Belgien	1	6	21
Dänemark	-	-	25
Deutschland	-	7	16
Griechenland	4	8	18
Spanien	4	7	16
Frankreich	2,1	5,5	20,6
Irland	4	12,5	21
Italien	4	10	20
Luxemburg	3	6	15
Niederlande	-	6	17,5
Österreich	-	10/12	20
Portugal	-	5/12	17
Finnland	-	8/17	22
Schweden	-	6/12	25
Vereinigtes Königreich	-	5	17,5

*Stand Mai 1999
Quelle: Kommission der Europäischen Gemeinschaften 2000i, S. 13

Es zeigt sich also, daß die Vollendung des Binnenmarkts zum 1. Januar 1993 nur als langfristiger Prozeß verstanden und nicht mit einem fixen Datum gleichgesetzt werden kann (vgl. Becker 1990, S. 7). Es besteht weiterhin ein

---

[10] Die Gemeinschaft beabsichtigt weiterhin eine Modernisierung, Vereinfachung und einheitliche Anwendung der seit 1996 bestehenden Übergangsregelung für die Mehrwertsteuersätze (vgl. Kommission der Europäischen Gemeinschaften 2002, S. 40).

erhebliches Harmonisierungspotential, insbesondere bei den steuerlichen Schranken, die noch nicht den Vorstellungen der Kommission für den europäischen Binnenmarkt entsprechen. Ein großer Teil der handelshemmenden Schranken wurde allerdings abgebaut, so die materiellen und technischen Schranken, von denen gerade die Nahrungsmittelhersteller besonders stark betroffen waren.

1.2.4 Die Europäische Wirtschafts- und Währungsunion (EWWU)

Die Idee einer europäischen Wirtschafts- und Währungsunion (WWU) läßt sich bis in die sechziger Jahren zurückverfolgen. Aufgrund währungspolitischer Turbulenzen entstand in den westeuropäischen Staaten das Bedürfnis nach einer währungspolitischen Unabhängigkeit von den USA. So wurde unter Führung des damaligen luxemburgischen Premierministers Pierre Werner ein Plan erstellt, nach dem innerhalb von zehn Jahren eine Wirtschafts- und Währungsunion geschaffen werden sollte. Dieses Projekt wurde aufgrund von innergemeinschaftlichen und internationalen Gründen nicht verwirklicht. Dennoch bildete dieser Plan die Grundlage für die Schaffung einer WWU in den neunziger Jahren (vgl. Weindl/Woyke 1999, S. 319).

Im Juni 1989 vereinbarte der Europäische Rat, die Währungsunion zu verwirklichen. Zur Realisierung dieses Vorhabens wurde der im Delors-Bericht vorgeschlagene dreistufige Plan verfolgt (vgl. Donges u.a. 1992, S. 9; Weindl/ Woyke 1999, S. 323).

Die erste Stufe, die Anfang Juli 1990 in Kraft trat, sah eine intensivere Koordination der Wirtschafts- und Finanzpolitiken der EU-Mitgliedsstaaten vor. Darüber hinaus wurde der Kapitalverkehr zwischen den EU-Ländern vollständig liberalisiert. Anfang Januar 1994 setzte die zweite Stufe ein, die die Währungsunion durch Konvergenzprogramme[11] wie auch durch die Errichtung des Europäischen Währungsinstituts (EWI), als Vorläufer der Europäischen Zen-

---

[11] Die Einhaltung der Konvergenzkriterien bildete einen zentralen Faktor für die Stabilität der gemeinsamen Währung. Deshalb mußten sich die EU-Staaten um eine Harmonisierung ihres Preis- und Zinsniveaus und um eine Verringerung der Staatsverschuldung bemühen (mehr dazu vgl. Weindl/Woyke 1999, S. 329ff.).

tralbank (EZB), vorbereitete (vgl. Backhaus/Büschken/Voeth 1998, S. 201f.). Die dritte Stufe der Währungsunion hätte frühestens Anfang Januar 1997 beginnen sollen, wenn eine qualifizierte Mehrheit der Mitgliedsstaaten (mindestens acht Staaten) die Konvergenzkriterien erfüllt hätte. Da dies aber nicht der Fall war, verschob sich der Termin auf Anfang Januar 1999. Zu diesem Zeitpunkt begann die dritte Stufe der Währungsunion mit zunächst elf teilnehmenden Mitgliedsstaaten. Dänemark, England und Schweden nutzten die Möglichkeit, zu einem späteren Zeitpunkt eine Entscheidung über ihren Beitritt zur Währungsunion zu treffen (vgl. Weindl/Woyke 1999, S. 327; S. 334). Die dritte Stufe der EWWU teilte sich in vier Phasen. Mit der Errichtung der EZB im Sommer 1998 begann auch die Produktion der Euro-Banknoten und -Münzen in allen 11 Mitgliedsstaaten der Eurozone[12]. In der zweiten Phase wurde eine einheitliche Geld- und Wechselkurspolitik in Euro eingeführt. Die dritte Phase, die Anfang Januar 2002 begann, beinhaltete den Umtausch der nationalen Währungen gegen Euro. Die Landeswährungen blieben noch bis zum Beginn der vierten Phase Anfang Juli 2002 neben dem Euro gültig (vgl. Weindl/Woyke 1999, S. 337; Backhaus/Büschken/Voeth 1998, S. 202; Kommission der Europäischen Gemeinschaften 1996a, S. 19ff.).

Das ehrgeizige Projekt der Schaffung einer Wirtschafts- und Währungsunion verfolgt sowohl wirtschaftliche als auch politische Ziele. Aus wirtschaftlicher Sicht stellt die EWWU nach der Vollendung des europäischen Binnenmarkts einen weiteren bedeutenden Schritt im Integrationsprozeß dar. Die Einführung des Euro als einheitlicher Währung gibt den Unternehmen eine bessere Planungs- und Kalkulationssicherheit. Besonders für die kleinen und mittleren Unternehmen entfällt mit der gemeinsamen Währung eine der größten Hürden im innereuropäischen Handel, nämlich das Wechselkursrisiko, zumindest für die Länder der Eurozone (vgl. Kommission der Europäischen Gemeinschaften 2002, S. 7; Weindl/Woyke 1999, S. 341; Donges u.a. 1992, S. 11). Damit ist die Voraussetzung dafür geschaffen, daß die gemeinsame Währung als Schubfaktor für die internationalen Aktivitäten von Unternehmen innerhalb der EU wirken kann.

---

[12] Aufgrund des nachträglichen Beitritts Griechenlands zur Eurozone am 1. Januar 2001 begann dort die Produktion erst zum 19. Juni 2000 (vgl. Kommission der Europäischen Gemeinschaften 2000e, S. 7).

Aus politischer Sicht stellt die EWWU einen weiteren Schritt gegenüber internationalen Herausforderungen dar, die sich durch die Globalisierungsprozesse verstärken. Zudem wird von ihr erwartet, daß sie auch zu einer europäischen Identität der Bürger beiträgt (vgl. Weindl/Woyke 1999, S. 322).

Die Ergebnisse einer Untersuchung aus dem Jahr 1999 (ENSR Enterprise Survey) zeigten, daß gerade KMU die Umstellung auf Euro schwer fiel. Im Laufe des Jahres 1999 hatten sich nur 35% der kleinen und 75% der mittleren Unternehmen mit der Euro-Umstellung auseinandergesetzt. KMU, die international tätig waren, hatten sich besser auf die Euro-Umstellung vorbereitet als rein national tätige KMU[13] (vgl. Kommission der Europäischen Gemeinschaften 2000a, S. 386).

---

[13] 64% der exportorientierten KMU gegenüber 39% der nur in ihrem nationalen Markt tätigen KMU hatten die Konsequenzen der Euro-Umstellung geprüft (vgl. Kommission der Europäischen Gemeinschaften 2000a, S. 397).

Tabelle 3:   Stadien der Europäischen Integration

1951	Unterzeichnung des Vertrags zur Gründung der Europäischen Gemeinschaft für Kohle und Stahl (EGKS).
1955	Auf der Konferenz von Messina beschlossen alle sechs Mitglieder die Verflechtung ihrer nationalen Volkswirtschaften.
1957	Unterzeichnung der Verträge zur Gründung der Europäischen Wirtschaftsgemeinschaft (EWG) und der Europäischen Atomgemeinschaft (EURATOM).
1963	Ablehnung des Beitritts des Vereinigten Königreichs durch Frankreich.
1967	Beschluß über die Fusion der drei Gemeinschaften, die aber erst im Jahre 1978 förmlich vollzogen wurde.
1968	Verwirklichung der Zollunion als wichtiges Element des EWG-Vertrages.
1973	EG-Beitritt des Vereinigten Königreichs, Dänemarks und Irlands.
1981	Beitritt Griechenlands zur EWG.
1985	Unter der Präsidentschaft Jacques Delors' wurde ein „Weißbuch" zur Aufhebung aller innergemeinschaftlichen Barrieren bis 1992 erstellt.
1986	EG-Beitritt Spaniens und Portugals.
1987	Inkrafttreten der Einheitlichen Europäischen Akte (EEA).
1990	Unterzeichnung des Schengener Abkommens von allen zwölf Mitgliedern. Beginn der erste Stufe der Europäischen Wirtschafts- und Währungsunion (EWWU): Intensivere Koordination der Wirtschafts- und Finanzpolitiken der Mitgliedsstaaten.
1993	Vollendung des europäischen Binnenmarkts.
1994	Beginn der zweiten Stufe der EWWU: Vorbereitung der Währungsunion durch Konvergenzprogramme. Einrichtung des Europäischen Währungsinstituts (EWI) als Vorläufer der Europäischen Zentralbank (EZB).
1995	Österreich, Finnland und Schweden treten der Europäischen Union bei.
1999	Beginn der dritten Stufe der EWWU durch elf teilnehmende Mitgliedsstaaten (Beitritt Griechenlands 2001). Beginn der Produktion der Euro-Banknoten und -Münzen. Einführung einer einheitlichen Geld- und Wechselkurspolitik in Euro.
2002	Beginn des Umtauschs der nationalen Währungen gegen Euro, ab Juli verloren die nationalen Währungen ihre Gültigkeit.
2004	Erweiterung der EU durch den Beitritt Estlands, Lettlands, Litauens, Polens, der Slowakei, Sloweniens, der Tschechischen Republik, Ungarns, Maltas und Zyperns.

Quelle: Eigene Darstellung

1.3   Auswirkungen des europäischen Binnenmarkts auf die Unternehmen

Auf mikroökonomischer Ebene wurde damit gerechnet, daß der Abbau innergemeinschaftlicher Schranken zu einer Rationalisierung der Unternehmens- und Produktionsstrukturen führen würde und dementsprechend zu Kosteneinsparungen und einer gesteigerten Wettbewerbsfähigkeit der Unternehmen. Der Cecchini-Bericht stellte diese Vorteile folgendermaßen dar (vgl. Cecchini 1988, S. 102):

29

- Kostensenkungen resultieren aus Rationalisierung der Produktion und der Unternehmensstruktur.
- Steigender Wettbewerb führt zu einer Annäherung von Marktpreisen und Produktionskosten.
- Die Wettbewerbsfähigkeit der Unternehmen läßt sich nur durch Kostenreduzierung und die Weitergabe von Preisvorteilen erzielen.
- Die dynamische Ausrichtung des Binnenmarkts zwingt die Unternehmen zu Innovationen im Produktbereich und im Produktionsverfahren sowie zu neuen Managementmethoden.

Diese Effekte sollten einen steigenden Nutzen für Unternehmen und Verbraucher erzielen (ausführlicher dazu: Cecchini 1988, S. 112f., 122; Emerson 1988, S. 201ff.) und sich im Verlauf der Marktintegration in vier Phasen realisieren lassen (vgl. Tab. 4):

Tabelle 4:   Marktintegration und Wohlstandssteigerung durch Schaffung des europäischen Binnenmarkts

	Billion ECU		% GDP	
	Variants		Variants	
	A	B	A	B
Stage 1: Cost of barriers affecting trade only	8	9	0,2	0,3
Stage 2: Cost of barriers affecting all production	57	71	2,0	2,4
Total direct costs of barrierers (a)	65	80	2,2	2,7
Stage 3: Economies of scale from restructuring and increased production	60	61	2,0	2,1
Stage 4: Competition effects on X-inefficiency and monopoly rents	46	46	1,6	1,6
Total market integration effects Variant I (sum of stages 3 and 4 above) (b) Variant II (alternative measure for stages 3 and 4) (c)	106 62	107 62	3,6 2,1	3,7 2,1
Total of costs of barriers and market integration effects Variant I = (a) + (b) Variant II = (a) + (c)	171 127	187 142	5,8 4,3	6,4 4,8

Notes: Variants A and B relate to the use of alternative primary sources of information introduced in the calculations in stage 1 and 2.
Variants I and II relate to different approaches to evaluating competitivity effects.
Details of these procedures are given in Annex A.
When the total figures, ranging above from 127 to 187 billion ECU for seven Member States in 1985 prices are scaled up to represent the same GDP share for the 12 Member States in 1988 prices, the range becomes 173 to 257 billion ECU.

Quelle: Emerson 1988, S. 203

Inwieweit solche Schätzungen die heutige Realität widerspiegeln, ist kritisch zu betrachten. Im folgenden wird daher gefragt, wie sich die wirtschaftliche Lage in der EU zwischenzeitlich darstellt und was die Verwirklichung des europäischen Binnenmarkts für die Unternehmen gebracht hat.

31

1.3.1 Die Wettbewerbsfähigkeit der europäischen Wirtschaft

Der europäische Binnenmarkt und die EWWU haben die Wettbewerbsfähigkeit der europäischen Wirtschaft im letzten Jahrzehnt mit Sicherheit gestärkt. Betrachtet man die makroökonomischen Bedingungen in der EU, so ist festzustellen, daß das Bruttoinlandsprodukt (BIP) pro Kopf der Bevölkerung einen 2%igen, die Arbeitsproduktivität einen 1,3%igen und die Beschäftigung einen 1%igen jährlichen Zuwachs zwischen 1995 und 1999 erfahren hat. Diese Entwicklung scheint also durchaus positiv zu sein; vergleicht man sie aber mit der Entwicklung in den Vereinigten Staaten, so gibt die Leistung der europäischen Wirtschaft keinen Anlaß zur Zufriedenheit. In den USA ist das BIP pro Kopf der Bevölkerung im selben Zeitraum um 3,4%, die Arbeitsproduktivität um 2,2% und die Beschäftigung um 1,9% jährlich gewachsen (s. Abb. 1).

Abbildung 1: Vergleich der wirtschaftlichen Leistung zwischen EU und USA im Zeitraum 1995 bis 1999

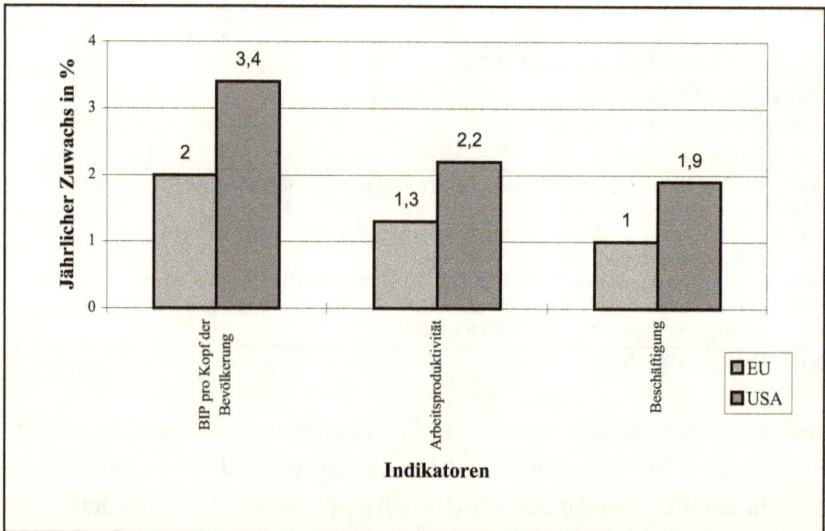

Quelle: Kommission der Europäischen Gemeinschaften 2000f, S. 3 (Eigene Darstellung)

Als Gründe für den Entwicklungsunterschied werden oftmals zwei Faktoren benannt: Zum einen der mangelnde Unternehmergeist und zum anderen die komplizierten Verwaltungsverfahren, die die Initiativen europäischer Unternehmen oftmals blockieren.

> „Chancen nutzen, die Initiative ergreifen und vorwärts streben, das sind die Charakteristika des dynamischen Unternehmertums. [...] die ‚Lebensgeister' der unternehmerischen Kreativität werden auch durch die Politik gebremst. Obwohl bereits Verbesserungen erzielt wurden, untergraben beschwerliche Verwaltungsverfahren und Regelungen nach wie vor die Vitalität Europas." (Kommission der Europäischen Gemeinschaften 2000f, S. 8).

Die EU-Wirtschaft hat aber auch ihre starken Seiten. So ist sie im Exportgeschäft sehr erfolgreich mit qualitativ hochwertigen Produkten. Um ihre Leistungsfähigkeit zu erhöhen, müssen jedoch der Unternehmergeist gestärkt, Vereinfachungen im administrativen und steuerlichen Umfeld vorgenommen sowie die Nutzung der Informationstechnologie verbessert werden (vgl. Kommission der Europäischen Gemeinschaften 2000f, S. 10).

Zwar richtet die EU verstärkt ihr Augenmerk auf Unternehmen im Bereich der Hochtechnologie, um das Wachstum der europäischen Wirtschaft zu forcieren, es müssen aber alle Unternehmen in den verschiedenen Branchen profitieren, damit die EU ihre starke Position im weltwirtschaftlichen Geschehen behaupten kann (vgl. Kommission der Europäischen Gemeinschaften 2000f, S. 10f.).

In diesem Sinne entwickelte die Kommission einen Plan, der Anreize für Innovationen, Investitionen und Unternehmergeist geben soll.

> „Unternehmenspolitik muß die gesamte Wirtschaft erfassen, damit sie allen Unternehmen unabhängig von Größe, Rechtsform, Branche und Standort die Möglichkeit gibt, zu wachsen und sich zu entwickeln" (Kommission der Europäischen Gemeinschaften 2000c, S. 4)

Um dieses Wachstums- und Entwicklungsziel zu erreichen, verfolgt die EU in der Unternehmenspolitik drei Ziele (vgl. Kommission der Europäischen Gemeinschaften 2000c, S. 5):

- Schaffung der Rahmenbedingungen für eine unkomplizierte unternehmerische Tätigkeit,
- Förderung der Innovation,
- Abbau der Hindernisse in den Waren- und Dienstleistungsmärkten.

Zur Erreichung dieser Ziele hat die Kommission beschlossen, durch Schulungen und Beratungen die Überlebens- und Wachstumschancen besonders der kleinen und mittleren Unternehmen zu erhöhen. Insbesondere KMU haben immer noch einen schweren Zugang zu Finanzierungsquellen, was die EU durch die Förderung der Finanzierung von KMU durch Beteiligungskapital ändern möchte. Sie beabsichtigt zudem, komplizierte Rechts- und Verwaltungsvorschriften zu vereinfachen. Besonders will sie steuerliche Hindernisse ausräumen, damit eine grenzüberschreitende Wirtschaftstätigkeit erleichtert wird. Da KMU nicht das volle Potential des Binnenmarkts ausnutzen können, sieht die Unternehmenspolitik der Europäischen Kommission vor, die Zusammenarbeit von KMU zu fördern und durch weitere Informationen und Maßnahmen zu unterstützen (vgl. Kommission der Europäischen Gemeinschaften 2000c, S. 6ff.).

Als Ergebnis ist also festzuhalten, daß die EU durch den Binnenmarkt und die EWWU sehr große Fortschritte für die Leistungsfähigkeit ihrer Wirtschaft erzielt hat. Es müssen jedoch noch weitere Schwächen überwunden werden, um die Wettbewerbsfähigkeit der europäischen Unternehmen zu steigern.

1.3.2 Auswirkungen des Binnenmarkts auf die Unternehmen der Nahrungsmittelindustrie

Der Binnenmarkt hat vielfältige Veränderungen für die Nahrungsmittelindustrie mit sich gebracht. So war durch den Abbau von Grenzschranken allein für die zehn im Cecchini-Bericht betrachteten Produkte[14] ein finanzieller Vorteil von 500 Mill. bis 1 Mrd. Ecu zu realisieren. Sechs spezifische Handelshemmnisse verursachten einen Großteil dieser vormaligen Kosten (vgl. Cecchini 1988, S. 88). Dabei machten die Harmonisierung der unterschiedlichen Bestimmungen über den zulässigen Anteil pflanzlicher Fette in Schokolade und Speiseeis einen finanziellen Vorteil von 30% bzw. 12% aus. Durch den Wegfall der Reinheitsgebote für Bier und Teigwaren ergab sich ein quanti-

---

[14] Gebäck, Süßwaren, Speiseeis, Bier, Mineralwasser, nicht-alkoholische Getränke, Spirituosen, Teigwaren, Suppen, und Babynahrung (vgl. Cecchini 1988, S. 86).

tativer Vorteil in Höhe von 23% bzw. 9%. Die Höhe der Einsparungen durch die Harmonisierung der Bestimmungen zu Plastikbehältern bzw. zur Saccharimetrie von Bier lag bei je 5%. Die übrigen Schranken verursachten zusätzliche Kosten in Höhe von 17% (siehe Abb. 2).

Abbildung 2:   Quantitative Vorteile durch den Abbau von Grenz-

schranken

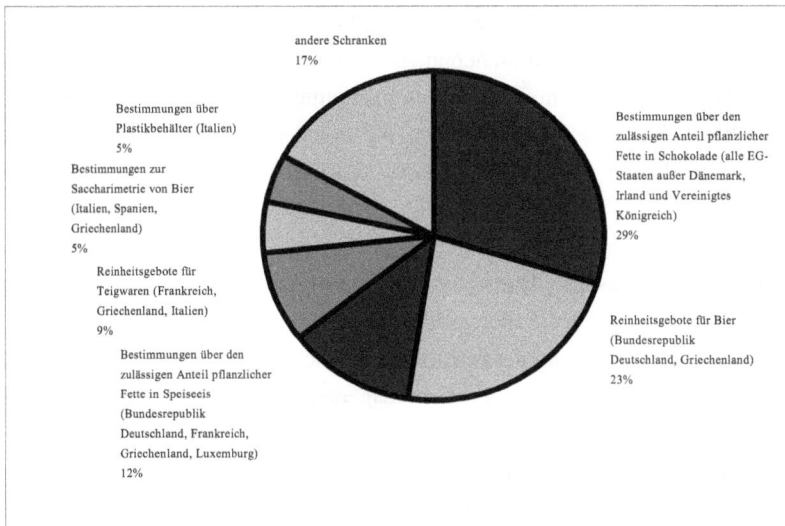

andere Schranken
17%

Bestimmungen über
Plastikbehälter (Italien)
5%

Bestimmungen zur
Saccharimetrie von Bier
(Italien, Spanien,
Griechenland)
5%

Reinheitsgebote für
Teigwaren (Frankreich,
Griechenland, Italien)
9%

Bestimmungen über den
zulässigen Anteil pflanzlicher
Fette in Speiseeis
(Bundesrepublik
Deutschland, Frankreich,
Griechenland, Luxemburg)
12%

Bestimmungen über den
zulässigen Anteil pflanzlicher
Fette in Schokolade (alle EG-
Staaten außer Dänemark,
Irland und Vereinigtes
Königreich)
29%

Reinheitsgebote für Bier
(Bundesrepublik
Deutschland, Griechenland)
23%

Quelle: Cecchini 1988, S. 98 (Abbildung leicht geändert)

Die weitgehende Harmonisierung der Lebensmittelgesetze und die Marktintegration in der EU eröffneten zahlreiche Möglichkeiten für die Entwicklung paneuropäischer Markennamen, Verpackungen und Marketingaktivitäten (vgl. Gibbs 1991, S. 40).

Viele Lebensmittelrichtlinien der EU-Staaten sind durch das Anerkennungsprinzip überwunden, nach dem jedes Produkt, das in einem Mitgliedsstaat produziert und verkauft werden darf, auch in jedem EU-Land vertrieben werden kann. Die Europäische Kommission fordert darüber hinaus, die Lebensmitteletiketten informativer zu gestalten und hohe Qualitäts- und Sicherheitsstandards für die Verbraucher zu schaffen (vgl. Gibbs 1991, S. 41).

Die fortschreitenden Bemühungen der Europäischen Kommission zur Harmonisierung der Verwaltungsformalitäten und zur Anerkennung von Produktstandards zwischen den Mitgliedsstaaten geben auch KMU die Möglichkeit, größere Mengen für den Binnenmarkt zu produzieren (durch den Wegfall von Handelsbarrieren, die aufgrund unterschiedlicher nationaler technischer Standards Produktvariationen erforderten) und somit die Stückkosten zu reduzieren. Dementsprechend schätzten vor der Verwirklichung des Binnenmarkts KMU, die nur in ihrem nationalen Markt tätig waren, die Vorteile des Binnenmarkts weniger hoch ein als die KMU, die bereits innerhalb des Binnenmarkts exportierten. Gleichwohl bestehen auch nach der Schaffung des Binnenmarkts immer noch Barrieren für KMU, etwa mangelndes Auslands-Know-how oder unterschiedliche Konsumgewohnheiten, die sich der gesetzlichen Steuerung entziehen (vgl. Becker 1990, S. 19f.). Diese Aspekte werden weiter unten genauer untersucht.

Durch den europäischen Binnenmarkt besteht also für Unternehmen bei der Gestaltung der Marktbearbeitung ein gewisses Standardisierungspotential aufgrund der Harmonisierung der rechtlichen Vorschriften; weiterhin unterschiedliche Konsumgewohnheiten sprechen dagegen für eine Differenzierung der Marktbearbeitung. Das Zusammenwachsen der europäischen Wirtschaft durch die Schaffung des Binnenmarkts und die EWWU bedeutet eine Internationalisierung der Umwelt für alle Unternehmen (vgl. Backhaus/Büschken/Voeth 2001, S. 338). Fraglich ist aber, inwieweit die KMU der deutschen Nahrungsmittelindustrie die Internationalisierungstendenzen wahrnehmen und mögliche Vorteile des Binnenmarkts ausnutzen. Veränderungen der externen Unternehmensumwelt und die von den KMU der deutschen Nahrungsmittelindustrie wahrgenommenen Auswirkungen werden weiter unten analysiert (s. Teil IV, Abschn. 1 und Abschn. 2).

2 KMU der deutschen Nahrungsmittelindustrie

2.1 Begriffsbestimmung der KMU

Begriffe wie „Mittelstand", „mittelständische Unternehmen" oder „KMU" sind in der deutschen wirtschaftswissenschaftlichen Literatur vielfach zu finden. Der Untersuchungsgegenstand dieser Arbeit erfordert mithin eine Diskussion der verschiedenen Definitionen der mittelständischen Unternehmung, insbesondere ihre Abgrenzung von Großunternehmen. Der Begriff „Mittelstand" hat in der deutschen Literatur eine breite Definition gefunden. Er beinhaltet nicht nur bestimmte Unternehmensgruppen, sondern nimmt auch Bezug auf die Betreiber dieser Unternehmen im sozialen Schichtungssystem (vgl. Lagemann/ Löbbe u.a. 1999, S. 36). Der Begriff verweist also auch auf den soziologischen Aspekt von Schichtungs- und Klassifizierungskriterien in der gesellschaftlichen Ordnung (vgl. Hamer 1996, S. 9ff.). Zum klassischen Begriff des Mittelstands, der selbständige Unternehmer beinhaltet, ist in jüngerer Zeit der soziologische Begriff des „neuen Mittelstands" oder des „fremdverantwortlichen Mittelstands" hinzugetreten, der Personen wie leitende Angestellte, Künstler, Journalisten, Wissenschaftler und andere Personengruppen umfaßt, die ebenfalls eigenverantwortlich tätig sind, die aber nicht mit einer bestimmten sozialen Schicht identifiziert werden können (vgl. Hamer 1996, S. 22f.). Es versteht sich, daß im Rahmen dieser Arbeit nur die erste Gruppe der selbständigen Unternehmer relevant ist. Wegen der gezeigten unklaren Abgrenzung und der genannten soziologischen Implikationen wird der Begriff des Mittelstands in dieser Arbeit nicht verwendet.

Auch der Begriff der mittelständischen Unternehmen hat bislang keine allgemein akzeptierte Definition gefunden (vgl. Naujoks 1975, S. 12ff.). Insbesondere ist zu berücksichtigen, daß mittelständische Unternehmen in verschiedenen Wirtschaftszweigen unterschiedliche Unternehmensgrößen und -strukturen aufweisen, so daß zusätzliche branchenspezifische Abgrenzungen zu treffen sind (vgl. Gellner 1968, S. 40).

Im Laufe der Jahre und insbesonders in den letzten Jahrzehnten hat sich der Begriff „kleine und mittlere Unternehmen" (KMU) gegen den überkommenen Mittelstandsbegriff weitgehend durchgesetzt. Trotz seiner Verbreitung scheint der Begriff „KMU" jedoch aufgrund der dynamischen Änderungen der wirtschaftlichen Realität nicht endgültig festgelegt werden zu können (vgl. Lagemann/Löbbe u.a. 1999, S. 37).

Um die Komplexität der genannten Begriffe zu reduzieren, könnte man allgemein sagen, daß die mittelständischen Unternehmen eine Gruppe von selbständigen kleinen und mittleren Unternehmen bilden, die durch qualitative und quantitative Merkmale zu charakterisieren sind (vgl. Marwede 1983, S. 106). Dementsprechend wird in dieser Arbeit der Begriff „kleine und mittlere Unternehmen" (KMU) synonym mit dem Begriff „mittelständische Unternehmen" verwendet. Zur weiteren Präzisierung des Begriffs „KMU" sind allerdings noch quantitative und qualitative Abgrenzungen erforderlich.

2.1.1 Die quantitative Abgrenzung

Für eine quantitative Abgrenzung von KMU gegenüber Großunternehmen sind statistisch erfaßbare Kriterien erforderlich. In der Betriebswirtschaftslehre werden dazu Kriterien herangezogen, die die Einsatzmengen oder die Leistungswerte eines Unternehmens wiedergeben; sie weisen jedoch nicht immer ein hohes Aussagepotential für die gewünschte Abgrenzung auf, zumal Kriterien wie technische Betriebskapazität, wirtschaftliche Kapazität, Wertschöpfung, Gewinn und Marktanteil zwar für die quantitative Abgrenzung bedeutsam sind, jedoch nicht von der amtlichen Statistik erfaßt werden (vgl. Hamer 1990, S. 10). Auch die erfaßbaren Abgrenzungskriterien ergeben nicht immer ein klares Bild, da sie von der Größenmessung und vom verfügbaren Datenmaterial abhängig sind (vgl. Naujoks 1975, S. 32).

Die Kriterien, die am häufigsten zur quantitativen Abgrenzung von KMU herangezogen werden, sind die Beschäftigtenzahl und der Umsatz (vgl. Marwede 1983, S. 25). Obwohl die Beschäftigtenzahl als Maßstab für eine quantitative Abgrenzung wertvoll ist, zumal sie statistisch erfaßt wird, büßt sie aufgrund der wachsenden Technologisierung der Produktion zunehmend an Aussagekraft ein (vgl. Langen 1978, S. 96f.). Ebenso verliert der Umsatz als quantitatives Abgrenzungskriterium aufgrund von Geldwertschwankungen an Aussagekraft (vgl. Hamer 1990, S. 11; Marwede 1983, S. 28ff.).

Tabelle 5: Branchenspezifische Abgrenzung nach Beschäftigtenzahl und Umsatz

Kriterien Branchen	Beschäftigtenzahl	Umsatz
INDUSTRIE		
Klein	bis 50	bis 2 Mill. DM
Mittel	50 – 499	2 Mill. – 25 Mill. DM
Groß	500 und mehr	25 Mill. DM und mehr
HANDWERK		
Klein	bis 2	bis 100.000 DM
Mittel	3 – 49	100.000 DM – 2 Mill. DM
Groß	50 und mehr	2 Mill. DM und mehr
GROSSHANDEL		
Klein	bis 9	bis 1 Mill. DM
Mittel	10 – 199	1 Mill. – 50 Mill. DM
Groß	200 und mehr	50 Mill. DM und mehr
EINZELHANDEL		
Klein	bis 2	bis 500.000 DM
Mittel	3 – 99	500.000 DM – 10 Mill. DM
Groß	100 und mehr	10 Mill. DM und mehr
VERKEHR UND NACHRICHTEN-ÜBERMITTLUNG		
Klein	bis 2	bis 100.000 DM
Mittel	3 – 49	100.000 – 2 Mill. DM
Groß	50 und mehr	2 Mill. DM und mehr
DIENSTLEISTUNGEN VON UNTERNEHMEN UND FREIEN BERUFEN		
Klein	bis 2	bis 100.000 DM
Mittel	3 – 49	100.000 – 2 Mill. DM
Groß	50 und mehr	2 Mill. DM und mehr

Quelle: Thürbach 1975, S. 7

Anhand der beiden Größen Beschäftigtenzahl und Umsatz gelten in Deutschland alle Unternehmen mit weniger als 500 Beschäftigten und bis zu 100 Mill. DM Jahresumsatz als mittelständische Unternehmen (vgl. Lademann/Löbbe 1999, S. 38f.). Es finden sich aber auch unterschiedliche Größenklassen je nach Branche. So legte das Institut für Mittelstandsforschung branchenspezifische Schwellenwerte und Größenintervalle fest (vgl. Tab. 5).

In der EU werden KMU allerdings anders als in Deutschland definiert. So haben nur Unternehmen Anspruch auf Fördermittel aus Programmen der EU, sofern sie folgende Kriterien erfüllen (s. Tab. 6):

Tabelle 6:   KMU-Definition in der EU

Kriterien	Beschäftigtenzahl	Jahresumsatz	Konzernbindung
Sehr kleine Unternehmen	1 – 9	–	–
Kleine Unternehmen	10 – 49	bis 5 Mill. ECU	bis 25%
Mittlere Unternehmen	50 – 249	bis 27 Mill. ECU	bis 25%

Quelle: Kommission der Europäischen Gemeinschaften 1996b, S. 1

Das Problematische der quantitativen Abgrenzung besteht darin, daß die festgelegten Schwellenwerte kein realistisches Bild für KMU vermitteln, weil „Mittelständische Unternehmen nicht schlagartig ihr Verhalten z.B. beim Übergang von 499 auf 500 [bzw. 249 auf 250] Beschäftigte" ändern (Marwede 1983, S. 51). Die Festlegung der Schwellenwerte als Abgrenzungskriterium ist zwar für statistische Zwecke von Relevanz, sie hat sich aber für eine vollständige Erfassung der KMU als unzureichend erwiesen (vgl. Hedinger 1978, S. 28). Außer rein quantitativen Kriterien müssen also auch qualitative Merkmale in die Betrachtung einfließen.

2.1.2   Die qualitative Abgrenzung

Eine Abgrenzung von KMU und Großunternehmen macht auch die Einbeziehung qualitativer Merkmale erforderlich, die im Gegensatz zu den quantitativen nicht statistisch erfaßbar sind, sondern sich aus sozialen und wirtschaftlichen Charakteristika ergeben (vgl. Strohmayer 1996, S. 22). Eine qualitative Abgrenzung, die die Andersartigkeit von Unternehmen berücksichtigt, erscheint auch deshalb wünschenswert, da etwa bei der Vergabe von Fördermitteln oder wirtschaftspolitischen Sonderbehandlungen nicht allein die statistischen Größen ausschlaggebend sind (vgl. Hamer 1997, S. 30).

40

Ein Hauptunterschied zwischen KMU und Großunternehmen besteht hinsichtlich der Unternehmensführung. In diesem Sinne spricht man von KMU, wenn (vgl. Bussiek 1996, S. 18):

- die Leitung des Unternehmens durch den Inhaber erfolgt,
- der Inhaber die Kontrolle über das ganze Unternehmen hat,
- die wirtschaftliche Existenz des Inhabers (Eigentümers) mit dem Erfolg des Unternehmens zusammenhängt (vgl. Lagemann/Löbbe 1999, S. 38).

Abbildung 3:   Unternehmensziele von KMU und GU

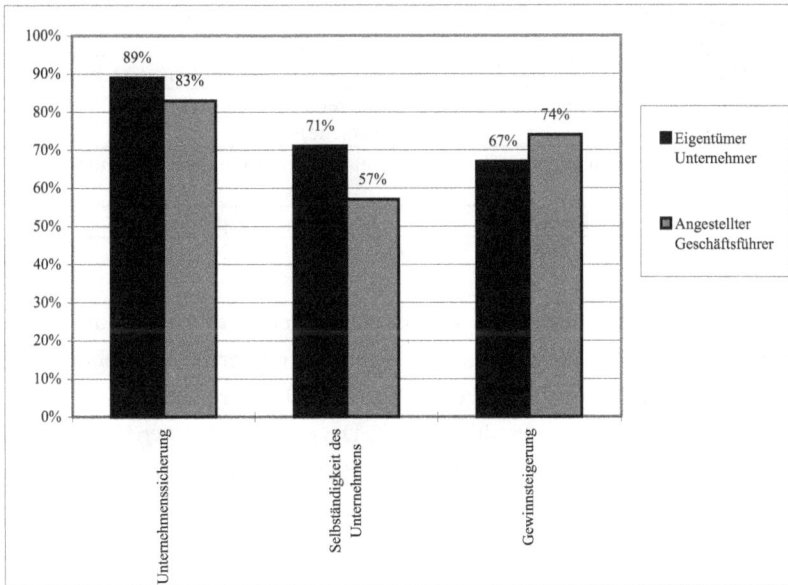

Quelle: Eigene Darstellung (in Anlehnung an: Bussiek/Niemeier 1981, S. 38)

Im Vergleich zu Großunternehmen (GU) weisen KMU ferner eine andere Struktur und andere Unternehmensziele auf (vgl. Hamer 1997, S. 30). Das bestätigt auch eine Umfrage von Bussiek/Niemeier zu den Zielen von KMU und Großunternehmen (vgl. Abb. 3).

Als weithin anerkannte qualitative Merkmale zur Beschreibung von KMU werden genannt: Selbständigkeit, Angebot kundenindividueller Leistungen, Abhängigkeit des Unternehmenserfolgs von der Persönlichkeit des Inhabers, persönliche Kontakte zwischen Mitarbeitern und Unternehmer sowie begrenzte Marktgröße (vgl. Fröhlich/Pichler/Pleitner 2000, S. 12).

Auch die Unterscheidung von Unternehmer und Manager bietet ein qualitatives Abgrenzungskriterium von KMU und Großunternehmen (s. Tab. 7).

Tabelle 7: Unterschiede zwischen Manager und Unternehmer

KMU (Unternehmer)	GU (Manager)
• Selbständig	• Angestellter
• Niemand kontrolliert seine Arbeit	• Muß seine Entscheidungen rechtfertigen
• Totalverantwortung über alle Arbeitsbereiche	• Teilverantwortung (spezielle Geschäftsbereiche)
• Lebenslange Verbundenheit mit dem Unternehmen	• Vertraglich festgelegter Zeitraum
• Handelt auf eigenes Risiko	• Handelt auf fremdes Risiko

Quelle: Hamer 1996, S. 19; Hamer 1990, S. 12f. (Eigene Darstellung)

Aber nicht nur zwischen KMU und Großunternehmen bestehen qualitative Unterschiede, sondern auch zwischen kleinen und mittleren Unternehmen. Ein Kleinunternehmen hat in der Regel weniger als 10 Mitarbeiter und der Unternehmer wirkt direkt in der Produktion mit. Dagegen arbeitet der Unternehmer eines mittleren Unternehmens nicht in der Produktion mit, sondern führt das Unternehmen indirekt im dem Sinne, daß er Planungs-, Dispositions- und Kontrollaufgaben wahrnimmt (vgl. Hamer 1990, S. 14).

2.2 Die Struktur der deutschen Nahrungsmittelindustrie

2.2.1 Begriffsdefinition der Nahrungsmittelindustrie

Im Vordergrund dieses Abschnitts steht die Analyse der deutschen Nahrungsmittelindustrie, um ihre Stellung nicht nur innerhalb des deutschen verarbeitenden Gewerbes, sondern auch innerhalb der EU zu ermitteln. Zuvor ist jedoch eine Definition des Begriffs vorzunehmen. Die Definition der Nahrungsmittelindustrie[15] bereitet zunächst einige Schwierigkeiten, so daß eine spezielle Behandlung der Nahrungsmittelindustrie einer kurzen Begriffsdiskussion bedarf, die insbesondere der Abgrenzung gegenüber der Landwirtschaft Rechnung trägt.

Die primären Sektoren Landwirtschaft und Fischerei werden nicht zur Nahrungsmittelindustrie gezählt (vgl. Breitnaher/Täger 1996, S. 4). Die Nahrungsmittelindustrie verarbeitet landwirtschaftliche Produkte zu wesentlich industriell veränderten Gütern. Unternehmen, die eine handwerkliche Fertigung von landwirtschaftlichen Erzeugnissen betreiben (bspw. Metzgereien), werden daher nicht zur Nahrungsmittelindustrie gerechnet (vgl. Tietz 1978, S. 564f.). Die Produktkategorie alkoholische Getränke wird als Nahrungsmittel behandelt, wohingegen die Tabakwarenindustrie (vgl. Müller 1986, S. 17) und die Futtermittelindustrie nicht zur Nahrungsmittelindustrie gezählt werden. Die vorliegende Arbeit beschäftigt sich nur mit Nahrungsmitteln, die direkt von Menschen gekauft und konsumiert werden.

2.2.2 Die Stellung des deutschen Ernährungsgewerbes im Vergleich zum übrigen verarbeitenden Gewerbe

Die deutsche Nahrungsmittelindustrie erzielte im Jahr 2001 einen Gesamtumsatz[16] von 127 Mrd. Euro. Damit stieg der Gesamtumsatz im Vergleich zum Vorjahr um 5,3% (vgl. Statistisches Bundesamt 2002b, S. 43). Der Anteil der Nahrungsmittelindustrie am Gesamtumsatz des verarbeitenden Gewerbes betrug damit etwa 9,5%. Im Jahr 2001 rangierte die deutsche Nahrungsmittelindustrie im gesamten deutschen verarbeitenden Gewerbe somit an vierter Stelle nach den Herstellern von Kraftwagen und Kraftwagenanteilen (259 Mrd. Euro), dem Maschinenbau (158 Mrd. Euro) und der chemischen Industrie (134 Mrd. Euro) (vgl. Statistisches Bundesamt 2003b, S. 22; S. 20; S. 14). Die Nahrungsmittelindustrie erweist sich also als bedeutende Branche im verarbeitenden Gewerbe der deutschen Wirtschaft.

---

[15] Die Bezeichnungen Nahrungsmittel-, Lebensmittel- und Ernährungsindustrie bzw. -gewerbe werden in dieser Arbeit synonym verwendet.

[16] Umsatz im In- und Ausland.

Sie erzielte im gleichen Zeitraum (2001) einen Umsatzanteil von 12,4% aus der Exporttätigkeit und war damit zu 3,1% am gesamten Auslandsumsatz des deutschen verarbeitenden Gewerbes beteiligt (vgl. Tab. 9). Der Beschäftigtenanteil lag 2001 bei 9,2% des gesamten verarbeitenden Gewerbes (vgl. Tab. 9). Dies deutet auf einen hohen Automatisierungsgrad hin. Dementsprechend gilt die Nahrungsmittelproduktion größtenteils als kapital- und nicht arbeitsintensiv (vgl. Breitnaher/Täger 1996, S. 11). Bestätigt wird dies durch den Vergleich der Investitionen für Maschinen, maschinelle Anlagen und Betriebsausstattung. Gemessen am gesamten verarbeitenden Gewerbe beträgt (2001) ihr Anteil in der Nahrungsmittelindustrie 7,2%.

Tabelle 8:   Investitionen für Maschinen, maschinelle Anlagen und Betriebsausstattung 2001

Pos.	Zweige des verarbeitenden Gewerbes	Investitionen für Maschinen, maschinelle Anlagen und Betriebsausstattung 2001 (in 1.000 €)	Investitionen im Rahmen des verarbeitenden Gewerbes (Anteil am verarbeitenden Gewerbe in %)
1	H. v. Kraftwagen u. Kraftwagenanteilen	10.693.561	22,1
2	Chemische Industrie	5.948.943	12,3
3	Maschinenbau	4.153.245	8,6
4	Rundfunk-, Fernseh- u. Nachrichtentechnik	3.678.794	7,6
5	Ernährungsgewerbe	3.469.473	7,2
6	H. v. Geräten d. Elektrizitätserzeugung u. -verteilung u.ä.	3.023.031	6,2
7	H. v. Metallerzeugnissen	2.859.120	5,9
8	Metallerzeugung u. -bearbeitung	2.493.570	5,1
9	H. v. Gummi- u. Kunststoffwaren	2.212.612	4,6
10	Glasgewerbe, Keramik, Verarb. v. Steinen und Erden	1.687.497	3,5
11	Verlags-, Druckgewerbe, Vervielfältigung	1.625.730	3,4
12	Papiergewerbe	1.484.237	3,1
13	Sonst. Fahrzeugbau	1.084.499	2,2

Pos.	Zweige des verarbeitenden Gewerbes	Investitionen für Maschinen, maschinelle Anlagen und Betriebsausstattung 2001 (in 1.000 €)	Investitionen im Rahmen des verarbeitenden Gewerbes (Anteil am verarbeitenden Gewerbe in %)
14	Medizin-, Meß-, Steuer- u. Regelungstechnik, Optik	1.020.188	2,1
15	H. v. Möbeln, Schmuck, Musikinstr., Sportger. usw.	654.505	1,4
16	Holzgewerbe (oh. H. v. Möbeln)	615.858	1,3
17	Kokerei, Mineralölverarbeitung, H v. Brutstoffen	592.264	1,2
18	Textilgewerbe	504.656	1,0
19	H. v. Büromasch., DV-Geräten u. -einr.	246.953	0,5
20	Tabakverarbeitung	157.830	0,3
21	Bekleidungsgewerbe	114.030	0,2
22	Recycling	74.171	0,2
23	Ledergewerbe	53.675	0,1
Verarbeitendes Gewerbe		**48.448.443**	**100,0**

Quelle: Statistisches Bundesamt 2003b, S. 8-25 (Teilweise eigene Berechnungen)

Damit nimmt die Nahrungsmittelindustrie nach den Herstellern von Kraftwagen und Kraftwagenanteilen mit einem Anteil von 22,1%, der chemischen Industrie mit 12,3%, dem Maschinenbau mit 8,6% und der Rundfunk-, Fernseh- und Nachrichtentechnik mit 7,6% die fünfte Stelle bei den Investitionen für Maschinen, maschinelle Anlagen und Betriebsausstattung im deutschen verarbeitenden Gewerbe ein (vgl. Tab. 8).

Die Lohn- und Gehaltssumme in der deutschen Nahrungsmittelindustrie erreicht im Jahr 2001 einen Anteil von 6,3% der Lohn- und Gehaltssumme des gesamten verarbeitenden Gewerbes (vgl. Tab. 9). Ein Vergleich mit dem Maschinenbau, der im selben Jahr mit 16,6% den höchsten Anteil an der Lohn- und Gehaltssumme des deutschen verarbeitenden Gewerbes aufweist, läßt einen großen Unterschied erkennen (vgl. Statistisches Bundesamt 2003a, S. 196). Dieser Unterschied resultiert aus der ausgeprägten Saisonarbeit und dem hohen Frauenanteil von 49,1% in der deutschen Nahrungsmittelindustrie (vgl. Kommission der Europäischen Gemeinschaften 2000g, S. 106). Aber auch der Faktor Ausbildung bietet eine Erklärung für den niedrigen Anteil der deutschen Nahrungsmittelindustrie an der Lohn- und Gehaltssumme, da nur wenige qualifizierte Arbeitskräfte beschäftigt werden (vgl. Breitnaher/Täger 1996, S. 11) und nur 14,6% über eine höhere Bildung verfügen (vgl. Kommission der Europäischen Gemeinschaften 2000g, S. 106).

Tabelle 9: **Das deutsche Ernährungsgewerbe im Rahmen des verarbeitenden Gewerbes**

Faktoren	Verarbeitendes Gewerbe	Ernährungsgewerbe	Anteil am verarbeitenden Gewerbe in %
Umsatz[2] (Mill. Euro)	1.333.016	126.706	9,5
Inland	835.237	111.055	13,3
Ausland	497.779	15.652	3,1
Beschäftigung[2] (1000)	6.386	589	9,2
Frauen[1] (%)	-	49,1	-
Teilzeit[1] (%)	-	19,7	-
Höhere Bildung[1] (%)	-	14,6	-
Lohn- und Gehaltssumme[2] (Mill. Euro)	227.709	14.436	6,3
Investitionen[2] (Mill. Euro)	55.257	4.074	7,4
Investitionen an Maschinen[2] (Mill. Euro)	48.448	3.469	7,2
Umsatz je Beschäftigten (1000 Euro)	209	215	
Investitionsquote[2, a)] (%)	4,1	3,2	-
Investitionen je Beschäftigte[2] (Euro)	8.653	6.913	-
Exportquote[2, b)]	37,3	12,4	-

1: 1999; 2: 2001; a) Investitionen in % des Umsatzes; b) Anteil des Auslandsumsatzes am Gesamtumsatz
Quellen: Statistisches Bundesamt 2003b, S.8f.; Statistisches Bundesamt 2003a, S. 196; Statistisches Bundesamt 2002b, S. 31 und S. 43; Kommission der Europäischen Gemeinschaften 2000g, S. 106 (Teilweise eigene Berechnungen)

Die Investitionen, die in der deutschen Nahrungsmittelindustrie im Jahr 1998 getätigt wurden, stehen mit einen Volumen von 4.074 Mill. Euro an fünfter

Stelle im deutschen verarbeitenden Gewerbe nach den Herstellern von Kraftwagen und Kraftwagenanteilen mit 11.572 Mill. Euro, der chemischen Industrie mit 6.680 Mill. Euro, dem Maschinenbau mit 4.952 Mill. Euro und der
Rundfunk-, Fernseh- und Nachrichtentechnik mit 4.242 Mill. Euro (vgl. Statistisches Bundesamt 2003b, S. 8ff.).

Wie sich die Umsätze der Nahrungsmittelindustrie auf die Unternehmen ver-
teilen und in welchen Zweigen des Ernährungsgewerbes sich die meisten
großen Unternehmen finden, wird im folgenden Abschnitt untersucht.

2.2.3 Die Zweige des deutschen Ernährungsgewerbes

Für einen Überblick über die deutsche Nahrungsmittelindustrie ist eine detaillierte Analyse der Wirtschaftszweige der Ernährungsbranche nach Umsatz-
größen und Exportquoten erforderlich, um zu klären, welche Zweige umsatz-
stark sind und welche eine hohe Exportorientierung aufweisen. Darüber hinaus
ist von Interesse, ob die Branche eine mittelständische Struktur aufweist.

Wie die im Anhang wiedergegebene Tabelle 6-A zeigt, wurden die größten
Inlandsumsätze im Jahr 2001 von der Milchverarbeitung[17] mit 21.046 Mill.
Euro, der Fleischverarbeitung mit 13.045 Mill. Euro und der Backwaren-
industrie[18] mit 9.999 Mill. Euro getätigt. Dagegen weisen Zweige wie die
Alkoholbrennerei mit 43 Mill. Euro, die Herstellung von Teigwaren mit 486
Mill. Euro und die Herstellung von Malz mit 499 Mill. Euro die niedrigsten
Umsätze der Ernährungsindustrie auf.

Betrachtet man die Auslandsumsätze, so lassen sich die größten Umsätze in
den Bereichen Milchverarbeitung[19] mit 3.537 Mill. Euro, Süßwaren[20] mit
1.500 Mill. Euro und Herstellung von rohen Ölen und Fetten mit 983 Mill.
Euro ausmachen (s. Anhang, Tab. 6-A). Allerdings kennzeichnen die Auslandsumsätze allein nicht eindeutig die Exportorientierung eines Zweiges, so

---

[17] Ohne Herstellung von Speiseeis.
[18] Ohne Herstellung von Dauerbackwaren.
[19] Ohne Herstellung von Speiseeis.
[20] Ohne Herstellung von Dauerbackwaren.

daß es sinnvoll erscheint, die Exportquoten[21] der einzelnen Zweige einzubeziehen (s. Anhang, Tab. 6-A). Wie Tabelle 6-A zeigt, besteht die größte Exportorientierung in den Zweigen Herstellung von Stärke und Stärkeerzeugnissen
mit einem Anteil von 46,4%, Herstellung von raffinierten Ölen und Fetten mit
einem Anteil von 42,9% und Herstellung von rohen Ölen und Fetten mit einem
Anteil von 40,1%.

Für diese Arbeit ist es von Bedeutung zu klären, ob die Zweige der Ernährungsindustrie mit hoher Exportorientierung eher durch mittelständische Unternehmen oder durch Großunternehmen geprägt sind. Die Tabellen 7-A und
8-A zeigen, daß die Ernährungsindustrie insgesamt eine überwiegend mittelständische Struktur aufweist (vgl. Anhang, Tab. 7-A und 8-A). Im Jahr 2001 gab
es ein Anteil von 54,1% kleiner Unternehmen und 43,4% mittlerer Unternehmen, der Anteil der Großunternehmen betrug dagegen nur 2,5% (vgl. Abb. 4).

Abbildung 4:   Struktur der deutschen Ernährungsbranche im Jahr 2001

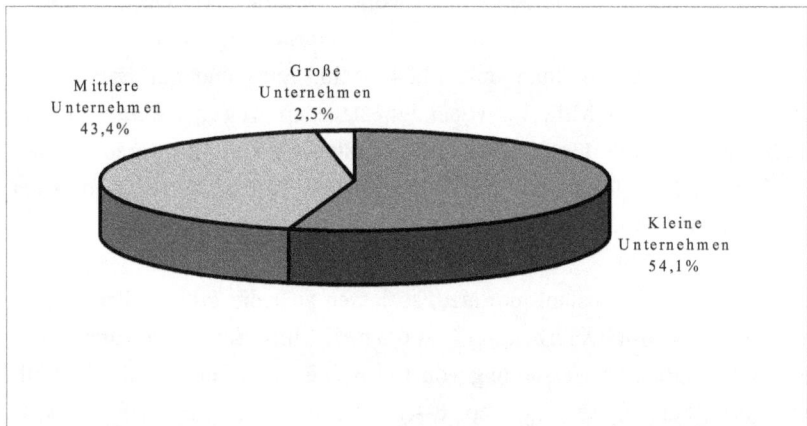

Quelle: Statistisches Bundesamt 2002a, S. 13ff. (Eigene Darstellung)

---

[21] Die Exportquote bezeichnet den Anteil des Auslandsumsatzes am Gesamtumsatz (vgl. Statistisches Bundesamt 2002b, S. 43).

48

Den höchsten Anteil am Gesamtumsatz ihres Zweiges haben KMU in den Zweigen Schlachten und Fleischverarbeitung, Obst- und Gemüseverarbeitung, sowie Herstellung von pflanzlichen und tierischen Ölen und Fetten (s. Anhang, Tab. 10-A). Betrachtet man allerdings die Durchschnittsumsätze nach KU, MU, GU, dann kommt man zum einen anderen Ergebnis (s. Anhang, Tab. 9-A). Obwohl die KMU insgesamt einen größeren Umsatzanteil aufweisen (s. Anhang, Tab. 10-A), ist ihr Durchschnittsumsatz doch geringer als bei den Großunternehmen (s. Anhang, Tab. 9-A).

Darüber hinaus beschäftigen die KMU den Großteil der Beschäftigten der deutschen Nahrungsmittelindustrie (s. Tab. 10).

Tabelle 10: Anzahl der Beschäftigten in KMU[*] und GU in der Nahrungsmittelbranche 2001

Unternehmen mit ... bis ... Beschäftigten		Anzahl der Unternehmen	Anzahl der Beschäftigten
20-49		2.393	78.428
50-99	K	1.202	83.734
100-249	M	888	135.317
250-499	U	283	97.308
Zwischensumme		**4.766**	**394.787**
500-999	G	115	79.565
1000 und mehr	U	61	114.983
Summe		**4.942**	**589.335**

[*] In den Daten des Statistisches Bundesamtes sind nur Unternehmen mit 20 und mehr Beschäftigten enthalten.
Quelle: Statistisches Bundesamt 2003b, S. 28

Im Jahr 2001 beschäftigten 4.766 KMU 394.787 Mitarbeiter. Das macht einen Anteil von 67,0% aller Beschäftigten in der Nahrungsmittelindustrie aus.

Es ist schwierig, allein auf der Basis statistischer Daten ein präzises Bild von der Struktur der Ernährungsbranche zu geben, da qualitative Kriterien von der Betrachtung ausgeschlossen bleiben. Insgesamt aber ist festzuhalten, daß die deutsche Ernährungsbranche, wenn man die Beschäftigtengrößenklassen in

Betracht zieht, mittelständisch strukturiert ist. Dabei ist zu berücksichtigen, daß die Umsätze der KMU geringer sind als die der Großunternehmen. Gleichwohl stellt die Ernährungsbranche mit ihrer mittelständischen Struktur eine der wichtigsten Branchen des deutschen verarbeitenden Gewerbes dar.

2.2.4 Die Stellung des deutschen Ernährungsgewerbes innerhalb der EU

Die Ernährungsbranche ist eine der wichtigsten Branchen des gesamten verarbeitenden Gewerbes innerhalb der EU. Die EU zählt 25.000 Unternehmen in der Nahrungsmittelindustrie, die 2,6 Mill. Mitarbeiter beschäftigen und einen jährlichen Umsatz von 600 Mrd. Euro erwirtschaften (vgl. Kommission der Europäischen Gemeinschaften 2000h, S.9).

Der Beschäftigtenanteil in der Nahrungsmittelindustrie innerhalb der EU ist im Laufe der Jahre zurückgegangen. Basierend auf dem Jahr 1995 ist die Beschäftigung bis zum Jahr 1999 um 0,2% zurückgegangen. Diese rückläufige Tendenz betrifft jedoch nicht alle EU-Staaten gleichermaßen; einige Länder verzeichnen sogar einen Zuwachs der Beschäftigung in der Ernährungsbranche (s. Tab. 11).

Tabelle 11: Veränderung des Beschäftigtenanteils im Ernährungsgewerbe innerhalb der EU von 1995 bis 1999 (1995=100)

Jahr	1996	1997	1998	1999
EU 15 (%)	100,8	98,8	99,1	99,8
B (%)	101,0	101,7	103,8	105,7
DK (%)	98,3	98,0	96,5	98,2
D (%)	98,4	95,3	94,1	95,7
EL (%)	97,1	93,2	93,4	-
E (%)	103,2	101,0	105,5	102,9
F (%)	-	-	-	-
IRL (%)	101,4	104,1	107,8	-
I (%)	108,2	103,2	101,8	104,4
L (%)	97,0	98,3	91,1	90,9
NL (%)	-	-	-	-
A (%)	97,8	94,6	96,3	95,9
P (%)	97,0	93,5	90,1	88,0
FIN (%)	97,7	97,3	94,8	98,0
S (%)	-	-	-	-
UK (%)	-	-	-	-

1995=100; -: k.A.
Quelle: Eurostat 2000, S. 50

Demnach ist der Beschäftigtenanteil des Ernährungsgewerbes zwischen 1995
und 1999 in Spanien um 2,9%, in Belgien um 5,7%, in Italien um 4,4% und in
Irland (bis 1998) sogar um 7,8% gewachsen.
In der deutschen Lebensmittelindustrie ist der Beschäftigtenanteil im gleichen
Zeitraum dagegen um 4,3% zurückgegangen. Wesentlich stärkere Rückgänge
verzeichnen noch Luxemburg mit 9,1% und Portugal mit 12,0% (vgl. Tab. 11).

Die Pro-Kopf-Personalaufwendungen sind in der europäischen Nahrungsmittelindustrie allgemein niedrig. Im Jahr 1997 betrugen sie 26.900 Ecu, wobei
die entsprechenden Personalaufwendungen für das verarbeitende Gewerbe insgesamt im Durchschnitt 33.700 Ecu betrugen (vgl. Kommission der Europäischen Gemeinschaften 2000g, S. 106).
Ein Grund für die vergleichsweise geringen Pro-Kopf-Personalaufwendungen
in der Nahrungsmittelindustrie ist in der niedrigen Qualifikation der Arbeitskräfte zu sehen. Im Jahr 1997 verfügten nur 11,0% der Beschäftigten über eine

51

höhere Bildung. Aber auch die Beschäftigung saisonaler Arbeitskräfte und der hohe Frauenanteil bieten eine Erklärung für die geringen Personalaufwendungen in der europäischen Nahrungsmittelindustrie (s. Tab. 12).

Tabelle 12:   Die Beschäftigten in der Nahrungsmittelindustrie[*] im Jahr 1999

	Frauen	Teilzeit	Höhere Bildung
EU 15 (%)	37,7	12,0	11,0
B (%)	25,5	8,0	17,3
DK (%)	37,6	20,1	9,6
D (%)	49,1	19,7	14,6
EL (%)	33,7	2,9	10,7
E (%)	31,6	3,3	14,0
F (%)	39,7	11,0	10,5
IRL (%)	27,5	7,2	19,6
I (%)	31,8	4,9	2,9
L (%)	36,8	-	-
NL (%)	35,5	25,5	14,6
A (%)	31,0	11,4	3,5
P (%)	46,0	5,8	4,5
FIN (%)	58,2	9,1	16,2
S (%)	29,6	13,3	-
UK (%)	33,0	12,2	12,1

* Eine Unterscheidung zwischen Nahrungs- und Tabakwarenindustrie ist aufgrund der statistischen Daten nicht möglich.
Quelle: Kommission der Europäischen Gemeinschaften 2000g, S. 106

Trotz des leichten Beschäftigungsrückgangs ist die Produktion in der Lebensmittelindustrie gemessen am Umsatz zwischen 1995 und 2000 gestiegen. In der EU ist sie um 8,6%, in Deutschland um 7,2% gestiegen (s. Tab. 13).

Tabelle 13: Veränderung des Umsatzes der Nahrungsmittelindustrie zwischen 1995 und 2000 (1995=100)

Jahr	1996	1997	1998	1999	2000[1]
EU 15 (%)	100,9	104,2	104,9	106,5	108,6
B (%)	104,2	109,0	111,4	106,8	113,7
DK (%)	98,0	103,7	102,7	102,4	106,0
D (%)	101,5	102,8	102,0	104,7	107,2
EL (%)	98,0	95,0	99,1	100,8	117,8[2]
E (%)	96,5	105,0	109,1	109,7	109,2
F (%)	101,6	104,8	106,0	108,0	106,2
IRL (%)	101,4	103,7	109,7	114,8	112,1[3]
I (%)	98,4	101,6	102,8	106,4	113,1
L (%)	98,4	97,4	95,4	98,8	90,3[4]
NL (%)	102,5	107,6	109,4	110,7	110,7
A (%)	99,6	108,1	112,7	116,5	120,5[2]
P (%)	105,2	106,8	109,9	114,0	113,0
FIN (%)	103,5	106,6	106,9	110,0	111,9
S (%)	106,1	106,4	106,6	105,4	104,1[2]
UK (%)	101,5	104,0	102,3	101,5	102,3

1: Stand August 2000; 2: Stand Juni; 3: Stand Januar; 4: Stand Juli
Quelle: Eurostat 2000, S. 67

Der Handel der Nahrungsmittelindustrie innerhalb der EU hat in den letzten Jahren zugenommen (s. Tab 14). Die Exporte[22] innerhalb der EU sind zwischen 1995 und 1999 von 105.487 Mill. Euro auf 129.484 Mill. Euro gestiegen. Das ist ein Anstieg von 22,7%. Aber auch die Importe[23] innerhalb der EU

---

[22] Die Begriffe Exporte oder Versendungen werden synonym verwendet, sofern von Exporten innerhalb der EU die Rede ist.

[23] Die Begriffe Importe oder Eingänge werden synonym verwendet, sofern von Importen innerhalb der EU die Rede ist.

sind im gleichen Zeitraum von 102.744 Mill. Euro auf 130.019 Mill. Euro gestiegen. Das ist ein Anstieg von 26,5%.

Tabelle 14: Intra-EU-Handel mit Nahrungsmitteln* zwischen 1995 und 1999

Jahr	Intra-EU-Exporte (Mill. Euro)			Intra-EU-Importe (Mill. Euro)		
	1995	1997	1999	1995	1997	1999
EU 15	105.487	129.879	129.484	102.744	141.283	130.019
B/L	11.687	12.812	14.595	9.875	10.362	11.671
DK	6.167	6.740	6.803	2.381	2.779	2.921
D	13.065	24.507	16.596	23.453	45.377	25.131
EL	1.229	1.289	1.333	2.562	2.672	2.823
E	7.711	9.844	10.161	6.094	6.375	7.239
F	21.865	23.196	24.103	15.701	16.678	18.267
IRL	5.021	4.719	5.232	1.750	3.800	4.431
I	7.571	8.624	9.317	12.555	13.823	14.273
NL	20.337	23.473	25.142	9.618	11.967	12.035
A	1.092	1.564	2.251	2.258	2.934	3.197
P	832	1.036	1.139	1.973	2.391	2.909
FIN	275	517	552	839	1.658	1.914
S	717	2.255	2.944	1.875	4.670	6.098
UK	7.917	9.302	9.316	11.810	15.798	17.112

* Eine Unterscheidung zwischen Nahrungsmitteln und Tabakwaren war aufgrund der statistischen Daten nicht möglich.
Quelle: Eurostat 1999, S. 120; Eurostat 2000, S. 120

Die deutsche Nahrungsmittelindustrie hat eine starke Stellung innerhalb der EU. Sie realisierte im Jahr 1999 innerhalb der EU ein Exportvolumen von 16.596 Mill. Euro und nimmt somit die dritte Stelle nach den Niederlanden mit 25.142 Mill. Euro und Frankreich mit 24.103 Mill. Euro ein (s. Tab. 14).

Somit hat sich sowohl auf nationaler Ebene als auch innerhalb der EU eine starke Stellung der deutschen Nahrungsmittelindustrie innerhalb des verarbeitenden Gewerbes zeigen lassen. Obwohl sie in der betriebswirtschaftlichen

Diskussion eher ein Schattendasein führt, ist sie doch eine bedeutende Branche der deutschen Wirtschaft.

Im folgenden Teil werden die wesentlichen Theorien zur Internationalisierung diskutiert und auf ihre Bedeutsamkeit für die KMU der deutschen Nahrungs-mittelindustrie hin überprüft.

TEIL III: Internationalisierungstheorien, ihre Relevanz für die KMU der deutschen Nahrungsmittelindustrie und empirische Untersuchung

1 Theoretische Ansätze zur Internationalisierung von KMU der deutschen Nahrungsmittelindustrie

Die Erklärung von Internationalisierungsstrategien von KMU der deutschen Nahrungsmittelindustrie erfordert auch eine Diskussion von Internationalisierungstheorien. Ziel dieses Abschnitts ist daher die Ermittlung eines theoretischen Modells, das die Internationalisierung von KMU der deutschen Nahrungsmittelindustrie erklären kann.

Die grenzüberschreitende Tätigkeit von Unternehmen bildet seit vielen Jahren einen Gegenstand der wirtschaftswissenschaftlichen Forschung (vgl. Dülfer 2001, S. 103). Je nach Betrachtungsebene lassen sich volkswirtschaftliche und betriebswirtschaftliche Ansätze unterscheiden, die durch verschiedene Theorien die Entstehung von Außenhandelsströmen zwischen den Ländern bzw. die Internationalisierung von Unternehmen zu erklären versuchen. Da es inzwischen eine Fülle von internationalisierungstheoretischen Ansätzen[24] sowohl in Gestalt von Außenhandels- wie auch Internationalisierungstheorien gibt (vgl. Macharzina 1982, S. 111ff.), die jeweils durch verschiedene Zielsetzungen gekennzeichnet sind, wird hier kein Anspruch auf deren vollständige Reflexion erhoben. Daher werden an dieser Stelle nur einige der wichtigsten genannt und auf ihre Relevanz zur Erklärung der Internationalisierung von KMU der deutschen Nahrungsmittelindustrie hin überprüft.

---

[24] Zu einer detaillierten kritischen Würdigung zahlreicher theoretischer Ansätze siehe Macharzina 1982, S. 111ff.

1.1 Theorien des Außenhandels

Bis etwa Mitte der siebziger Jahre lassen sich in erster Linie volkswirtschaftliche theoretische Ansätze zur Erklärung der Internationalisierung ausmachen. Bei diesen Ansätzen ging es hauptsächlich um die Identifizierung von Faktoren, die eine internationale Arbeitsteilung vorteilhaft erscheinen lassen (vgl. Müller/Kornmeier 2002, S. 213f.).

Als deren Ansätze lassen sich Smiths Theorie der absoluten Kostenvorteile (1776) und Ricardos Theorie der komparativen Kostenvorteile (1821) benennen. Heckscher (1966, S. 276ff.) und Ohlin (1931) entwickelten die Theorie der Faktorproportionen. Das Heckscher/Ohlin-Theorem beruht auf der Annahme, daß sich der Handel zwischen den Ländern lohnt, wenn die Länder Unterschiede in den Faktorproportionen (Boden, Kapital, Arbeit) aufweisen, weil dann komparative Kostenvorteile entstehen (vgl. Rose 1999, S. 409ff.). Das Heckscher/Ohlin-Theorem war lange Zeit der entscheidende Erklärungsansatz für die außenwirtschaftliche Diskussion (vgl. Dieckheuer 2001, S. 85ff.). Die empirische Untersuchung von Leontief zeigte jedoch das Paradox auf, daß die amerikanischen Exportgüter arbeitsintensiver waren als die Importgüter, obwohl die USA mit dem Faktor Kapital stärker ausgestattet waren als mit dem Faktor Arbeit (vgl. Leontief 1956, S. 386ff., besonders S. 398f.). Diese Feststellung führte zu einer Erweiterung des Heckscher/Ohlin-Theorems durch die Aufnahme weiterer Faktoren. In der Neofaktorentheorie[25] hat die Qualität des Faktors Arbeit im Sinne von Managementpotential eine besondere Beachtung gefunden (vgl. Kutschker/Schmid 2004, S. 385; Stein 1998, S. 61). Laut dieser Theorie wird ein Land mit hohem Ausbildungsstandard vor allem solche Güter produzieren und exportieren, die ein hohes Niveau an qualitativen Arbeitsleistungen erfordern (vgl. Pensel 1977, S. 49f.).

Neotechnologische Theorien erklären das Entstehen des Außenhandels dadurch, daß komparative Kostenvorteile auch dann auftreten, wenn internationale Unterschiede in der Technologie bestehen (vgl. Stein 1998, S. 61f.). So werden Exporte aufgenommen, wenn ein Land über eine technologische Innovation verfügt, die ihm einen komparativen Kostenvorteil verschafft. Die kom-

---

[25] Heinen benutzt die Bezeichnung Human-Skill-Theorie, was sich mit Arbeits-Qualitäts-Theorie übersetzen läßt (vgl. Heinen 1982, S. 107).

parativen Kostenvorteile entstehen also aufgrund eines technologischen Unterschieds (technologische Lücke) zwischen dem Export- und dem Importland (vgl. Hufbauer 1966, S. 23ff.; Posner 1961, S. 324ff.).

Weitere Theorien des internationalen Handels versuchen die Entstehung von Exporten zwischen Ländern durch Lernprozesse zu erklären (vgl. Posner 1961, S. 325f.; Arrow 1962, S. 155ff.). Demnach entstehen immer dann Exporte, wenn ein Land über hohe kumulierte Produktionsmengen verfügt. Dementsprechend wird die Technologie eines Landes von seinen kumulierten Produktionsmengen bestimmt, so daß es durch Lerneffekte eine innovative Technologie hervorbringen kann, die ihm Kostenvorteile in der Fertigung verschafft. Auf diese Weise ermöglichen es die komparativen Kostenvorteile, die durch innovative Produktionstechnologie entstehen, größere Mengen zu produzieren und zu exportieren (vgl. mehr dazu auch Perlitz 2000, S. 85ff.; Müller/Kornmeier 2002, S. 259).

Ein weiterer Ansatz, der den internationalen Handel erklärt, ist der Economies of Scale-Ansatz (vgl. Hufbauer 1970, S. 176ff.). Dieser besagt, daß aufgrund eines großen Inlandsmarkts und einer großen Inlandsnachfrage größere Mengen produziert werden und somit Fixkostendegressionseffekte entstehen. Somit wird laut dieser Theorie ein Land solche Güter exportieren, die am meisten von der Massenproduktion profitieren (vgl. Müller/Kornmeier 2002, S. 259; Perlitz 2000, S. 93f.).

Weder die klassischen noch die neueren Außenhandelstheorien geben aufgrund ihrer Ausrichtung auf die Erklärung internationaler Handelsströme Auskunft über das Internationalisierungsverhalten von KMU. Zwar versuchen sie die Entstehung von Exporten zu erklären, die zweifellos eine der wichtigsten Internationalisierungsstrategien der KMU der deutschen Nahrungsmittelindustrie darstellen, aber das geschieht immer auf gesamtwirtschaftlicher Ebene und nicht auf Ebene der Einzelunternehmung. Außerdem lassen ihre überwiegend restriktiven Annahmen, die aus einer Faktorimmobilität, vollständiger Konkurrenz usw. (vgl. Heinen 1982, S. 110) resultieren, es nicht zu, auch andere Formen der Internationalisierung wie Direktinvestitionen oder Kooperationen im weitesten Sinne zu berücksichtigen. Erst die Untersuchung von Hymer hat gezeigt, daß es gerade die Marktunvollkommenheiten sind, die die

Direktinvestitionen erklären (vgl. Hymer 1976). Auch wenn Direktinvestitionen oder Kooperationen nicht an erster Stelle der Markteintrittsstrategien von KMU der deutschen Nahrungsmittelindustrie stehen, so gibt es doch auch solche KMU, die diese Internationalisierungsstrategien nutzen (vgl. Teil V, Tab. 64).

Zusammenfassend läßt sich sagen, daß die Theorien des Außenhandels makroökonomisch angelegt sind und dabei wohlfahrtstheoretische Aspekte in Betracht ziehen. Sie werden im folgenden nicht weiter verfolgt, zumal sie komplexe betriebswirtschaftliche Aspekte unberücksichtigt lassen, die für Entscheidungen bei der Gestaltung von Internationalisierungsstrategien wichtig sind, bspw. die fremde Umwelt, mit der Unternehmen bei ihrer Internationalisierung konfrontiert werden.

1.2   Theorien der Direktinvestition

Im folgenden ist einigen Ansätzen zur Erklärung von Direktinvestitionen (vgl. Glaum, 1996, S. 45ff.; Schäfer 1995, S. 38ff.) nachzugehen und deren Relevanz für die KMU der deutschen Nahrungsmittelindustrie zu reflektieren.

Bis Anfang der sechziger Jahre[26] wurden Direktinvestitionen durch die Theorie der Kapitalbewegungen und insbesondere durch Zinssatzunterschiede erklärt (vgl. Stein 1998, S. 40). Darunter sind die einfache und die erweiterte Zinssatztheorie zu nennen (vgl. Kutschker/Schmid 2004, S. 397ff.; Schäfer 1995, S. 39). Die erste erklärt Direktinvestitionen aufgrund von Unterschieden in den absoluten Zinssätzen zwischen den Ländern. Laut dieser Theorie wird Kapital von Ländern mit ausreichender Kapitalausstattung und entsprechend niedrigen Zinssätzen in Länder mit geringerer Kapitalausstattung und dementsprechend höheren Zinssätzen transferiert (vgl. Kutschker/Schmid 2004, S. 398). Dabei wird davon ausgegangen, daß zwischen verschiedenen Ländern Unterschiede in der Faktorausstattung bestehen, wobei allerdings nur der Faktor Kapital berücksichtigt wird, und im Unterschied zur Theorie der Faktorproportionen wird er

---

[26] Hymers Theorie entstand 1960, wurde aber erst 1976 veröffentlicht. Seine Arbeit hat neue Erkenntnisse zur Erklärung von Direktinvestitionen gebracht, die bis dahin unberücksichtigt geblieben waren. Der Theorie von Hymer wird weiter unten nachgegangen.

hier als mobil angenommen (vgl. Heinen 1982, S. 108). Ein weiterer Nachteil besteht darin, daß weder Transfer- und Informationskosten des Kapitals noch Risiken aufgrund von Wechselkursen oder staatlichen Restriktionen u.ä. berücksichtigt werden. Diese Schwächen versucht die erweiterte Zinssatztheorie zu überwinden. (vgl. Heidhues 1969, S. 55ff.). Maßgebend ist dabei die Annahme, daß die absoluten Zinsdifferenzen zwischen den verschiedenen Ländern höher ausfallen sollen als die Informations- und Transferkosten, so daß letztere überkompensiert werden (vgl. Heidhues 1969, S. 59). Zudem nimmt die erweiterte Zinssatztheorie auch Risiken und Unsicherheiten in Betracht (vgl. Heidhues 1969, S. 56f.). Da aber solche Informationen von den Investoren stets subjektiv zu bewerten sind, ist eine Aussage über die Richtung und den Umfang der Investitionen nicht mehr möglich (vgl. Heinen 1982, S. 109; Heidhues 1969, S. 57f.). Ferner ist den Zinssatztheorien die Schwäche gemeinsam, daß sie mögliche Investitionsmotive nicht erklären können (vgl. Heidhues 1969, S. 154).

Anders als die genannten Theorien versucht Aliber, Direktinvestitionen mittels zweier Ansätze zu erklären (vgl. Aliber 1970; Aliber 1971, S. 51ff.). Erstens durch den Zollraumansatz und zweitens durch den Währungsraumansatz (vgl. Aliber 1970, S. 21ff.). Der erste besagt, daß bei einem einheitlichen Währungsraum[27] mit unterschiedlichen Zöllen die Entscheidung über eine Direktinvestition im Ausland nur von reinen Standortüberlegungen abhängt (vgl. Aliber 1970, S. 34). Darüber hinaus gibt er eine Erklärung zur Auswahl der Form der Auslandstätigkeit (Export, Lizenz, Direktinvestition). Laut Aliber hängt diese Entscheidung von der Größe des Absatzmarkts, der Höhe der Zolltarife, dem Wert des monopolistischen Vorteils und den Kosten für eine Auslandsplanung bei einer Direktinvestition ab (vgl. Aliber 1970, S. 31). Wenn die Zolltarife zu hoch sind, erscheinen Exporte zu wenig profitabel bzw. wenn die Marktgröße zu gering ist und die fixen Informationskosten zu hoch, dann würde eine Entscheidung für eine Lizenzvergabe leichter fallen als eine Direktinvestition, wobei letztere mit zunehmender Größe des Absatzmarkts profitabler erscheint (vgl. Aliber 1970, S. 32f.). Alibers zweiter Ansatz kann Direktinvesti-

---

[27] Aliber nimmt an, daß die Unternehmen zu ihrer Refinanzierung nur Kapital aus dem Währungsraum der Muttergesellschaft entnehmen, was aber nicht realistisch erscheint. Vielmehr entnehmen multinationale Unternehmen das Kapital für ihre Refinanzierung auch aus den Ländern, in denen sie direkt investieren (vgl. Jahrreiß 1984, S. 180).

tionen besser erklären. Der Währungsraumansatz nimmt an, daß Kapital von Ländern mit aufwertungsverdächtigen Währungen in Länder mit abwertungsverdächtigen Währungen fließt. Diese Annahme wird dadurch begründet, daß Direktinvestitionen in Ländern mit hohen Kapitalisierungszinssätzen durch Unternehmen getätigt werden, die aus Ländern mit niedrigem Kapitalisierungszinssatz stammen und einen entsprechend hohen Marktwert haben. Daraus leitet sich Alibers Erklärung ab, daß Direktinvestitionen von Ländern mit aufwertungsverdächtigen Währungen in Ländern mit abwertungsverdächtigen Währungen getätigt werden (vgl. Aliber 1970, S. 28ff.).

Zusammenfassend könnte man sagen, daß Aliber Direktinvestitionen durch unterschiedliche Wechselkursrisiken erklärt, die zu differenzierten Zinssätzen führen (vgl. Aliber 1970, S. 34).

Die Kritik, auf die Alibers Modell gestoßen ist, umfaßt folgende Punkte: Das Modell ist monokausal, es berücksichtigt nur den Zinssatz als Anreiz zu Direktinvestitionen. Es erscheint jedoch fraglich, ob allein Differenzen von Zinssätzen Direktinvestitionstätigkeiten von Unternehmen erklären können (vgl. Heinen 1982, S. 140). Außerdem könnte man nach Alibers Ansatz annehmen, daß Direktinvestitionen überwiegend von Industrieländern in Entwicklungsländer fließen, da die letzteren eher abwertungsverdächtige Währungen haben. Dies läßt sich aber nicht bestätigen, weil die meisten Unternehmen aus Industrieländern entgegen der Annahme in Industrieländern investieren (vgl. Kutschker/Schmid 2004, S. 402). Direktinvestitionstätigkeiten von Unternehmen innerhalb der Eurozone, in der keine Wechselkurse bestehen, kann der Währungsraumansatz von Aliber ebensowenig erklären. Auch der Zollraumansatz bietet keine Erklärung für die Auslandstätigkeit von KMU der deutschen Nahrungsmittelindustrie innerhalb des europäischen Binnenmarkts, denn er sieht als Voraussetzung die Existenz von Zolltarifen an, die jedoch innerhalb des europäischen Binnenmarkts nicht mehr bestehen. Gleichfalls beruht eine Entscheidung für Direktinvestitionen seitens KMU der deutschen Nahrungsmittelindustrie nicht allein auf Zinssatzüberlegungen, vielmehr spielen auch andere Faktoren eine Rolle, die in den Phasenmodellen der Internationalisierung diskutiert werden.

Eine ganz andere Theorie als die obengenannten klassischen Kapitaltheorien der Direktinvestition wurde von Hymer entwickelt. Er sieht die Gründe für Direktinvestitionen von Unternehmen in einer anderen Richtung (vgl. Hymer 1976). Hymer differenziert zwischen zwei Haupttypen von Direktinvestitionen. Beim ersten Typ wird angenommen, daß Direktinvestitionen getätigt werden, um eine größere Sicherheit des Kapitals zu schaffen. Ausschlaggebend ist hier, wie bei den oben genannten Theorien, der Zinssatz (vgl. Hymer 1976, S. 24). Hymers Theorie unterscheidet sich von ihnen jedoch durch die Einführung des Kontrollmotivs (vgl. Hymer 1976, S. 23). Dieses Motiv wird beim zweiten Direktinvestitionstyp eingeführt. Laut Hymer werden Direktinvestitionen im Ausland getätigt, um dort die direkte Kontrolle zu erhöhen und den Wettbewerb bspw. durch Akquisition von Unternehmen auszuschalten (vgl. Hymer 1976, S. 25ff.). Das zweite und wichtigste Motiv, das diese Theorie auszeichnet, ist das Motiv des monopolistischen Vorteils (vgl. Hymer 1976, S. 33, besonders S. 41ff.). Monopolistische Vorteile sind wichtig für Direktinvestitionen im Ausland, um die Nachteile der fremden Unternehmensumwelt im Gastland auszugleichen (vgl. Hymer 1976, S. 42ff.; Kindleberger 1969, S. 12). Solche monopolistischen Vorteile, die zu Direktinvestitionen führen, haben ihre Erklärung in folgenden Gründen (vgl. Kindleberger 1969, S. 14ff.):

- Unvollkommene Gütermärkte: Unter dieser Annahme werden Produkte angeboten, die im Vergleich mit anderen einen Vorteil für die Konsumenten aufweisen. Diese Abgrenzung entsteht durch Forschungs- und Entwicklungsmaßnahmen oder durch Marketingaktionen (vgl. Kindleberger 1969, S. 14ff.).
- Unvollkommene Faktormärkte entstehen, wenn besonders große Unternehmen mit hohen Forschungs- und Entwicklungsetats patentierte oder nicht frei verfügbare Technologien nutzen oder über besonderes technisches Wissen oder Managementfähigkeiten verfügen (vgl. Kindleberger 1969, S. 16ff.).
- Vorhandene oder entstehende Größenvorteile: Diese können sowohl bei horizontal als auch bei vertikal ausgeweiteten Unternehmen auftreten. Horizontal ausgeweitete Unternehmen können durch Massenproduktion interne Kostendegressionseffekte schaffen (vgl. Hymer 1976, S. 41; Kindle-

berger 1969, S. 19). Vertikal ausgeweitete Unternehmen können externe Kostendegressionseffekte durch die Einbeziehung vor- und nachgelagerter Stufen schaffen (vgl. Kindleberger 1969, S. 20ff.).

- Markteintrittsbarrieren seitens der Regierungen führen auch zu Direktinvestitionen, weil durch Zölle und Kontingente die lokale Industrie gefördert und vor ausländischer Konkurrenz geschützt wird. Somit sind ausländische Unternehmen in solchen Ländern zur Tätigung von Direktinvestitionen gezwungen, deren hohe Zolltarife keine andere Form der Marktbearbeitung zur Ausnutzung des monopolistischen Vorteils zulassen (vgl. Kindleberger 1969, S. 25ff.).

Als Kritik an der Theorie des monopolistischen Vorteils werden folgende Punkte genannt (vgl. Buckley 1985, S. 3ff.; Buckley 1981, S. 72f.; Stein 1998, S. 50f.; Tesch 1980, S. 270ff.; Pausenberger 1982, S. 334; Kutschker/Schmid 2004, S. 409f.): Unternehmen investieren im Ausland nicht nur, um monopolistische Vorteile auszunutzen, sondern auch, um solche erst zu schaffen. Manchmal lassen sich monopolistische Vorteile nur durch gewisse Anpassungen auf Auslandsmärkte übertragen. Zusätzlich geht die Theorie des monopolistischen Vorteils davon aus, daß auch multinationale Unternehmen, die schon seit langem internationalisiert sind, nur über einen geringen Informationsstand über die Auslandsmärkte verfügen. Dies mag zwar für Unternehmen im Anfangsstadium der Internationalisierung gelten, aber Unternehmen, die bereits internationalisiert sind, verfügen meist über bessere Informationen als Unternehmen, die rein national tätig sind. Außerdem kann diese Theorie nicht die Gründe erklären, warum Unternehmen über Jahre hinweg in anderen Ländern investieren, und schließlich gibt sie auch keine Erklärung, wieso Unternehmen nicht andere Formen der Internationalisierung wählen.

Die Annahme, daß Direktinvestitionen aufgrund von Markteintrittsbarrieren seitens der Regierungen getätigt werden, kann ebensowenig die Direktinvestitionstätigkeit von Unternehmen innerhalb der EU erklären.

Hymers Theorie kann gleichwohl eine gewisse Relevanz auch für die Internationalisierung von KMU der deutschen Nahrungsmittelindustrie beanspruchen. Besonders für innovationsfreudige KMU kann die Schaffung und Wahrung eines monopolistischen Vorteils bspw. durch Produktspezialisierungen ein

Erklärungsmotiv für eine Internationalisierung im weitesten Sinne sein. Insgesamt besitzt die Theorie des monopolistischen Vorteils jedoch nur eine untergeordnete Relevanz für die Erklärung des Internationalisierungsverhaltens von KMU der deutschen Nahrungsmittelindustrie, zumal sie sich nur auf große Unternehmen bezieht.

Ein weiterer Ansatz zur Erklärung von Direktinvestitionen ist die Theorie des oligopolistischen Parallelverhaltens, die auf Knickerbocker zurückgeht (vgl. Knickerbocker 1973). Haupterklärungsvariable dieser Theorie für die Analyse des Direktinvestitionsverhaltens von Unternehmen ist die Annahme einer oligopolistischen Marktstruktur. Diese ist durch wenige Anbieter gekennzeichnet, deren Produkte substituierbar sind; ferner hat das Verhalten eines Anbieters unmittelbar Auswirkungen auf das Verhalten seiner Wettbewerber (vgl. Knickerbocker 1973, S. 4f.). Dieses oligopolostische Gleichgewicht kann aus zwei Gründen gestört werden. Zum einen, wenn ein Anbieter aus dem nationalen Markt im Ausland eine Direktinvestition tätigt und zum anderen, wenn ein ausländischer Anbieter auf dem Heimatmarkt investiert. Daraus folgen zwei Reaktionen (vgl. Jahrreiß 1984, S. 208):

- Das Follow-the-Leader-Verhalten: Dieses wird dann relevant, wenn ein Unternehmen aus dem nationalen Markt mit oligopolistischer Marktstruktur im Ausland eine Direktinvestition tätigt. In diesem Fall wird das oligopolistische Gleichgewicht gestört und seine Wettbewerber werden ihm folgen und ebenfalls im Ausland investieren, so daß am Ende das oligopolistische Gleichgewicht wiederhergestellt wird.
- Das Cross-Investment-Verhalten geht ebenfalls von der Existenz einer oligopolistischen Marktstruktur auf nationaler Ebene aus, wobei in diesem Fall ein ausländischer Wettbewerber durch Direktinvestitionen in den Heimatmarkt eindringt. Als Antwort werden die inländischen Unternehmen auf dessen eigenem Heimatmarkt investieren, so daß die Störung des oligopolistischen Verhaltens behoben wird.

Beide Reaktionen gehen von einen defensiven Motiv für Direktinvestitionen aus, weil, wie Knickerbocker behauptet, ein offensives Verhalten bei oligopolistischer Marktstruktur Reaktionen auslöst, die negative Rückwirkungen haben (vgl. Knickerbocker 1973, S. 6ff.). Die beiden Reaktionshypothesen wurden von Knickerbocker und Graham empirisch überprüft. Knickerbocker untersuchte 187 US-amerikanische Unternehmen aus der verarbeitenden Industrie im Zeitraum 1948 bis 1967 (vgl. Knickerbocker 1973, S. 32ff.). Seine Ergebnisse haben das Follow-the-Leader-Verhalten bestätigt, wobei seine Studie zeigte, daß ungefähr die Hälfte der Direktinvestitionen einer Branche innerhalb von drei Jahren erfolgte und in sieben Jahren drei Viertel der Direktinvestitionen getätigt waren (vgl. Knickerbocker 1973, S. 193). Graham untersuchte die zweite Reaktionshypothese, das Cross-Investment-Verhalten, anhand der Reaktionen europäischer Unternehmen auf Direktinvestitionen US-amerikanischer Unternehmen in Europa (vgl. Graham 1978, S. 88ff.). Seine Daten beziehen sich auf 187 US-amerikanische und 88 europäische Unternehmen aus 22 verschiedenen Branchen zwischen 1965 und 1972. Dabei konnte Graham teilweise signifikante Zusammenhänge nachweisen (vgl. Graham 1978, S. 84ff.). Trotz ihrer empirischen Bewährung durch Knickerbocker und Graham genügt diese Theorie aber nicht den Anforderungen für die Erklärung von Direktinvestitionen oder generell von Internationalisierungsstrategien von Unternehmen (vgl. Heinen 1982, S. 134). Sicherlich können Störungen des oligopolistischen Gleichgewichts zu Direktinvestitionen führen, aber dies ist nicht der einzige Grund, aus dem Direktinvestitionen getätigt werden. Es gibt noch weitere Gründe, die zu Direktinvestitionen führen können, wie bspw. zurückgehende Inlandsnachfrage (vgl. Stein 1998, S. 60). Des weiteren gibt die Theorie keine Erklärung für das Verhalten des Erstinvestors. Die Gründe, die ihn veranlassen, im Ausland zu investieren, bleiben ungeklärt. Knickerbocker selbst verweist nur auf die Produkt-Zyklus-Theorie von Vernon (vgl. Knickerbocker 1973, S. 10ff.). Überdies ist das Follow-the-Leader-Verhalten nicht allein eine oligopolistische Reaktion, sondern ganz allgemein können Direktinvestitionen eines Unternehmens im Ausland seine Wettbewerber dazu anregen, ihm zu folgen, weil sie sich vom Auslandsmarkt ebenfalls attraktive Gewinnmöglichkeiten erwarten (vgl. Braun 1988, S. 160f.). Abschließend ist zu erwähnen, daß sich der Erklärungswert dieser Theorie nur auf oligopolistisch strukturierte Märkte beschränkt und daher keinen Aufschluß über polypolistische Märkte gibt, insbesondere nicht für Branchen mit überwiegend mittelständischer Struktur (vgl. Kutschker/Schmid 2004, S. 414).

Ihr Nutzen zur Erklärung des Direktinvestitionsverhaltens von KMU der deutschen Nahrungsmittelbranche kann also als eher gering veranschlagt werden. Diese Einschätzung wird schließlich dadurch gestützt, daß schnelles Reaktionsverhalten durch Direktinvestitionen eine hohe Kapazität u.a. an personellen und finanziellen Ressourcen voraussetzt.

Zusammenfassend ist hier festzuhalten, daß diese Erklärungsansätze partialanalytisch angelegt sind und deshalb nur Erklärungen für eine bestimmte Form des internationalen Engagements, nämlich der Direktinvestition liefern können. Sie sind nicht in der Lage, auch weitere Formen der Internationalisierung zu erklären, die für KMU der deutschen Nahrungsmittelindustrie eine größere Relevanz besitzen. Außerdem bieten sie eine Erklärungsbasis vor allem für große Unternehmen, die über eine gewisse Ausstattung mit Ressourcen verfügen. Aus diesen Gründen werden diese Theorien im folgenden nicht ausführlicher behandelt.

1.3 Übergreifende Erklärungsansätze der Internationalisierung

In den obigen Ausführungen wurden die Theorien des Außenhandels und der Direktinvestition vorgestellt und hinsichtlich ihrer Relevanz für das Internationalisierungsverhalten der KMU der deutschen Nahrungsmittelindustrie diskutiert. In diesem Abschnitt werden weitere Erklärungsansätze der Internationalisierung dargestellt, die zwei (Exporte, Direktinvestitionen) bzw. drei (Exporte, Lizenzen, Direktinvestitionen) Internationalisierungsformen berücksichtigen und somit das Internationalisierungsverhalten von KMU der deutschen Nahrungsmittelindustrie realistischer widerspiegeln.

1.3.1 Vernons Produkt-Zyklus-Ansatz

Die Produkt-Zyklus-Theorie von Vernon[28] erklärt sowohl den Außenhandel (vgl. Wells 1972b; Wells 1972c) als auch Direktinvestitionen (vgl. Vernon 1966, S. 190ff.). Sie beschreibt im Gegensatz zur Lebens-Zyklus-Theorie der nationalen Marketinglehre nicht nur den Lebens-Zyklus eines Produkts, sondern betrachtet auch noch Export und Auslandsproduktion eines Produkts im Zeitablauf (vgl. Kutschker/Schmid 2004, S. 431).

In der Produkt-Zyklus-Theorie wird angenommen, daß bei der Produktion Kostendegressionseffekte erzielt werden (vgl. Vernon 1966, S. 191) und daß Nachfragepräferenzen in den jeweiligen Ländern eine ähnliche Entwicklung aufweisen, jedoch in unterschiedlichen Zeiträumen, was durch die Einkommenentwicklung zu erklären ist. Laut dieser Theorie herrscht keine vollkommene Information, und die Informationsbeschaffung ist wegen der räumlichen Entfernung mit Kosten verbunden (vgl. Vernon 1966, S. 192f. und S. 195; Wells 1972b, S. 5f.).

Vernon gliedert die Internationalisierung von Unternehmen in folgende Phasen:

- In der Einführungsphase finden Entwicklung und Produktion im Heimatland statt (vgl. Vernon 1966, S. 195f.). In dieser Phase kann das Produkt nicht standardisiert werden, und bei der Herstellung werden qualifizierte Arbeitskräfte benötigt. Somit sind die höheren Lohnkosten in dieser Phase nebensächlich. Die Preiselastizität der Nachfrage ist in dieser Phase eher gering. Somit spielen die höheren Preise beim Erstabsatz keine wichtige Rolle, da das Produkt auf Märkten mit hoher Kaufkraft abgesetzt wird (vgl. Vernon 1966, S. 195). Mit steigender Nachfrage nach dem Produkt wird seine Herstellung immer mehr vereinheitlicht und die Preiselastizität der Nachfrage nimmt zu. Langsam entwickelt sich eine Auslandsnachfrage – zunächst nur von Industrieländern –, die aber vorerst eher gering ausfällt und durch Exporte befriedigt werden kann (vgl. Vernon 1966, S. 196).

---

[28] Die Produkt-Zyklus-Theorie bildete einen sehr wichtigen Erklärungsansatz für die Exporttätigkeit sowohl auf Industrieebene als auch auf Länderebene (vgl. die Aufsätze in Wells 1972a).

- Die zweite Phase der Produkt-Zyklus-Theorie ist durch eine Zunahme der Vereinheitlichung der Herstellung des Produkts gekennzeichnet, so daß größere Mengen produziert werden können. Die steigende Nachfrage führt zu größeren Produktionsmengen und dementsprechend zu Kostendegressionen. Die Produktion, die in der ersten Phase arbeitsintensiv war, wird immer kapitalintensiver. Neue Wettbewerber treten zunächst im Heimatmarkt und später auch im Ausland auf, so daß Überlegungen zu Preissenkungen und günstigeren Produktionsstandorten an Bedeutung gewinnen. Die Entscheidung für eine Direktinvestition wird um so dringlicher, je mehr die bisher durch Export bearbeiteten Märkte von Konkurrenzprodukten bedroht werden (vgl. Vernon 1966, S. 196ff.).
- In der dritten Phase oder Standardisierungsphase ist das Produkt vollkommen standardisiert und die Herstellung völlig vereinheitlicht. Die Preiselastizität der Nachfrage ist sehr hoch, so daß der Preis die wichtigste Rolle spielt. Die Kostenstruktur spielt in dieser Phase ebenfalls eine große Rolle, und somit entstehen weitere Überlegungen zur Verlagerung des Produktionsstandortes in Entwicklungsländer, da dort die Lohnkosten niedriger sind und keine hohen Anforderungen an die Qualität der Arbeitskräfte mehr gestellt werden. In dieser Phase wird die Produktion im Heimatmarkt aufgegeben und in anderen Industrieländern stark eingeschränkt. Der Heimatmarkt wird jetzt durch Reimporte aus Entwicklungsländern bedient (vgl. Vernon 1966, S. 202ff.).

Die Produkt-Zyklus-Theorie von Vernon besitzt einen dynamischen Charakter, aber es ist fraglich, welche Relevanz sie heute noch beanspruchen kann. Sie trat zuerst nur für den US-amerikanischen Markt als Erklärung zur Entstehung multinationaler Unternehmen auf, weil die USA in den sechziger Jahren zwei wichtige Charakteristika aufwiesen: Das Durchschnittseinkommen war im Vergleich zu europäischen Ländern doppelt so hoch und die Kapitalausstattung war ebenfalls sehr hoch (vgl. Stein 1998, S. 64). So erklärt sich auch die Aufteilung in Vernons Theorie zwischen USA, Industrieländern und Entwicklungsländern. Im Zuge der wachsenden Verflechtung der Wirtschaften und der Angleichung des Pro-Kopf-Einkommens in den Industrieländern hat ihre Erklärungskraft jedoch abgenommen (vgl. Welge/Holtbrügge 2003, S. 59; Vernon

1979, S. 265; Vernon 1999, S. 40). Trotz dieser Kritik besitzt der Produkt-Zyklus-Ansatz weiter Gültigkeit besonders für kleine und mittlere Unternehmen mit geringem Internationalisierungsgrad, aber auch für größere Unternehmen mit technologischen Innovationen, die eine hohe Komplexität aufweisen und nicht sofort auf andere Länder übertragbar sind (vgl. Vernon 1979, S. 265ff.).

Obwohl dieser Ansatz Gründe für eine Exporttätigkeit bzw. eine Direktinvestitionstätigkeit im Ausland zutreffend wiedergibt, ist seine Relevanz für die Erklärung der Internationalisierung von KMU der deutschen Nahrungsmittelindustrie als eher gering zu veranschlagen. Die Annahme des Modells über den Ablauf einer Internationalisierung zunächst durch Exporte und dann durch Direktinvestitionen erscheint zwar realistisch, es finden aber keine weiteren Alternativen des Auslandsengagements Berücksichtigung. Es lassen sich auch keine Aussagen über weitere Entscheidungsgründe für eine Internationalisierung machen. Vernon selbst betrachtete sein Modell nicht als musterhaft für alle Produktinnovationen, sondern nur für Produkte des gehobenen Bedarfs, die durch einen hohen Forschungs- und Entwicklungsaufwand charakterisiert sind und deswegen in der Einführungsphase nur an Konsumenten mit hohem Pro-Kopf-Einkommen abgesetzt werden (vgl. Vernon 1966, S. 192f.). Dies mag bei Gebrauchsgütern oder Industriegütern mit einer hohen Komplexität durchaus der Fall sein, für Nahrungsmittel trifft es jedoch weniger zu.

1.3.2 Teschs standorttheoretischer Ansatz

Die Aufnahme einer Auslandstätigkeit hängt sehr eng mit Standortentscheidungen zusammen. Viele Ansätze betrachten die Standorttheorien nur mit Blick auf Direktinvestitionen (vgl. Braun 1988, S. 282ff.; Jahrreiß 1984, S. 93ff.). Als ein standorttheoretischer Ansatz, der noch weitere Formen der Internationalisierung berücksichtigt, ist der von Tesch zu nennen (vgl. Tesch 1980). Die frühere Literatur zur betriebswirtschaftlichen Standorttheorie war mit Standortentscheidungen innerhalb eines Landes befaßt, ohne weitere Standortfaktoren zu erfassen, die international von Bedeutung sind (vgl. Braun 1988, S. 283). Teschs standorttheoretischer Ansatz ist eine umfassende Standorttheorie, die sich nicht auf bestimmte Branchen oder Länder beschränkt (vgl. Tesch 1980,

S. 40). Außerdem versucht Tesch sowohl Exporte als auch Direktinvestitionen sowie am Rande auch Lizenzvergaben zu erklären, weil seiner Meinung nach Export und Direktinvestition alternative Formen des Auslandsengagements sind und überwiegend von gleichen Faktoren beeinflußt werden (vgl. Tesch 1980, S. 35 und S. 330).

Zentrale Erklärungsvariablen für die Analyse von Formen des Auslandsengagements sind für Tesch die standortbedingten Wettbewerbsvorteile oder kurz Standortvorteile (vgl. Tesch 1980, S. 328). Diese führen zu Verfügbarkeits-, Preis- und Nicht-Preisvorteilen sowie zu Verfahrens- und Skalenvorteilen. Diese Vorteile werden sowohl für nationale wie auch für internationale Standorte betrachtet (vgl. Tesch 1980, S. 329). Dies bildet die Grundlage für Teschs Erklärung der Entstehung des internationalen Handels, der Tätigung von Direktinvestitionen und der Vergabe von Lizenzen (vgl. Tesch 1980, S. 330).

So entsteht laut Tesch internationaler Handel aufgrund eines Wettbewerbsvorteils, den das Exportunternehmen gegenüber Konkurrenzunternehmen in Bezug auf die Verfügbarkeit, den Preis oder die Nicht-Preis-Präferenzen der Konsumenten erzielt (vgl. Tesch 1980, S. 330). Solche Vorteile sind standortbedingt, das heißt, sie ergeben sich aus dem Standort des Unternehmens in einem bestimmten Land (vgl. Tesch 1980, S. 331).

Tesch erklärt die Entstehung von Exporten nur aufgrund eines standortbedingten Wettbewerbsvorteils (vgl. Tesch 1980, S. 332), er verkennt jedoch, daß Exporte auch entstehen können, um Wettbewerbsvorteile zu erzielen, zu wahren oder auszubauen.

Die Annahme, daß eine Exporttätigkeit allein aufgrund standortbedingter Wettbewerbsvorteile entsteht, müßte allerdings dazu führen, daß alle Unternehmen eines Standorts ebenfalls ins Ausland exportieren, da sie dort die gleichen standortbedingten Vorteile genießen, was aber nicht realistisch ist.

Die Tätigung von Direktinvestitionen erklärt Tesch im Gegensatz zur Theorie von Hymer und Kindleberger, die oben analysiert wurde, als Suche nach standortbedingten Wettbewerbsvorteilen (vgl. Tesch 1980, S. 334). So weichen Unternehmen durch die Tätigung von Direktinvestitionen im Ausland standortbedingten Wettbewerbsnachteilen wie Handelshemmnissen, langen Transportwegen, unterschiedlichen Produktionsbedingungen u.a. aus und versuchen, die Wettbewerbsvorteile anderer Standorte auszunutzen (vgl. Tesch 1980, S. 334f.). Teschs Erklärung für die Entstehung von Direktinvestitionen bietet ohne Zweifel eine wichtige Ergänzung zu den Theorien der Direktinvestition und insbesondere zu der des monopolistischen Vorteils (vgl. Braun 1988, S. 322). Allerdings läßt sich nicht sagen, daß Direktinvestitionen nur dann getätigt werden, wenn tatsächlich standortbedingte Nachteile bestehen (vgl. Kutschker/Schmid 2004, S. 439). So führt Braun an, daß Unternehmen auch dann Direktinvestitionen im Ausland tätigen, wenn sie über einen Know-how-Vorsprung gegenüber lokalen Konkurrenten verfügen. Faktoren wie Know-how sind jedoch nicht immer standorttheoretisch zu begründen, sondern beruhen in der Regel auf der Initiative einzelner Personen im Unternehmen (vgl. Braun 1988, S. 322).

Eine Lizenz wird immer dann vergeben, wenn die lizenzierten Produkte Wettbewerbsvorteile aufweisen, etwa hinsichtlich Verfügbarkeit, Preisvorteil oder Nicht-Preis-Vorteil für den Konsumenten. Ein ausländisches Unternehmen wird eine Lizenz akzeptieren, wenn es selbst aufgrund eines standortbedingten Nachteils nicht in der Lage ist, mit begrenztem Know-how eine eigene Produktinnovation zu entwickeln bzw. die Entwicklung eines neuen Produkts wegen der damit verbundenen Kosten und Risiken selbst zu übernehmen. Ein Lizenz wird also erworben, wenn Verfügbarkeits- oder Nicht-Preis-Vorteile bestehen oder das Produktionsverfahren kostengünstig ist und somit Preisvorteile erkennen läßt (vgl. Tesch 1980, S. 335). Laut Tesch entscheidet sich ein Unternehmen für eine Lizenzvergabe, wenn ihm Exporte oder Direktinvestitionen nicht profitabel erscheinen. So wird eine Lizenzvergabe gegenüber Exporten bevorzugt, wenn im Heimatland des Lizenzgebers standortbedingte Wettbewerbsnachteile hinsichtlich Produktion und Absatz bestehen. Hingegen wird die Lizenzvergabe gegenüber einer Direktinvestition bevorzugt, wenn das Unternehmen keine Wettbewerbsvorteile im Auslandsmarkt erkennen kann (vgl. Tesch 1980, S. 336).

Teschs Beitrag bietet sicherlich eine wertvolle Erweiterung der eher national ausgerichteten betriebswirtschaftlichen Standorttheorien und gibt durchaus plausible Erklärungen zur Aufnahme von internationalen Aktivitäten. Aber ein ausschließlich standorttheoretischer Ansatz kann die Internationalisierung von Unternehmen nicht lückenlos erklären (vgl. Braun 1988, S. 320ff.). Des weiteren geht Tesch von einer vollständigen Information der Unternehmen über alle entscheidungsrelevanten Standortfaktoren aus. Dies ist jedoch nicht realistisch, weil sowohl Direktinvestitionen als auch Exporte und Lizenzvergaben häufig auch bei mangelhaften Informationen über die tatsächlichen Standortbedingungen im Ausland aufgenommen werden (vgl. Braun 1988, S. 323f.). Möglicherweise trifft Teschs Annahme für Großunternehmen mit einem gut ausgebauten Netzwerk zu, für die Mehrzahl der KMU der deutschen Nahrungsmittelindustrie scheint sie jedoch weniger realistisch zu sein, zumal wenn man bedenkt, daß diese Unternehmen ihre Informationen über Auslandsmärkte eher nichtsystematisch erfassen, was immer ein gewisses Risiko in sich birgt. Teschs Ansatz liefert zweifellos eine Vielzahl standortrelevanter Faktoren, die für eine Umweltanalyse von Unternehmen relevant sind. Für die Erklärung der Internationalisierung von KMU der deutschen Nahrungsmittelindustrie fehlen ihm jedoch weitere Determinanten, wie z.B. internationales Know-how, die in der Uppsala-Schule Berücksichtigung finden, wie weiter unten zu zeigen sein wird.

1.3.3 Dunnings eklektisches Paradigma

Dunning versucht mit seinem eklektischen Paradigma die Internationalisierung von Unternehmen und besonders die Gründe für die Aufnahme einer internationalen Produktion zu erklären (vgl. Dunning 1973, S. 289ff.). Dunning ist der Auffassung, daß die Internationalisierung von Unternehmen nicht auf eine einzelne Ursache zurückzuführen ist, sondern von vielen Faktoren abhängt (vgl. Dunning 1979, S. 274f.). Bei der Entwicklung seines Ansatzes nimmt er insbesondere Bezug auf die Theorie des monopolistischen Vorteils, die Internalisierungstheorie und die Standorttheorie (vgl. Dunning 1981, S. 32; Dunning 1979, S. 272f.). Dunning zeigt jeweils die Bedingungen, unter denen die verschiedenen Markteintritts- und Marktbearbeitungsstrategien von Vorteil sind. Er kommt so zu drei Vorteilskategorien (vgl. Dunning 1979, S. 275):

- Ownership Advantages oder Eigentumsvorteile: Ein Unternehmen besitzt unternehmensspezifische Wettbewerbsvorteile gegenüber Konkurrenten aus anderen Ländern. Sie beruhen auf besonderen Fähigkeiten des Unternehmens und sind weitgehend unabhängig von seinem Standort. Solche unternehmensspezifischen Wettbewerbsvorteile sind auf bestimmte immaterielle Vorteile zurückzuführen. Es handelt sich dabei um allgemeine Eigentumsvorteile wie bspw. Patente, Management-Know-how, bessere Nutzung der vorhandenen Kapazitäten (vgl. Dunning 1979, S. 279ff.).

- Internalisierungsvorteile ergeben sich aus der Internalisierung von Aktivitäten, wobei hier die Alternative ‚Markt' gegenüber der Alternative ‚Unternehmen' weniger vorteilhaft erscheint. So ist es in diesem Fall vorteilhafter für das Unternehmen, seine Wettbewerbsvorteile durch Ausweitung der eigenen Produktion selbst zu nutzen als sie an fremde Unternehmen durch Ressourcentransfer im Sinne von Lizenzen, Management-Verträgen usw. abzugeben. Solche unternehmensspezifischen Wettbewerbsvorteile treten dann auf, wenn sich das Unternehmen gegen Marktunvollkommenheiten schützen oder solche ausnutzen will. Dazu zählen die Vermeidung von Transaktionskosten, das Fehlen von Zukunftsmärkten u.a. (vgl. Dunning 1979, S. 288f.).

- Location Advantages oder Standortvorteile stellen die Voraussetzung für die Tätigung von Direktinvestitionen dar. Solche Vorteile ergeben sich durch die Aktivitäten eines Unternehmens an einem Standort, der bessere Bedingungen gegenüber anderen Standorten aufweist. Wenn also Eigentumsvorteil und Internalisierungsvorteil gegeben sind, ist es laut Dunning für das Unternehmen rentabel, diese Vorteile durch eine eigene Auslandsproduktion zu verwerten (vgl. Dunning 1979, 284ff.). Andernfalls werden die Auslandsmärkte per Export und der Heimatmarkt durch Inlandsproduktion bearbeitet (vgl. Dunning 1979, S. 275). Als Standortfaktoren, die zu einer Auslandsproduktion führen können, nennt Dunning staatliche Interventionen, Infrastruktur, psychische Distanz, Transportkosten u.a. (vgl. Dunning 1979, S. 276).

Laut Dunning findet ein vertraglicher Ressourcentransfer dann statt, wenn allein die erste Bedingung erfüllt ist. Wenn die beiden ersten Bedingungen erfüllt sind, wird das Unternehmen durch Exporte internationalisiert und wenn alle drei Bedingungen erfüllt sind, wird das Unternehmen auch Direktinvestitionen tätigen (vgl. Tab. 15).

Tabelle 15: Abhängigkeit von Vorteilskategorien und Form der Internationalisierung

		Advantages		
		ownership	internalisation	(foreign) location
Route of servicing market	foreign direct investment	yes	yes	yes
	exports	yes	yes	no
	contractual resource transfers	yes	no	no

Quelle: Dunning 1981, S. 32

Dunnings Ansatz ist aus folgenden Gründen eklektisch zu nennen (vgl. Dunning 1981, S. 32):

- Er integriert drei verschiedene Strömungen der Wirtschaftstheorie. So benutzt er die Industrial-Organization-Theorie, die Transaktionskostenökonomie und die Standorttheorie. Die erste erklärt die Art der unternehmensspezifischen Vorteile, die zweite setzt die Bedingungen, unter denen die Wettbewerbsvorteile internalisiert werden können, und die dritte liefert eine Erklärung der Faktoren, die den Produktionsstandort bestimmen (vgl. Dunning 1979, S. 275). Das eklektische Paradigma wird aufgrund der Anfangsbuchstaben der obengenannten Bedingungen auch kurz als OLI-Theorie bezeichnet (vgl. Dunning 1981, S. 31).
- Dunnings Ansatz erklärt nach seiner Auffassung alle Arten von Direktinvestitionen (vgl. Dunning 1979, S. 275; Dunning 1981, S. 32).
- Schließlich ist der Ansatz in der Lage, durch Kombinationen der obengenannten Vorteile die jeweilige Form der Internationalisierung von Unternehmen zu erklären (vgl. Dunning 1981, S. 32).

Dunnings eklektischer Ansatz besticht zunächst dadurch, daß er drei Theorien integriert, nämlich die des monopolistischen Vorteils, die Internalisierungstheorie und die Standorttheorie, so daß der partialanalytische Charakter dieser Ansätze zur Internationalisierung teilweise überwunden wird. Überdies gibt er eine Erklärung der Markteintritts- und Marktbearbeitungsstrategien von Unternehmen (vgl. Kutschker/Schmid 2004, S. 457).

Braun bestreitet allerdings den umfassenden Anspruch von Dunnings Ansatz, da sowohl die Theorie des monopolistischen Vorteils als auch die Theorie der Internalisierung schon alle drei Elemente (unternehmensspezifische Wettbewerbsvorteile, Internalisierungsvorteile und Standortvorteile) enthielten (vgl. Braun 1988, S. 329). Allerdings füge das eklektische Paradigma gewisse Aspekte der Internalisierungstheorie in die monopolistische Theorie ein (vgl. Braun 1988, S. 330), bleibe dabei aber in der Argumentation unbestimmter als die ursprüngliche Internalisierungstheorie, obschon es einen anschaulicheren Ansatz biete (vgl. Braun 1988, S. 337). Außerdem sei der eklektische Ansatz ebenso wie die Internalisierungstheorie und die monopolistische Theorie als statisch anzusehen und daher nur bedingt geeignet als Erklärung für die Internationalisierung von Unternehmen (vgl. Braun 1988, S. 339).

Obwohl Dunning erkennt, daß die einzelnen Vorteile sich im Laufe der Zeit ändern können (vgl. Dunning 1979, S. 275), ändert sich doch in seinem Ansatz nichts, da solche Datenänderungen als exogen erfaßt werden. Auf diese Weise gewinnt die Theorie allenfalls einen komparativ-statischen Charakter (vgl. Braun 1988, S. 339). In dieser statischen bzw. komparativ-statischen Betrachtungsweise wird angenommen, daß Unternehmen exogene Informationen umfassend und unmittelbar wahrnehmen und daraufhin rationale Entscheidungen zu ihrer Strategie treffen (vgl. Perlitz 2000, S. 129), was allerdings nur selten zutrifft. Durch diese Sichtweise läßt der Ansatz zudem Lernprozesse im Internationalisierungsprozeß von Unternehmen außer Acht (vgl. Braun 1988, S. 339).

Rationale Internationalisierungsentscheidungen können möglicherweise von großen Unternehmen getroffen werden, die über ein weitverzweigtes Informationsnetzwerk verfügen, für KMU scheint eine solche Annahme aber eher an der Realität vorbeizugehen.

Dunnings eklektischer Ansatz zeigt einen Entscheidungsweg für Unternehmen, der mehr als zwei Internationalisierungsformen beinhaltet und ist somit umfassender als die zuvor analysierten Theorien. Das in diesem Ansatz vorausgesetzte rationale Verhalten im Entscheidungsprozeß für eine Internationalisierung erscheint in Bezug auf die KMU der deutschen Nahrungsmittelindustrie eher zweifelhaft. Für sie stellt der Internationalisierungsprozeß eher einen Lernprozeß dar, und die Entscheidung über eine Internationalisierung ihrer Tätigkeit erfolgt meistens bei unvollständiger Information über die zu bearbeitenden Auslandsmärkte, wie weiter unten in dieser Arbeit gezeigt werden wird. Die Uppsala-Schule hingegen stellt den Lernprozeß bei der Internationalisierung ins Zentrum ihrer Betrachtung.

1.3.4 Das Uppsala-Modell der Internationalisierung

Das Internationalisierungsmodell der Uppsala-Schule geht auf empirische Forschungen von Johanson/Wiedersheim-Paul zurück (vgl. Johanson/Wiedersheim-Paul 1975, S. 309ff.). Es ist dynamisch angelegt und versucht die Internationalisierung von Unternehmen als Prozeß zu erklären (vgl. Johanson/Wiedersheim-Paul 1975, 306). Dabei nimmt der theoretische Teil des Modells auch Bezug auf die Verhaltenstheorie von Aharoni (1966), die behavioristische Theorie der Firma von Cyert/March (1963) und die Theorie des Unternehmenswachstums von Penrose (1959) (vgl. Johanson/Vahlne 2003, S. 8).

Das Internationalisierungsprozeßmodell der Uppsala-Schule beinhaltet:

- „patterns of internationalization" sowie
- „model of internationalization",

wobei erstere auf empirisches Material zurückgehen, während das zweite eher theoretische Überlegungen beinhaltet, die das empirische Material zu erklären versuchen (vgl. Schmid 2002, S. 387).

Gemäß der empirischen Studie von Johanson/Wiedersheim-Paul von 1975 (vgl. Johanson/Wiedersheim-Paul 1975, S. 305ff.) durchlaufen Unternehmen eine

„Establishment Chain" in vier Stufen[29] bis hin zur vollständigen Internationalisierung (vgl. Johanson/Wiedersheim-Paul 1975, S. 307; Johanson/Vahlne 1977, S. 24f.):

- Erste Stufe: sporadischer Export
- Zweite Stufe: Export mit Hilfe von Reisenden bzw. Handelsvertretern
- Dritte Stufe: Aufbau einer Verkaufsniederlassung
- Vierte Stufe: Auslandsproduktion

Dieses stufenweise Voranschreiten von Unternehmen bei der Internationalisierung stützt sich auf verhaltenswissenschaftliche Aspekte. Laut der empirischen Studie der Uppsala-Schule erfolgt die Internationalisierung von Unternehmen inkremental. Sie erhöhen im Laufe der Zeit ihr „Commitment" in Auslandsmärkten und entfernen sich immer mehr vom Heimatmarkt (vgl. Johanson/Wiedersheim-Paul 1975, S. 306ff.; Johanson/Vahlne 1977, S. 25). Somit bringt das Modell mit der „Establishment Chain" einen zeitlichen Aspekt in die Internationalisierung von Unternehmen ein (vgl. Kutschker/Schmid 2004, S. 459). Das zweite Element, das auch als inkrementales Internationalisierungsmuster bezeichnet wird, bildet die „Psychic Distance Chain". Damit ist ebenfalls ein zeitlicher Aspekt gegeben, der laut der Uppsala-Schule die Reihenfolge der zu bearbeitenden Märkte bestimmt (vgl. Johanson/Wiedersheim-Paul 1975, S. 308). Es wird angenommen, daß die Unternehmen zunächst in psychisch vertraute, dem Heimatmarkt nahe gelegene Ländermärkte expandieren, bevor sie sich zunehmend in entferntere Ländermärkte internationalisieren. Die Internationalisierung von Unternehmen erfolgt gewissermaßen in konzentrischen Kreisen um den Heimatmarkt, und mit wachsender Information über die ausländischen Ländermärkte nimmt die wahrgenommene psychische Distanz ab, so daß sich die Unternehmen schließlich auch in weit entfernte Ländermärkten internationalisieren (vgl. Johanson/Vahlne 2003, S. 5). Vahlne/Nordström haben später das Konzept der psychischen Distanz ausgeweitet und verfeinert (vgl. Nordström/Vahlne 1994, S. 43ff.). Als Bestimmungsfaktoren der psychischen

---

[29] Die vier Stufen der „Establishment Chain" sind jedoch nicht als verbindlich zu verstehen. Das heißt, daß nicht alle Unternehmen alle vier Stufen durchlaufen. Einzelne Unternehmen können sehr wohl einige Stufen überspringen (vgl. Johanson/Wiedersheim-Paul 1975, S. 307).

Distanz werden Unterschiede in der Kultur und wirtschaftlichen Entwicklung der Auslandsmärkte, im Ausbildungsniveau und in der Sprache genannt (vgl. Johanson/Wiedersheim-Paul 1975, S. 308; Johanson/Vahlne 1977, S. 24; Johanson/Vahlne 2003, S. 5; Swoboda 2002, S. 86).

Das „model of internationalization" stellt die theoretischen Überlegungen dar, die aus den empirischen Erkenntnissen von Johanson/Wiedersheim-Paul abgeleitet werden (vgl. Johanson/Vahlne 1977, S. 24). Dieses Internationalisierungsmodell beinhaltet sowohl statische als auch dynamische Elemente (vgl. Abb. 5).

Abbildung 5: Internationalisierungsmodell der Uppsala-Schule

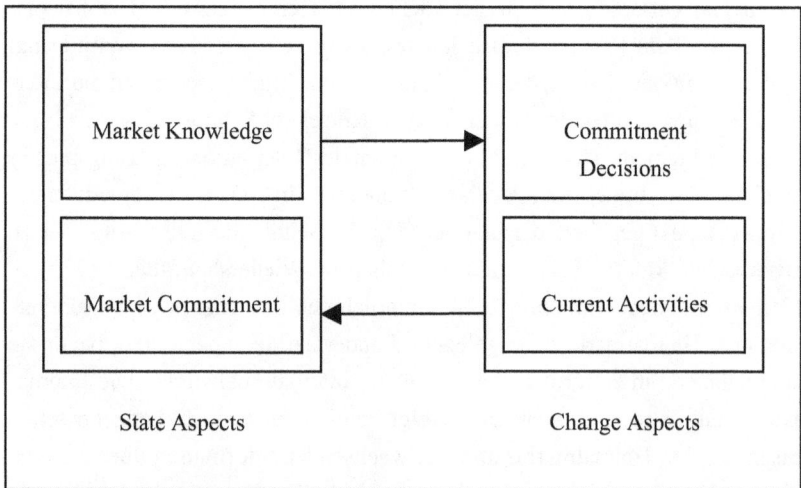

Quelle: Johanson/Vahlne 1977, S. 26

Johanson/Vahlne erklären die Internationalisierung von Unternehmen als inkrementalen Prozeß (vgl. Johanson/Vahlne 1977, S. 25), der durch die Wirkungszusammenhänge zwischen den statischen und den dynamischen Aspekten vorangetrieben wird.

Jeder Fortschritt auf der „Establishment Chain" bedeutet einen weiteren Transfer von Ressourcen in die ausländischen Ländermärkte, was für die Unternehmen zugleich eine Bereicherung ihres „experiential knowledge" und „objective knowledge"[30] mit sich bringt. Auf diese Weise bauen Unternehmen schrittweise ihr Marktwissen auf, was ihnen wiederum bei Entscheidungen für weitere Markterschließungen hilft, um sich in der „Psychic Distance Chain" fortzuentwickeln. Dieser sukzessive Lernprozeß läßt die Unternehmen schließlich die nächste Stufe auf der „Establishment Chain" erreichen (vgl. Johanson/ Vahlne 1977, S. 26ff.).

Das Zusammenspiel zwischen vorhandenem Wissen und neuen Erfahrungen löst weitere Internationalisierungsschritte aus, und dies wiederum fördert das Wissen des Unternehmens, so daß sich die Internationalisierung prozeßartig entwickelt. Für die Uppsala-Schule nimmt das organisationale Lernen in der sukzessiven Internationalisierung eine wichtige Rolle ein (vgl. Johanson/Vahlne 1977, S. 29). Das erklärt auch, warum die Internationalisierung zunächst in psychisch nahe gelegene, d.h. in kulturell und geographisch nah am Heimatmarkt gelegene Ländermärkte erfolgt und erst dann sukzessiv in weiter entfernte Ländermärkte.

Außerdem geht die Uppsala-Schule ähnlich wie Aharoni davon aus, daß die Unternehmen über ihr internationales Engagement nicht streng rational entscheiden. Vielmehr berücksichtigen sie nur einige alternative Ländermärkte bei ihrer Entscheidung (vgl. Johanson/Vahlne 1977, S. 26).

Der Internationalisierungsansatz der Uppsala-Schule hat eine breite Anerkennung in der Wissenschaft gefunden, da er den Prozeß der Internationalisierung besser als viele andere Ansätze erklärt. Viele Antworten der Uppsala-Schule auf das „Wie" der Internationalisierung wurden teilweise auch von anderen Forschern bestätigt (vgl. Schmid 2002, S. 389f.; Johanson/Vahlne 2003, S. 13f.). Positiv an ihrem Ansatz ist zudem die Berücksichtigung zeitlicher und geographischer Aspekte. Es wurde jedoch kritisiert, daß der Ansatz keine Aussagen über den Anfangszeitpunkt einer Internationalisierung zuläßt (vgl. Schmid 2002, S. 390; Müller/Kornmeier 2002, S. 300ff.). Ein weiterer Kritikpunkt war, daß

---

[30] „Experiential knowledge" und „objective knowledge" sind Elemente des „market knowledge" (vgl. Johanson/Vahlne 1977, S. 27f.).

die Aussagekraft des Ansatzes sich eher auf kleine und mittlere Unternehmen mit geringen Internationalisierungserfahrungen beschränkt (vgl. Swoboda 2002, S. 89; Bäurle 1996, S. 73f.).

Gerade deswegen aber scheint dieser Ansatz für die Erklärung der Internationalisierung von KMU der deutschen Nahrungsmittelindustrie durchaus geeignet zu sein, obschon er nicht alle Internationalisierungsformen in Betracht zieht. Für viele KMU der deutschen Nahrungsmittelindustrie stellt sich der europäische Binnenmarkt trotz der zunehmenden Homogenisierung seiner Rahmenbedingungen immer noch als Auslandsmarkt und nicht als Binnenmarkt dar (vgl. auch Tab. 35, Teil IV, Abschn. 2.2). Dafür sind sicherlich nicht allein ökonomische, rechtliche oder geographische Faktoren verantwortlich, sondern in besonderem Maße auch kulturelle Faktoren, die für die KMU der deutschen Nahrungsmittelindustrie die subjektive Distanz zu den anderen europäischen Ländermärkten vergrößern. Da sich kulturelle Unterschiede besonders in den Geschmackspräferenzen der europäischen Konsumenten niederschlagen, spielt der Erwerb von Auslandsmarktwissen für die KMU der deutschen Nahrungsmittelindustrie eine besondere Rolle. Somit scheint eine inkrementale bzw. sukzessive Internationalisierungsstrategie nach der Uppsala-Schule, die an psychisch nahe gelegenen Ländermärkten ansetzt, um im Laufe der Zeit auf weiter entfernte Ländermärkte zu expandieren, für die KMU der deutschen Nahrungsmittelindustrie völlig angebracht zu sein. Es läßt sich zudem vermuten, daß sich die KMU der deutschen Nahrungsmittelindustrie eher sukzessiv internationalisieren und nicht sprunghaft, wie es nach anderen Internationalisierungsphasenmodellen vermutet werden könnte. Letzteres erscheint immerhin für solche KMU denkbar, deren Produkte nicht stark kulturell geprägt sind.

Bevor die Internationalisierungsstrategien der KMU der deutschen Nahrungsmittelindustrie weiter analysiert werden (vgl. Teil V), ist es erforderlich, die Veränderungen der Unternehmensumwelt im Gefolge der Verwirklichung des europäischen Binnenmarkts darzustellen (vgl. Teil IV). Weil dazu auf die Ergebnisse einer eigenen empirischen Untersuchung zurückgegriffen wird, ist zunächst deren methodische Vorgehensweise darzustellen.

2 Empirische Untersuchung von KMU der deutschen Nahrungsmittelindustrie

2.1 Untersuchungsdesign

2.1.1 Ziele der Untersuchung

Zur Diskussion der Internationalisierungsbetroffenheit und der Internationalisierungsstrategien von KMU der deutschen Nahrungsmittelindustrie wird in den Teilen IV und V der Arbeit ein theoretisches Konzept für die internationale Marktbearbeitung mit seiner idealtypischen Anwendung entwickelt. Durch die Ergebnisse einer eigenen empirischen Erhebung wird es im Laufe der Arbeit auf seine praktische Relevanz für die KMU der deutschen Nahrungsmittelindustrie hin überprüft.

Im Mittelpunkt der empirischen Analyse stehen diejenigen Faktoren der Unternehmensumwelt, die die KMU der deutschen Nahrungsmittelindustrie nach der Vollendung des europäischen Binnenmarkts zu einer Internationalisierung ihrer Tätigkeit veranlaßt bzw. davon abgehalten haben. Ein weiteres Ziel liegt in der Analyse der Vorgehensweisen, die die KMU der deutschen Nahrungsmittelindustrie verfolgen, insbesondere hinsichtlich Ländermarktselektion, Internationalisierungszielen, internationaler Orientierung, Markteintrittszeitpunkten und Internationalisierungsformen; dabei erhebt sich nicht zuletzt die Frage nach der Differenzierung bzw. Standardisierung der Marketinginstrumente bei der Bearbeitung des europäischen Binnenmarkts.

Die empirische Untersuchung verfolgt somit das Ziel, Zusammenhänge zu identifizieren, die zu einer Erklärung von Internationalisierungsbetroffenheit und Internationalisierungsstrategien von KMU der deutschen Nahrungsmittelindustrie nach der Vollendung des europäischen Binnenmarkts beitragen. Dabei wird allerdings keine rein deskriptive Untersuchung angestrebt, sondern vielmehr beabsichtigt, theoretisch fundierte Vermutungen in Bezug auf die Vorgehensweisen bei einer Internationalisierung empirisch zu unterstützen und für die KMU der deutschen Nahrungsmittelindustrie zu spezifizieren. Auf diese Weise lassen sich Ergebnisse für diejenigen Zweige der Ernährungsbranche ableiten, die eine überwiegend mittelständische Struktur aufweisen. Da eine repräsentative Untersuchung der gesamten Ernährungsbranche aufgrund des hohen zeitlichen, organisatorischen und finanziellen Aufwands nicht möglich ist, bliebe für eine spezifische Analyse nur die Möglichkeit, sich auf einen bestimmten Zweig der Ernährungsbranche zu beschränken. Die vorliegende Untersuchung nimmt dagegen einen eher explorativen Charakter an und stellt eine Basis für eine mögliche repräsentative Untersuchung dar.

2.1.2 Vorgehensweise

Die Vorgehensweise der Untersuchung leitet sich aus den theoretischen Grundlagen ab, die in den Teilen IV und V der Arbeit diskutiert werden sowie aus den oben genannten Zielen der Untersuchung. Somit konzentriert sie sich auf folgende Problemkomplexe:

- *Grad der Betroffenheit* der KMU der deutschen Nahrungsmittelindustrie von Veränderungen der Unternehmensumwelt durch die Schaffung des europäischen Binnenmarkts, die ihre Entscheidung für oder gegen eine Internationalisierung innerhalb des europäischen Binnenmarkts beeinflußt haben.
- *Berücksichtigung von Nachfragetendenzen* bei der Bearbeitung europäischer Ländermärkte und entsprechende Anpassung von Produktsortimenten.
- *Informationsverhalten* vor einer Entscheidung für eine Internationalisierung innerhalb des europäischen Binnenmarkts. Hier wird die Vorgehensweise der KMU der deutschen Nahrungsmittelindustrie bei der Informationssammlung dahingehend untersucht, ob sie systematische bzw. nicht-systematische Verfahren anwenden und welche Quellen sie benutzen.
- *Vorgehensweise bei einer Internationalisierung* innerhalb des europäischen Binnenmarkts. Konkret werden die Ziele, die internationale Orientierung des Managements, das Timing und die Formen des internationalen Markteintritts untersucht.

2.1.3 Erhebungsmethode

Als Methode der Datenerhebung wurde ein schriftlicher Fragebogen[31] gewählt. Dies bietet im Vergleich zu einer mündlichen Befragung den Vorteil, aufgrund des geringen zeitlichen und organisatorischen Aufwands ein größeres Untersuchungssample anzusprechen, birgt aber den Nachteil von etwaigen Interpretationsschwierigkeiten seitens der Befragten (vgl. Pepels 1995, S. 202ff.). Der Fragebogen beinhaltet Fragen zur näheren Spezifizierung der Unternehmen, etwa zur Einordnung in einzelne Zweige des Ernährungsgewerbes und zur Größe des Unternehmens. Eine weitere Frage dient zur Differenzierung der KMU nach solchen, die bereits innerhalb des europäischen Binnenmarkts internationalisiert sind bzw. dies anstreben und solchen die nicht-internationalisiert sind und dies auch zukünftig nicht beabsichtigen. Ferner wird nach den Ländern gefragt, die sie bearbeiten bzw. bearbeiten wollen. Weitere Fragen zielen auf die Beurteilung der Unternehmensumwelt nach der Schaffung des europäischen Binnenmarkts sowie auf diejenigen Faktoren, die die Entscheidung der Unternehmen für eine Internationalisierung beeinflußt haben. Außerdem beinhaltet der Fragebogen Fragen zum Grad der Wahrnehmung von Nachfragetendenzen seitens der KMU sowie zu der von ihnen vorgenommenen Anpassung des Produktsortiments an solche Tendenzen, aber auch Fragen zum Informationsverhalten und zu den Internationalisierungsstrategien der Unternehmen.

Der Fragebogen wurde zum größten Teil mit geschlossenen Fragen konzipiert, da dies sowohl eine einheitliche Datengewinnung und -vergleichbarkeit gewährleistet als auch mit einer geringeren zeitlichen Beanspruchung der Befragten verbunden ist (vgl. Pepels 1995, S. 191). Die Zahl der offenen Fragen[32] war vergleichsweise gering, es wurde aber die Möglichkeit gegeben, unter „Sonstiges" weitere Informationen einzutragen und somit die Gefahr des Verlustes wichtiger Erkenntnisse zu minimieren. Die Fragen wurden zum einen als Skalafragen und zum anderen als Selektiv- und Alternativ-Fragen formuliert (vgl. Böhler 1992, S. 90f.; Pepels 1995, S. 188f.)

---

[31] Siehe Anhang der Arbeit.

[32] Siehe beispielsweise Frage 15 des Fragebogens im Anhang.

2.1.4 Stichprobe und Methode der Datenanalyse

Aufgrund der Vielzahl von KMU der deutschen Nahrungsmittelindustrie[33] war eine Vollerhebung wegen des damit verbunden finanziellen, zeitlichen und organisatorischen Aufwands nicht möglich (vgl. Pepels 1995, S. 153; Scheffler 2000, S. 63). Ebenfalls war es nicht möglich, a priori gezielt solche Unternehmen von der Befragung auszuschließen, bei denen es sich um Tochtergesellschaften[34] inländischer bzw. ausländischer Unternehmen handelt oder um Unternehmen, die gar nicht innerhalb der EU tätig sind. Da sich die Nahrungsmittelbranche in unterschiedliche Zweige aufteilt, wurden nur diejenigen Zweige in die Erhebung einbezogen, die überwiegend mittelständisch geprägt sind und eine entsprechend hohe Zahl von Adressaten aufweisen, um so eine möglichst hohe Rücklaufquote zu erzielen (vgl. ausführlicher dazu Teil I, Abschn. 4). Aufgrund der oben erwähnten Probleme handelt es sich also um eine bewußte (typische) Auswahl (vgl. Koch 2001, S. 46).

Um zu tendenzorientierten Aussagen über alle wichtigen mittelständisch geprägten Zweige[35] der deutschen Nahrungsmittelindustrie zu gelangen, wurden im September/Oktober 2000 280 Fragebögen[36] versendet. Der Rücklauf betrug 52, davon kamen 3 mit einer kurzen Begründung unausgefüllt zurück. Zehn ausgefüllte Fragebögen wurden nicht in die Auswertung einbezogen, da es sich um bereits aufgekaufte Unternehmen handelte. Somit wurden 39 KMU der deutschen Nahrungsmittelindustrie[37] in der Erhebung berücksichtigt (vgl. Tab. 16), so daß hinsichtlich des explorativen Charakters der Untersuchung die erforderliche Zahl von mindestens 30 KMU für alle Zweige der Nahrungs-

---

[33] Die Nahrungsmittelbranche ist durch eine mittelständische Struktur gekennzeichnet (vgl. Teil II, Abschn. 2.2.3).

[34] In die Auswertung wurden nur Fragebögen von KMU einbezogen, die nicht von einem inländischen bzw. ausländischen Unternehmen aufgekauft waren, sondern ihre Selbständigkeit bewahrt hatten.

[35] Fleischverarbeitung, Herstellung von Frucht- und Gemüsesäften, Konservenherstellung, Herstellung von Würzen und Soßen, Brot- und Backwarenherstellung, Süßwaren und Bierherstellung.

[36] Es wurden 40 Fragebögen an jeden der genannten Zweige der deutschen Errnährungsbranche gesendet. Als Grundlage der Auswahl diente das entsprechende Verzeichnis des Hoppenstedt-Verlags (1999).

[37] Dreiundzwanzig waren innerhalb des europäischen Binnenmarkts internationalisiert, sechzehn KMU waren nur national tätig.

84

mittelindustrie zusammen erreicht worden ist (vgl. Wesnitzer 1993, S. 138). Somit konnten aus den Ergebnissen der eigenen Erhebung in dieser Arbeit Tendenzaussagen abgeleitet werden, die jedoch nicht ohne weiteres verallgemeinert auf die KMU der deutschen Nahrungsmittelindustrie insgesamt übertragbar sind.

Tabelle 16: **Berücksichtigte Fragebögen unterteilt nach internationalisierten und nicht-internationalisierten KMU der deutschen Nahrungsmittelindustrie (in %)**

Zweige der Ernährungs-branche	Internationalisierte KMU der deutschen Nahrungs-mittelindustrie	Nicht-Internationalisierte KMU der deutschen Nahrungsmittelindustrie
Fleischverarbeitung	3,5	23,5
Herstellung von Frucht- und Gemüsesäften	17,2	11,9
Konservenherstellung	24,1	23,5
Herstellung von Würzen und Soßen	13,8	0,0
Brot- und Backwaren-herstellung	6,9	23,5
Süßwarenherstellung	24,1	0,0
Herstellung von Bier	10,4	17,6
Summe	100	100

Quelle: Eigene Erhebung

Die Fragebögen wurden größtenteils vom Geschäftsführer bzw. Inhaber des Unternehmens oder von leitenden Angestellten in den Funktionsbereichen Marketing/Vertrieb bzw. Export ausgefüllt. Zusätzlich zum Fragebogen wurde den KMU ein ausführliches Anschreiben sowie ein Empfehlungsschreiben zugesandt. Im Falle von Verständnisschwierigkeiten waren telefonische Rückfragen erbeten.

Aufgrund des vergleichsweise geringen Rücklaufs waren bei der Datenanalyse keine aufwendigen statistischen Auswertungsverfahren anzuwenden. Die Auswertung erfolgte im wesentlichen durch Auszählung von Antworthäufigkeiten. In den folgenden beiden Abschnitten der Arbeit werden nur generelle Ergebnisse der eigenen Erhebung hinsichtlich Internationalisierungsbetroffenheit

85

und Internationalisierungsstrategien der KMU der deutschen Nahrungsmittelindustrie präsentiert. Weitere Ergebnisse aus dem gewonnenen empirischen Material werden hingegen erst in den folgenden Teilen der Arbeit (vgl. Teil IV und V) im Zusammenhang mit dem theoretischen Konzept reflektiert, da die Internationalisierungsbetroffenheit und die Internationalisierungsstrategien der KMU der deutschen Nahrungsmittelindustrie mit einer Fülle von Faktoren zusammenhängen, die erst im Laufe der Arbeit analysiert werden.

2.2 Generelle Ergebnisse der Erhebung

2.2.1 Ergebnisse zur Internationalisierungsbetroffenheit

Unter den allgemeinen Ergebnissen zur Internationalisierungsbetroffenheit[38] durch die Veränderung der externen Unternehmensumwelt ist zunächst hervorzuheben, daß sich die Schaffung des europäischen Binnenmarkts unterschiedlich auf die KMU der deutschen Nahrungsmittelindustrie ausgewirkt hat. So sahen sich 41% der befragten KMU durch die Umweltveränderungen nicht zu einer Internationalisierung ihrer Geschäftstätigkeit veranlaßt[39]. Dagegen beurteilten 59% der KMU der deutschen Nahrungsmittelindustrie die Umweltveränderung als Antrieb für ihre Internationalisierung innerhalb des europäischen Binnenmarkts[40]. So läßt sich also nicht pauschal sagen, daß die Schaffung des europäischen Binnenmarkts eine Internationalisierungs-Euphorie unter den KMU der deutschen Nahrungsmittelindustrie ausgelöst habe.

Trotz der zunehmenden Homogenisierung der globalen Unternehmensumwelt, die sich in den politisch-rechtlichen, ökonomischen und geographischen Faktoren[41] niederschlägt, wird der europäische Binnenmarkt von der Mehrzahl der KMU tendenziell immer noch als Auslandsmarkt[42] betrachtet. Nur 26,1% der internationalisierten KMU der deutschen Nahrungsmittelindustrie betrachten

---

[38] Eine ausführliche Analyse der Internationalisierungsbetroffenheit von KMU der deutschen Nahrungsmittelindustrie findet sich in Teil IV dieser Arbeit.

[39] Siehe Frage 21 im Fragebogen im Anhang.

[40] Siehe Frage 5 im Fragebogen im Anhang.

[41] Siehe Teil IV, Abschn. 1.1.1 bis 1.1.3.

[42] Siehe Frage 8 im Fragebogen im Anhang.

den europäischen Binnenmarkt als Heimatmarkt[43]. Kulturelle Unterschiede innerhalb der EU-Ländermärkte schlagen sich in unterschiedlichen Verzehr- und Konsumgewohnheiten der Konsumenten nieder[44]. So zeigt sich tendenziell, daß sich 72,7% der internationalisierten KMU in hohem bis mittlerem Maße von kulturellen Unterschieden betroffen fühlen[45]. Obwohl dieser Prozentsatz sehr hoch ist, kommt einer Konsumentensegmentierung[46] zur Abgrenzung transnationaler bzw. transkultureller Konsumentensegmente innerhalb des europäischen Binnenmarkts nur eine untergeordnete Rolle zu. Unterschiedliche Verzehr- und Konsumgewohnheiten stellen tendenziell auch für 28% der nicht-internationalisierten KMU der deutschen Nahrungsmittelindustrie einen wichtigen Grund für die Ablehnung einer Internationalisierung innerhalb der EU dar (vgl. Teil V, Abschn. 1.3). Die Anpassung der deutschen Nahrungsmittelindustrie an veränderte Nachfragetendenzen nach Nahrungsmitteln in der EU wird weiter unten näher analysiert[47] (vgl. Teil IV, Abschn. 5.2).

2.2.2 Ergebnisse zu Internationalisierungsstrategien

Unter den generellen Ergebnissen der Erhebung zu den Internationalisierungsstrategien[48] ist die Tatsache hervorzuheben, daß alle befragten internationalisierten KMU der deutschen Nahrungsmittelindustrie zusammengenommen bis zum Jahr 2000 sämtliche EU-Länder[49] bearbeiteten[50] (vgl. Tab 17).

---

[43] Siehe ausführlicher dazu Teil IV, Abschn. 2.2.

[44] Siehe Frage 6 im Fragebogen im Anhang und Teil V, Abschn. 3 sowie Abschn. 5.

[45] Siehe ausführlicher dazu Teil IV, Abschnitt 5.2.

[46] In dieser Arbeit wird Abnehmersegmentierung im Sinne einer Konsumentensegmentierung verstanden. Zur Methodik einer Konsumentensegmentierung, die in dieser Arbeit als Idealfall für die Abgrenzung von ähnlichen Segmenten im europäischen Binnenmarkt dargestellt wird, siehe ausführlicher Teil IV, Abschn. 4.1.

[47] Siehe die Fragen 11 und 12 im Fragebogen im Anhang.

[48] Eine ausführliche Analyse der Internationalisierungsstrategien von KMU der deutschen Nahrungsmittelindustrie findet sich in Teil V dieser Arbeit.

[49] Wie erwähnt, beschränkt sich diese Arbeit auf die fünfzehn EU-Länder vor der jüngsten Erweiterung des europäischen Binnenmarkts im Mai 2004.

[50] Siehe Frage 4 im Fragebogen im Anhang.

Tabelle 17: Von KMU der deutschen Nahrungsmittelindustrie bearbeitete EU-Länder

EU-Länder	Unternehmen (n=59)
Österreich	11
Niederlande	10
Belgien	10
Großbritannien	9
Dänemark	8
Frankreich	8
Italien	8
Finnland	6
Luxemburg	5
Portugal	5
Griechenland	5
Schweiz	4
Spanien	4
Irland	3

Quelle: Eigene Erhebung

Tendenziell läßt sich sagen, daß bei der Internationalisierung Österreich für die KMU der deutschen Nahrungsmittelindustrie ein beliebter Markt ist. Gleiches gilt für Belgien und die Niederlande aufgrund der geographischen Nähe und eventuell wegen der geringen psychischen Distanz[51] zum deutschen Markt. Betrachtet man die Reihenfolge des Markteintritts[52] der KMU der deutschen Nahrungsmittelindustrie in die jeweiligen EU-Länder, so ergibt sich folgendes Bild[53] (vgl. Tab. 18).

---

[51] Siehe dazu ausführlicher das Modell der Uppsala-Schule, Teil III, Abschn. 1.3.4.

[52] Siehe Frage 4 im Fragebogen im Anhang. Ausführlicher zum zeitlichen Timing des Markteintritts siehe auch Teil V, Abschn. 2.3 und Abschn. 3.4.

[53] Aufgrund der geringen Zahl der befragten Unternehmen können hier die Daten etwas verzerrt erscheinen. Siehe ausführlicher dazu Teil III, Abschn. 2.1.4.

Tabelle 18: **Reihenfolge des Markteintritts in die jeweiligen EU-Länder nach dem prozentualen Anteil der KMU der deutschen Nahrungsmittelindustrie**

Markteintrittsland	Reihenfolge des Markteintritts		
	1. Markteintritt	2. Markteintritt	3. Markteintritt
Niederlande (n=10)	90,0%	0,0%	10,0%
Dänemark (n=8)	75,0%	12,5%	0,0%
Belgien (n=10)	70,0%	20,0%	10,0%
Großbritannien (n=9)	66,7%	11,1%	11,1%
Finnland (n=6)	66,7%	33,3%	0,0%
Österreich (n=11)	63,6%	18,2%	9,1%
Frankreich (n=8)	62,5%	25,0%	0,0%
Italien (n=8)	62,5%	25,0%	0,0%
Luxemburg (n=5)	60,0%	20,0%	0,0%
Schweden (n=4)	50,0%	25,0%	25,0%
Portugal (n=5)	40,0%	20,0%	20,0%
Irland (n=3)	33,3%	33,3%	0,0%
Spanien (n=4)	25,0%	25,0%	25,0%
Griechenland (n=5)	20,0%	60,0%	20,0%

Quelle: Eigene Erhebung

Tabelle 18 zeigt, daß von den 10 KMU der deutschen Nahrungsmittelindustrie, die die Niederlande bearbeiten, 90% dort ihren ersten Markteintritt hatten und nur 10% ihren dritten Markteintritt. Auch Dänemark, Belgien, Großbritannien, Finnland, Österreich u.a. rangieren unter den beliebteren Ländern für einen ersten Markteintritt. Es zeigt sich auch, daß südeuropäische Länder wie bspw. Portugal, Spanien, Griechenland tendenziell nicht so häufig für einen ersten Markteintritt gewählt werden. Somit bestätigt sich tendenziell das Modell der Uppsala-Schule, wonach Unternehmen und insbesondere KMU zunächst geographisch dem Heimatmarkt nahe gelegene[54] Länder bearbeiten, die zumeist auch eine geringere psychische Distanz aufweisen (vgl. Teil III, Abschn. 1.3.4).

---

[54] Daraus erklärt sich auch ihre ethnozentrische Orientierung (siehe Teil V, Abschn. 3.4, Tab. 59).

In Bezug auf die Formen des internationalen Markteintritts[55] der KMU der deutschen Nahrungsmittelindustrie[56] zeigt sich, wie erwartet, daß indirekter und direkter Export[57] bevorzugt werden. Aber auch Kooperationen mit überwiegend geringem Kapitaleinsatz nehmen im Vergleich zu Kooperationsformen mit hoher Kapitalbeteiligung[58] einen verhältnismäßig hohen Stellenwert ein, wohingegen Direktinvestitionstätigkeit[59] im Sinne von hundertprozentigen Tochtergesellschaften tendenziell eine unbedeutende Markteintrittsform für die KMU der deutschen Nahrungsmittelindustrie darstellt (vgl. Teil V, Abschn. 3.4, Tab. 64).

Wie Tabelle 19 zeigt, nutzt nur eine geringe Zahl von KMU der deutschen Nahrungsmittelindustrie allein eine Markteintrittsform. Die größte Zahl nutzt tendenziell zwei oder mehrere internationale Markteintrittsformen.

---

[55] Siehe Frage 14 im Fragebogen im Anhang.

[56] Die Formen des internationalen Markteintritts der KMU der deutschen Nahrungsmittelindustrie werden ausführlicher in Teil V, Abschn. 3 analysiert.

[57] Zum Export siehe ausführlicher Teil V, Abschn. 3.1 sowie Abschn. 3.4.

[58] Ausführlich zu den verschiedenen Kooperationsformen siehe Teil V, Abschn. 3.2.

[59] Siehe ausführlicher dazu Teil V, Abschn. 3.3

Tabelle 19: Nutzung von internationalen Markteintrittsformen seitens der KMU der deutschen Nahrungsmittelindustrie

Internationalisierungsformen	Unternehmen (n=23)
Nutzung einer Form internationalen Markteintritts	
Nur indirekte Exporte	3
Nur direkte Exporte	5
Nur Kooperationen mit geringem Kapitaleinsatz	1
Nur Kooperationen mit hohem Kapitaleinsatz (Strategische Allianzen, Joint Ventures)	0
Nur Direktinvestitionen (hundertprozentige Tochtergesellschaft)	0
Kombination zweier Formen internationalen Markteintritts	
Indirekter/Direkter Export	6
Indirekter Export/Kooperation mit geringem Kapitaleinsatz	1
Direkter Export/Kooperation mit geringem Kapitaleinsatz	3
Kombination dreier Formen internationalen Markteintritts	
Indirekter/Direkter Export/Kooperation mit geringem Kapitaleinsatz	2
Indirekter/Direkter Export/Kooperation mit hohem Kapitaleinsatz	1
Kombination von vier bis fünf Formen internationalen Markteintritts	
Indirekter/Direkter Export/Kooperation mit geringem Kapitaleinsatz/Kooperation mit hohem Kapitaleinsatz/ Direktinvestition	1

Quelle: Eigene Erhebung

Abschließend muß man sagen, daß die Internationalisierungsbetroffenheit der KMU der deutschen Nahrungsmittelindustrie sowohl von der Veränderung einer Vielzahl von Rahmenbedingungen im Gefolge der Schaffung des europäischen Binnenmarkts als auch von der Situation jedes einzelnen Unternehmens abhängt. Eine ausführliche Analyse der externen Unternehmensumwelt der KMU der deutschen Nahrungsmittelindustrie wird in Teil IV der Arbeit durchgeführt. Die Internationalisierungsstrategien von KMU der deutschen Nahrungsmittelindustrie, speziell ihre Internationalisierungsziele, ihre Vorgehensweise bei der Informationssammlung, ihre internationale Orientierung, ihr Timing des Markteintritts sowie ihre Internationalisierungsformen werden ausführlich in Teil V der Arbeit erörtert.

TEIL IV: Die Unternehmensumwelt innerhalb der EU – Wahrnehmung von und Anpassung an Nachfragetendenzen nach Nahrungsmitteln seitens der KMU der deutschen Nahrungsmittelindustrie

1 Die europäische Unternehmensumwelt als Antriebsfaktor der Internationalisierung in der Nahrungsmittelindustrie

In diesem Abschnitt wird der Frage nachgegangen, ob die Veränderungen der Unternehmensumwelt im Gefolge der Realisierung des europäischen Binnenmarkts zu einer tatsächlichen Vereinheitlichung der EU-Nahrungsmittelmärkte geführt haben. Eine solche Vereinheitlichung würde auch bei KMU der deutschen Nahrungsmittelindustrie Internationalisierungsentscheidungen begünstigen.

Eine Prüfung der europäischen Unternehmensumwelt ist für internationale Marketingentscheidungen von Unternehmen besonders wichtig, da die länderspezifische Ausgangssituation für die Unternehmen sehr unterschiedlich sein kann (vgl. Berndt/Fantapié-Altobelli/Sander 1997, S. 23). Im Rahmen dieser Arbeit wird die Veränderung der externen Unternehmensumwelt analysiert, mit der die Unternehmen der deutschen Nahrungsmittelindustrie nach dem Wegfall der nationalen Grenzen innerhalb der EU konfrontiert sind. Dabei wird zwischen der globalen Unternehmensumwelt einerseits und der Aufgabenumwelt andererseits differenziert (vgl. Dülfer 2001, S. 224ff.; Kreilkamp 1987, S. 73f.; Weber 1997, S. 44). Die einzelnen Abschnitte widmen sich denjenigen Faktoren, von denen Veränderungen der Unternehmensumwelt im Gefolge der Realisierung des europäischen Binnenmarkts ausgehen.

1.1 Die globale Unternehmensumwelt innerhalb der EU

Um die globale Umwelt der europäischen Unternehmen und besonders der KMU der deutschen Nahrungsmittelindustrie zu analysieren, sind verschiedene Faktoren in Betracht zu ziehen. Bei der Analyse der Unternehmensumwelt wird auch die Frage der Standardisierung bzw. Differenzierung der Markt-bearbeitung für Nahrungsmittelhersteller durch die Schaffung des Binnen-markts zu untersuchen sein.

Viele Autoren fokussieren ihre Aufmerksamkeit bei der Analyse von Verände-rungen der Unternehmensumwelt auf vier Faktoren[60] (vgl. Berndt/Fantapié-Altobelli/Sander 1999, S. 14ff., Albaum/Strandskov/Duerr/Dowd 1996, S. 47ff., Doole/Lowe/Phillips 1996, S. 92ff.). Daran anknüpfend werden auch in dieser Arbeit geographische, politisch-rechtliche, ökonomische und soziokulturelle Faktoren analysiert. Diese Faktoren dienen als Indikatoren für etwaige Ver-änderungen der Unternehmensumwelt (vgl. Stegmüller 1995, S. 56).

1.1.1 Die geographischen Rahmenbedingungen

Die Analyse der geographischen Faktoren als Teil der Unternehmensumwelt umfaßt Einzelfaktoren wie Topographie, Klima und Ressourcenausstattung, die mit Hilfe von sekundärstatistischem Material analysiert werden können (vgl. Berndt/Fantapié-Altobelli/Sander 1997, S. 35; Meffert/Bolz 1998, S. 112). Geographische Faktoren geben den Unternehmen Informationen über Einsatz-möglichkeiten von Marketinginstrumenten (vgl. Meffert/Bolz 1998, S. 111).

Die Infrastruktur steht in enger Beziehung zur Topographie eines Landes und kann die Bearbeitung eines Ländermarkts erheblich erschweren (vgl. Berndt/ Fantapié-Altobelli/Sander 1997, S. 35). So ist es denkbar, daß aufgrund großer geographischer Distanzen und schlecht ausgebauter Verkehrswege Transport-dauer und -kosten erheblich steigen und somit die Attraktivität des entspre-chenden Ländermarkts zumal für Hersteller von Frischprodukten sinkt (vgl. Berekoven 1985, S. 79). Die Infrastruktur eines Landes kann sich aber auch dynamisch entwickeln, weil sie stark vom wirtschaftlichen Entwicklungs-niveau abhängig ist. Es ist also sinnvoll, die infrastrukturellen Bedingungen der EU-Länder einer eingehenden Analyse zu unterziehen. Für die Messung der infrastrukturellen Bedingungen innerhalb der EU werden Variablen wie

---

[60] Einige Autoren beziehen auch noch die Wettbewerbs- und Technologiefaktoren in die Ana-lyse ein (vgl. Albaum/Strandskov/Duerr/Dowd 1996, S. 75ff., Doole/Lowe/Phillips 1996, S. 116ff.).

Eisenbahnstrecken, Straßennetze, Binnenwasserstrecken und Kommunikations-
mittel herangezogen (vgl. Walldorf 1987, S. 205). Die Wechselbeziehung zwischen den verschiedenen Verkehrszweigen und den gesamtwirtschaftlichen
Aktivitäten hat sich in den letzten Jahren verstärkt, zumal die Vollendung des
europäischen Binnenmarkts die Bedeutung des internationalen Güterverkehrs
erhöht hat (vgl. Eurostat 2002a, S. 339). Tabelle 20 zeigt einen Vergleich der
Güterbeförderung in den Jahren 1996 und 1999. In den verschiedenen Verkehrszweigen der Güterbeförderung ist eine Zunahme für die Gesamtheit der
EU-Länder zu verzeichnen, wenngleich einzelne Staaten bei der Beförderung
per Schiene und Wasser eine leicht abnehmende Tendenz aufweisen. Dagegen
ist bei der Güterbeförderung auf der Straße, die ohnehin den bedeutendsten
Verkehrszweig ausmacht, durchweg eine Zunahme zu beobachten.

Tabelle 20: Vergleich der Binnenbeförderung von Gütern in den Jahren 1996 und 1999 in Mrd. Tonnenkilometern[*]

| | Zunahme/Abnahme der Güterbeförderung von 1999 gegenüber 1996 | | | | | | | | |
| | Straßengüterverkehr | | | Schienenverkehr | | | Binnenwasserstraßen | | |
	1996	1999	Differenz	1996	1999	Differenz	1996	1999	Differenz
EU 15	1.148,5	1.312,2	163,7	220,2	237,2	17,0	111,6	120,4	8,8
B	31,4	37,5	6,1	7,6	7,4	-0,2	5,8	6,2	0,4
DK	14,5	16,0	1,5	2,0	1,9	-0,1	0,0	0,0	0,0
D	280,7	341,7	61,0	68,8	71,4	2,6	61,3	62,7	1,4
EL	15,8	17,7	1,9	0,3	0,3	0,0	0,0	0,0	0,0
E	92,5	111,0	18,5	10,4	11,6	1,2	0,0	0,0	0,0
F	231,1	260,3	29,2	48,1	53,4	5,3	5,7	6,8	1,1
IRL	5,7	6,1	0,4	0,6	0,5	-0,1	0,0	0,0	0,0
I	198,3	232,8	34,5	21,7	21,6	-0,1	0,1	0,2	0,1
L	1,9	2,3	0,4	0,5	0,7	0,2	0,3	0,3	0,0
NL	43,9	48,6	4,7	3,1	3,5	0,4	35,5	41,4	5,9
A	15,5	16,8	1,3	13,2	15,6	2,4	2,1	2,2	0,1
P	11,7	14,1	2,4	2,0	2,2	0,2	0,0	0,0	0,0
FIN	24,1	27,6	3,5	9,6	9,8	0,2	0,5	0,3	-0,2
S	31,2	32,8	1,6	19,4	18,9	-0,5	0,0	0,0	0,0
UK	150,2	152,9	2,7	13,3	18,4	5,1	0,2	0,2	0,0

[*] Produkt von transportierter Gütermenge und Beförderungskilometern (vgl. Eurostat 2002a, S. 340).
Quelle: Eurostat 2002b, S. 312f. (Eigene Berechnungen)

Die Kommunikationsinfrastruktur innerhalb der EU hat sich in den letzten Jahren verbessert. Allerdings zeigt ein Vergleich der Internet-Ausstattung der privaten Haushalte und der Unternehmen, daß hier noch Nachholbedarf besteht (s. Tab. 21). Die Zahl der Internetteilnehmer innerhalb der EU-Länder schwankt zwischen 65% in den Niederlanden und Dänemark und 9% in Griechenland. Solche Unterschiede in der Kommunikationsinfrastruktur zeigen die Bedeutung länderspezifischer Analysen für die Entscheidung von Unternehmen, etwa bei der Ausrichtung ihrer Kommunikations- und Distributionspolitik.

Tabelle 21:   Kommunikationsinfrastruktur in der EU

EU-Länder	Internet-Ausstattung der privaten Haushalte in %	Internet-Ausstattung der Unternehmen in %	
	2000	**2001**	**2002**
B	41	79,0	-
DK	65	86,6	94,8
D	44	82,8	83,9
EL	9	50,6	74,0
E	29	67,0	82,6
F	36	58,0	-
IRL	48	77,0	83,2
I	35	66,0	76,1
L	55	54,6	79,0
NL	65	79,0	-
A	49	76,5	85,0
P	31	71,8	-
FIN	54	90,8	96,0
S	64	89,9	95,2
UK	45	63,4	72,0

Quelle: Statistisches Bundesamt 2003c, S. 114.

Die Kommunikationsinfrastruktur unterliegt einem besonders dynamischen Wandel. Betrachtet man die Pro-Kopf-Ausgaben für Informations- und Kommunikationstechnologien, so ist durchweg eine steigende Tendenz festzustellen. Abbildung 6 zeigt, daß diese Dynamik alle Länder der EU betrifft.

Abbildung 6: **Pro-Kopf-Ausgaben für Informations- und Kommunikationstechnologie**

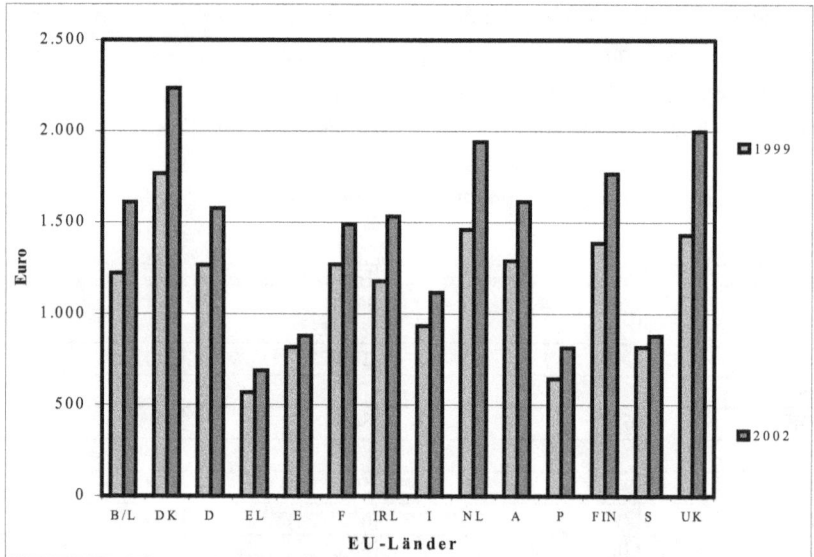

Quelle: Statistisches Bundesamt 2003c, S. 115 (Eigene Darstellung)

Auch das Wissen um klimatische Verhältnisse kann den Unternehmen wichtige Informationen liefern. Solche Informationen können Einfluß auf Gestaltung, Verpackungsart, Konstruktion oder Beschaffenheit der Produkte haben (vgl. Walldorf 1987, S. 204). Die Nicht-Beachtung solcher Verhältnisse kann zur Verminderung der Absatzchancen führen, wenn aus erhöhten Produkt- oder Vertriebskosten aufgrund spezieller Transport- oder Verpackungsmittel höhere Preise resultieren (vgl. Walldorf 1987, S. 204).

Die klimatischen Verhältnisse geben auch erste Informationen über das Konsumverhalten, beispielsweise hinsichtlich eines steigenden oder fallenden Absatzes von Erfrischungsgetränken bei warmem oder kaltem Wetter (vgl. Meffert/Bolz 1998, S. 112). Die klimatischen Verhältnisse und generell die geographischen Faktoren sind relativ einfach erfaßbar und zeitlich stabil.

96

Jedoch ist ihr Bezug auf das tatsächliche Kaufverhalten der Konsumenten als nicht allzu hoch zu veranschlagen (vgl. Meffert/Bolz 1998, S. 112f.).

Tabelle 22: Klimavergleich in verschiedenen Regionen der Welt

Länder	Mittlere Lufttemperatur in °C		Mittlerer Niederschlag in mm/m²	Mittlere Bewölkung	
	kältester	wärmster		heiterster	trübster
	Monat		Jahr	Monat	
Europa (nur EU-Staaten)					
Belgien	2,2/1	17,5/7	817	67/5,9	81/12
Deutschland	-0,5/1	17,8/7	592	46/5	83/11
Frankreich	3,5/1	19,5/7	619	49/8	72/12
Griechenland	9,5/1	27,6/8	395	13/8	65/1
Italien	7,5/1	25,6/7	760	19/8	58/12
Österreich	-1,4/1	19,4/7	625	49/8,9	80/12
Portugal	10,8/1	22,5/8	708	20/8	53/12
Schweden	-3,1/2	17,8/7	555	51/6	79/12
Spanien	5,0/1	24,1/7	440	21/7	52/12
Vereinigtes Königreich	4,3/1	17,7/7	593	60/9	74/1
Afrika					
Libyen	12,2/1	26,0/8	384	14/7	58/3
Ägypten	12,3/1	27,7/7	26	4/8	51/12
Sudan	23,0/1	33,0/5,6	164	7/12	44/8
Kongo	22,0/7	26,8/4	1371	60/3,4	90/9
Südafrika	16,6/7	23,9/1	1008	25/7	64/mM[1]
Amerika					
Kanada	-9,2/1	23,3/7	1048	54/8	80/11
Mexiko	11,6/12,1	17,4/5	766	51/5	78/9
Panama	26,2/11	27,0/5	3308	52/2,3	85/6,7
Ecuador	13,7/7	14,8/1	1115	42/7	75/3
Bolivien	9,4/7	12,7/11	555	20/6	73/2
Brasilien	20,4/7	26,1/2	1139	48/8	73/12
Chile	8,6/6	20,6/1	363	17/2	56/6
Argentinien	10,0/7	23,5/1	981	40/mM[1]	58/6
Vereinigte Staaten					
Chicago	-4,0/1	23,7/7	830	49/9	72/mM[1]
New York	0,4/2	23,7/7	1083	50/10	62/1
Washington D.C.	3,1/2	25,4/7	1050	52/10	71/1
San Francisco	10,0/1	16,5/9	517	32/7	62/1

Länder	Mittlere Lufttemperatur in °C		Mittlerer Niederschlag in mm/m²	Mittlere Bewölkung	
	kältester	wärmster		heiterster	trübster
	Monat		Jahr	Monat	
New Orleans	13,3/1	28,6/8	1620	37/10	64/7
Asien					
Russische Föderation	-17,4/1	19,7/7	380	51/3	71/10
Türkei	-0,1/1	23,3/8	360	18/7	71/12,1
China	-4,7/1	26,0/7	632	29/2	55/7
Japan	3,0/1	26,4/8	1625	41/12,1	82/6
Indien	23,8/1	29,7/5	1810	13/2,3	90/7
Vietnam	26,4/1	29,7/4	1989	42/2	82/7
Indonesien	26,2/1,2	27,4/9,10	1755	45/8	76/1,2

1: mehrere Monate
Quelle: Statistisches Bundesamt 2001, S. 23

Tabelle 22 stellt die klimatischen Verhältnisse in unterschiedlichen Teilen der Erde dar. In der EU sind die kältesten Monate (Januar) mit Temperaturen zwischen -0,5°C in Deutschland und 10,8°C in Portugal und die wärmsten mit Temperaturen zwischen 17,5°C (Juli) in Belgien und 27,6°C (August) in Griechenland. Betrachtet man die klimatischen Bedingungen innerhalb der EU, so scheinen die mittleren Lufttemperaturen auf den ersten Blick große Differenzen aufzuweisen. Diese Einschätzung läßt sich aber relativieren, zumal die jeweiligen Extremwerte in der gleichen Jahreszeit auftreten. Dagegen weist das Klima Afrikas als niedrigste Lufttemperaturen Werte zwischen 12,2°C und 23,0°C (Januar) und als höchste Lufttemperaturen 23,9°C (Januar) und 33,0°C (Mai/Juni) auf; die Extremwerte treten also über das Jahr verteilt auf. Ein ähnliches Bild bietet sich auf dem amerikanischen Kontinent[61], wo die tiefsten Temperaturen zwischen -9,2°C (Januar) und 26,2°C (November) und die höchsten Temperaturen zwischen 12,7°C (November) und 27,0°C (Mai) liegen. Ähnliches gilt auch für Asien, wo die niedrigsten Lufttemperaturen zwischen -17,4°C (Januar) und 26,4°C (Januar) und die höchsten zwischen 19,7°C (Juli) und 29,4°C (April/Mai) liegen.

---

[61] Ohne die Vereinigten Staaten.

Das Klima in der EU ist also vergleichsweise homogen, so daß man schließen kann, daß es bei Internationalisierungsentscheidungen von KMU der deutschen Nahrungsmittelindustrie keine besondere Barriere darstellen dürfte. Außerdem bietet die zunehmende Angleichung der Kommunikationsinfrastruktur und der Verkehrsinfrastruktur innerhalb der EU günstige Voraussetzungen für Internationalisierungsentscheidungen von Unternehmen. Es läßt sich also festhalten, daß die geographischen Faktoren innerhalb der EU insgesamt die Internationalisierung von KMU der deutschen Nahrungsmittelindustrie begünstigen.

1.1.2   Die politisch-rechtlichen Rahmenbedingungen

Einen gleichermaßen wichtigen Faktor für Internationalisierungsentscheidungen von Unternehmen stellen die politisch-rechtlichen Rahmenbedingungen dar. Die Nicht-Beachtung oder Verletzung solcher Rahmenbedingungen kann negative Folgen für die unternehmerische Geschäftätigkeit haben (vgl. Scherm/Süß 2001, S. 103). Deswegen ist es von großer Wichtigkeit, das Rechtssystem eines jeden Ziellandes genau zu prüfen, bevor wichtige Marketingentscheidungen getroffen werden (vgl. Berndt/Fantapié-Altobelli/Sander 1997, S. 32). Im folgenden werden diejenigen rechtlichen Vorschriften betrachtet, von denen die Nahrungsmittelhersteller in der EU betroffen sind.

Vor der Schaffung des europäischen Binnenmarkts gab es eine Fülle von protektionistischen Maßnahmen im Lebensmittelbereich, so daß Lebensmittel einer Vielzahl von Handelshemmnissen unterlagen (vgl. Freidhof 1995, S. 65; Berger/Töpfer 1991, S. 13). Die Europäische Kommission hat im Rahmen der Harmonisierungsbestrebungen für das Lebensmittelrecht Maßnahmen für den Abbau technischer Handelsschranken in den Mitgliedsstaaten empfohlen. Diese Maßnahmen zur Harmonisierung der nationalen Lebensmittelgesetze betreffen zwei verschiedene Ebenen (vgl. Kommission der Europäischen Gemeinschaften 1985a, S. 8f.; Kommission der Europäischen Gemeinschaften 1985b, S. 17ff.): Auf horizontaler Ebene zielt die Harmonisierung auf nationale Regelungen, die allgemeinen Interessen gelten, wie dem Schutz der öffentlichen Gesundheit, dem Schutz der Verbraucher vor Irreführung und

Täuschung, der Gewährleistung des lauteren Wettbewerbs und der Sicherung der amtlichen Lebensmittelüberwachung. Auf vertikaler Ebene sollen Rechtsvorschriften angeglichen werden, die produktspezifische Merkmale betreffen. Einige Produkte wie Honig, Kakao, Schokolade, natürliches Mineralwasser und Fruchtsäfte, unterliegen solchen Vorschriften. Auch das Herstellungsverfahren und die Zusatzstoffnutzung werden durch Richtlinien und Verordnungen auf vertikaler Ebene geregelt (vgl. Freidhof 1995, S. 74).

Die Pläne der Europäischen Kommission für eine völlige Angleichung der unterschiedlichen nationalen Regelungen waren nur schwer umzusetzen, zumal im Laufe der Zeit die Anzahl der Mitgliedsstaaten wuchs, die bei der Produktion von Lebensmitteln an gewissen Traditionen und Wertvorstellungen festhalten wollten (vgl. Wetzig 2000, S. 32). Zum Abbau technischer Hemmnisse innerhalb der EU wurde 1985 das Prinzip der gegenseitigen Anerkennung eingeführt (vgl. Freidhof 1995, S. 75; Wetzig 2000, S. 33). Es regelt, daß jedes Produkt, das in einem Mitgliedsstaat hergestellt und in den Verkehr gebracht werden darf, auch in jedem anderen EU-Mitgliedsstaat in den Verkehr gebracht werden kann (vgl. Breitnaher/Täger 1996, S. 120). Der Harmonisierungsbedarf auf der vertikalen Ebene entfällt durch dieses Prinzip und besteht nur noch für solche Bereiche[62], die die Erfordernisse des Gemeinwohls betreffen (vgl. Gaerner 1994, S. S. 41).

Der Bereich des menschlichen Gesundheitsschutzes umfaßt viele Teilgebiete. So hat sich eine Harmonisierung der unterschiedlichen Bestimmungen der Mitgliedsstaaten über Lebensmittelzusatzstoffe als notwendig erwiesen (vgl. Wetzig 2000, S. 37). Die ersten Bemühungen der Kommission in diesem Bereich sind in der partiellen Harmonisierung der Farbstoffrichtlinien von 1962 zu sehen. Letztlich wurde aber erst Ende 1988 mit den Rahmenrichtlinien über Zusatzstoffe die Voraussetzung für eine vollständige Angleichung gegeben (vgl. Gaerner 1994, S. 41). Diese Richtlinien verbieten die Verwendung von Zusatzstoffen, es sei denn, sie sind technologisch nicht ersetzbar und bringen

---

[62] Schutz der öffentlichen Gesundheit, Schutz der Verbraucher vor Irreführung und Täuschung, Gewährleistung des lauteren Wettbewerbs und Sicherung der amtlichen Lebensmittelüberwachung.

keine gesundheitlichen Gefahren mit sich (vgl. Gaerner 1994, S. 42f.; BfG/ BfELF o.J., S. 14f.). Auch zu den neuartigen Lebensmitteln hat die Europäische Kommission Stellung genommen. Die deutsche Bundesregierung forderte eine gemeinschaftliche Regelung für den Bereich der neuartigen Lebensmittel mit einer eindeutigen Abgrenzung der betroffenen Produkte, ein klares Zulassungsverfahren und eine verständliche Kennzeichnung dieser Produkte für die Verbraucher (vgl. BfG/BfELF o.J., S. 23f.). Die entsprechende EG-Verordnung Nr. 258/97, die durch die EG-Verordnung Nr. 1813/97 erweitert wurde, trat 1997 in Kraft (vgl. Kommission der Europäischen Gemeinschaften 1997a, S. 1; Kommission der Europäischen Gemeinschaften 1997b, S. 7). Beide Verordnungen regeln die Zulassung und die Kennzeichnung dieser Waren. Ihre Regelungen gelten nicht allein für gentechnisch oder biotechnologisch veränderte Lebensmitteln, sondern auch für chemisch veränderte Lebensmittel und –zutaten (vgl. BfG/BfELF o.J., S. 23). Die Harmonisierungsbestrebungen der Europäischen Kommission bezüglich der Lebensmittelregelungen der Mitgliedsstaaten betreffen auch einzelne Produktionsverfahren, so etwa die Richtlinien 1999/2/EG und 1999/3/EG die Produktion von Lebensmitteln mit Einsatz von ionisierten Strahlen (vgl. o.V. 1999b, S. 149). Ferner wurden Höchstwerte für Rückstände von Arzneimitteln in Tieren eingeführt und Regelungen für diabetische und tiefgefrorene Lebensmittel getroffen (vgl. Gaerner 1994, S. 43; o.V. 1999d, S. 324).

Ein wichtiger Schritt in Richtung Verbraucherschutz vor Täuschung oder Irreführung war die Richtlinie der Europäischen Kommission zur Angleichung der Rechtsvorschriften der EU-Mitgliedsstaaten zur Etikettierung und Aufmachung von Lebensmitteln sowie zur Werbung für Lebensmittel (vgl. BfG/BfELF o.J., S. 24). Die Richtlinie regelt die Mindestangaben bei der Kennzeichnung von Lebensmitteln wie Verkehrsbezeichnung, Zutaten, Menge, Mindesthaltbarkeitsdatum, Hersteller und Mindestalkoholgehalt bei alkoholischen Getränken (vgl. Gaerner 1994, S. 44). Fraglich bleibt aber, inwieweit solche Kennzeichnungsrichtlinien eine Verbrauchertäuschung ausschließen. Diese Frage erhebt sich zumindest angesichts eines Urteils zur Werbung für Säfte. Laut diesem Urteil dürfen Getränke auch dann als Säfte beworben werden, wenn es sich nicht um reine Fruchtsäfte handelt. Die Urteilsbegründung lautete, daß der Konsument ohnehin nicht zwischen Fruchtsaft, Fruchtsaftnektar oder fruchtsafthaltigem

Getränk unterscheiden könne; insoweit bestehe also keine Täuschung oder Irreführung des Verbrauchers. Das Urteil erscheint allerdings dahingehend problematisch, daß es im Getränkesektor keine Klarheit bezüglich der Verbraucherinformation schaffte (vgl. o.V. 1999a, S. 119).

Für den Verbraucherschutz hat die Europäische Kommission schon 1989 Richtlinien zur Lebensmittelüberwachung festgelegt, die weitgehend den Grundsätzen des deutschen Lebensmittelgesetzes entsprechen (vgl. BfG/BfELF o.J., S. 29). Diese Richtlinien verpflichten die Mitgliedsstaaten, alle Lebensmittel mit der gleichen Sorgfalt zu kontrollieren wie diejenigen, die im Herkunftsland vermarktet werden (vgl. Breitnaher/Täger 1996, S. 122). Damit keine Wettbewerbsverzerrungen entstehen, müssen die Überwachungsmethoden in allen EU-Mitgliedsstaaten gleich anspruchsvoll sein (vgl. BfG/BfELF o.J., S. 28). Das Prinzip der gegenseitigen Anerkennung kann aber auch zu einer Inländerdiskriminierung führen (vgl. Breitnaher/Täger 1996, S. 122). So werden beispielsweise die deutschen Bierhersteller im europäischen Wettbewerb durch das Reinheitsgebotes für Bier im deutschen Lebensmittelgesetz diskriminiert. Andererseits kann das Reinheitsgebot aber auch als Wettbewerbsvorteil genutzt werden (vgl. Breinaher/Täger 1996, S. 122). Fraglich bleibt aber, inwieweit der Konsument dieses produktspezifische Merkmal tatsächlich wahrnimmt. Das Bestehen von Reinheitsgeboten bei einigen Produkten ist jedoch kein Grund, den freien Warenverkehr von Nahrungsmitteln innerhalb der EU zu beschränken, wenn Waren nicht den Reinheitsgeboten eines Landes entsprechen, aber qualitativ gleichwertig sind (vgl. Brockmeier 1991, S. 159).

Abschließend könnte man sagen, daß mit der Schaffung des europäischen Binnenmarkts noch nicht alle handelshemmenden Schranken gefallen sind, sondern die Verwirklichung des Binnenmarkts einen längerfristigen Prozeß darstellt. Heute hat die EU große Fortschritte in Sachen gleicher gemeinschaftlicher Regelungen für Lebensmittel erreicht, die den freien Warenverkehr innerhalb der EU gewährleisten. Durch den Prozeß der Harmonisierung der innergemeinschaftlichen Regelungen sind besonders den KMU der Nahrungsmittelindustrie neue Impulse für eine Internationalisierung innerhalb der EU gegeben worden.

1.1.3 Die ökonomischen Rahmenbedingungen

Die Rahmenbedingungen für die Nahrungsmittelhersteller haben sich durch die Schaffung des europäischen Binnenmarkts auch bezüglich der ökonomischen Gegebenheiten verändert. Um zu prüfen, ob von diesen Veränderungen Signale für Internationalisierungsentscheidungen von KMU der deutschen Nahrungsmittelindustrie ausgehen, werden folgende ökonomische Faktoren analysiert: Demographie, Bruttoinlandsprodukt (BIP), Pro-Kopf-BIP, Pro-Kopf-Einkommen, Inflationsrate, Zinsentwicklung und Verbrauchsausgaben je Nahrungsmittelgruppe (vgl. Berekoven 1985, S. 77; Berndt/Fantapié-Altobelli/ Sander 1999, S. 16; Berndt/Fantapié-Altobelli/Sander 1997, S. 23ff.). Die ökonomischen Faktoren geben den Unternehmen bei Internationalisierungsentscheidungen erste Informationen über Größe und Entwicklungsstand eines Ländermarkts sowie über die Kaufkraft der Bevölkerung. Diese Indizien ermöglichen eine Einschätzung des Marktpotentials und Marktvolumens und sind daher für die Beurteilung der Marktchancen eines Produkts von hoher Relevanz (vgl. Berndt/Fantapié-Altobelli/Sander 1999, S. 16). Allerdings sind Informationen bezüglich des Kaufkraftpotentials durch Messung des Pro-Kopf-Einkommens allein nicht in der Lage, das Kaufverhalten der Konsumenten hinreichend zu charakterisieren (vgl. Meffert/Bolz 1998, S. 110).

Eine Analyse der demographischen Struktur der EU ist wichtig für die Gestaltung der Marketingstrategie, besonders für Entscheidungen über die Distribution von Produkten im Falle einer Internationalisierung (vgl. Stegmüller 1995, S. 55f.). Daher ist hier eine Analyse der Bevölkerungsentwicklung in der EU sowie der Altersstruktur innerhalb der einzelnen Länder von Bedeutung.
Mit einer Bevölkerung von 378 Mill. Bürgern (im Jahr 2002) ist die EU der größte Binnenmarkt vor den USA oder Japan. Bei der Betrachtung der Bevölkerungsentwicklung von 1985 bis 2000 wird ein Bevölkerungswachstum in allen europäischen Ländern ersichtlich, wobei Deutschland (82,4 Mill. Einwohner), Großbritannien (59,8 Mill.), Frankreich (59,7 Mill.) und Italien (57,5 Mill.) die vier bevölkerungsreichsten Länder der EU mit einem entsprechend hohen Absatzpotential darstellen (s. Tab. 23).

Tabelle 23: Bevölkerungsentwicklung in der EU von 1992 bis 2002 (in Tsd.)

Jahre	1992	2002*	Bevölkerungswachstum
EU-Länder	367.968	377.742	2,7%
B	10.045	10.243	2,0%
DK	5.171	5.368	3,8%
D	80.594	82.430	2,3%
EL	10.322	10.588	2,6%
E	39.011	39.514	1,3%
F	57.240	59.650	4,2%
IRL	3.558	3.856	8,4%
I	56.859	57.539	1,2%
L	393	443	12,7%
NL	15.184	16.052	5,7%
A	7.915	8.103	2,4%
P	9.963	10.055	0,9%
FIN	5.042	5.196	3,1%
S	8.668	8.878	2,4%
UK	58.003	59.828	3,1%

* Vorausschätzungen
Quelle: Statistisches Bundesamt 2003c, S. 40 (Teilweise eigene Berechnungen)

Tabelle 24: Bevölkerungswachstum zwischen 1985 und 2000 (in %)

Jahre	1985-1990*	1990-1995*	1995-2000*
EU-Länder	+1,6	+2,1	+1,4
B	+1,1	+1,7	+1,1
DK	+0,5	+1,8	+2,0
D	+2,2	+2,9	+0,6
EL	+2,3	+2,9	+0,8
E	+1,1	+1,0	+1,8
F	+2,6	+2,0	+1,8
IRL	-1,0	+2,7	+2,0
I	+0,2	+1,0	+0,8
L	+4,1	+7,3	+7,0
NL	+3,2	+3,4	+3,0
A	+2,0	+4,1	+0,8
P	-1,1	+1,3	+2,0
FIN	-0,8	+2,7	+5,3
S	+2,5	+3,1	+0,5
UK	+1,6	+1,8	+1,9

* Zu- (+) bzw. Abnahme (-) der Bevölkerung
Quelle: Statistisches Bundesamt 2003c, S. 40

Betrachtet man die prozentuale Entwicklung der EU-Bevölkerung, so ist zu beobachten, daß sich das Bevölkerungswachstum im Laufe der Jahre verlangsamt hat (s. Tab. 24).

Aber auch die Altersstruktur der Bevölkerung ist von Relevanz, insbesondere wenn die Marktbearbeitungsstrategien auf bestimmte Bevölkerungssegmente mit unterschiedlicher Altersstruktur fokussiert werden. Wie in Tabelle 25 ersichtlich wird, ist die Altersstruktur der Bevölkerung innerhalb der EU sehr gleichmäßig.

Tabelle 25: Altersstruktur der Bevölkerung in der EU im Jahr 2001*

EU-Länder	Insgesamt (abs.) in Tsd.	Davon im Alter von ... bis unter ... Jahren[1]			
		unter 15 (%)	15-45 (%)	45-65 (%)	65 und mehr (%)
B	10.263	17,6	41,6	24,0	16,9
DK	5.349	18,6	40,8	25,8	14,8
D[1]	82.440,3	15,3	41,8	25,9	17,1
EL[2]	10.522	15,4	43,6	24,1	16,9
E	39.394	15,3	46,1	22,2	16,4
F	59.038	18,8	41,6	23,5	16,1
IRL	3.825	21,5	46,5	20,9	11,2
I	57.844	14,4	42,3	25,1	18,2
L	439	18,9	44,1	23,1	13,9
NL	15.987	18,6	43,1	24,7	13,6
A	8.121	16,6	43,8	24,0	15,5
P	10.262	16,0	43,9	23,7	16,4
FIN	5.181	18,1	40,0	26,9	15,0
S	8.882	18,4	39,0	25,4	17,2
UK	59.862	18,9	42,1	23,4	15,6

* Jahresanfang; [1]Stand 01.01.2002; [2]01.01.2000
Quelle: Statistisches Bundesamt 2003c, S. 41

Betrachtet man das gesamte BIP für die EU-Staaten, so stellt man fest, daß Deutschland, Frankreich, Großbritannien und Italien im Jahr 2002 die mit Abstand höchsten BIP aufweisen (s. Abb. 7).

Abbildung 7: Gesamtes BIP der EU-Länder im Jahr 2002

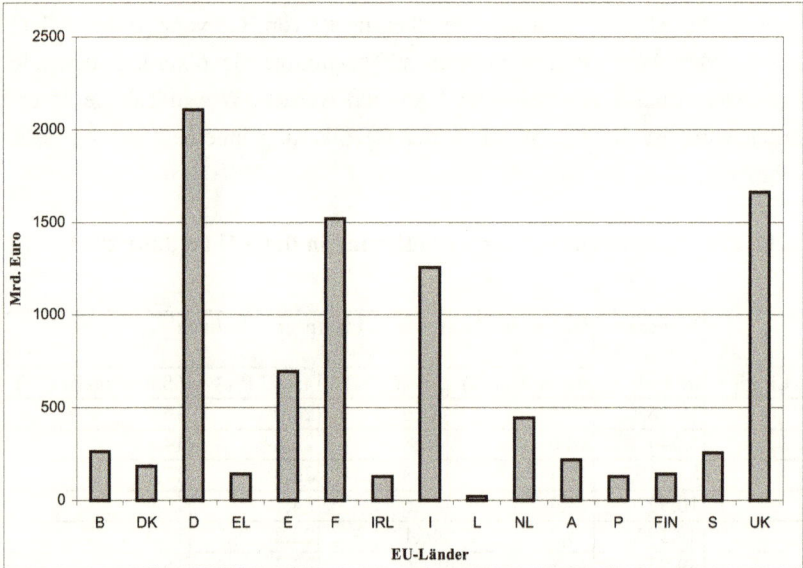

Quelle: Statistisches Bundesamt 2003c, S. 130 (Eigene Darstellung)

Abbildung 8 zeigt das Pro-Kopf-BIP in den EU-Ländern. Es liegt zwischen rund 12.000 EUR in Portugal und rund 50.000 EUR in Luxemburg. Obschon damit eine relativ starke Varianz der Werte zu verzeichnen ist, läßt sich doch feststellen, daß die Mehrzahl der Länder ein Pro-Kopf-BIP von über 20.000 EUR aufweist. Damit liegt es wesentlich höher als in den neuen EU-Ländern, wo es sich zwischen rund 4.000 EUR in Litauen und Lettland und rund 13.000 EUR in Zypern bewegt (s. Abb. 9).

Abbildung 8:   Pro-Kopf-BIP in den EU-Ländern im Jahr 2002

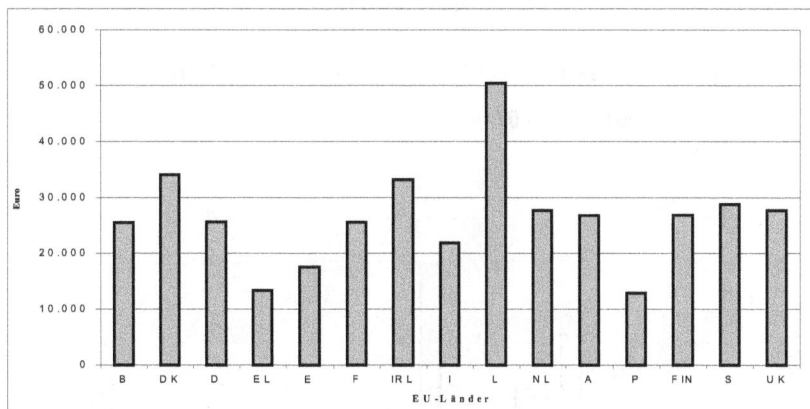

Quelle: Statistisches Bundesamt 2003c, S. 130 (Eigene Darstellung)

Abbildung 9:   Pro-Kopf-BIP in den neuen EU-Ländern im Jahr 2002

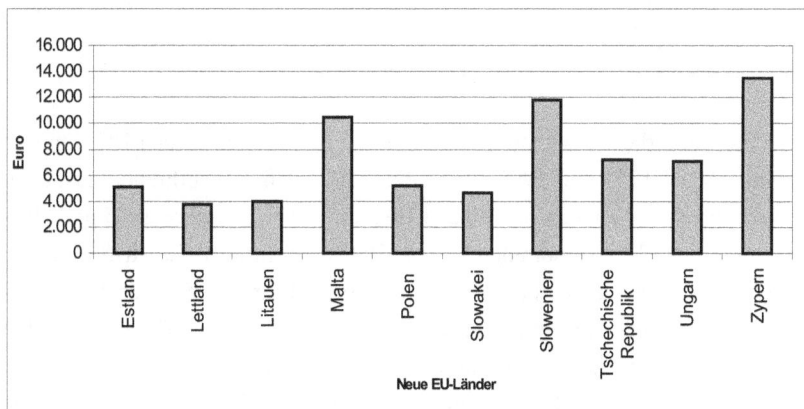

Quelle: Statistisches Bundesamt 2003c, S. 156 (Eigene Darstellung)

Ein Vergleich des prozentualen Wachstums des Pro-Kopf-BIP zwischen 2001 und 2002 zeigt eine harmonische wirtschaftliche Entwicklung in den EU-Ländern. Das Pro-Kopf-BIP stieg in den meisten EU-Ländern zwischen 0,1% (Deutschland) und 1,9% (Spanien), abgesehen von Ausnahmen wie den Niederlanden, wo es um 0,2% schrumpfte, und Irland oder Griechenland, die ein überdurchschnittliches Wachstum aufwiesen (s. Abb. 10).

Abbildung 10: Prozentuale Veränderung des Pro-Kopf-BIP zwischen 2001 und 2002

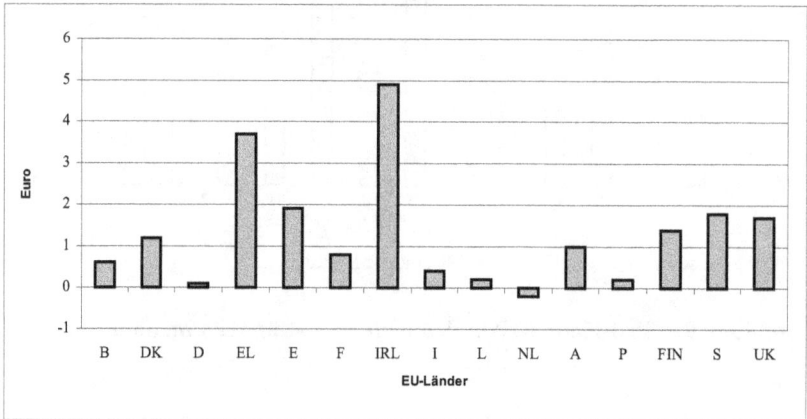

Quelle: Statistisches Bundesamt 2003c, S. 130 (Eigene Darstellung)

Betrachtet man die Entwicklung der Verbrauchsausgaben in den EU-Ländern zwischen 1991, 1995 und 1997, so wird deutlich, daß die Verbrauchsausgaben für Nahrungsmittel zwischen 1991 und 1995 um 0,8%, zwischen 1995 und 1997 aber nur um 0,5% zugenommen haben. Die Verbrauchsausgaben für fremde Verkehrsdienstleistungen und Nachrichtenübermittlung sowie für Kraftfahrzeuge und Fahrräder haben zwischen 1995 und 1997 mit 3,3% am stärksten zugenommen. Gefolgt werden sie von Verbrauchsausgaben für Restaurants, Cafés und Beherbergungsbetriebe mit 3,1%. Aber auch die Verbrauchsausgaben für Wohnungsmieten und Wassergebühren, für Schuhe und Bekleidung sowie für Möbel und Innenausstattung haben zwischen 1995 und 1997 stärker zugenommen als noch zwischen 1991 und 1995. Abgenommen haben die Verbrauchsausgaben für Elektrizität, Gas und Brennstoffe, für Gesundheitspflege und insbesondere für Bildung, Bücher und Zeitungen (s. Tab. 26). Es ist also erkennbar, daß die Verbrauchsausgaben für Nahrungsmittel nicht im selben Maße wachsen wie die für andere Produkte und Dienstleistungen. Dies könnte ein Indiz dafür sein, daß Nahrungsmittel in den hochindustrialisierten Gesellschaften für die Konsumenten eine untergeordnete Priorität haben (vgl. Breitnaher/Täger 1996, S. 53).

Tabelle 26: Durchschnittliche Verbrauchsausgaben aller EU-Länder in %

Durchschnitt der Verbrauchsausgaben in %	Durchschnittlicher jährlicher Anstieg zwischen 1991 und 1995 in %	Durchschnittlicher jährlicher Anstieg zwischen 1995 und 1997 in %
Nahrungsmittel	0,8	0,5
Restaurants, Cafés und Beherbergungsbetriebe	1,2	3,1
Bildung, Bücher, Zeitungen	1,4	0,1
Wohnungsmieten (brutto) und Wassergebühren	1,5	3,0
Elektrizität, Gas, Brennstoffe	1,0	1,5
Schuhe und Bekleidung	0,3	2,5
Möbel, Innenausstattung und laufende Haushaltsführung	1,0	2,3
fremde Verkehrsleistungen und Nachrichtenübermittlung	1,3	3,3
Kraftfahrzeuge und Fahrräder	1,3	3,3
Gesundheitspflege	2,9	2,7

Quelle: Eurostat 2001a, 152ff. (Eigene Berechnungen)

Im wesentlichen weisen die EU-Länder im Laufe der Jahre eine rückläufige Inflationsrate auf, was zu einer stabilen Preispolitik führen kann (s. Tab. 27). Aber eine rückläufige Inflationsrate bedeutet auch steigende Kaufkraft (vgl. Berndt/Fantapié-Altobelli/Sander 1999, S. 21).

Tabelle 27: Jährliche Veränderung der Inflationsrate und des langfristigen Zinssatzes in den EU-Ländern

	Inflationsrate Veränderung zum Vorjahr in %			Langfristiger Zinssatz		
Jahre	1995	1998	2002	1995	1998	2000
EU-Länder	3,0	1,3	2,1	8,9	4,9	4,9
B	1,4	0,9	1,6	7,5	4,8	5,0
DK	2,3	1,3	2,4	8,3	4,9	5,1
D	1,5	0,6	1,3	6,9	4,6	4,8
EL	9,0	4,5	3,9	17,4	8,5	5,1
E	4,7	1,8	1,3	11,3	4,8	5,0
F	1,7	0,7	1,9	7,5	4,6	4,9
IRL	2,4	2,1	4,7	8,3	4,8	5,0
I	5,4	2,0	2,6	12,2	4,9	5,0
L	1,9	1,0	2,1	7,2	4,7	4,7
NL	1,1	1,8	3,9	6,9	4,6	4,9
A	2,0	0,8	1,7	7,1	4,7	5,0
P	3,8	2,2	3,7	11,5	4,9	5,0
FIN	1,0	1,4	2,0	8,8	4,8	5,0
S	2,9	1,0	3,6	11,3	4,8	5,3
UK	3,1	1,6	1,3	8,3	5,6	4,9

Quellen: Statistisches Bundesamt 2001, S. 118; Statistisches Bundesamt 2003c, S. 101

Diese positive Entwicklung der europäischen Wirtschaft in den Jahren nach der Verwirklichung des europäischen Binnenmarkts wird auch an der gleichmäßigen Entwicklung der langfristigen Zinssätze ersichtlich (s. Tab. 27). Dies läßt sich auch als positives Zeichen für die Internationalisierung von Unternehmen mittels Direktinvestitionen werten (vgl. Berndt/Fantapié-Altobelli/ Sander 1999, S. 21).

Es läßt sich also festhalten, daß auch bei den ökonomischen Faktoren eine Harmonisierungstendenz der nationalen Volkswirtschaften nach der Schaffung des europäischen Binnenmarkts zu verzeichnen ist.

1.1.4 Die soziokulturellen Rahmenbedingungen

Die soziokulturellen Faktoren eines Landes liefern wichtige Informationen über das Kauf- und Verbrauchsverhalten der Konsumenten (vgl. Meffert/Bolz 1998, S. 113). Die Kultur umfaßt aber auch weitere Parameter, die die Besonderheiten eines Landes ausdrücken (vgl. Berndt/Fantapié-Altobelli/Sander 1999, S. 27). Einen wichtigen Kultur-Parameter stellt für viele Autoren Sprache bzw. Kommunikation dar (vgl. Bradley 2002, S. 95f.; Albaum/Strandskov/Duerr/Dowd 1996, S. 56f.; Henle 1969, S. 9ff.). Die Sprache als Ausdruck der Kultur eines Landes kann im internationalen Marketing zu einem großen Hemmnis werden, besonders für die Kommunikationspolitik der Unternehmen (vgl. Meffert/Bolz 1998, S. 42). Aber solche Hemmnisse können auch in Ländern auftreten, in denen die gleiche Sprache gesprochen wird, in denen dennoch bestimmte Begriffe unterschiedlich assoziiert werden (vgl. Berndt/Fantapié-Altobelli/ Sander 1999, S. 28). Die Sprache wird in zwei Kategorien unterteilt, in die verbale und die non-verbale Sprache. Die verbale Sprache stellt ein wichtiges Element der Kommunikation innerhalb einer Bevölkerung dar und findet ihren Ausdruck in verschiedenen Formen wie beispielsweise Literatur oder schriftliche Kommunikation (vgl. Doole/Lowe/Phillips 1996, S. 96). Andererseits nimmt die non-verbale Sprache einen großen Stellenwert ein, insbesondere in Ländern, die eine ‚high context culture'[63] aufweisen, im Gegensatz zu Ländern mit einer ‚low context culture'. Allerdings ist die non-verbale Sprache etwa in den anglo-germanischen Kulturen nicht sehr signifikant ausgeprägt (vgl. Doole/ Lowe/Phillips 1996, S. 98).

Aufgrund der Vielzahl von Sprachen scheint in der EU eine kulturelle Heterogenität und Vielfalt vorzuherrschen (vgl. Schröder/Macht 1983, S. 1; Gogolin/ Krüger-Potratz/Neumann 1991, S. 14). Die elf amtlich gesprochenen Sprachen innerhalb der EU sind: Dänisch, Niederländisch, Englisch, Deutsch, Finnisch,

---

[63] Doole/Lowe/Phillips unterscheiden zwischen Ländern, die eine ‚low context culture' bzw. eine ‚high context culture' aufweisen. Als ‚low context culture' beschreiben die Autoren solche Kulturen, die sich für das Verstehen einer Nachricht nur auf die gesprochene oder schriftliche Sprache beschränken. Im Gegensatz dazu werden in der ‚high context culture' noch weitere Elemente der Umgebung einer Nachricht wahrgenommen (vgl. Doole/Lowe/Phillips 1996, S. 94ff.).

Französisch, Griechisch, Italienisch, Portugiesisch, Spanisch und Schwedisch (vgl. Eurobarometer 2001, S. 80). Es werden allerdings auch andere Sprachen innerhalb der EU als Muttersprache gesprochen, wie Tabelle 28 zeigt.

Tabelle 28: Muttersprache in % nach EU-Land

Länder	EU-Landes-sprachen	Andere EU-Sprache	Arabisch oder Chinesisch	Andere
Belgien	95[1]	4	0	2
Dänemark	98	1	0	1
Deutschland	97	3	0	0
Griechenland	99	0	0	0
Spanien	91	1	0	8
Frankreich	95	4	1	1
Irland	93	1	0	7
Italien	99	1	0	0
Luxemburg	11[2]	18	0	70
Niederlande	97	1	0	2
Österreich	96	1	0	2
Portugal	100	0	0	0
Finnland	99[3]	0	0	0
Schweden	94	2[4]	1	3
Vereinigtes Königreich	95	1	0	4

1: 57% Niederländisch, 37% Französisch, 1% Deutsch; 2: 8% Französisch, 3% Deutsch;
3: 92% Finnisch, 7% Schwedisch; 4: 1% Finnisch, 1% andere EU-Sprachen
Quelle: Eurobarometer 2001, S. 80

Auch wenn die englische Sprache die am häufigsten gesprochene Sprache in der EU ist (vgl. Tab. 29), so kann bspw. in der Werbung eine wörtliche Übernahme sehr riskant sein, da die Wörter und die mit ihnen verknüpften Begriffe unterschiedliche Interpretationen von Land zu Land haben können (vgl. Doole/ Lowe/Phillips 1996, S. 97f.).

Tabelle 29:   Häufig benutzte Fremdsprachen in % nach EU-Land

Land	Fremdsprache			
	Deutsch	Englisch	Französisch	Spanisch
Belgien	-	80	40	-
Dänemark	53	93	-	-
Deutschland	-	72	38	-
Griechenland	48	88	-	-
Spanien	-	90	51	-
Frankreich	-	84	-	39
Irland	47	-	62	-
Italien	-	88	36	-
Luxemburg	-	51	71	-
Niederlande	36	90	-	-
Österreich	-	86	46	-
Portugal	-	77	56	-
Finnland	29	76	-	-
Schweden	40	85	-	-
Vereinigtes Königreich	40	-	64	-

Quelle: Eurobarometer 2001, S. 86

Auch Religion und ethisch-moralische Normen und Werte prägen die Kultur eines Landes (vgl. Berekoven 1985, S. 80; Bradley 2002, S. 88). Sie beeinflussen zugleich das Nachfrageverhalten und stellen somit eine wichtige Größe für internationale Marketingentscheidungen dar (vgl. Terpstra/Russow 2000, S. 39). Dülfer vertritt allerdings die Meinung, daß in hochindustrialisierten Ländern Religion und ethisch-moralische Normen und Wertvorstellungen für das Konsumverhalten der Individuen nur eine geringere Bedeutung besäßen (vgl. Dülfer 2001, 324). Dieser Gedanke läßt sich durchaus auf die EU-Länder übertragen. Im Unterschied zu anderen Religionen wie beispielsweise dem Islam, der den Verzehr von Schweinefleisch oder den Genuß von Alkohol verbietet (vgl. Dülfer 201, S. 345), bestehen innerhalb der EU gegenwärtig keine Barrieren für internationale Marketingentscheidungen aufgrund religiöser Wertvorstellungen.

Ein weiterer Faktor, der Einfluß auf die Kultur eines Landes nimmt, ist das Bildungsniveau. Das Bildungsniveau beeinflußt auch die Nachfrage nach bestimmten Gütern, so daß beispielsweise in Ländern mit hoher Analphabeten-quote die Ansprache der Konsumenten eher über TV-Werbung oder Radio erfolgen sollte (vgl. Berndt/Fantapié-Altobelli/Sander 1999, S. 30).

Tabelle 30 zeigt relativ gleichmäßige Bevölkerungsanteile in der EU, die den verschiedenen Bildungsbereichen zuzuordnen sind. Die Gesamtwerte im Primärbereich[64] zeigen eine sinkende Tendenz zwischen 1980/81 und 2000/01. Im Sekundärbereich[65] ergibt sich ein gleiches Bild, wobei die Gesamtwerte geringer ausfallen als im Primärbereich. Im Gegensatz zu den beiden anderen Bereichen ist die Zahl der Personen im Tertiärbereich[66] gestiegen. Betrachtet man die prozentualen Anteile der Schüler und Studierenden an der Gesamtbevölkerung zwischen 1980/81 und 2000/01, so ist eine rückläufige Tendenz von 1,6% zu verzeichnen (vgl. Statistisches Bundesamt 2003, S. 102). Anhand dieser Daten könnte man sagen, daß die EU-Bürger ein relativ homogenes Bildungsniveau aufweisen. So bewegt sich der Anteil der Schüler und Studenten im Verhältnis zu den Erwerbspersonen im Jahre 2000/01 zwischen 35% und 52%.

---

[64] Der Primärbereich umfaßt in der Regel die ersten sechs Schuljahre. Für die Mehrzahl der EU-Länder sind der Primärbereich und der Sekundärbereich I einheitlich und durchgehend strukturiert und erstrecken sich über acht bis zehn Jahrgangsstufen. In den meisten EU-Ländern sind die Pflichtfächer ähnlich strukturiert. Die wesentlichen Unterschiede liegen in der Stundenverteilung zwischen den einzelnen Pflichtfächern (vgl. Eurostat 2002c, S. XVIf. und S. 57ff.).

[65] Im Anschluß an den Primärbereich erfolgt der Eintritt in den Sekundärbereich I entweder automatisch oder abhängig von den Leistungen der Schüler im Primärbereich. Nur in den wenigsten EU-Ländern liegt allerdings im Sekundärbereich I schon ein technisches bzw. berufsvorbereitendes Bildungsangebot vor. Eine Ausnahme bilden hier Luxemburg, die Niederlande und Portugal. Eine Aufgliederung nach allgemeinbildenden, berufsbildenden bzw. technischen Zweigen findet für die Mehrzahl der EU-Länder erst im Sekundärbereich II statt. In der Mehrzahl der EU-Länder endet die Vollzeitschulpflicht mit dem 15. bzw. 16. Lebensjahr (vgl. Eurostat 2002c, S. XVIIf. und S. 69ff.).

[66] In einigen EU-Ländern genügt das Abschlußzeugnis des Sekundärbereichs II für die Zulassung zum Studium im Tertiärbereich; in anderen EU-Ländern, in denen die Nachfrage das Angebot verfügbarer Studienplätze übersteigt, werden bei der Studienplatzvergabe zusätzliche Auswahlmechanismen eingesetzt (vgl. Eurostat 2002c, S. XIX).

114

Tabelle 30: Bildung in den EU-Ländern

EU-Länder	Schüler und Studierende				
	Primär-bereich in 1.000	Sekundär-bereich in 1.000	Tertiär-bereich in 1.000	Anteil an der Bevöl-kerung in %	Verhältnis zu den Er-werbsper-sonen in %
Deutschland					
1980/81	3.580	10.337	1.525	19,7	43,9
2000/01	3.519	8.388	2.084	17,0	35,3
Belgien/Luxemburg					
1980/81	882	1.042	218	17,6	41,8
2000/01	805	1.159	362	18,9	44,5
Dänemark					
1980/81	435	499	114	20,5	39,0
2000/01	396	442	191	19,2	36,3
Finnland					
1980/81	373	458	113	19,7	38,2
2000/01	392	493	280	22,5	43,5
Frankreich					
1980/81	3.740	5.380	1.716	21,0	48,3
2000/01	3.838	5.876	2.032	19,9	45,3
Griechenland					
1980/81	903	741	121	18,3	51,2
2000/01	636	743	478	16,9	42,6
Irland					
1980/81	430	321	55	23,7	64,6
2000/01	444	328	167	24,5	52,6
Italien					
1980/81	4.437	5.337	1.126	19,3	48,3
2000/01	2.825	4.473	1.812	15,8	38,2
Niederlande					
1980/81	1.807	1.714	364	27,5	71,9
2000/01	1.282	1.403	504	19,9	38,7
Österreich					
1980/81	400	934	137	19,5	47,0
2000/01	392	749	165	17,3	36,5
Portugal					
1980/81	1.240	495	90	18,7	41,9
2000/01	802	813	388	19,5	38,6
Schweden					
1980/81	667	629	175	17,7	34,0

EU-Länder	Schüler und Studierende				
	Primär-bereich in 1.000	Sekundär-bereich in 1.000	Tertiär-bereich in 1.000	Anteil an der Bevöl-kerung in %	Verhältnis zu den Er-werbsper-sonen in %
2000/01	786	928	358	23,3	47,5
Spanien					
1980/81	3.684	3.984	698	22,4	62,0
2000/01	2.505	3.183	1.834	18,7	44,5
Vereinigtes Königreich					
1980/81	4.956	6.759	828	22,3	46,7
2000/01	4.596	8.374	2.067	25,1	51,2

Quelle: Statistisches Bundesamt 2003c, S. 102

Zu der Kultur eines Landes gehören noch Faktoren wie Gepflogenheiten, Ästhetik, soziale Institutionen und soziale Strukturen (vgl. Terpstra/Russow 2000, S. 39ff.). Gepflogenheiten bestimmen den Verwendungszweck verschiedener Produkte, die Ästhetik beeinflußt die Wahrnehmung von Objekten, Symbolen oder Wörtern. Dies läßt sich beispielsweise an der Bedeutung von Farben in verschiedenen EU-Ländern zeigen (vgl. Tab. 31).

Die Kenntnis sozialer Institutionen und der sozialen Struktur liefert wichtige Informationen für Entscheidungen bei der internationalen Marktbearbeitung. So stellen Familiengröße und Familienzusammensetzung oder die Frauenrolle in der Gesellschaft wichtige Parameter dar, ebenso das Schichtenmodell einer Gesellschaft (vgl. Berndt/Fantapié-Altobelli/Sander 1999, S. 30f.). Solche Informationen werden in diesem Teil der Arbeit im Zusammenhang mit den Nahrungsmitteltendenzen näher analysiert.

Tabelle 31: Farbsymbolik für ausgewählte EU-Länder

Farbe	Österreich	Dänemark	Finnland	Frankreich	Italien	Portugal	Schweden
Schwarz	Trauer	Trauer Sorge	Sorge Eifersucht	Sorge Trunkenheit Eifersucht Pessimismus	Depression	Trauer Sorge Hunger	Depression Sorge
Weiß	Unschuld	Unschuld Reinheit	Unschuld Sauberkeit	Reinheit jung	Unschuld Furcht erfolg-los Liebes-affaire	Friede Unschuld Reinheit	Güte
Rot	Ärger Liebe Leiden-schaft Feuer	Liebe Gefahr Feuer	Ärger Liebe Leiden-schaft Feuer	Ärger Hitze Vergnügen Schüchtern-heit	Ärger Gefahr Feuer	Krieg Blut Leiden-schaft Feuer	Ärger Wut Feuer
Grün	Hoffnung	Hoffnung Lange-weile Gesund-heit	Hoffnung Neid	jugendlich Furcht	Neid Jugend Geld-knapp-heit depres-siver Ärger	Hoffnung Neid	Neid unerfah-ren Güte
Blau	Treue	Qualität	Kälte ohne Geld unschul-dig	Ärger Furcht	Furcht	Eifersucht Schwierig-keit, Pro-bleme zu lösen	Wut Ärger Romanze
Gelb	Eifersucht	Gefahr Falschheit Neid	(kein be-sonderer Ausdruck)	Krankheit	Ärger	Verzweif-lung Plage	Neid

Quelle: Wilkes 1977, S. 112 (Leicht verändert)

Obwohl also einige Homogenisierungstendenzen bei den soziokulturellen Faktoren zu beobachten sind, besteht zumindest gegenwärtig allgemein eine beträchtliche Heterogenität dieser Faktoren innerhalb der EU. Die Aussichten auf eine Standardisierung der Marktbearbeitung im Lebensmittelbereich sind daher aufgrund der unterschiedlichen soziokulturellen Bedingungen innerhalb der EU kritisch einzuschätzen.

Betrachtet man zusammenfassend die Internationalisierungsbedingungen für die Unternehmen aufgrund der veränderten Umweltfaktoren im Gefolge der Schaffung des europäischen Binnenmarkts, so ist festzuhalten, daß Internationalisierungsentscheidungen zwar durch Homogenisierungstendenzen im Bereich der politisch-rechtlichen, geographischen und ökonomischen Faktoren begünstigt, durch die beobachtete Heterogenität der soziokulturellen Faktoren aber eher gehemmt werden.

1.2 Die Aufgabenumwelt der KMU der deutschen Nahrungsmittelindustrie

Außer der globalen Umwelt eines Unternehmens ist auch seine Aufgabenumwelt zu berücksichtigen, die alle Interaktionspartner[67] umfaßt, mit denen es in Beziehung steht (vgl. Dülfer 2001, S. 228). Zur Aufgabenumwelt eines Unternehmens zählen u.a. die Branche des Unternehmens, seine Wettbewerber, seine Lieferanten und seine Abnehmer (vgl. Berndt/Fantapié-Altobelli/ Sander 1999, S. 32ff.). Abnehmer sind für Unternehmen der Ernährungsbranche sowohl die Konsumenten als auch der Lebensmittelhandel. In den folgenden Abschnitten wird die Aufgabenumwelt der KMU der deutschen Nahrungsmittelindustrie innerhalb des europäischen Binnenmarkts dargestellt.

1.2.1 Die Branchenstruktur

Die Branchenstruktur wird u.a. durch die folgenden Variablen beschrieben. Die Marktform gibt Informationen über eine oligopolistische, monopolistische oder polypolistische Branchenstruktur (vgl. Berndt/Fantapié-Altobelli/Sander 1999, S. 32). Aufgrund der überwiegend mittelständischen Struktur der deutschen Ernährungsbranche läßt sich sagen, daß sie eine polypolistische Struktur aufweist (vgl.Teil II, Abschn. 2.2.3).

---

[67] Bei den Interaktionspartnern werden interne und externe Partner unterschieden. Interne Partner umfassen u.a. Geschäftsleitung, Kapitalgeber und Mitarbeiter, externe Interaktionspartner sind Wettbewerber, Lieferanten und Abnehmer (vgl. Dülfer 2001, S. 251ff.; Berndt/Fantapié-Altobelli/Sander 1999, S. 32; Weber 1997, S. 58).

Ein anderes Merkmal, das eine Branche charakterisiert, sind die nationalen Markteintrittsbarrieren, die ein wesentliches Internationalisierungshemmnis darstellen können. So ist bspw. im Rahmen der zunehmenden Harmonisierung des europäischen Binnenmarkts ein gewisser Patriotismus bzw. Nationalismus der Konsumenten als Internationalisierungshemmnis zu nennen (vgl. Berndt/ Fantapié-Altobelli/Sander 1999, S. 32). Eine weitere Markteintrittsbarriere für Unternehmen im Anfangsstadium einer Internationalisierung kann in geringerem Ländermarktwissen im Vergleich zu den dort heimischen Konkurrenzunternehmen bestehen (vgl. Scherm/Süß 2001, S. 106f.). Unter den Merkmalen, die eine Branche charakterisieren, sind ferner zu nennen: Kapitalintensität, Wertschöpfung und technischer Wandel. Für die Ernährungsbranche hat sich gezeigt, daß die Produktion eher kapitalintensiv ist und weniger arbeitsintensiv (vgl. Teil II, Abschn. 2.2.2).

Für eine Internationalisierung wäre somit eine Analyse der Branchenstruktur der jeweiligen Länder empfehlenswert, um zu entscheiden, ob und inwieweit bisher erfolgreiche Strategien auch in diesen Länder umsetzbar sind (vgl. Nienaber 2003, S. 44).

Die KMU der deutschen Nahrungsmittelindustrie sollten internationale Erfahrungen und Erfolge von Unternehmen, die zu anderen Zweigen der Ernährungsbranche[68] gehören aber auch dahingehend sorgfältig analysieren, ob sie sich zur einer Übertragung auf das eigene Unternehmen eignen.

1.2.2 Die Wettbewerber

Die Binnenmarktharmonisierung brachte nicht nur eine Erleichterung des Marktzugangs für Unternehmen mit sich, sondern auch eine steigende Wettbewerbsintensität, die auch eines der Ziele bei der Schaffung des europäischen Binnenmarkts war (vgl. Meffert/Bolz 1998, S. 60). Daß dies auch die Ernährungsbranche nicht unberührt ließ, zeigt sich in der steigenden Konzentration in den meisten ihrer Zweige[69].

---

[68] Zu den verschiedenen Zweigen des Ernährungsgewerbes siehe Teil II, Abschn. 2.2.3.

[69] Für eine detaillierte Analyse der Konzentrationstendenzen in der Ernährungsbranche siehe Teil V, Abschn. 1.1.

Zur Identifikation und Evaluation der Konkurrenten innerhalb der Branche sollte eine Wettbewerbsanalyse durchgeführt werden (vgl. Berndt/Fantapié-Altobelli/Sander 1999, S. 33), die die Unternehmen bei der Einschätzung ihrer Absatzchanchen in Ländermärkten außerhalb ihres Heimatmarkts unterstützt (vgl. Berekoven 1985, S. 104).

Die Identifikation der Konkurrenten liefert dem Unternehmen erste Informationen darüber, ob es bei einer Internationalisierung eher mit lokalen Anbietern oder mit internationalen Unternehmen in Konkurrenz steht.

Nach der Identifikation der Wettbewerber ist eine Evaluation durchzuführen, die speziellere Informationen über Marktmacht, strategische Ausrichtung und Marktabdeckung der einzelnen Konkurrenten liefert (vgl. Hünerberg 1994, S. 49). Diese drei Kategorien umfassen eine Reihe von speziellen Merkmalen[70], die dazu geeignet sind, Leistungsdifferenzen gegenüber den Konkurrenten zu erfassen und die Wahl der Wettbewerbsstrategie zu unterstützen (vgl. Porter 1999, S. 181; Berekoven 1985, S. 104).

Da die meisten Zweige des deutschen Ernährungsgewerbes im europäischen Binnenmarkt steigenden Konzentrationstendenzen ausgesetzt sind, liegt auch für die KMU der deutschen Nahrungsmittelindustrie eine Internationalisierung[71] ihrer Geschäftstätigkeit innerhalb des europäischen Binnenmarkts nahe (vgl. Teil V, Abschn. 1.1).

1.2.3 Die Lieferanten

Insbesondere für solche KMU der deutschen Nahrungsmittelindustrie, die per Direktinvestition im Ausland tätig werden wollen, ist eine Analyse der Lieferanten in den jeweiligen Ländern von großer Bedeutung (vgl. Berndt/Fantapié-Altobelli/Sander 1999, S. 33). Als Faktoren sind dabei Größe und Anzahl, Marktmacht und Konzentration, aber auch das Angebot der Lieferanten zu

---

[70] Eine Liste von Merkmalen, mit denen Leistungsdifferenzen zwischen dem eigenen Unternehmen und den Konkurrenten verglichen werden können, findet sich bei Porter (1999, S. 181ff.) und Sander (1998, S. 59ff.).

[71] Die Ziele, die die KMU der deutschen Nahrungsmittelindustrie im Rahmen ihrer Internationalisierung innerhalb des europäischen Binnenmarkts verfolgen, werden ausführlich in Teil V, Abschn. 1.2 und 1.3 analysiert.

berücksichtigen sowie die Qualität der angebotenen Rohstoffe und Vorprodukte (vgl. Berndt 1995, S. 29).

Der Grad der Abhängigkeit der KMU der deutschen Nahrungsmittelindustrie von Lieferanten kann unterschiedlich sein. Er hängt einerseits von der gewählten Markteintrittsstrategie und andererseits von der Anzahl der Lieferanten ab (vgl. Sander 1998, S. 54). Bei einer Internationalisierung durch Exporte[72] läßt sich die Verhandlungsposition von KMU der deutschen Nahrungsmittelindustrie dadurch halten oder sogar verbessern, daß von den bisherigen Lieferanten nunmehr größere Mengen zu besseren Konditionen eingekauft werden (vgl. Nienaber 2003, S. 47). Bei einer Internationalisierung durch Direktinvestitionen könnte sich hingegen eine schlechtere Verhandlungsposition durch die Abhängigkeit der Unternehmen von den Lieferanten des jeweiligen Landes ergeben, besonders wenn deren Anzahl dort so gering ist, daß eine oligopolistische bzw. monopolistische Struktur vorliegt (vgl. Sander 1998, S. 54). Dies läßt sich jedoch dadurch vermeiden, daß bspw. die bisherigen Lieferanten des Unternehmens auch seine Tochtergesellschaften im Ausland beliefern, was heutzutage durch niedrige Frachtkosten aufgrund verbesserter Logistik einerseits und durch verbesserte Kühl-, Verpackungs- und Konservierungstechnik beim Transport von Rohstoffen und Vorprodukten über längere Distanzen andererseits möglich ist. So werden inzwischen sogar tropische Früchte aus weit entfernten Ländern nach Deutschland transportiert, um zu Fruchtsäften verarbeitet zu werden (vgl. Breitnaher/Täger 1996, S. 14).

1.2.4 Die Abnehmer

Unter die Kategorie der Abnehmer werden für die KMU der deutschen Nahrungsmittelindustrie sowohl die Konsumenten als auch der Lebensmittelhandel gerechnet.

Bei der Analyse von Konsumenten[73] läßt sich eine Fülle von Faktoren unterscheiden. So nennt Berndt (1995, S. 29):

---

[72] Zu einer detaillierten Analyse der verschiedenen Markteintrittsformen von KMU der deutschen Nahrungsmittelindustrie siehe Teil V, Abschn. 3.1, 3.2, 3.3 und 3.4.

[73] Zu einer ausführlichen Analyse von Nachfragetendenzen nach Nahrungsmitteln siehe Teil IV, Abschn. 5.

- Das Nachfrageverhalten auf den jeweiligen Ländermärkten: Dazu zählen Kriterien wie Kauf, Bedarfshäufigkeit, Produktanforderungen, Markenwahlverhalten, so daß unterschiedliches Nachfrageverhalten der Konsumenten eine Anpassung der Produkt- bzw. Kommunikationspolitik erforderlich macht (vgl. Berndt/Fantapié-Altobelli/Sander 1999, S. 34).
- Die Entwicklung der Bedürfnisstruktur: Besonders in hochentwickelten Ländern sind die Bedürfnisse nach Nahrungsmitteln ganz anders ausgeprägt als in Entwicklungsländern. In den EU-Ländern ist der Einkommensanteil, der für den Kauf von Nahrungsmitteln ausgegeben wird, im Unterschied zu anderen Ausgaben zurückgegangen (vgl. Teil IV, Abschn. 1.1.3). Diese Unterschiede in der Bedürfnisstruktur zwischen Industrie- und Entwicklungsländern verdeutlicht auch das folgende Beispiel:

„Wer in unterentwickelten Gesellschaften Hunger leidet, fragt nicht danach, ob das Brot eine angenehme Farbe hat oder ob es duftet und appetitlich verpackt ist. In Wohlstandsgesellschaften ist das anders: Die grundlegenden Bedürfnisse sind gestillt, ‚höhere Bedürfnisse' (im Sinne von Maslow) kommen zum Zuge" (Kroeber-Riel/Weinberg 2003, S. 124).

Gerade in den Industrieländern nimmt deshalb die Produktgestaltung, aber auch die Kommunikationspolitik[74] eine besondere Rolle im Nahrungsmittelmarketing ein.
- Auch Einstellungen und Präferenzen der Konsumenten beeinflussen den Erwerb bzw. Nicht-Erwerb von Produkten. Da diese Faktoren in hohem Maße von der Kultur bestimmt sind, ist es erforderlich, bei der Gestaltung einer Marktbearbeitungsstrategie kulturelle Einflüsse[75] zu berücksichtigen.
- Beschaffenheit, Größe und Wachstum der Märkte und Marktsegmente sind ebenfalls wichtige Faktoren bei der internationalen Marktbearbeitung (vgl. Berndt/Fantapié-Altobelli/Sander 1999, S. 34f.). Die Berücksichtigung kultureller Faktoren im Zusammenhang mit einer Lebensstil- bzw. Nutzensegmentierung ermöglicht es, transnationale bzw. transkulturelle Segmente[76] zu identifizieren, die eine standardisierte internationale Marktbearbeitung zulassen.

---

[74] Zur Produkt- und Kommunikationspolitik siehe ausführlicher Teil V, Abschn. 4.1.
[75] Zum Einfluß der Kultur auf das Nachfrageverhalten nach Nahrungsmitteln siehe Teil IV, Abschn. 3.
[76] Zur Methode der Marktsegmentierung siehe Teil IV, Abschn. 4.1.

- Die Zahlungsbereitschaft der Konsumenten stellt einen weiteren Faktor dar, der besonders bei der Festsetzung einer internationalen Preispolitik berücksichtigt werden sollte. Für den Kauf von Produkten spielt die Zahlungsbereitschaft eine größere Rolle als die bloße Zahlungsfähigkeit der Konsumenten[77].

- Der Produktlebenszyklus für die einzelnen Produkte eines Unternehmens nimmt ebenfalls eine besondere Stellung für die Marktbearbeitungsstrategie in den jeweiligen Ländern ein (vgl. Berndt/Fantapié-Altobelli/Sander 1999, S. 35f.).

Der Lebensmittelhandel stellt einen der wichtigsten Abnehmer der deutschen Nahrungsmittelindustrie dar. Die Schaffung des europäischen Binnenmarkts hat die Internationalisierungsbestrebungen vieler Lebensmittel-Handelsketten gefördert (vgl. Meffert 1990, S. 115; Eurostat 2001b, S. 173).

Neben dem Aufbau eigener Auslandsniederlassungen gewinnen dabei auch internationale Kooperationen und Akquisitionen an Bedeutung, durch die sich eine rasche Profilierung in verschiedenen Ländern realisieren läßt (vgl. Meffert/ Bolz 1998, S. 58f.). Diese Internationalisierungsbemühungen des Lebensmittelhandels und besonders der großen Handelsketten führte zu starken Konzentrationen und so zu einer gestiegenen Verhandlungsmacht des Lebensmittelhandels gegenüber den Lebensmittelherstellern (vgl. Tab. 32)

---

[77] Weitere Faktoren für die Festlegung einer internationalen Preispolitik werden in Teil V, Abschn. 4.1 genannt.

Tabelle 32: Aufteilung der Umsätze der führenden Lebensmittelhandelsketten nach Regionen im Jahr 1998

Unternehmensgruppe	Herkunftsland	Inland %	Europa %	Andere Länder %
Wal-Mart	USA	83,0	11,0	6,0
Carrefour+Promodès	Frankreich	59,0	23,0	18,0
Metro AG	Deutschland	65,0	34,3	0,7
Ahold	Niederlande	29,0	26,0	45,0
Rewe	Deutschland	81,0	19,0	0,0
Tengelmann	Deutschland	51,0	30,0	19,0
Tesco	Vereinigtes Königreich	92,0	7,9	0,1
Aldi	Deutschland	64,0	32,0	4,0
Carrefour	Frankreich	57,0	14,0	29,0
Sainsbury's	Vereinigtes Königreich	87,0	11,0	2,0
Auchan	Frankreich	66,0	33,3	0,7
Delhaize Le Lion	Belgien	21,0	21,0	58,0
Promodès	Frankreich	62,0	35,0	3,0

Quelle: Eurostat 2001b, S. 175

Besonders Lebensmittelhandelsketten aus Deutschland und Frankreich tauchen in den ersten zwanzig Plätzen der Weltrangliste auf (vgl. Eurostat 2001b, S. 174). Tabelle 32 zeigt aber auch, daß die Lebensmittelhandelsketten aus Deutschland und Frankreich stark innerhalb Europas expandiert sind.

Die damit verbundene verstärkte Verhandlungsmacht des Lebensmittelhandels hat auch zu einer Zunahme der Konzentration bei den Nahrungsmittelherstellern[78] geführt, die auf diese Weise versuchen, dem Lebensmittelhandel ein Gegengewicht zu bieten[79] (vgl. Breitnaher/Täger 1990, S. 109).

Obwohl die Binnenmarktharmonisierung die Konzentration der Lebensmittelhandelsketten in Europa forciert hat, gibt es immer noch auffallende Unterschiede der Handelsstrukturen innerhalb der EU-Länder (vgl. Tab. 33)

---

[78] Mehr zur Konzentration der Nahrungsmittelhersteller siehe Teil V, Abschn. 1.1.

[79] Zu einer ausführlichen Analyse von Marketingstrategien von KMU der Nahrungsmittelindustrie gegenüber Handelunternehmen siehe Müller (1986).

Tabelle 33: Einzelhandelsunternehmen im Bereich Nahrungsmittel, Getränke und Tabakwaren je 10.000 Einwohner im Jahr 2000

EU-Länder[1]	Einheit (Zahl der Unternehmen im Verhältnis zur jeweiligen Bevölkerungszahl)
Portugal	51,2
Spanien	43,7
Italien	33,7
Irland	24,1
Belgien	19,3
Schweden	15,1
Dänemark	13,3
Frankreich	12,9
Luxemburg	11,9
England	11,8
Österreich	10,4
Finnland	10,2
Niederlande	9,6
Deutschland	7,2

1: Nur die 15 EU-Länder vor der jüngsten EU-Erweiterung. Daten für Griechenland nicht verfügbar.
Quelle: Eurostat 2003, S. 303

Wie Tabelle 33 zeigt, sind die Konzentrationstendenzen in den westeuropäischen Ländern stärker ausgeprägt als in den südeuropäischen Ländern. Solche Unterschiede in der Handelsstruktur machen eine entsprechende Anpassung der Distributionspolitik[80] für die jeweiligen EU-Länder erforderlich (vgl. Meffert/Bolz 1998, S. 59).

Nach den Ergebnissen der Umweltanalyse stellt sich die Frage, inwieweit die KMU der deutschen Nahrungsmittelindustrie die veränderten Umweltfaktoren innerhalb des europäischen Binnenmarkts wahrnehmen und bei ihren Internationalisierungsentscheidungen berücksichtigen.

---

[80] Mehr zur Gestaltung der Distributionspolitik siehe Teil V, Abschn. 4.1 und 4.2.

2 Die Betroffenheit der KMU der deutschen Nahrungsmittelindustrie von der zunehmenden Verflechtung der europäischen Wirtschaft

Im obigen Abschnitt ist gezeigt worden, daß sich durch die Schaffung des europäischen Binnenmarkts die nationalen Wirtschaften in der EU in zunehmenden Maße annähern. Daher stellt sich die Frage, inwieweit sich die KMU der deutschen Nahrungsmittelindustrie vom Zusammenwachsen der Märkte in der EU durch die Einwirkung politisch-rechtlicher, ökonomischer sowie geographischer Faktoren (letztere auch im Sinne von technischer Infrastruktur) betroffen fühlen, und inwieweit diese Veränderungen der externen Unternehmensumwelt die Standardisierungsbestrebungen der Unternehmen bei der internationalen Marktbearbeitung beeinflussen.

2.1 Globalisierung versus Internationalisierung – Begriffsabgrenzungen

Seit Anfang der achtziger Jahre wird im Bereich des internationalen Marketing eine breite Globalisierungsdiskussion geführt. Der Globalisierungsbegriff wurde ursprünglich durch Levitts Artikel ‚The Globalisation of Markets' aufgebracht (vgl. Levitt 1983, S. 92ff.), er ist seitdem aber sehr unterschiedlich interpretiert worden. So interpretiert Hauschildt die Globalisierung als das Streben der Unternehmen, sich in allen Ländern der Erde zu präsentieren (vgl. Hauschildt 1992, S. 5). Ohmae verstärkt den Begriff durch seine These, daß eine globale Strategie alle Konsumenten so betrachten müsse als ob sie die gleichen Bedürfnisse hätten (vgl. Ohmae 1985, S. 36ff.). Die Autoren erweisen sich damit als Vertreter der Konvergenzthese, nach der eine Angleichung der Verbrauchergruppen und eine Homogenisierung der Bedürfnisse zu beobachten sei (vgl. Liouville/Nanopoulos 1998, S. 148), die sich aber nicht für alle Produkte, zumal nicht für alle Nahrungsmittel, bestätigen läßt (vgl. Berekoven 1978, S. 271).

An dieser Stelle muß betont werden, daß der Begriff der Globalisierung keine einheitliche Definition gefunden hat. Er zielt jedoch im allgemeinen auf Zusammenhänge zwischen weltweiten Märkten, der weltweiten Ausdehnung unternehmerischer Aktivitäten und der weitgehenden Standardisierung von Marketingaktivitäten (vgl. Nieschlag/Dichtl/Hörschgen 2002, S. 223ff. und S.

1280). Es gilt daher zu prüfen, ob der Globalisierungsbegriff zur Charakterisierung der Veränderungen im Gefolge der Schaffung des europäischen Binnenmarkts überhaupt geeignet ist.

So kann der Begriff der Globalisierung auf der Ebene der Märkte als „[...] Prozeß des Zusammenwachsens vormals unabhängiger Märkte zu übergreifenden möglicherweise weltweiten Märkten [...]"[81] verstanden werden (Wrona 2000, S. 69). In ähnlicher Weise beschreibt Echevarria Garcia die Globalisierung als Veränderungsprozeß von einer geschlossenen zu einer offenen Wirtschaft (vgl. Echevarria Garcia 1999, S. 50). Eine geschlossene Wirtschaft ist durch hohe Koordinationskosten, ausgeprägte Bürokratie und protektionistische Maßnahmen charakterisiert. Im Gegensatz dazu ist eine offene Wirtschaft durch geringere Koordinationskosten und eine verbesserte Kommunikation zwischen den verschiedenen Institutionen charakterisiert (vgl. Echevarria Garcia 1999, S. 50f.).

Solange jedoch ein solcher Übergang von einer geschlossenen zu einer offenen Wirtschaft bzw. das Zusammenwachsen vormals unabhängiger Märkte keine weltweite Dimension hat, wie im Falle des europäischen Binnenmarkts, erscheint es sinnvoller, nur von einer Internationalisierung der Wirtschaft zu sprechen und noch nicht von einer Globalisierung. Auch läßt sich nicht von einer Globalisierung der Nahrungsmittelmärkte sprechen, da sich die Konsumentenbedürfnisse in Bezug auf Nahrungsmittel nicht weitgehend anzugleichen scheinen (vgl. Teil IV, Abschn. 3.2). Wenn sich gewisse Angleichungstendenzen beim Nachfrageverhalten nach Nahrungsmitteln beobachten lassen, wie etwa der Konsum von Coca Cola oder Essen bei McDonald's (vgl. Mennicken 2000, S. 210), so stellen diese doch nur Einzelfälle dar, die nicht verallgemeinert werden können. Gerade wegen unterschiedlicher Geschmacks- und Verzehrgewohnheiten sind Nahrungsmittelhersteller gezwungen, sich an kulturelle Eigenheiten der jeweiligen Länder anzupassen (vgl. Teil IV, Abschn. 5.2).

Da in dieser Arbeit allein die EU-weiten und nicht die weltweiten Absatzchancen von KMU der deutschen Nahrungsmittelindustrie erörtert werden, wird der Prozeß des Zusammenwachsens der nationalen Märkte in Europa zum europäischen Binnenmarkt dementsprechend als Internationalisierung der europäischen

---

[81] Es mutet schon kurios an, wie hier die Differentia specifica durch das „möglicherweise" die Definition völlig unscharf werden läßt.

Wirtschaft verstanden. Auch der Begriff des globalisierten Unternehmens läßt sich hier nicht in Anwendung bringen, da in dieser Arbeit die Internationalisierung von KMU der deutschen Nahrungsmittelindustrie innerhalb des europäischen Binnenmarkts[82] und nicht eine weltweite Ausdehnung der unternehmerischen Aktivitäten analysiert wird. Statt dessen wird in dieser Arbeit von internationalisierten und nicht-internationalisierten Unternehmen gesprochen, zumal zu vermuten steht, daß sich die KMU der deutschen Nahrungsmittelindustrie eher auf den nationalen Markt konzentrieren (siehe mehr dazu Teil V). Aufgrund der oben vorgenommenen Begriffsabgrenzung wird die Internationalisierung der europäischen Wirtschaft als Veränderung der Umwelt verstanden, mit der die Unternehmen verbunden sind. Das Ausmaß, in dem sich diese Umweltveränderung auf die Unternehmen als Internationalisierungsdruck auswirkt und von ihnen so wahrgenommen wird, läßt sich als Internationalisierungsbetroffenheit bezeichnen (vgl. Bamberger/Wrona 1997, 716). Sie kann sich direkt auswirken, bspw. wenn sich der relevante Absatzmarkt vergrößert wie nach der Vollendung des europäischen Binnenmarkts (vgl. Teil IV, Abschn. 1.1). Sie kann sich aber auch indirekt auswirken, bspw. wenn sich die Abnehmer, also die Lebensmittelhandelsketten, internationalisieren (vgl. Teil IV, Abschn. 1.2.4). Im Unterschied zu Bamberger/Wrona wird in dieser Arbeit die Betroffenheit allein unter dem Aspekt der externen Umweltveränderung analysiert. Andere Aspekte von Betroffenheit, die bspw. durch ein proaktives, strategisches Verhalten der Unternehmen erzeugt werden (vgl. Bamberger/Wrona 1997, 716), kommen dagegen nicht in Betracht, da hier nur nach der Internationalisierungsbetroffenheit von KMU nach Vollendung des europäischen Binnenmarkts gefragt wird.

---

[82] Wie schon an anderer Stelle erwähnt, bezieht sich diese Arbeit nur auf die fünfzehn EU-Länder vor der jüngsten Erweiterung des Binnenmarkts im Mai 2004.

2.2 Internationalisierungsbetroffenheit der KMU der deutschen Nahrungsmittelindustrie

Die Internationalisierung der nationalen europäischen Wirtschaften im Gefolge der Verwirklichung des europäischen Binnenmarkts führt zu steigendem grenzüberschreitenden Handel und in der Folge zu einer Verschärfung des Wettbewerbs (vgl. Bamberger/Wrona 1997, S. 714).

Als Treiber der Internationalisierung[83] auf Länderebene sind zu nennen[84] (vgl. Bamberger/Wrona 1997, S. 715; Liouville/Nanopoulos 1998, S. 149):

- Politisch-rechtliche: Sie führen zum Abbau von Handelsschranken und fördern internationale Normen, wodurch neue Impulse für den freien Handelsverkehr zwischen den Ländern gegeben werden.
- Ökonomische: Sie bewirken durch die Angleichung des Pro-Kopf-Einkommens eine steigende Kaufkraft und führen so zu steigendem Wirtschaftswachstum und verschärftem Wettbewerb.
- Geographische[85]: Sie führen zu einer steigenden Flexibilität der Unternehmen und allgemein der Wirtschaft, da durch die Verbesserung der Informations- und Kommunikationstechnologien die geographische Distanzen gleichsam immer kleiner werden, beispielsweise können Produkte durch die steigenden technologischen Standards auch in ferne Länder rechtzeitig geliefert werden.

Diese Umweltveränderungen, die die Internationalisierung der Wirtschaft beschleunigen, können sich entweder auf einzelne Unternehmen auswirken oder auch alle Zweige der Ernährungsbranche gleichermaßen betreffen (vgl. Bamberger/Wrona 1997, S. 716). Damit erhebt sich die Frage, inwieweit sich

---

[83] Bamberger/Wrona sprechen von Treibern der Globalisierung, da ihre Studie auf Homogenisierungstendenzen weltweiter Märkte abzielt (vgl. Bamberger/Wrona 1997, S. 715). Aufgrund der definitorischen Abgrenzung von Globalisierung und Internationalisierung wird hier der Begriff Internationalisierungstreiber verwendet.

[84] Diese Internationalisierungstreiber wurden oben als Faktoren der externen Unternehmensumwelt analysiert (s. dazu Teil IV, Abschn. 1.1.1 bis 1.1.4)

[85] Bamberger/Wrona benutzen den Begriff technologische Faktoren, die in der vorliegenden Arbeit mit zu den geographischen Faktoren gezählt werden.

die KMU der deutschen Nahrungsmittelindustrie selbst von den Veränderungen der europäischen Unternehmensumwelt betroffen fühlen. Eine empirische Studie von Bamberger und Wrona zu fünf verschiedenen Branchen[86] zeigt, daß sich nur Unternehmen der Textil- und Bekleidungsbranche überdurchschnittlich von der Internationalisierungsdimension Wettbewerb und Kostendruck betroffen fühlen. Besonders betroffen von der Notwendigkeit ausländischen Engagements fühlen sich die Unternehmen in den Branchen Elektronik und Kfz-Teile. Die KMU der Nahrungsmittelindustrie fühlen sich von dieser Dimension jedoch nur unterdurchschnittlich betroffen, während sie sich überdurchschnittlich von der Dimension der tarifären Handelshemmnisse betroffen fühlen (vgl. Bamberger/Wrona 1997, S. 721f.).

Die geringe Wahrnehmung von Internationalisierungstendenzen seitens der KMU der deutschen Nahrungsmittelindustrie kann auch dadurch begründet sein, daß Nahrungsmittel überwiegend kulturgebundene Produkte sind. Die Kultur beeinflußt die Verbrauchsgewohnheiten der Menschen beim Kauf von Nahrungsmitteln in besonders hohem Maße (vgl. Meissner 1999, S. 355). Kulturelle Faktoren stellen also ein Internationalisierungshemmnis dar (vgl. Abb. 11). Solche Internationalisierungshemmnisse entstehen immer dann, wenn es Kulturdifferenzen zwischen den Ländermärkten oder heterogene Kundenbedürfnisse gibt (vgl. Bamberger/Wrona 1997, S. 715).

---

[86] Maschinenbau, Elektronik, Nahrungs-/Genußmittel, Textil/Bekleidung, Kfz-Teile.

Abbildung 11: Binnenmarktinduzierte Internationalisierungstreiber und Internationalisierungshemmnisse in der EU

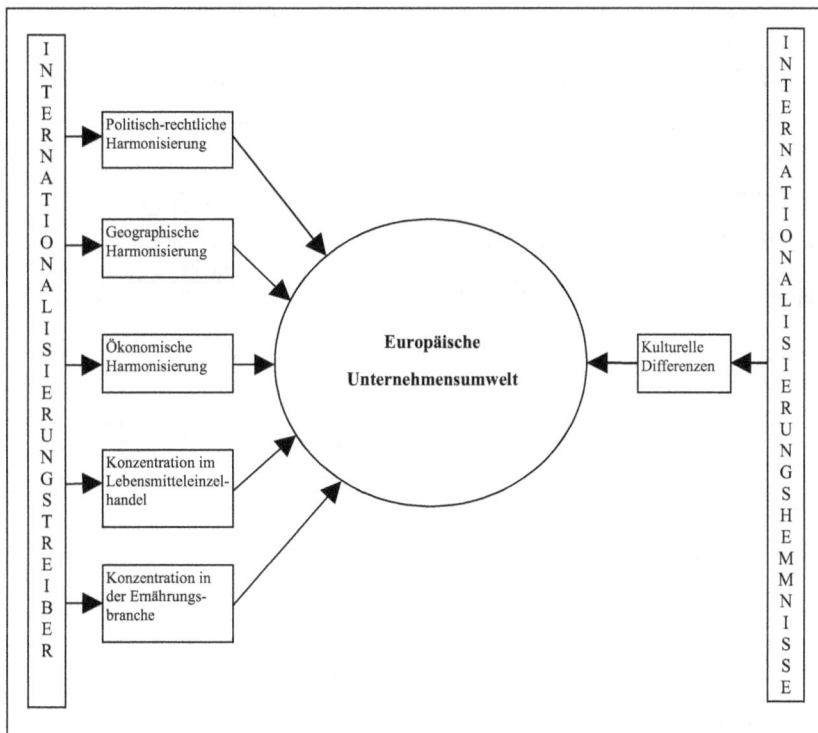

INTERNATIONALISIERUNGSTREIBER		INTERNATIONALISIERUNGSHEMMNISSE
Politisch-rechtliche Harmonisierung		
Geographische Harmonisierung	**Europäische Unternehmensumwelt**	Kulturelle Differenzen
Ökonomische Harmonisierung		
Konzentration im Lebensmitteleinzelhandel		
Konzentration in der Ernährungsbranche		

Quelle: Eigene Darstellung

Eine eigene Befragung von KMU der deutschen Nahrungsmittelindustrie über die Faktoren, die sie zu einem Auslandsengagement[87] innerhalb der EU nach der Verwirklichung des europäischen Binnenmarkts veranlaßt haben, zeigt, daß die befragten KMU zu 43,5% die Bedeutsamkeit des Abbaus der Grenzformalitäten als sehr hoch bis mittel hoch einschätzen, ebenso die zunehmende Konzentration im Lebensmitteleinzelhandel[88] zu 43,5%. Eine besondere Rolle

---

[87] Diese Frage war nur von bereits internationalisierten KMU der deutschen Nahrungsmittelindustrie zu beantworten.

[88] Siehe ausführlicher dazu Teil IV, Abschn. 1.2.4.

131

für die Internationalisierungsentscheidungen spielt aber auch die Konzentration in der Ernährungsbranche[89] mit 39,1%, doch ist hierbei zu berücksichtigen, daß ein gleich hoher Prozentsatz deren Bedeutsamkeit als sehr gering einschätzt bzw. sich überhaupt nicht davon betroffen fühlt (vgl. Tab. 34).

Tabelle 34: **Wahrnehmung der Bedeutung der Umweltveränderungen seitens KMU der deutschen Nahrungsmittelindustrie**

Umweltveränderungen	Grad der Bedeutsamkeit (n=23)				
	sehr viel	mittel	sehr gering	überhaupt nicht	keine Angabe
Abbau von Grenzformalitäten	26,1%	17,4%	4,3%	30,4%	21,7%
Verbesserung der Informations- und Kommunikationstechnologie	0,0%	39,1%	17,4%	17,4%	26,1%
Harmonisierung der Lebensmittelgesetze (z.B. Beseitigung der Reinheitsgebote)	4,3%	21,7%	21,7%	26,1%	26,1%
Schutz von Warenzeichen und Patenten in der EU	0,0%	17,4%	30,4%	26,1%	26,1%
Harmonisierung der Mehrwert- und Verbrauchssteuern	0,0%	21,7%	8,7%	43,5%	26,1%
Konzentration in der Ernährungsbranche	17,4%	21,7%	17,4%	21,7%	21,7%
Konzentration im Lebensmitteleinzelhandel	26,1%	17,4%	13,0%	26,1%	17,4%

Quelle: Eigene Erhebung

Faktoren wie Abbau von Grenzformalitäten und Handelshemmnissen, aber auch die steigenden Konzentrationstendenzen werden also von den befragten KMU der deutschen Nahrungsmittelindustrie als Internationalisierungstreiber bewertet (vgl. Bamberger/Wrona 1997, S. 720). Die Wahrnehmung von Um-

---

[89] Zur Konzentration in der Ernährungsbranche siehe Teil V, Abschn. 1.1. Dort wird ein weiterer Parameter genannt, der Internationalisierungsdruck verursacht, nämlich Sättigungstendenzen auf einzelnen Produktmärkten. Da derartige Sättigungstendenzen aber nicht durch die Vollendung des Binnenmarkts induziert sind, kommen sie in der obigen Abbildung 11 nicht in Betracht.

weltveränderungen, die Internationalisierungsentscheidungen begünstigen, ist aber bei Unternehmen der gleichen Branche durchaus unterschiedlich ausgeprägt (vgl. Wrona 2000, S. 71).

Immerhin betrachtet ein großer Prozentsatz der befragten internationalisierten KMU der deutschen Nahrungsmittelindustrie den europäischen Binnenmarkt als Auslandsmarkt, obwohl die Homogenisierungstendenz der oben analysierten Rahmenbedingungen immer weiter voranschreitet (vgl. Tab. 35).

**Tabelle 35: Europäischer Binnenmarkt: Heimatmarkt oder Auslands-
markt**

Heimatmarkt bzw. Auslandsmarkt (n=23)	
Heimatmarkt	26,1%
Auslandsmarkt	73,9%

Quelle: Eigene Erhebung

Die Internationalisierungsstrategien der KMU der deutschen Nahrungsmittelindustrie zur Anpassung an die angeführten Entwicklungen in der EU werden in Teil V der Arbeit analysiert.

2.3   Die Standardisierungs-/Differenzierungsentscheidung bei KMU der deutschen Nahrungsmittelindustrie

Das Standardisierungs-/Differenzierungsdilemma wird in der Literatur zum internationalen Marketing intensiv diskutiert (vgl. Meffert/Bolz 1998, S. 155ff.; Berekoven 1985, S. 135ff.; Müller/Kornmeier 1996, S. 19ff.; Meissner 1995, S. 100ff.). Das Dilemma besteht in der Abwägung zwischen den Vorteilen einer weltweiten Orientierung von Unternehmen einerseits und der Anpassung an lokale Gegebenheiten andererseits (vgl. Scherm/Süß 2001, S. 127). Die Entwicklungstendenzen der letzten Jahrzehnte haben die Unternehmen überwiegend zu einer Standardisierung ihrer Marktbearbeitung auf den verschiedenen Ländermärkten veranlaßt (vgl. Scherm/Süß 2001, S.127). Levitt hält eine Standardisierung der Marktbearbeitung aufgrund der Angleichung der Kundenbedürfnisse für geboten (vgl. Levitt 1983, S. 93). Auch Ohmae sieht eine Standardisierung der Marktbearbeitung zumindest für die Triaden-Länder als erfolg-versprechend an (vgl. Ohmae 1987, S. 143ff.). Vertreter der Konvergenzthese halten bei global agierenden Unternehmen eine weltweite Standardisierung der Marktbearbeitung für möglich, die es erlaubt, an erster Stelle kostenorientierte Ziele zu verfolgen (vgl. Scherm/Süß 2001, S. 128). Eine Standardisierung ermöglicht die Realisierung von Größenvorteilen, die zu weiteren Kosten-senkungspotentialen für die Unternehmen führen. Solche Kostenvorteile wer-den durch Peisreduzierungen an den Konsumenten weitergegeben, was nach den Vertretern der Konvergenzthese wiederum zur Beschleunigung der Nach-fragehomogenisierung führt (vgl. Müller/Kornmeier 1996, S. 5f.). Andererseits birgt eine absolute Standardisierung Gefahren durch die Nicht-Beachtung von nationalen Präferenzen und Besonderheiten, da die Flexibilität der Unternehmen durch die steigende Spezialisierung in der Produktion in hohem Maße einge-schränkt wird, so daß bei unterschiedlichen Präferenzen und Bedürfnissen der Konsumenten eine Differenzierung der Marktbearbeitung erfolgversprechender wäre und den Unternehmen höhere Erlöse erbringen würde (vgl. Scherm/Süß 2001, S. 129).

Schließlich läßt sich sagen, daß sowohl eine absolute Standardisierung als auch eine absolute Differenzierung der Marktbearbeitung nur die Extrempole im in-ternationalen Marketing darstellen[90]. Für Nahrungsmittelhersteller wäre sicher-lich weder eine absolute Standardisierung der Marktbearbeitung, die keine Be-rücksichtigung länderspezifischer Gegebenheiten erlaubt, noch eine absolute Differenzierung der Marktbearbeitung im Hinblick auf die damit verbundenen Kosten die beste Strategie (vgl. Hermanns/Wissmeier 2002, S. 429).

Für diese Arbeit stellt sich die Frage, ob innerhalb der EU-Märkte eine Stan-dardisierung der Marktbearbeitung im Nahrungsmittelbereich möglich ist.

---

[90] Die Standardisierungs- bzw. Differenzierungsentscheidungen von KMU der deutschen Nah-rungsmittelindustrie spiegeln sich in der Gestaltung des Marketing-Programms wider, das in Teil V, Abschnitt 4 analysiert wird. Für solche Entscheidungen spielt eine Vielzahl von Fak-toren der Unternehmensumwelt eine Rolle, was für die KMU der deutschen Nahrungs-mittelindustrie innerhalb des europäischen Binnenmarkts in Teil IV, Abschnitt 1 analysiert wird.

Das Standardisierungs- bzw. Differenzierungspotential[91] wird hier basierend auf der Analyse der globalen Unternehmensumwelt im europäischen Binnenmarkt, die oben in Abschnitt 1.1 des Teils IV durchgeführt wurde, untersucht. Die zunehmende Angleichung ökonomischer Faktoren innerhalb des europäischen Binnenmarkts spricht für eine Standardisierung der Marktbearbeitung, da durch eine Angleichung des Pro-Kopf-BIP das Nachfrageverhalten der Konsumenten Annäherungstendenzen aufweist (vgl. Meffert/Bolz 1998, S. 158). Die politisch-rechtlichen Rahmenbedingungen sprechen aufgrund des Abbaus von Hemmnissen im Nahrungsmittelhandel ebenfalls für eine Standardisierung der Marktbearbeitung.

Auch die Verbesserung der Informations- und Kommunikationstechnologien sowie weitere infrastrukturelle Entwicklungen in den EU-Ländern schaffen günstige Bedingungen für eine Standardisierung der Marktbearbeitung (s. dazu auch Teil IV, Abschn. 1.1.1 bis 1.1.3).

Andererseits stellen die kulturellen Faktoren das größte Hemmnis für eine Standardisierung dar und machen zur Berücksichtigung der lokalen Bedürfnisse eine Differenzierung erforderlich. Meffert/Bolz nennen differenzierte Produktwahrnehmung und Sprachbarrieren als Gründe für eine lokale Anpassung (vgl. Meffert/Bolz 1998, S. 158f.). Da Nahrungsmittel besonders stark von kulturellen Faktoren geprägt sind[92], weisen sie nur ein relativ geringes Standardisierungspotential auf (vgl. Meffert/Bolz 1998, S. 183).

Man kann also festhalten, daß einerseits die Veränderungen der Unternehmensumwelt durch die Schaffung des europäischen Binnenmarkts für die deutschen Nahrungsmittelhersteller überwiegend eine Standardisierung der Marktbearbeitung innerhalb der EU begünstigen, andererseits aber die kulturelle Heterogenität ein Hemmnis für eine solche Standardisierung darstellt.

---

[91] Eine Analyse der Standardisierung bzw. Differenzierung des Marketing-Programms der KMU der deutschen Nahrungsmittelindustrie findet sich in Teil V, Abschn. 4.

[92] Diese kulturelle Heterogenität, die sich in den Präferenzen und Gewohnheiten der Konsumenten von Nahrungsmitteln niederschlägt, wird auch in Teil IV, Abschn. 3 näher analysiert sowie durch Beispiele in Teil IV, Abschn. 5 belegt.

Die Verwirklichung des europäischen Binnenmarkts stellt die KMU der deutschen Nahrungsmittelindustrie aufgrund der zunehmenden Verflechtung der nationalen Wirtschaften vor neue Herausforderungen. Diesen Herausforderungen ist allerdings in unterschiedlichem Maße je nach Grad der Betroffenheit der Branche oder der einzelnen Unternehmen zu begegnen.

Der folgende Abschnitt konzentriert sich auf den Faktor Kultur. Dabei ist einerseits zu fragen, in welcher Weise er die Nachfrage nach Nahrungsmitteln innerhalb des europäischen Binnenmarkts prägt und andererseits, inwieweit die KMU der deutschen Nahrungsmittelindustrie solche Nachfragetendenzen aufspüren und ihre Produkte darauf abstimmen.

3 Kultur als beeinflussender Faktor des Konsumentenverhaltens

Kultur ist ein wichtiger Faktor der globalen Unternehmensumwelt, der insbesondere das Konsumverhalten in Bezug auf Nahrungsmittel beeinflußt. Sie ist jedoch nicht im gleichen Maße einer Homogenisierung durch die zunehmende Internationalisierung der europäischen Wirtschaft unterworfen wie die drei oben analysierten Faktoren der globalen Unternehmensumwelt. Kultur ist ein Begriff, der viele und höchst unterschiedliche Definitionen erfahren hat. Bis heute gibt es keine allgemein verbindliche Definition dieses Begriffs. Kroeber/ Kluckhohn zählen einhundertvierundsechzig Definitionen des Kulturbegriffs (vgl. Kroeber/Kluckhohn 1963, S. 291). Die Kultur beeinflußt das Verhalten der Menschen, ohne daß dieser Einfluß bewußt wird, und zwar in allen Lebensstadien (vgl. Kroeber-Riel/Weinberg 2003, S. 554f.). Kultur als Summe von Überzeugungen, Werten und Bräuchen (Sitten) beeinflußt also indirekt das Konsumverhalten der Individuen einer Gesellschaft (vgl. Schiffmann/Kanuk 2000, S. 322). Somit sind Kultur und Gesellschaft keine getrennten Systeme, sondern eng miteinander verflochten (vgl. Wiswede 1972, S. 20). Überzeugungen, Werte und Sitten unterliegen zwar einem Veränderungsprozeß, sie ändern sich aber nur sehr langsam (vgl. Schiffmann/Kanuk 2000, S. 322).

Die Kultur modifiziert das menschliche Verhalten durch Werte, Vorstellungen und Präferenzen. So findet sich in jedem Kulturkreis, in jeder Subkultur und sozialen Schicht ein anderes Konsumentenverhalten (vgl. Kotler/Bliemel 2001, S. 326ff.)

Es gibt Produkte, die sich durch eine hohe bzw. niedrige kulturelle Sensitivität auszeichnen. Nahrungsmittel sind Produkte mit hoher kultureller Sensitivität. Doole/Lowe/Phillips führen ein Beispiel an, das den Einfluß der Kultur auf den Umgang mit bestimmten Nahrungsmitteln illustriert. Kaffee ist sowohl in England als auch in Italien ein weit verbreitetes Getränk, doch sind in Italien der exakte Kaffeetyp, die passende Kaffeetasse und die exakte Kaffeestärke bei der Zubereitung sehr wichtige Bestandteile des Kaffeegenusses (vgl. Doole/ Lowe/Phillips 1996, S. 101). Dieses Beispiel belegt noch einmal die obige Argumentation für ein differenziertes Vorgehen bei der Marktbearbeitung im Nahrungsmittelbereich (s. Teil IV, Abschn. 2.3).

In den verschiedenen Denk-, Gefühls- und Verhaltensmustern, die auf den Normen und Werten einer jeden Gesellschaft basieren, manifestieren sich somit kulturelle Unterschiede.

3.1 Kulturelle Unterschiede

Die Normen und Werte[93], die die Denk-, Gefühls- und Verhaltensmuster einer Gesellschaft prägen, artikulieren sich in der Sprache (vgl. Eliot 1961, S. 63). Normen und Werte sind Konzepte, die den Individuen zeigen, wie sie sich verhalten müssen und welche Ziele sie anstreben sollen. Normen, die in jeder Gesellschaft bestehen, regulieren das Verhalten der Gesellschaftsmitglieder und tendieren zu einer Vereinheitlichung des Verhaltens (vgl. Hillmann 1971, S. 56ff.; Antonides/Raaij 1998, S. 39). Werte bilden einen Maßstab, mit dem Individuen ihr eigenes und fremdes Handeln beurteilen. Sie basieren auf dem grundlegenden Wissen einer Gesellschaft und werden von Generation zu Generation tradiert. Ein Kulturkreis oder eine Subkultur[94] weist jeweils homogene Wertstrukturen auf, während zwischen unterschiedlichen Kulturkreisen oder Subkulturen sehr heterogene Wertstrukturen zu finden sein können, so daß Werte sich als Abgrenzungskriterium von Kulturen heranziehen lassen (vgl.

---

[93] Normen werden als „[...] group beliefs of how to behave or how not to behave" definiert, Werte hingegen als „stable beliefs regarding desired behaviour or end states" (Antonides/Raaij 1998, S. 39f.).

[94] Ein Kulturkreis setzt die Gleichheit von Sprache bzw. Religion u.a. voraus, während eine Subkultur eine kleinere Einheit mit gleichen Verhaltensmustern innerhalb eines Kulturkreises darstellt (vgl. Vogelsang 1999, S. 12).

Meffert 2000, S. 127). Man könnte Werte auch als Wunschvorstellungen bezeichnen, um deren Verwirklichung sich Gruppen von Personen bemühen (vgl. Wiswede 1972, S. 20; Antonides/Raaij 1998, S. 40).

Jede Kultur kennt auch typische Handlungen und spezifische Gefühlsausdrücke oder Verhaltensweisen, die durch das Aufwachsen in einer Gesellschaft erlernt werden (vgl. Werner 1999, S. 22), wobei die verschiedenen Denk-, Gefühls-, und Verhaltensweisen auch durch die Sprache widergespiegelt werden (vgl. Kroeber-Riel/Weinberg 2003, S. 556). Solche kulturellen Unterschiede werden in Tabelle 36 illustriert, die als Beispiel aus der interkulturellen Konsumentenforschung die unterschiedlichen Assoziationen von Wörtern bei deutschen und französischen Studenten wiedergibt.

Tabelle 36: Unterschiedliche kulturelle Assoziationen (in %)

zu „frisch", „frais"				
Rang	Deutsche Studenten		Französische Studenten	
1	Früchte	44	Früchte	29
2	Dusche	43	Getränk	25
3	Wasser	33	frischer Wind	23
4	frischer Wind	29	Eis	20
5	Gemüse	27	Wasser	18
6	Getränk	26	Gemüse	13
7	Bad	26	kaltes Wetter	11
8	Eis	23	Kühlschrank	10
9	Milch	16	Schnee	10
10	Kleidung	13	Joghurt	10
zu „ruhig", „tranquil"				
Rang	Deutsche Studenten		Französische Studenten	
1	Wald	41	Land	13
2	schlafen	35	Wald	11
3	Kirche	20	Natur	10
4	Nacht	19	Haus	9
5	Wasser	17	See	9
6	lesen	14	Zimmer	8
7	Friedhof	13	Bücherei	5
8	Natur	9	Landschaft	5
9	Bett	8	einsam	5
10	See	8	Pensionär	5

Quelle: Kroeber-Riel 1992b, S. 264

Kultur umfaßt nicht nur materielle Güter, sondern auch immaterielle Gegenstände, unter denen Begriffe wie Pflicht oder Ehre, Anstand oder Mut kulturspezifische Bedeutungen annehmen, die innerhalb verschiedener Kulturen oder Subkulturen eine unterschiedliche Bewertung erfahren (vgl. Greverus 1978, S. 68). Solche kulturspezifischen Bewertungen haben großen Einfluß auf die Gestaltung von Verhaltensweisen innerhalb einer Kultur. Bei der Untersuchung des Einflusses von Kulturen und Kulturkomplexen auf das menschliche Verhalten lassen sich drei Typen von Kultur unterscheiden (vgl. Mennicken 2000, S. 133ff.):

- Materielle Kultur, die die Beziehungen der Menschen zur Umwelt, Existenzsorgen und Technologien umfaßt.
- Soziale Kultur, die die Beziehungen zwischen den Menschen und ihren Statuswünschen umfaßt.
- Mentale Kultur, die die subjektiven Aspekte, Ideen, Attitüden und Werte umfaßt.

Diese drei Kulturtypen nehmen direkt Einfluß auf die Verhaltensweisen der Menschen (vgl. Greverus 1972, S. 70), wobei die mentale Kultur insofern als besonders wichtig erscheint, weil sie auch Informationen über Produktpräferenzen liefert.

3.2 Kulturelle Einflüsse auf das Nachfrageverhalten nach Nahrungsmitteln

Die Kultur als Forschungsgegenstand hat im Laufe der Jahre viele wissenschaftliche Disziplinen (bspw. Soziologie, Anthropologie, Psychologie) beschäftigt[95] (vgl. de Mooij 1998, S. 42ff.). Die Frage, die uns hier beschäftigt, ist die Beziehung zwischen Kultur und Marketing, insbesondere der Einfluß, den sie auf das Nachfrageverhalten der Konsumenten nimmt.
Wie schon oben erwähnt, gibt es eine Vielzahl von Kulturdefinitionen. Eine Definition, die eine direkte Beziehung zum Marketing aufweist, gibt es jedoch

---

[95] Zu weiterführender Literatur zu den obengenannten Disziplinen siehe Vogelsang 1999, S. 10f.

nicht. Vielmehr wird Kultur stets durch anthropologische, soziologische bzw. psychologische Aspekte[96] definiert.

Ein Modell mit hoher empirischer Relevanz für die Erfassung kultureller Unterschiede[97] (vgl. Hofstede 2001; Hofstede 1997) in Bezug auf das Nachfrageverhalten nach Nahrungsmitteln in verschiedenen Ländern[98] wurde von Hofstede geschaffen. Hofstede zieht die mentale Kultur in Betracht, weil sie viele Aspekte wie religiösen Glauben, Produktpräferenzen u.a. erfaßt (vgl. Hofstede 1998, S. 6). So definiert Hofstede die Kultur als „[...] broad patterns of thinking, feeling and acting [...]" (Hofstede 1998, S. 5). Hofstede führt fünf Dimensionen von Kultur an, die die kulturellen Differenzen zwischen verschiedenen Ländern erklären:

- Individualismus versus Kollektivismus: Der Unterschied zwischen diesen beiden Aspekten besteht darin, daß sich die Menschen in individualistischen Kulturen mehr um sich selbst und ihre unmittelbare Familie kümmern, während sie sich in kollektivistischen Kulturen eher für die Gruppe interessieren, der sie angehören. Individualistische Kulturen zeichnen sich durch verbale Kommunikation aus und zählen deshalb zu den ‚low context cultures‘. Hingegen spielen in kollektivistischen Kulturen sowohl die verbale als auch die non-verbale Kommunikation eine Rolle, so daß sie zu den ‚high context cultures‘ zu zählen sind[99] (vgl. Hofstede 2001, S. 63ff.; Hofstede 1997, S. 49ff.).
- Maskulinität versus Femininität: Solche Kulturen unterscheiden sich hinsichtlich der dominanten Werte, die sie verfolgen. So besitzen Leistung und

---

[96] Zu einer definitorischen Abgrenzung der drei Disziplinen in Bezug auf die Betrachtung der Kultur siehe ausführlich Vogelsang 1999, S. 13ff.

[97] Es gibt nur wenige Modelle, die eine Systematik für die Erfassung kultureller Unterschiede bieten. De Mooij nennt zwei Modelle, die auch empirisch überprüft sind (ausführlicher siehe de Mooij 1998, S. 65ff.).

[98] Natürlich ist auch das Nachfrageverhalten innerhalb eines Landes nicht völlig homogen, doch Hofstede weist darauf hin, daß die mentalen Elemente der Kultur eines Landes eine größere Ähnlichkeit untereinander aufweisen als im Vergleich mit denen anderer Länder (vgl. Hofstede 1998, S. 5). Zu Kulturdifferenzen innerhalb eines Landes siehe auch Teil IV, Abschn. 5.1.

[99] Zur Definition von ‚low context cultures‘ und ‚high context cultures‘ siehe Teil IV, Abschn. 1.1.4.

Erfolg in maskulinen Kulturen Priorität, wohingegen in femininen Kulturen Werte wie Lebensqualität und Sorge für andere Priorität besitzen (vgl. Hofstede 2001, S. 108ff.; Hofstede 1997, S. 79ff.).

- Unsicherheitsvermeidung: Sie wird dadurch definiert, daß sich die Menschen in einer Kultur in unstrukturierten Situationen unwohl fühlen und diese zu vermeiden suchen. So gibt es Kulturen, die durch starke Unsicherheitsvermeidung charakterisiert sind und in denen vieles durch Gesetze und andere Formalitäten geregelt wird. Dagegen brauchen die Menschen in Kulturen mit geringer Unsicherheitsvermeidung nur wenige Regeln. Anders als in Kulturen mit hoher Unsicherheitsvermeidung werden Konflikt und Wettbewerb nicht als Bedrohung wahrgenommen (vgl. Hofstede 2001, S. 153ff.; Hofstede 1997, S. 109ff.).

- Machtdistanz: Sie drückt aus, inwieweit Menschen mit geringer Macht eine ungleiche Machtverteilung innerhalb ihrer Gesellschaft akzeptieren oder sogar erwarten. Kulturen, die durch große Machtdistanz charakterisiert sind, akzeptieren Autorität und glauben, daß jeder Mensch seine Stellung in der sozialen Hierarchie hat. Im Gegensatz dazu wird Autorität in Kulturen mit geringer Machtdistanz negativ beurteilt und Wert auf gleiche Rechte und Nutzen für alle Mitglieder der Gesellschaft gelegt (vgl. Hofstede 2001, S. 25ff.; Hofstede 1997, S. 23ff.).

- Langfristige versus kurzfristige Orientierung: Kulturen mit langfristiger Orientierung sind durch eine pragmatische, zukunftsorientierte Perspektive charakterisiert. Im Gegensatz dazu sind Kulturen mit kurzfristiger Orientierung durch konventionelle, historische Ansichten gekennzeichnet. Diese kulturelle Dimension erklärt den ökonomischen Erfolg vieler asiatischer Länder, die sich zumeist durch eine langfristige Orientierung auszeichnen. Im Gegensatz dazu ist der Großteil der europäischen Länder durch eine kurzfristige Orientierung charakterisiert (vgl. Hofstede 2001, S. 243ff.; Hofstede 1997, S. 166ff; de Mooij 1998, S. 86).

De Mooij hat gezeigt, daß Hofstedes Modell auch im Bereich von Nahrungsmitteln eine große empirische Relevanz aufweist, da Kaufmotive und Konsum stark mit den von Hofstede genannten kulturellen Dimensionen korrelieren (vgl. de Mooij 2000, S. 106).

Im Gegensatz zu Levitts (1983) These[100] argumentiert de Mooij, daß das Verhalten der Konsumenten nicht immer rational bestimmt ist (vgl. de Mooij 2003, S. 183f.). Wie oben erwähnt, sind die kulturellen Faktoren innerhalb der EU jedoch nicht in der gleichen Weise einer Homogenisierung im Gefolge der Schaffung des europäischen Binnenmarkts ausgesetzt wie die ökonomischen, geographischen und politisch-rechtlichen Faktoren (vgl. Teil IV, Abschn. 2.3; de Mooij 2003, S. 184).

Die Unterschiede im Konsumentenverhalten in den EU-Ländern resultieren aus den unterschiedlichen Wertesystemen der einzelnen Nationen. Diese Unterschiede schlagen sich in Konsum, Besitz und Nutzung von Produkten nieder (vgl. de Mooij 2003, S. 184). So zeigt sich, daß die prozentualen Konsumausgaben für Nahrungsmittel in den kollektivistischen Kulturen in Europa höher liegen als in den individualistischen Kulturen, weil Essen in kollektivistischen Kulturen immer auch eine soziale Funktion einnimmt (vgl. de Mooij 2003, S. 191).

Aber auch der Zuwachs an Freizeit[101] kann neues Nachfrageverhalten nach Nahrungsmitteln erwecken. Es ist aber zu berücksichtigen, daß die Freizeit in den verschiedenen Ländern unterschiedlich gestaltet wird. So zeigt sich, daß in kollektivistischen Kulturen mit großer Machtdistanz und starker Unsicherheitsvermeidung die Freizeit vor allem mit der Familie verbracht wird, während in individualistischen Kulturen mit geringer Machtdistanz und geringer Unsicherheitsvermeidung mehr Zeit mit organisierten Freizeitaktivitäten verbracht wird (vgl. de Mooij 2003, S. 192).

Ein weiteres Beispiel, mit dem sich kulturelle Differenzen illustrieren lassen, ist der Konsum von Mineralwasser. Obwohl der Konsum von Mineralwasser in Europa insgesamt zugenommen hat, zeigen sich doch kulturelle Differenzen beim Konsum. In Ländern wie Deutschland, Frankreich, Italien und Belgien, die durch eine starke Unsicherheitsvermeidung charakterisiert sind, werden sehr große Mengen an Mineralwasser konsumiert im Vergleich zu Ländern mit schwacher Unsicherheitsvermeidung (vgl. de Mooij 2004, S. 238; de Mooij 2003, S. 192).

---

[100] Siehe auch Teil IV, Abschn. 2.1 und Abschn. 2.3.

[101] Verschiedene Freizeitaktivitäten können mit einer unterschiedlichen Nahrungsmittelnachfrage verbunden sein (siehe dazu Teil IV, Abschn. 5.1).

Andererseits werden in Ländern mit starker Unsicherheitsvermeidung deutlich weniger Tiefkühlkost, tiefgekühlte Fertiggerichte und Eis konsumiert (vgl. de Mooij 2004, S. 236; de Mooij/Hofstede 2002, S. 66). Die Unterschiede im Konsum von Erfrischungsgetränken erklären sich durch die kulturelle Dimension Maskulinität versus Femininität. So werden in Kulturen, in denen feminine Werte stark ausgeprägt sind, wesentlich weniger solcher Getränke konsumiert als in maskulinen Gesellschaften. Dies findet seine Erklärung durch den Sachverhalt, daß die Märkte für Erfrischungsgetränke stark durch die anglo-amerikanischen globalen Marken dominiert sind. Die dort stark ausgeprägten maskuklinen Werte werden auch in der Marketingstrategie reflektiert, wodurch natürlich feminine Kulturen nicht angesprochen werden (vgl. de Mooij 2004, S. 237f.). Aber auch der Konsum von alkoholischen Getränken ist kulturell verankert. Je stärker maskuline Werte ausgeprägt sind, desto höher ist auch der Konsum von alkoholischen Getränken. Bestimmte alkoholische Getränke wie Champagner, Portwein und Wermutwein werden in Kulturen mit hoher Machtdistanz mehr als in Kulturen mit geringer Machtdistanz konsumiert, da ihr Konsum dort einen sozialen Status-Charakter ausdrückt (vgl. de Mooij 2004, S. 239).

Angesichts dieser Ergebnisse könnte man sagen, daß auch die KMU der deutschen Nahrungsmittelindustrie in Anbetracht der zunehmenden Verflechtung der europäischen Wirtschaft eine Identifizierung kultureller Unterschiede und eine entsprechende Anpassung ihres Marketing-Programms anstreben sollten. Denn von der zunehmenden Homogenisierung der globalen Umwelt innerhalb der EU sind, wie gesagt, die kulturellen Faktoren nicht in gleicher Weise betroffen. Es scheint jedoch erforderlich, neben einer Erfassung von Ländern in homogenen Kultur-Clustern (vgl. Müller/Kornmeier 1994, S. 15ff.; Müller/ Gelbrich 2004, S. 509ff.; Vogelsang 1999, S. 91f.) auch noch eine Lebensstil-bzw. Nutzensegmentierung durchzuführen[102], um homogene transnationale bzw. transkulturelle Segmente innerhalb dieser Cluster von Ländern mit gleichem

---

[102] Siehe ausführlicher dazu Teil IV, Abschn. 4.1.3.2 und Abschn. 4.1.3.3. Die Methoden der Konsumentensegmentierung werden in dieser Arbeit nur kurz erwähnt, um die Möglichkeit einer länderübergreifenden Standardisierung der Marktbearbeitung zu zeigen. Eine konkrete Identifizierung von länderübergreifenden Segmenten, die für KMU der deutschen Nahrungsmittelindustrie relevant sein könnten, kann hier natürlich nicht geleistet werden.

kulturellen Profil zu erfassen (vgl. Müller/Gelbrich 2004, S. 525ff.), die den KMU der deutschen Nahrungsmittelindustrie eine länderübergreifende Standardisierung ihrer Marktbearbeitung ermöglichen würden.

3.3 Erfassung kultureller Unterschiede

Der Konsum von Nahrungsmitteln hat sich im Laufe der Jahre vom rein physischen Bedürfnis, den Hunger zu stillen, weitgehend entfernt. So ist laut Wiswede eine Erklärung des Konsumentenverhaltens beim Kauf von Nahrungsmitteln unter dem Aspekt der physiologischen Befriedigung des Hungers wenig aussagekräftig. Die einzige Erklärung, die die physische Bedürfnisdimension der Nahrungsmittelaufnahme noch geben kann, ist, daß die Menschen überhaupt essen. Aber die Frage, was, wann und wie sie essen, wird von der physisch orientierten Theorie nicht beantwortet (vgl. Wiswede 1972, S. 15f.).

Solche Fragen können nur durch internationale Marketingforschungen und insbesondere interkulturelle Konsumentenforschungen beantwortet werden. Diese Forschungsansätze versuchen, die Gemeinsamkeiten oder Unterschiede des Konsumentenverhaltens in verschiedenen Kulturen aufzuspüren und zu analysieren (vgl. Jain 1989, S. 71ff.). Kulturübergreifende Forschungen stoßen auf verschiedene Probleme, die sie zu lösen haben, um zu repräsentativen Ergebnissen zu gelangen, was bei nationalen Konsumentenforschungen aufgrund des geringeren Komplexitätsgrades der Daten nicht der Fall ist (vgl. Usunier/Walliser 1993, S. 79ff.; Holzmüller 1986, S. 51; Usunier 2000, S. 211f.). Bauer nennt vier Bereiche, die wegen der mit ihnen verbundenen konzeptuellen, methodologischen und organisatorischen Probleme bei der Planung und Durchführung internationaler Marketingforschungen zu berücksichtigen sind. Demnach sind soziokulturelle, produktmarktbezogene, infrastrukturelle und informationsmarktbezogene Faktoren in Betracht zu ziehen. (vgl. Bauer 2002, S. 31ff.). Auf diese Weise sollen internationale Marketingforschungen und speziell Konsumentenforschungen Ergebnisse liefern, die den Informationsbedarf internationaler Unternehmen decken können (vgl. Holzmüller 1986, S. 42).

Das Ziel internationaler bzw. interkultureller Marktforschungen ist es, länderübergreifende Zielgruppen[103] mit unterschiedlichen kulturellen Hintergründen zu identifizieren, um daraus homogene Cluster zu bilden, damit international tätige Unternehmen ihre Marketingstrategie dementsprechend anpassen können (vgl. Meissner 1999, S. 361). Als Beispiel für die Schwierigkeiten interkultureller Marktforschungen nennt Meissner die unterschiedlichen Kulturkreise in Europa, die sich in vier Cluster einteilen lassen, nämlich das angelsächsische, das zentraleuropäische, das mediterrane und das nordische Cluster. Sie sind jedoch nicht streng voneinander getrennt, sondern überschneiden sich teilweise. Aus diesem Grund ist es für die interkulturelle Marktforschung schwierig, die unterschiedlichen Einflußfaktoren klar zu erfassen und entsprechend zu analysieren (vgl. Meissner 1999, S. 360).

Es ist ersichtlich geworden, daß die Nachfrage nach Nahrungsmitteln von der Kultur[104] geprägt wird, die sich in den Gewohnheiten der Nahrungsmittelkonsumenten ausdrücken. Insofern scheint das Ausmaß der Standardisierung von Marketingstrategien für Nahrungsmittelhersteller sehr begrenzt zu sein, da Geschmacks- oder Ästhetikpräferenzen im Spiel sind, deren Ausbildung stark kulturell geprägt ist (vgl. Böcker 1990, S. 669). So muß beispielsweise die Marketingstrategie eines Kaffee-Herstellers an die jeweiligen geschmacklichen Anforderungen der einzelnen Märkte angepaßt werden (vgl. Drohner 1992, S. 151). Ein anderes Beispiel für die kulturelle Prägung der Geschmackspräferenzen und Verbrauchsgewohnheiten ist ein Suppenhersteller, der Rezeptur, Sortiment und Vermarktung den kulturellen Gewohnheiten der jeweiligen Länder anpassen muß, da etwa die Schweizer dunkelbraune, die Deutschen dagegen hellbraune Pilzsuppen präferieren (vgl. Hedewig-Mohr 1992, S. 155f.).

Weiter unten in Abschnitt 5.1 wird mit Hilfe von sekundärstatistischen Daten der Frage nachgegangen, ob eine Annäherung des Nachfrageverhaltens nach

---

[103] Länderübergreifende Zielgruppen unterteilen sich in transnationale und transkulturelle Zielgruppen. Die erste Zielgruppe besteht aus Personen, die aus demselben Kulturkreis stammen, während die zweite aus Personengruppen unterschiedlicher Kulturkreise besteht (vgl. Berndt/ Fantapié-Altobelli/Sander 1999, S. 116).

[104] Siehe ausführlicher zum Einfluß der Kultur auf die Nachfrage nach Nahrungsmitteln Teil IV, Abschn. 3.2, aber auch de Mooij/Hofstede 2002, S. 66; de Mooij 2003, S. 183ff.

Nahrungsmitteln in der EU zu verzeichnen ist. Sekundärstatistische Materialien erlauben einen ersten Überblick in diesem Bereich und können auch zu Vor- oder Begleitstudien für spätere Primärforschungen genutzt werden (vgl. Bauer 2002, S. 75).

4 Erfassung des Konsumentenverhaltens

Für die Erfassung des Konsumentenverhaltens und die Abgrenzung der Konsumenten, die ein ähnliches Verhalten beim Kauf von Nahrungsmitteln aufweisen, eignet sich die Marktsegmentierung, zumal sie erlaubt, kulturelle Faktoren[105] in die Betrachtung einzubeziehen. Die Kriterien der Marktsegmentierung sind allerdings vielfältig, so daß sich in der Literatur sehr unterschiedliche Systematisierungen finden (vgl. Bauer 1977, S. 58ff.; Freter 1983, S. 46; Meffert/Bolz 1998, S. 113ff. Kotler/Bliemel 2001, S. 430ff.). So gibt es Systematisierungen, die die Kriterien der Marktsegmentierung in geographische, demographische, psychographische und verhaltensbezogene Kriterien unterteilen (vgl. Kotler/Bliemel 2001, S. 432ff.). Bei dieser Aufteilung werden die sozioökonomischen Merkmale in die Kategorie der demographischen Kriterien eingerechnet (vgl. Kotler/Bliemel 2001, S. 435).

Bei anderen Systematisierungen werden nur sozioökonomische, psychographische und verhaltensorientierte Kriterien verwendet, wobei demographische Merkmale zu den sozioökonomischen Kriterien gerechnet werden (vgl. Freter 1983, S. 46). Freter benutzt die Kriterien des beobachtbaren Verhaltens als eigenständige Kategorie von Segmentierungskriterien. Diese Kriterien haben im Gegensatz zu den psychographischen und sozioökonomischen die Besonderheit, daß es sich nicht um Bestimmungskriterien des Kaufverhaltens, sondern um Ergebnisse von Kaufentscheidungsprozessen handelt (vgl. Freter 1983, S. 87). Sie geben allerdings keine Informationen über bestimmte Tatbestände im Rahmen von Kaufentscheidungen, so daß es sich um passive und

---

[105] Hier sind insbesondere Lebenstil und Nutzen als besonders aussagekräftige Marktsegmentierungskriterien (siehe mehr dazu Teil IV, Abschn. 4.1.3.2 und 4.1.3.3) zur Erfassung transnationaler bzw. transkultureller Zielgruppen zu nennen, die eine Standardisierung der Marktbearbeitung ermöglichen (vgl. Berndt/Fantapié-Altobelli/Sander 1999, S. 117).

nicht aktive Segmentierungskriterien handelt (mehr dazu Frank/Massy/Wind 1972, S. 67ff.; Freter 1983, S. 87ff.; Böhler, 1977, S. 115ff.).

Im Rahmen dieser Arbeit genügt eine theoretische Analyse der Methode, mit der man die generellen Konsumentenmerkmale erfassen kann. Sie stellt das Ideal für die Identifizierung kultureller Besonderheiten und die Gestaltung der optimalen internationalen Marktbearbeitungsstrategie dar. Aufgrund der hohen Kosten für ihre Gestaltung und Realisierung wird eine Marktsegmentierung jedoch von KMU in der Regel nicht durchgeführt und spielt somit als Informationsquelle nur eine untergeordnete Rolle (vgl. Teil V, Abschn. 3.4, Tab. 61). Da es aber auch KMU gibt, die Marktforschungen im Sinne einer Länder- bzw. Konsumentensegmentierung betreiben, ist hier eine idealtypische Darstellung dieser Methode von Relevanz[106]. Für die generell gültigen Konsumentenmerkmale schlägt Bauer eine dreigliedrige Systematisierung vor, der zufolge demographische, sozioökonomische und psychographische Merkmale benutzt werden, wobei die geographischen Kriterien unter die demographischen Kriterien gerechnet werden (vgl. Bauer 1977, S. 47f.).

4.1 Segmentierungskriterien für die Konsumenten

4.1.1 Demographische Segmentierung

Die demographische Segmentierung beinhaltet die Aufteilung des Markts unter Benutzung demographischer Variablen wie Alter, Geschlecht, Familiengröße, Familienlebenszyklus, Zahl und Alter der Kinder, Haushaltsgröße, Rasse/Nationalität, Wohnort und Religion (vgl. Kotler/Bliemel 2001, S. 433; Meffert/Bolz 1998, S. 113; Bauer 1977, S. 58f.).

Das Geschlecht ermöglicht meistens eine erste Einteilung der Konsumenten in Käufer und Nicht-Käufer. Eine Geschlechtersegmentierung ist jedoch nur dann empfehlenswert, wenn es sich um Produkte handelt, die geschlechtsspezifisch

---

[106] Eine eingehende Analyse von Marktforschungsmethoden, die von KMU allgemein oder speziell in der Nahrungsmittelindustrie im Sinne von Länder- bzw. Abnehmersegmentierung angewandt werden, würde den Rahmen dieser Arbeit sprengen.

konsumiert werden. Eine Marktsegmentierung nach dem Kriterium Geschlecht ist allerdings für eine Identifizierung der Verwendertypen unzureichend (vgl. Freter 1983, S. 51).

Das Alter stellt ein sehr wichtiges Kriterium in der Marktsegmentierung dar, da das Verhalten und die Präferenzen der Konsumenten stark vom Alter geprägt sind (vgl. Kotler/Bliemel 2001, S. 435). Die Werte und Vorstellungen, mit denen jede Generation aufgewachsen ist, prägen auch ihr Konsumverhalten (vgl. Hock/Bader 2001, S. 12ff.). Das unterschiedliche Konsumverhalten von Generationen mit unterschiedlichen Konsumvorstellungen ist in Tabelle 37 ersichtlich, die das unterschiedliche Konsumverhalten von Getränken entsprechend der Altersstruktur illustriert.

Tabelle 37: **Korrelation zwischen Altersstruktur und Konsumverhalten im Getränkemarkt (in %)**

Alter	Getränke			
	Cola	Fruchtsäfte	Magenbitter	Arzneitee
14-19	25	14	2	9
20-29	27	19	9	14
30-39	17	15	15	14
40-49	17	17	24	16
50-59	9	12	21	14
60-69	3	11	13	15
70 und älter	2	13	15	18

Quelle: Kroeber-Riel 1992a, S. 584

Die demographische Entwicklung in den meisten EU-Ländern zeichnet sich durch einen gleichmäßigen Anteil der über 60-jährigen an der Gesamtbevölkerung aus (s. oben Teil IV, Abschn. 1.1.3, Tab. 25). Ältere Menschen weisen andere Konsumpräferenzen und Bedürfnisse auf als junge Menschen, wie auch aus Tabelle 37 ersichtlich wird. Eine andere Studie zeigte, daß bspw. 73% der älteren Menschen sich andere Lebensmittelverpackungen wünschen (vgl. o.V. 1992, S. 46). Eine Studie des Bauer-Verlags hat gezeigt, daß Convenience-Produkte auch von älteren Leuten bevorzugt werden, weil sie bei leichter Zu-

bereitung eine ausgewogene Ernährung gewährleisten. Solche Produkte werden insbesondere von Frauen über sechzig geschätzt (vgl. o.V. 1993, S. 88).
Das Alter als Segmentierungskriterium ermöglicht erste Aussagen über produktspezifisches, aber nicht über markenspezifisches Konsumverhalten, wie die oben erwähnten Beispiele zeigen (vgl. Freter 1983, S. 51).

Der Familienstand und die Zahl der Kinder bilden zusammen im Rahmen des Familienlebenszyklus ein wichtiges Segmentierungskriterium. Diesem Konzept liegt die Annahme zugrunde, daß der Mensch in seinem Leben bestimmte Phasen durchläuft (vgl. Wells/Gubar 1966, S. 355ff.). Der Lebenszyklus stellt eine Kombination von verschiedenen demographischen Merkmalen dar, darunter Familienstand, Ehepartner, Zahl und Alter der Kinder (vgl. Müler/Hageborn 1986, S. 176). Mit Hilfe dieser Merkmale wird eine Einteilung des Lebenszyklus in Lebensphasen möglich, die etwa von Wells/Gubar in neun Phasen aufgeteilt werden: (vgl. Wells/Gubar 1966, S. 362):

- Bachelor stage; young single people not living at home
- Newly married couples; young, no children
- Full nest I; youngest child under six
- Full nest II; youngest child six or over six
- Full nest III; older married couples with dependent children
- Empty nest I; older married couples, no children living with them, head in labor force
- Empty nest II; older married couples, no children living at home, head retired
- Solitary survivor, in labor force
- Solitary survivor, retired

Das Lebenszyklusmodell läßt sich auch empirisch überprüfen. So untersucht etwa Müller-Hagedorn die Korrelation von Lebenszyklusphasen und Getränkeverbrauch. Demnach zeichnen sich die verschiedenen Lebensphasen durch einen unterschiedlichen Verbrauch von Cola und Weinbrand bzw. Cognac aus. Bei Bier ähnelt sich der häusliche Verbrauch aller Lebensphasen, der außerhäusige Verbrauch ist jedoch unterschiedlich (vgl. Müller-Hagedorn 1986, S.

178). Diese Untersuchung bestätigt, daß das Lebenszykluskonzept auch für die Lebensmittelindustrie von Relevanz ist. Das Lebenszyklusmodell besitzt einen hohen Aussagewert für das Konsumentenverhalten, insofern es sich auf Produkte und nicht auf Marken bezieht (vgl. Freter 1983, S. 56).

Unter den demographischen Abgrenzungsmerkmalen nehmen die geographische Kriterien eine bedeutende Stellung ein. Faktoren wie Wohnortgröße, Stadt- oder Landlage sowie Region spielen hier eine Rolle (vgl. Bauer 1977, S. 58f.). Bei der geographischen Segmentierung kann zwischen makro- und mikrogeographischen Kriterien unterschieden werden.

In der makrogeographischen Marktsegmentierung erfolgt eine Einteilung des Markts in Bundesländer, Städte, Landkreise oder Gemeinden. Die Größe des Wohnorts oder seine Lage in Stadt oder Land sind wichtige Einflußfaktoren bei der Ausbildung von Konsumpräferenzen (vgl. Meffert 2000, S. 189). Bei Produkteinführungen wird meistens die Stadt- der Landbevölkerung vorgezogen, weil es in den Städten eine höhere Zahl von Produktinnovatoren gibt (vgl. Stegmüller 1995, S. 168). In vielen Fällen ist das Konsumverhalten auch innerhalb eines Landes regional geprägt. Beispielsweise gibt es unterschiedliche Präferenzen zwischen Nord- und Süddeutschland, die dazu führen, daß von gleichen Produkten unterschiedliche Mengen oder Produktvarianten verbraucht werden, z.B. Bier, Wurst, Senf, Mineralwasser, Wein, Knödel u.a. Andere Produkte werden nur in bestimmten Regionen verkauft, wie z.B. Apfelwein oder Spekulatiuskekse (vgl. Kotler/Bliemel 2001, S. 432). Ein anderes Beispiel für unterschiedliche regionale Konsumpräferenzen ist der Teeverbrauch in Friesland, wo nur 4% der westdeutschen Verbraucher leben, die aber 25% des gesamten westdeutschen Teeverbrauchs bestreiten (vgl. Gööck 1990, S. 37). Solche regionalen Unterschiede werden im Rahmen dieser Arbeit nicht weiter verfolgt, da hier die kulturspezifischen Konsumdifferenzen innerhalb des europäischen Binnenmarkts auf Länderebene im Vordergrund stehen.

Die Daten für eine makrogeographische Segmentierung sind leicht erfaßbar und kostengünstig zu beschaffen, da sie auf sekundärstatistischem Material beruhen. Die makrogeographische Segmentierung gibt hilfreiche Informationen über den Einsatz regionaler Marketinginstrumente, sie liefert aber nur grobe Daten zum Kaufverhalten (vgl. Böhler 1977, S. 66). Zur Behebung solcher Mängel wird die mikrogeographische Segmentierung benutzt. Unter mikrogeographischer Segmentierung versteht man die räumliche Aufteilung von Konsumenten eines Ortes bspw. eines Stadtviertels, dessen Bewohner ein relativ homogenes Kaufverhalten aufweisen (vgl. Meffert 2000, S. 189; Martin 1992, S. 17f.). Mit Hilfe weiterer demographischer und psychographischer Kriterien wie z.b. sozialer Status oder Lebensstil werden dann die Bewohner mit gleichem Verhalten gegenüber einigen Produkten in Gruppen erfaßt (vgl. Meyer 1989, S. 344).

Anders als bei der makrogeographischen Segmentierung ist bei der mikrogeographischen Segmentierung die Beschaffung von Daten mit hohen Kosten verbunden und die zeitliche Stabilität der Daten oftmals nur gering. Die mikrogeographische Segmentierung weist allerdings eine hohe Aussagekraft auf, die den gezielten Einsatz der Marketinginstrumente besonders unterstützt (vgl. Meffert 2000, S. 192; Meyer 1989, S. 361f.).

Auch Nationalität und Religion spielen eine Rolle bei der demographischen Marktsegmentierung, und zwar sowohl bei der internationalen als auch bei der nationalen Marktsegmentierung. Es gibt Länder innerhalb der EU, deren Bevölkerung höchst unterschiedlichen nationalen Herkunftsländern entstammt. So wird beispielsweise die türkische Wohnbevölkerung in Deutschland in den letzten Jahren zunehmend als lohnendes Marktsegment identifiziert (vgl. Kotler/Bliemel 2001, S. 436).

4.1.2 Sozioökonomische Marktsegmentierung

Als Kriterien für die sozioökonomische Marktsegmentierung werden in der Regel Einkommen, Schulbildung, soziale Klasse und Beruf herangezogen (vgl. Bauer 1977, S. 58f; Meffert 2000, S. 193f., Freter 1983, S. 51ff; Kotler/Bliemel 2001, S. 434ff.).

Das Einkommen spielt besonders für Gebrauchsgüter und Dienstleistungen als Segmentierungskriterium eine Rolle, weniger hingegen für Güter des alltäglichen Bedarfs (vgl. Kotler/Bliemel 2001, S. 435). Es wird allerdings auch angeführt, daß die einkommensspezifische Segmentierung sowohl für sehr niedrig- als auch für sehr hochpreisige Güter wichtige Daten liefere (vgl. Meffert 2000, S. 193). So benutzen beispielsweise Spirituosenhersteller mit hochqualitativen Produkte die Einkommenssegmentierung, weil ihre Produkte vor allem zahlungskräftige Kunden ansprechen (vgl. Kotler/Bliemel 2001, S. 435). Diese Korrelation zwischen Einkommenshöhe und Höhe des Alkoholkonsums kann auch damit erklärt werden, daß Alkoholgetränke nicht zu den Nahrungsmitteln gehören, die bloße Grundbedürfnisse befriedigen. Es gibt Tendenzaussagen, die darauf hindeuten, daß mit steigendem Einkommen der Anteil, der für Nahrungsmittel ausgegeben wird, sinkt (vgl. Freter 1983, S. 52). Das Einkommen als Segmentierungskriterium gibt Informationen über die Kaufkraft der Bevölkerung, markenspezifisches Kaufverhalten läßt sich davon jedoch nicht ableiten (vgl. Meffert 2000, S. 193).

Für einzelne Produkte hat die Ausbildung als Segmentierungskriterium besondere Aussagekraft. Allgemein wird die Ausbildung als solche nur in Kombination mit anderen Merkmalen benutzt. Beispielsweise könnte man gewisse Veränderungen des Konsumverhaltens bei Lebensmitteln durch die in den letzten Jahren steigende Anzahl von Frauen mit Fachhochschul- bzw. Universitätsabschluß in Verbindung mit dem Merkmal Berufstätigkeit erklären (vgl. Litzenroth 1995, S. 228f.). Das Merkmal Beruf erweist seine Aussagekraft auch in Kombination mit anderen Indikatoren. Somit könnte man sagen, daß mit der steigenden Berufstätigkeit von Frauen auch der Convenience-Aspekt beim Konsum von Lebensmitteln steigt. Mit der wachsenden Berufstätigkeit von Frauen läßt sich zugleich eine steigende Tendenz beim Verbrauch von Tiefkühlkost beobachten (vgl. Litzenroth 1995, S. 230). Diese Beispiele illustrieren den Zusammenhang zwischen Berufstätigkeit und Veränderungen des Konsumverhaltens im Lebensmittelbereich.

Aus den oben angeführten Merkmalen wie Beruf, Einkommen und Bildung ergeben sich die sozialen Klassen oder Schichten (vgl. Kroeber-Riel 2003, S. 564). Als soziale Klasse oder Schicht werden soziale Gruppen mit gleichen oder ähnlichen Wertvorstellung, Interessen, Verhaltensmustern und Lebensstilen bezeichnet (vgl. Freter 1983, S. 53f.). Anhand der oben genannten Merkmale lassen sich drei soziale Schichten unterscheiden: die Ober-, Mittel- und

Unterschicht. Diese Schichten werden meistens auch in Unterkategorien erfaßt, wobei die Unterteilung stets vom Untersuchungsziel abhängt (vgl. Warner/ Meeker/Eells 1960, S. 66ff.). Die soziale Schichtung hat heute für das Marketing eine eher geringe Aussagekraft bezüglich des Einsatzes des Marketinginstrumentariums. Eine solche Segmentierung ist allenfalls für Güter des gehobenen Bedarfs wie etwa Autos und Kleidung relevant. Für Lebensmittel hat die soziale Schichtung als Segmentierungskriterium aufgrund der sozialen Nivellierung in den hochentwickelten Ländern generell nur eine geringe Bedeutung (vgl. Meffert 2000, S. 194; Stegmüller 1995, S. 178).

4.1.3 Psychographische Marktsegmentierung

Die psychographische Marktsegmentierung identifiziert die Konsumenten anhand ihrer Einstellungen, Lebensstil- und Persönlichkeitsmerkmale. Es ist durchaus möglich, daß Personen, die in die gleiche demographische Kategorie gehören, dennoch unterschiedlichen psychographischen Profilen zugeordnet werden (vgl. Kotler/Bliemel 2001, S. 438).

In den letzten Jahren gewinnen die psychographischen Kriterien in der Marktsegmentierung eine übergeordnete Rolle (vgl. Wells 1974, S. 317ff.). Die psychographischen Kriterien haben dabei die S-R-Modelle unter Heranziehung von hypothetischen Konstrukten zu S-O-R-Modellen erweitert. Aus einer unzählbaren Menge von hypothetischen Konstrukten werden nur diejenigen herangezogen, die für die Erklärung des Käuferverhaltens von besonderer Bedeutung sind, und so werden in der Literatur meistens Einstellungen, Nutzenerwartungen und Lebensstile als Kriterien für die psychographische Marktsegmentierung benutzt (vgl. Freter 1983, S. 58ff.; Meffert 2000, S. 196ff.; Kotler/Bliemel 201, S. 438ff.).

4.1.3.1 Einstellungen als Marktsegmentierungskriterium

Die Einstellung als hypothetisches Konstrukt ist sehr wichtig für das Marketing und die Marktsegmentierung. Als Einstellung bezeichnet man eine im Laufe der Zeit erlernte und zeitlich stabile Bereitschaft, auf bestimmte Stimuli zu reagieren (vgl. Trommsdorff 2003, S. 150). Dabei werden drei verschiedene

Einstellungssorten unterschieden: allgemeine, produktgruppenspezifische und markenspezifische Einstellungen (vgl. Freter 1983, S. 64). Die allgemeinen oder unspezifischen Einstellungen beruhen auf generellen Haltungen gegenüber einzelnen Objekten (vgl. Böhler 1977, S. 97). So werden als generelle Einstellungen meistens die Einstellung zu Qualitätsanspruch, zu Freizeitgestaltung, zu Preisbereitschaft u.a. ermittelt. Solche generellen Einstellungen liefern erste Daten über allgemeine Haltungen der Konsumenten; für einen speziellen Einsatz der Marketinginstrumente und gegebenenfalls die Abgrenzung von Konsumenten und die Bildung von Segmenten ist diese Art von Einstellungen jedoch ungeeignet (vgl. Meffert 2000, S. 196; Breuer 1980, S. 147). Die spezifischen Einstellungen haben einen größeren Kaufverhaltensbezug und sind daher eher für den spezifischen Einsatz von Marketinginstrumenten geeignet (vgl. Böhler 1977, S. 100). Diese Art der Einstellung richtet sich sowohl auf bestimmte Produktbereiche als auch auf spezifische Produkte oder Marken (vgl. Freter 1983, S. 75).

Beim Einsatz von Einstellungen als Marktsegmentierungskriterien müssen diese in Variablen zerlegt werden, um die Verbraucher besser beschreiben zu können. Einstellungen resultieren aus einer affektiven, kognitiven und intentionalen oder konativen Variable. Die affektive Variable beinhaltet die gefühlsmäßige Haltung gegenüber einem Produkt, die kognitive bezieht sich auf das Wissen über das Produkt und die intentionale oder konative Variable beinhaltet die Handlungsabsicht des Konsumenten in Bezug auf ein Produkt (vgl. Hüttner/ Ahsen/Schwarting 1999, S. 28; Schreiber 1974, S. 74; Meinefeld 1977, S. 26f.).

Bei der Messung von Einstellungen trägt man zwei Modellen Rechnung. Es werden ein- und mehrdimensionale Modelle unterschieden, wobei bei den eindimensionalen Modellen nur die affektive Komponente gemessen wird (vgl. Fishbein 1983, S. 478ff.). Demgegenüber werden bei mehrdimensionalen Einstellungsmodellen sowohl die affektive als auch die kognitive Komponente einbezogen (vgl. Böhler 1992, S. 107). Mehrdimensionale Einstellungsmodelle gehen von einer gefühlsmäßigen Haltung gegenüber einem Produkt bzw. einer Marke aus, die mit einem subjektiven Wissen über Produkt oder Marke verbunden ist (vgl. Freter 1983, S. 64). Die Messung von Einstellungen kann

kompositionell und dekompositionell erfolgen. Der kompositionelle Messungs-
ansatz wird vorwiegend bei eindimensionalen und eingeschränkt auch bei
mehrdimensionalen markenspezifischen Einstellungen benutzt (vgl. Schweikl
1985, S. 33).

Für die Marktsegmentierung scheinen besonders diejenigen Konzepte von Bedeutung zu sein, die die ideale Einstellung oder das Idealprodukt in das Modell
einbeziehen. Diese mehrdimensionalen Einstellungsmodelle gehen von der
Annahme aus, daß die Gesamteinstellung gegenüber einem Produkt um so
positiver ausfällt, je größer die relevante Wahrnehmung der Eigenschaften des
Produkts ist (vgl. Freter 1983, S. 68). Daraus ergibt sich eine Differenz zwischen dem Ideal- und dem Realprodukt. Je geringer diese Differenz ausfällt,
desto positiver ist die Einstellung gegenüber dem Produkt (vgl. Trommsdorff
1975, S. 73).

Einstellungen haben als einzelne Kriterien für die Erfassung von Marktsegmenten nur eine eingeschränkte Kaufverhaltensrelevanz. Deswegen werden sie
in der Regel in Kombination mit anderen Kriterien benutzt (vgl. Meffert 2000,
S. 199).

4.1.3.2 Lebensstil als Marktsegmentierungskriterium

Die alleinige Verwendung von demographischen Merkmalen wurde für die
Erklärung des Konsumentenverhaltens als unzureichend erkannt. Ende der
sechziger, Anfang der siebziger Jahre hat die Life-Style-Diskussion eine
zentrale Rolle bei der Erfassung des Verhaltens der Konsumenten eingenommen. So zählt das Konstrukt Lebensstil oder Life-Style zu den zentralen Konstrukten, mit denen man die Märkte in homogene Konsumentengruppen einzu-
teilen versucht (vgl. Wells/Tigert 1971, S. 34).

Eine einheitliche Definition des Lebensstils gibt es nicht; die einzelnen For-
schungsdisziplinen bestimmen den Begriff unterschiedlich. So gibt es die sozio-
logisch orientierte Lebensstildefinition, die aber für das Marketing keine große
Aussagekraft besitzt (vgl. Müller 1993, S. 371ff.; Bourdieu 1987, S. 403ff.). Die

psychologische Lebensstilforschung entstammt der psychologischen Persön-
lichkeits- und Motivationsforschung, nach der sich jeder Mensch in einer
persönlichen Art und Weise auf künftige Ereignisse einrichtet (vgl. Kroeber-
Riel/Weinberg 2003, S. 558ff.; zur Diskussion des Motivationsbegriffs siehe
Kelly 1975, S. 498ff.).

Im Unterschied zu den beiden oben angeführten Richtungen der Lebensstil-
forschung zeigen die Lebensstilforschungen mit marketingorientiertem Charakter eine pragmatische Relevanz für die Erklärung des Konsumentenverhaltens. So beinhaltet die Definition von Lazer eine marketingspezifische Ausrichtung, wobei sowohl psychologische als auch soziologische Aspekte berücksichtigt werden (vgl. Lazer 1964, S. 130). Wind/Green definieren den Lebensstil als „the overall manner in which people live and spend time and money"
(Wind/Green 1974, S. 106). Das Lebensstilkonzept geht von der Annahme aus,
daß das Interesse der Käufer an einem bestimmten Produkt von ihrem Lebensstil bestimmt wird (vgl. Kotler/Bliemel 2001, S. 438).

Gegenüber der Segmentierung auf der Basis von Einstellungen benutzt das
Lebensstilkonzept nicht nur Einstellungen, sondern auch Interessen, Meinungen und Werte[107] (vgl. Böhler 1976, S. 112). Der Lebensstil läßt sich folgendermaßen operationalisieren: Als erster Ansatz wird die Persönlichkeit des
Konsumenten angesehen. In diesem Sinne werden alle von ihm konsumierten
Produkte auf seine Persönlichkeit zurückgeführt. Dieser Ansatz erfaßt das Konsumentenverhalten in seiner Breite und nicht nur für eine bestimmte Produkt-
art, was aber den Erklärungsgrad für das Kaufverhalten sehr reduziert (vgl.
Böcker/Gierl/Meier1988, S. 92). Da dieser Ansatz nicht hinreichend den Grund
des Kaufverhaltens erklärt, gewinnt der AIO-Ansatz (Activities, Interests,

---

[107] Zur Definition von Werten siehe Teil IV, Abschn. 3.1. Da die Lebensstilsegmentierung auch
Werte erfassen kann, werden diese sehr oft als Mittel zur Erfassung transnationaler bzw.
transkultureller Segmente verwendet (vgl. Berndt/Fantapié-Altobelli/Sander 1999, S. 116f.).
Werte beeinflussen die Konsumentenentscheidungen und finden deshalb in Kulturforschungen
Verwendung (vgl. Vogelsang 1999, S. 23f.). In diesem Sinne sind auch die Euro-Socio-Styles
entwickelt worden, die auf den Ergebnissen einer empirischen Befragung in fünfzehn
europäischen Ländern basieren (vgl. Berndt/Fantapié-Altobeli/Sander 1999, S. 117ff.; Reader's
Digest Eurodata 1991). Die Identifizierung länderübergreifender Zielgruppen bietet den Vorteil
einer standardisierten Marktbearbeitung (vgl. Berndt/Fantapié-Altobeli/Sander 1999, S. 121).

Opinions) an Bedeutung (vgl. Plummer 1972, S. 291). Das Life-Style-Konzept wird für allgemeine, aber auch für spezielle Produktbereiche herangezogen[108]. Während allgemeine Life-Style-Typologien nur einen geringen Wert für die Erklärung des Konsumentenverhaltens haben (vgl. Wells/Tigert 1971, S. 30f.), weist die Benutzung von produktspezifischen AIO-Statements einen höheren Aussagewert für die Prognose des Konsumentenverhaltens und gegebenfalls den speziellen Einsatz der Marketinginstrumente auf. Produktspezifische Life-Style-Konzepte haben jedoch den Nachteil, daß sie mit höheren Kosten verbunden sind (vgl. dazu Hustad/Pessemier 1974, S. 34ff.; Ziff 1971, S. 9).

Die AIO-Items können auch bei bereits bestehenden Marktsegmenten eingesetzt werden. Durch demographische oder sozioökonomische Faktoren fest definierte Konsumentengruppen können durch den Einsatz von AIO-Items exakter definiert werden (vgl. Ziff 1974, S. 129ff.). Theoretisch fundierte Lebensstilmodelle weisen in ihrer praktischen Relevanz Nachteile auf (s. dazu Reeb 1998, S. 10ff.). Als theoretisches Modell zur Fundierung des Lebensstils hat sich das Modell von Wind/Green durchgesetzt (vgl. Banning 1987, S. 79), das den Konsumenten sowohl allein als auch in seinen sozialen Beziehungen erfaßt (vgl. Wind 1972, S. 303).
Dieses Modell enthält eine Vielzahl von Konstrukten zur Charakterisierung des Lebensstils (vgl. Abb. 12).

---

[108] Allgemeine Life-Style-Profile, werden als Erklärungsvariable des Konsumverhaltens für verschiedene Produkte herangezogen (vgl. Wells/Tigert 1971, S. 30f.). Spezielle Life-Style-Statements werden für eine einzelne Produktkategorie entwickelt (vgl. Frank/Massy/Wind 1972, S. 60).

Abbildung 12: Charakterisierung des Lebensstils nach Wind/Green

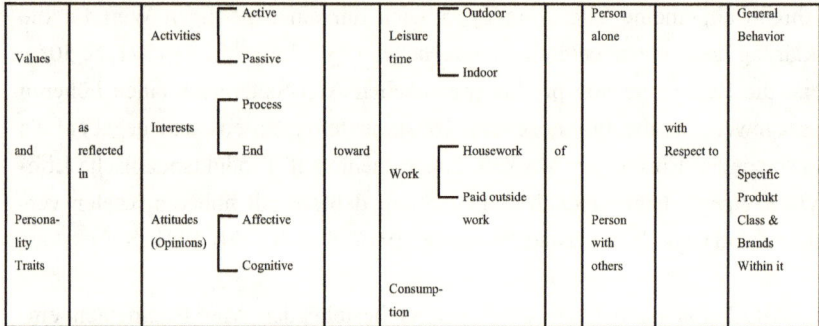

		Activities ⎡ Active		Leisure ⎡ Outdoor	Person ⎡ alone		General Behavior
Values		⎣ Passive		time ⎣ Indoor			
	as	Interests ⎡ Process				with	
and	reflected	⎣ End	toward	Work ⎡ Housework	of	Respect to	Specific Produkt
in				⎣ Paid outside work			Class &
Persona-	Attitudes ⎡ Affective				Person with		Brands
lity Traits	(Opinions) ⎣ Cognitive			Consump- tion	others		Within it

Quelle: Wind/Green 1974, S. 107

Die AIO-Kriterien, die zur Erklärung des Konsumentenverhaltens herangezogen werden, entstammen nicht einem theoretischen Modell, sondern einer Vielzahl heterogener Ansätze, und diese Heterogenität schlägt sich in der Art und Zahl der einbezogenen AIO-Items nieder. Es gibt hier zwei Gruppen von Kriterien des Kaufverhaltens: einerseits die persönlichkeitsbezogenen und andererseits die produktspezifischen Life-Style-Ansätze. Persönlichkeitsbezogene Life-Style-Ansätze sind kostengünstiger als produktspezifische (vgl. Freter 1983, S. 84ff.). Aus diesem Grund greifen viele Unternehmen lieber auf weniger aussagekräftige, aber kostengünstigere generelle Life-Style-Konzepte zurück, die meistens von Verlagen oder Marktforschungsinstituten als sekundärstatistisches Material angeboten werden (vgl. Freter 1983, S. 87).

Die zunehmende Internationalisierung der Unternehmen, auch der KMU der deutschen Nahrungsmittelindustrie, erfordert internationale Lebensstiluntersuchungen auf internationalen Märkten. Erschwert werden solche Lebensstilmessungen allerdings durch methodische Schwierigkeiten, die sich aus der sprachlichen oder sozialen Distanz zwischen Forschern und Forschungsobjekten ergeben (vgl. Kroeber-Riel/Weinberg 2003, S. 561).
Trotz der Meßschwierigkeiten internationaler Lebensstilstudien haben sich einzelne Marktforschungsinstitute auf internationale Erhebungen spezialisiert. So führte das französische Forschungsinstitut „International Research Institute on

Social Change" (RISC) eine europäische Studie im Ernährungsbereich durch, von der sich verschiedene Lebensstiltypen ableiten lassen, die für das Nahrungsmittelmarketing von besonderer Bedeutung sind (vgl. Woesler de Panafieu 1988, S. 66ff.). Wie schon oben erwähnt, beruhen solche Studien auf allgemeinen Life-Style-Analysen. Trotzdem können sie wichtige Tendenzen aufspüren, die für KMU der deutschen Nahrungsmittelindustrie aus Wirtschaftlichkeitsgründen bedeutsam sein können. Laut dieser Studie lassen sich die europäischen Konsumenten in drei Kategorien einteilen, nämlich in traditionelle, moderierte und moderne Europäer (s. Tab. 38).

Tabelle 38: Aufteilung der europäischen Konsumenten 1987 (in %)

	traditionell	moderiert	modern
EUROPA	36	19	45
Deutschland (nur BRD)	33	14	53
Frankreich	27	23	50
Italien	35	34	31
Großbritannien	45	11	44
Spanien	41	13	46

Quelle: Woesler de Panafieu 1988, S. 66

Die modernen Europäer bilden mit 45% das größte Segment in der EU. In Bezug auf die Ernährung nimmt innerhalb des modernen Segments die Ernährungstypologie des „Sorglosen Essers" mit 16% einen hohen Stellenwert ein (vgl. Tab. 39).

Tabelle 39: Der „Sorglose Esser" in der EU (in %)

EUROPA	16
BRD	19
Frankreich	16
Italien	12
Großbritannien	15
Spanien	18
Belgien	13
Holland	15
Finnland	20
Schweden	16

Quelle: Woesler de Panafieu 1988, S. 67

Der „Sorglose Esser" ist ein Lebensstiltyp mit folgenden Charakteristika (vgl. Woesler de Panafieu 1988, S. 67f.):

* Jüngere Personen, eher Männer, unter 30 Jahren

* Wenig Interesse am kulinarischen Wert des Essens

* Konsumenten von Nahrungsmitteln mit starkem Image

* Bevorzugung moderner statt frischer Nahrung

* Verbraucher von Tiefkühl- und Schnellkochgerichten

Es läßt sich also festhalten, daß solche generellen Lebensstilstudien durchaus von KMU der Nahrungsmittelindustrie als sekundärstatistisches Material verwendet werden können, das einen hohen Aussagewert im Sinne tendenzorientierter Aussagen aufweist und dabei wirtschaftlicher ist als primäre Lebensstilstudien.

4.1.3.3 Nutzen als Marktsegmentierungskriterium

Als erster hat Yankelovich auf die Vorteile einer Segmentierung bezüglich des Nutzens hingewiesen (vgl. Yankelovich 1964, S. 83ff.), allerdings ohne dabei

160

die konzeptionelle Seite einer solchen Segmentierung aufzuzeigen (vgl. Bauer 1977, S. 89).

Nutzenerwartungen sind eine Variante bei der produktspezifischen Einstellungsmessung. Sie sind den affektiven Komponenten zuzuordnen. Da sie inzwischen eine breite Anwendung als Marktsegmentierungskriterium gefunden haben, werden sie aber auch eigenständig behandelt (vgl. Meffert 2000, S. 204). In diesem Ansatz wird der wahrgenommene Nutzen als Kriterium der Kaufentscheidung angesehen (vgl. Weinstein 1987, S. 124; Haley 1968, S. 31). Der Nutzen definiert sich als Größe, die nach subjektiven Maßstäben bewertet werden kann und die von der subjektiven Befriedigung eines Bedürfnisses abhängt (vgl. Nieschlag/Dichtl/Hörschgen 2002, S. 1299). Die Bedürfnisse lassen sich in primäre und sekundäre Bedürfnisse unterscheiden (vgl. Scholl-Schaaf 1975, S. 72). Besonders die primären Bedürfnisse sind biologisch verankert und tauchen in bestimmten Situationen auf (vgl. Kahle/Timmer 1983, S. 46).

Die Nutzenerwartungen können kompositionell oder dekompositionell erfaßt werden. Bei der kompositionellen Erfassungsweise wird der Gesamtwert der Beurteilung eines Nutzens durch verschiedene Beurteilungen der Einzelmerkmale eines Produkts ermittelt. Die Summe dieser merkmalspezifischen Einzelbeurteilungen ergeben den Gesamtnutzenwert des Produkts (vgl. Scharf 1991, S. 167). Das kompositionelle Meßverfahren von Nutzenerwartungen erfolgt normalerweise über Rating-Skalen. Der Vorteil dieses Meßverfahrens liegt in seiner einfachen Anwendbarkeit, es stößt jedoch auf erhebliche Probleme, die als Nachteile kompositioneller Erfassungsweise anzusehen sind (vgl. Balderjahn 1993, S. 76f.; Trommsdorf 1998, S. 145ff.). Die Befragten stufen meistens alle einzelnen Produkteigenschaften als wichtig ein. Durch die isolierte Merkmalsbeurteilung wird der Kaufentscheidungsprozeß daher nicht realistisch dargestellt. Ein anderer Nachteil ist die mangelnde Berücksichtigung der Wahlentscheidungen der Konsumenten zwischen konkurrierenden Produkten. Die Berücksichtigung solcher Trade-Offs ist in der kompositionellen Erfassungsweise des Nutzens nicht möglich (vgl. Balderjahn 1993, S. 76f.). Die Nachteile des kompositionellen Verfahrens bei der Erfassung des Gesamtnutzenwertes lassen sich durch den dekompositionellen Ansatz weitgehend beheben. Im dekompositionellen Verfahren wird die Messung der Nutzen-erwartungen mittels Conjoint-Analysen erfaßt, die die Auswahl- und Kaufent-scheidungen sehr realitätsnah abbilden (vgl. Meffert 2000, S. 205; Backhaus u.a. 2003, S. 544ff.). Die Formen der Conjoint-Analyse werden in Abbildung 13 dargestellt. Für die Ziele dieser Arbeit genügt eine kurze theoretische Erklä-rung der Conjoint-Analyse.

Abbildung 13: Formen der Conjoint-Analyse

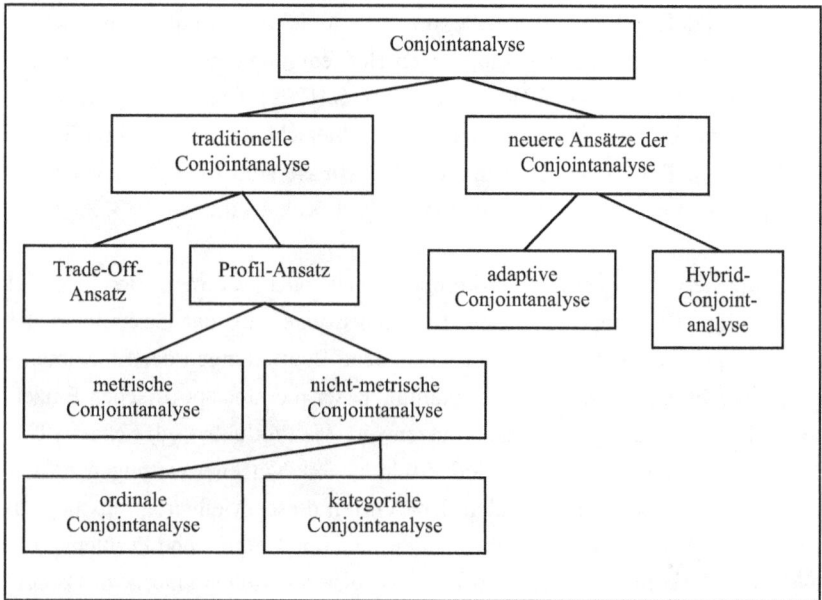

Quelle: Schubert 1991, S. 146

Aus Abbildung 13 wird ersichtlich, daß sich die Ansätze in zwei Kategorien aufteilen lassen. Neben der traditionellen Conjoint-Analyse gibt es neuere Ansätze der Conjoint-Analyse. Sowohl die traditionellen als auch die neueren Ansätze haben einen breiten Einsatz in der internationalen Marktforschung gefunden. Der Untersuchungsablauf einer Conjoint-Analyse im Rahmen einer Nutzensegmentierung läßt sich in folgende Schritte unterteilen: Ermittlung der Untersuchungsmerkmale und ihrer Ausprägungen, Festlegung des Präferenzmodells, Konstruktion der Stimuli, Erhebung und Auswertung der Daten (vgl. Green/Srinivasan 1990, S. 5).

In einem ersten Schritt müssen die Merkmale festgelegt werden, die für das Untersuchungsziel einer Conjoint-Analyse im Sinne der Nutzenbildung von Bedeutung sind. Die Anzahl der zu ermittelnden Merkmale sollte sowohl aus verfahrenstechnischen als auch aus konsumentenbezogenen Gründen eingegrenzt sein, da bei einer größeren Anzahl von Merkmalen die Auskunftspersonen überlastet werden. Bei länderübergreifender Festlegung von vergleichbaren Merkmalen tauchen Probleme auf, da damit die Komplexität der Ermittlung der Merkmale steigt. Es kann sein, daß einzelne Produktmerkmale in einem Land von großer Bedeutung sind, in einem anderen Land hingegen keine Bedeutung haben (vgl. Schubert 1991, S. 176ff.). Um dieses Problem zu lösen, sollten alle Merkmale in jedem einzelnen Land herangezogen werden. Aber wie erwähnt, ist bei den traditionellen Conjoint-Analysen nur eine begrenzte Zahl von Merkmalen in die Analyse einzubeziehen.
In den neueren Conjoint-Ansätzen wird dieses Problem durch die Heranziehung der Hybrid-Conjoint-Analyse behoben (vgl. Schubert 1991, S. 148f. und S. 192; Green 1984, S. 155f.; Green/Srinivasan 1990, S.10f.). Der Unterschied zur traditionellen Conjoint-Analyse liegt darin, daß die neueren Ansätze der Conjoint-Analyse sowohl kompositionelle als auch dekompositionelle Ansätze einbeziehen (vgl. Green/Srinivasan 1990, S. 9).
Im weiteren wird das Präferenzmodell der Conjoint-Analyse festgelegt. Dazu gibt es drei Modelle: das Idealvektor-, Idealpunkt- und das Teilnutzenwertmodell (vgl. Reiners 1996, S. 55ff.). Aufgrund seiner hohen Flexibilität wird für Conjoint-Analysen in der Regel das Teilnutzenwertmodell angewandt (vgl. Weisenfeld 1987, S. 267). Bei diesem Modell wird für jede Merkmalsausprägung ein Nutzen ermittelt, beispielsweise besitzen Merkmale wie Markennamen einen sehr hohen Aussagewert (vgl. Reiners 1996, S. 56; Böcker 1986, S. 567ff.; Schubert 1991, S. 206f.).
Für die Präsentation der Stimuli werden drei Methoden benutzt. Neben der verbalen, die aufgrund ihrer Einfachheit und hohen Effizienz bei der Datenerhebung, eine breite Anwendung in der Praxis gefunden hat, gibt es noch die visuelle und die physische Methode (vgl. Green/Srinivasan 1978, S. 111;

Schubert 1991, S. 218). Die beiden letztgenannten Methoden haben besonders in der internationalen Marktforschung eine breite Anwendung gefunden. Somit werden sprachliche Verzerrungen bei der Übersetzung verbaler Stimuli ausgeschlossen (vgl. Schubert 1991, S. 222f.).

In einem nächsten Schritt erfolgt die Datenerhebung und schließlich die Datenauswertung. Die Bewertung der Stimuli kann in Form eines Rankings oder eines Ratings erfolgen. Die Rankings gehören zur nicht-metrischen Bewertungsform, während die Bewertung der Stimuli durch Rating-Skalen zur metrischen Form der Bewertung zählt (vgl. Mengen 1993, S. 91ff.). Zu den nicht-metrischen Bewertungsmethoden gehört auch der Paarvergleich, bei dem sich durch den Vergleich zweier Stimuli die Bevorzugung einer Alternative zeigen läßt (vgl. Reiners 1996, S. 93ff.).

Beim Profilansatz sind metrische sowie nicht-metrische Bewertungsformen möglich (s. Abb. 13). Die Ranking-Bewertung hat im Vergleich zur Rating-Skala-Bewertung eine größere Reliabilität. Außerdem verfügt sie bei internationalen Marktforschungen gegenüber Rating-Skalen über einen Vorteil, da diese bei der Stimuli-Bewertung Probleme mit sich bringen. Bei der Ranking-Bewertung werden nur Präferenzen gezeigt, jedoch nicht wie bei den Rating-Skalen die Stärke der Bevorzugung, weil das zu einer Überforderung der Probanden führen würde. Das Produkt, das am meisten präferiert wird, nimmt den ersten Rangplatz ein, das am zweitstärksten präferierte Produkt den zweiten usw. (vgl. Hüttner/Schwarting 2002, S. 109ff.). Die Stimuli-Bewertung durch Ranking wird dementsprechend bei internationalen Segmentierungen am häufigsten benutzt (vgl. Stegmüller 1995, S. 236). Damit werden auch mögliche Übersetzungsprobleme vermieden, die bei internationalen Marketingforschungen hinsichtlich der Bewertung der Stimuli durch Rating-Skalen auftreten (vgl. Bauer 1989, S. 183f.).

Der letzte Schritt einer Conjoint-Analyse ist die Datenauswertung. Hierbei ist es wichtig, die subjektiv wichtigsten Eigenschaften zu identifizieren, die die Entscheidungen der Probanden in hohem Maße beeinflussen. Die Ermittlung des relativen Wertes einer Eigenschaft zählt dabei mehr als der absolute Wert der ermittelten Teilnutzen einzelner Ausprägungen (vgl. Backhaus 2000, S. 589; Schweickl 1985, S. 64).

Diejenigen Konsumenten, die bei einer internationalen Segmentierung auf der Basis von Nutzenerwartungen eine gleiche Struktur der Nutzenerwartung aufweisen, werden in einer Gruppe zusammengefaßt. Bei Nutzensegmentierungen ist es sehr selten, daß die Konsumenten eines Segmentes einen völlig anderen Nutzen als die Konsumenten eines anderen Segmentes aufweisen. Aus diesem Grund ist, wie erwähnt, die subjektive Wichtigkeit der einzelnen nutzenstiftenden Eigenschaften von entscheidender Bedeutung (vgl. Haley 1968, S. 32).

4.2 Ein Vergleich der Segmentierungsansätze

In den obigen Ausführungen wurden die Segmentierungsansätze zur Ermittlung von Konsumentensegmenten und zur Erklärung des Konsumentenverhaltens angeführt. Im folgenden sollen sie einer kritischen Beurteilung unterzogen werden. Der größte Vorteil der demographischen Marktsegmentierung liegt in der leichten Erfaßbarkeit und Meßbarkeit sowie in der hohen zeitlichen Stabilität (vgl. Meffert 2000, S. 194). Die hohe Wirtschaftlichkeit der demographischen Marktsegmentierung ist auf ihre leichte Erfaßbarkeit zurückzuführen, da die demographischen Daten sekundärstatistisch ermittelt werden können (vgl. Freter 1983, S. 58). Eine Primäranalyse ist in der demographischen Segmentierung eher von untergeordneter Relevanz, da die meisten Daten, insbesondere in hochindustrialisierten Ländern wie etwa innerhalb der EU, in sekundärstatischen Quellen verfügbar sind. Die Nachteile der demographischen Marktsegmentierung liegen in der geringen prognostischen Kaufverhaltensrelevanz sowie in der geringen Aussagekraft für den Einsatz des Marketinginstrumentariums (vgl. Meffert 2000, S. 195). Die demographische Segmentierung kann zwar Aussagen über die Verwendung oder Nicht-Verwendung von bestimmten Produkten geben, jedoch keine Auskünfte über die markenspezifische Verwendung erteilen (vgl. Teil IV, Abschn. 4.1.1). Sie kann beschreiben, welche Konsumenten ein Produkt verwenden, aber sie kann nicht das markenspezifische Verhalten der Konsumenten erklären. Ziff berichtet, daß nur ein Drittel der Untersuchungen einen Zusammenhang zwischen Alter und Markenwahlverhalten aufweist und die Korrelation zwischen Markenwahl und Einkommen noch geringer ausfällt (vgl. Ziff 1974, S. 132). Somit weisen demographische Kriterien eine allgemeine Aussagefähigkeit bezüglich der produktmäßigen Informationen, aber nicht der markenspezifischen Informationen auf. Aus diesem Grund variiert auch ihre Aussagekraft für den Einsatz der Marketinginstrumente. Für die Ausgestaltung der Produkt- und Preispolitik gibt sie nur Hinweise mit allgemeinem Charakter (vgl. Meffert 2000, S. 192f.).

In der sozioökonomischen Marktsegmentierung ermöglicht die Aufteilung nach Einkommen und sozialer Klasse eine bessere Positionierung eines Produkts für eine bestimmte Zielgruppe, erklärt aber nicht, weshalb Personen, die zur gleichen Einkommensklasse oder sozialen Klasse gehören, ein völlig gleiches, ähnliches oder verschiedenes Kaufverhalten aufweisen (vgl. Dichtl 1974, S. 55). Wie die demographischen Segmentierungskriterien ermöglichen auch die sozioökonomischen Segmentierungskriterien eine Identifikation von Marktpotentialen, aber sie lassen keine geeignete Prognose über das Kaufverhalten zu. Ihre Aussagekraft ist begrenzt, sie können nicht das Kaufverhalten prognostizieren, sondern beschreiben nur kaufverhaltensprägende Faktoren (vgl. Haley 1968, S. 31f.). Sie bieten jedoch die Möglichkeit für einen segmentspezifischen Einsatz einzelner Marketinginstrumente, beispielsweise die Auswahl geeigneter Werbeträger für bestimmte Alterssegmente, Frauen, Kinder usw. (vgl. Freter 1983, S. 57). Da die sozioökonomischen Daten auf sekundärstatistischem Material beruhen, sind sie, zumindest auf EU-Ebene, leicht zugänglich und kostengünstig zu beschaffen.

Um das Kaufverhalten der Konsumenten besser zu erfassen und zu erklären, bedarf es einer Kombination von demographischen und sozioökonomischen mit psychographischen Segmentierungskriterien (vgl. Yankelovich 1964, S. 84). Die Aussagekraft der psychographischen Segmentierungskriterien sowie ihre Kaufverhaltensrelevanz werden im folgenden einzeln diskutiert.

Daß Einstellungen als Marktsegmentierungskriterium eine breite Anwendung in der Marktforschung gefunden haben, ist nicht zuletzt darauf zurückzuführen, daß ihre Kaufverhaltensrelevanz bezüglich eines Produkts oder einer Marke sehr hoch ist. Diese Aussage hängt mit der Annahme zusammen, daß, je stärker die positive Einstellung gegenüber bestimmten Produkten oder Marken ist, sie desto sicherer gekauft werden (vgl. Fishbein 1967, S. 477f. und S. 491). Bei den mehrdimensionalen Einstellungsmodellen könnte man sagen, daß die Kaufwahrscheinlichkeit steigt, je geringer die Distanz zwischen Real- und Idealmarke ist (vgl. Teil IV, Abschn. 4.1.3.1). Die Abhängigkeit des Kaufverhaltens von Einstellungen ist trotz einer Vielzahl empirischer Untersuchungen immer noch umstritten (vgl. Trommsdorff 1975, S. 12ff.). Die länderübergreifende Aussagefähigkeit von Einstellungen ist im Hinblick auf ihre Kaufverhaltensrelevanz kritisch zu beurteilen. Auch wenn man gleiche Einstellungsmuster in verschiedenen Ländern identifizieren kann, ist nicht automatisch davon auszugehen, daß diese auch mit gleichen Verhaltensmustern korrelieren. Daher ist die Bewertung einer Einstellung immer in Bezug auf die vorherrschenden kulturellen Muster eines Landes vorzunehmen (vgl. Douglas/Urban 1977, S. 52ff.). Insofern ist also die länderübergreifende Vergleichbarkeit von Einstellungen eingeschränkt, da deren Kaufverhaltensrelevanz nur im Kontext der jeweiligen Kultur zu beurteilen ist. Das bedeutet, daß Marktforschungsinstitute in den jeweiligen Ländern beauftragt werden sollten, weil nur sie die Beziehung zwischen Einstellung und Verhalten genau beurteilen können (vgl. Stegmüller 1995, S. 210). Die Aussagekraft von Einstellungen für den Einsatz der Marketinginstrumente wie die Gestaltung von Werbebotschaften, Produkten, Verpackungen (vgl. Böhler 1977, S. 100) sowie der Preis- und Distributionspolitik ist hoch (vgl. Stegmüller 1995, S. 211). Durch mehrdimensionale Einstellungsmodelle können auch Ergebnisse zum Image eines Produkts, einer Marke oder eines Herkunftslandes abgeleitet werden, die dann zur Gestaltung der Kommunikationspolitik für ein Produkt eingesetzt werden können, wobei beispielsweise bei einem positiven Image des Herkunftslandes die Kommunikationspolitik länderübergreifend standardisiert erfolgen kann (vgl. Heise 1997, S. 231). Voraussetzung dafür ist die Messung des Images des Herkunftslandes auf den Zielmärkten (vgl. Balling 1994, S. 78ff.). Wie die Untersuchung von Balling zeigt, ist die Benutzung des Herkunftslandes in bestimmten Branchen kritisch zu betrachten. Diese Studie zeigt, daß das ‚Made in Germany' zwar ein positives Image für viele Produkte besitzt, aber die Assoziationen der Verbraucher in den untersuchten Ländern hinsichtlich deutscher bzw. bayerischer Lebensmittel sehr unterschiedlich sind. In Bezug auf das Image deutscher Lebensmittel sollte die Kommunikationspolitik daher immer in Abhängigkeit vom Zielmarkt gestaltet werden (vgl. Balling 1994, S. 64ff.).

Die zeitliche Stabilität von Einstellungen ist kritisch zu bewerten. Zwar können persönlichkeitsbezogene Einstellungen als zeitlich stabil bezeichnet werden, doch weisen sie keine besondere Kaufverhaltensrelevanz für bestimmte Produkte auf. Im Gegensatz dazu weisen produktspezifische Einstellungen eine höhere Kaufverhaltensrelevanz auf, sind aber zeitlich nicht stabil (vgl. Freter 1983, S. 81). Aufgrund der eingeschränkten zeitlichen Stabilität der produktspezifischen Einstellungen ist die Segmentierung auf der Basis von Einstellungen nicht besonders wirtschaftlich. Deswegen ist zuerst die Auswertung des vorhandenen sekundärstatistischen Materials und die Überprüfung seiner produktbezogenen Anwendbarkeit zu empfehlen (vgl. Freter 1983, S. 81f.).

Auch der Lebensstil ist als Kriterium für die Marktsegmentierung kritisch einzuschätzen. Wie schon oben erwähnt wurde, ist die Kaufverhaltensrelevanz vom Lebensstil des Konsumenten abhängig (vgl. Teil IV, Abschn. 4.1.3.2). Persönlichkeitsbezogene Lebensstilanalysen weisen eine sehr geringe Kaufverhaltensrelevanz auf, da sie es nicht erlauben, eventuell bestehende Segmente klar zu unterscheiden. Somit bleiben durch die persönlichkeitsbezogenen Lebensstilanalysen meistens die Segmente verdeckt (vgl. Böhler 1977, S. 114). Dennoch haben sie den Vorteil, daß sie tendenzorientierte Aussagen über einen möglichen Werte- und Einstellungswandel der Konsumenten ermöglichen (vgl. Heise 1997, S. 269). Im Gegensatz zu den persönlichkeitsbezogenen Lebensstilanalysen weisen die produktspezifischen Lebensstilansätze einen höheren Aussagewert in Bezug auf die Kaufverhaltensrelevanz auf. Dies wird durch Ergebnisse aus produktspezifischen Segmentierungen bestätigt (vgl. Hustad/Pessemier 1974, S. 42ff.). Die länderübergreifende Vergleichbarkeit von Life-Style-Typologien ist aufgrund der hohen Definitionsfehler, die bei der Festlegung der Merkmale, Merkmalsausprägungen und Aktivitätsgrade auftauchen können, nur sehr eingeschränkt (vgl. Stegmüller 1995, S. 265). Somit ist die Durchführung einer Marktsegmentierung auf der Basis von Lebensstilen nur innerhalb einzelner Länder relevant, deren wirtschaftliche und kulturelle Distanz nicht allzu groß ist (vgl. Stegmüller 1995, S. 266ff.). Somit sind internationale Lebensstil-Typologien kritisch zu bewerten, wenn sie keine methodischen Ansätze zur Entwicklung der Konstrukte oder ihrer Anpassung an die wirtschaftlichen und kulturellen Gegebenheiten und die Methode der Datenauswertung kenntlich machen (vgl. Heise 1997, S. 273). Die Aussagefähigkeit dieses Ansatzes für die Marketinginstrumente ist insbesondere für die Kommunikationsgestaltung als hoch anzusehen. Je produktspezifischer die Life-Style-Typologie ist, desto höher ihr Aussagewert für die Gestaltung der Marketinginstrumente (vgl. Plummer 1974, S. 34 und S. 36f.). Stegmüller vertritt die Meinung, daß Life-Style-Typologien auch Rückschlüsse für die Preis- und Distributionspolitik sowie teilweise auch für die Produktpolitik im Sinne der Produktgestaltung gestatten (vgl. Stegmüller 1995, S. 269ff.). Bei der Messung von AIO-Items stößt man auf die gleichen Probleme wie bei der Messung von Einstellungen. Bei der Messung von Meinungen (Opinions) treten Probleme der verbalisierten Einstellungen auf, wobei hier von erheblichen Validitäts- und Reliabilitätsproblemen auszugehen ist (vgl. Freter 1983, S. 86). Allgemein könnte man sagen, daß die Reliabilität von Untersuchungen durch eine zu hohe Zahl von Life-Style-Merkmalen und deren Ausprägungen in erheblichem Maße gefährdet ist. Die Reliabilität der Life-Style-Merkmale bei internationalen Life-Style-Typologien kann daher sehr niedrig sein (vgl. Davis/Douglas/Silk 1981, S. 107f.). Der Lebensstil ist im Hinblick auf die zeitliche Stabilität als Marktsegmentierungskriterium eher ungeeignet (vgl. Kramer 1991, S. 92ff.). Vom Aspekt der Wirtschaftlichkeit her betrachtet, kommt eine produktspezifische Life-Style-Analyse für viele Unternehmen nicht in Frage. Deshalb wird meistens auf allgemeine Life-Style-Studien von Verlagen bzw. Marktforschungsinstituten zurückgegriffen (vgl. Freter 1983, S. 87).

Die Segmentierung auf der Basis des Nutzens hat sich als ein sehr leistungsfähiger Ansatz zur Marktsegmentierung erwiesen. Im Vergleich mit anderen hypothetischen Konstrukten besteht hier eine sehr enge Beziehung zur Kaufentscheidung (vgl. Mühlbacher/Botschen 1990, S. 160). Die Kaufverhaltensrelevanz dieses Ansatzes ist allerdings von der Art der Käufe abhängig. Bei Impuls- oder Gewohnheitskäufen geht es meistens nicht um Kaufentscheidungen, die aufgrund einer Nutzenerwartung getätigt werden (vgl. Stegmüller 1995, S. 240). Beispielsweise beschäftigt sich der Konsument beim Kauf von Speisesalz eher wenig mit der Marke des Produkts. Wenn der Kauf der gleichen Marke wiederholt wird, geschieht dies meistens aus Gewohnheit und nicht aufgrund einer Nutzenerwartung des Konsumenten (vgl. Kotler/Bliemel

2001, S. 351). Die Ermittlung der Nutzenerwartungen mittels Conjoint-Analyse hat eine sehr hohe Aussagekraft für den Einsatz des Marketinginstrumentariums. So gibt sie Informationen zur Gestaltung der Produkt-, Preis- und Kommunikationspolitik, weniger jedoch für die Distributionspolitik (vgl. Green/ Krieger 1991, S. 22; Wittink/Cattin 1989, S. 92). In Bezug auf die Meßbarkeit taucht bei der kompositionellen Erfassung der Nutzenerwartungen das Problem auf, ob sich der Konsument überhaupt der Bedeutung einzelner Produkteigenschaften bei seiner Kaufentscheidung bewußt ist und ob er explizite Aussagen darüber machen kann (vgl. Freter 1983, S. 80). Bei der dekompositionellen Erfassung von Nutzenerwartungen mittels Conjoint-Analysen werden nicht einzelne Eigenschaften bewertet, sondern Kombinationen von Eigenschaften in einer gewissen Rangordnung. Der partielle Beitrag jeder Eigenschaft wird dann zum individuellen Gesamtnutzen zusammengerechnet (vgl. Böhler 1977, S. 106). Die Validität und Reliabilität der Conjoint-Analyse ist sehr hoch, so daß keine Einschränkungen bezüglich der Einsatzfähigkeit dekompositionell gemessener Nutzenerwartungen bestehen (vgl. Stegmüller 1995, S. 243ff. und die dort angegebene Literatur). Die zeitliche Stabilität von Nutzenerwartungen ist im Vergleich zu mehrdimensionalen Einstellungen sehr hoch. Sie kann allerdings in Ländern mit einer hohen Marktdynamik kritisch werden (vgl. Stegmüller 1995, S. 247).

Da eine Nutzensegmentierung nur durch primärstatistisches Materials erfolgen kann, sind die Kosten für die Ermittlung der Segmente wesentlich höher als etwa bei Life-Style-Analysen, die auch auf sekundärstatisches Material zurückgreifen können (vgl. Heise 1997, S. 314).

5 Die Nachfragetendenzen nach Nahrungsmitteln in der EU und ihre Relevanz für die KMU der deutschen Nahrungsmittelindustrie

In der obigen Analyse der europäischen Unternehmensumwelt nach der Vollendung des europäischen Binnenmarkts sind sowohl die Treiber als auch die Hemmnisse der Internationalisierung identifiziert worden. Während die Kultur eine vollständige Integration der europäischen Wirtschaften eher hemmt, befördern die anderen Faktoren durch ihre EU-weite Angleichung überwiegend eine Internationalisierung. Da Nahrungsmittel stark kulturell geprägt sind, wurde dieser Umweltfaktor extrahiert und eigens analysiert.

In den folgenden beiden Abschnitten wird gezeigt, ob Annäherungstendenzen in der Nachfrage nach Nahrungsmitteln innerhalb des europäischen Binnenmarkts zu verzeichnen sind und inwieweit KMU der deutschen Nahrungsmittelindustrie solche Tendenzen aufspüren und durch Anpassung ihres Produktsortiments befriedigen.

5.1 Homogenität versus Heterogenität in der Nachfrage nach Nahrungsmitteln

Wie gezeigt, ist die Nachfrage nach Nahrungsmitteln in sehr hohem Maße kulturell bestimmt, da die Kultur einen starken, wenn auch nicht immer bewußt wahrgenommen Einfluß auf das Verhalten der Konsumenten nimmt. Es gibt Produkte, die eine hohe kulturelle Sensitivität aufweisen, wie oben am Beispiel des Kaffees bzw. von Suppen gezeigt wurde (vgl. Teil IV, Abschn. 3.3). Viele nationale und regionale Konsumunterschiede beeinflussen die Nachfrage nach Lebensmitteln, weil diese aus der Gesamtheit der Überzeugungen, Werte und Bräuche resultiert. Eine Studie hat beispielsweise gezeigt, daß in Europa drei ‚Essensstile' abgegrenzt werden können (vgl. Solomon/ Bamossy/Askegaard 2001, S. 474ff.):

- ‚Express': Zu dieser Gruppe gehören Länder wie Spanien, Portugal, Italien, Belgien, Österreich, Griechenland, Großbritannien u.a. In diesen Ländern wird wenig Zeit fürs Kochen investiert, die Menschen gehen gerne aus, und es herrschen klassische Familienwerte.
- ‚Party': Zu dieser Gruppe zählen Länder wie Frankreich, Irland, Norwegen, Schweden u.a. In diesen Ländern wird viel Zeit aufs Kochen verwandt und Freunde oder Familienangehörige werden gerne nach Hause eingeladen.
- ‚Kerzenlicht': Zu dieser Gruppe gehören die Niederlande, Dänemark, Finnland u.a. Diese Gruppe ist durch ihre Vorliebe für das Essen mit wenigen Freunden zu Hause charakterisiert. Die Produktqualität und der

171

Rahmen wie bspw. Kerzenlicht und Silberbesteck spielen für diese Gruppe eine besondere Rolle.

Diese kulturelle Heterogenität und ihr Einfluß auf das Konsumverhalten in Bezug auf Nahrungsmittel wird durch zahlreiche weitere Erhebungen belegt. Wie in Teil IV, Abschnitt 1.1.4 ausgeführt, spielt die Sprache als Ausdruck der Kultur im Nahrungsmittelbereich eine sehr bedeutende Rolle beim Konsumverhalten. Eine Studie zeigte, daß Landes- oder Sprachgrenzen eine hohe Bedeutung für das Konsumverhalten in Bezug auf Nahrungsmittel besitzen (vgl. Askegaard/Madsen 1998, S. 556ff.). Laut dieser Studie gibt es folgende Länder- bzw. Sprachgruppen, deren Eßkultur durch bestimmte Vorlieben gekennzeichnet ist. So sollen sich Frankreich, französische Schweiz, Wallonien und Italien durch Sinnenfreude und Vorliebe für Rotwein auszeichnen, die deutsche Gruppe durch ein hohes Gesundheitsbewußtsein, die griechische und portugiesische Gruppe durch ihre traditionelle Eßkultur, ohne daß hier das Interesse an internationaler Küche fehlte. Die norwegische und dänische Eßkultur soll durch ihre Vorliebe für Fertiggerichte charakterisiert sein, die Iren und Briten schließlich durch ihre Vorliebe für Süßigkeiten und Tee.

Es läßt sich also zeigen, daß geographische oder sprachliche Gegebenheiten Einfluß auf das Konsumverhalten im Nahrungsmittelbereich haben. Untersuchungen, die sich auf Länder oder Sprachräume erstrecken, sind allerdings auch kritisch zu betrachten, da sie zu Verallgemeinerungen neigen, die nicht immer realistisch sind, und damit das Risiko bergen, bei der Gestaltung einer Marktbearbeitungsstrategie zu falschen Entscheidungen zu führen. Es muß berücksichtigt werden, daß auch innerhalb eines Landes oder Sprachraums unterschiedliche Segmente existieren, die beim Kauf von Nahrungsmitteln von unterschiedlichen Vorlieben geprägt sind. Als Beispiel dafür sei eine Studie genannt, die vier Entwicklungen in der britischen Eßkultur unterschieden hat (vgl. James 1996, S. 82ff.):

- Die ‚globale Eßkultur' bevorzugt das amerikanische Fastfood und ist bereit, ein globales, uniformes Kaufverhalten zu akzeptieren.

- Die ‚expatriierte Eßkultur' sucht nach authentischen Gerichten und Produkten aus anderen Ländern.
- Die ‚nostalgische Eßkultur' bevorzugt die einheimische Küche.
- Die ‚kreolisierte Eßkultur' bevorzugt neue Produkte, die durch die Mischung verschiedener Traditionen entstehen, beispielsweise mexikanisches Essen mit weniger Chili oder chinesisches Essen ohne gewisse Zutaten, die in Westen nicht beliebt sind.

Natürlich existieren solche Tendenzen auch in anderen europäischen Ländern, haben dort aber wahrscheinlich eine andere Bedeutung oder einen anderen Einfluß auf die Eßgewohnheiten (vgl. Solomon/Bamossy/Askegaard 2001, S. 479). So müssen Nahrungsmittel, die auch in anderen europäischen Ländern etabliert werden sollen, an den allgemeinen Geschmack des jeweiligen Landes angepaßt werden (vgl. Solomon/Bamossy/Askegaard 2001, S. 479). So erscheint eine völlige Standardisierung der Produktpolitik bei Nahrungsmitteln eher unwahrscheinlich (s. auch Tab. 40).

Tabelle 40:   Möglichkeiten zur Standardisierung der Produktpolitik

Kultur-abhängigkeit		Rang	Branche
culture-free high-tech		1.	Computer Hardware
		2.	Luftfahrtgesellschaften
		3.	Photographische Ausrüstungen
		4.	Schwermaschinen
		5.	Werkzeugmaschinen
		6.	Verbraucherelektronik
		7.	Computer Software
	high-touch high-interest	8.	Langlebige Haushaltsgüter
		9.	Eisenwaren
		10.	Weine und Spirituosen
		11.	Soft drinks
		12.	Tabakwaren
		13.	Papierwaren
		14.	Kosmetika
		15.	Bier
		16.	Haushaltsreinigungsmittel
		17.	Toilettenartikel
		18.	Verlagsprodukte
		19	Food-Produkte
		20.	Süßigkeiten, Konfekt
		21.	Textilien

Quelle: Meffert/Bolz 1998, S. 183

Wie aus Tabelle 40 ersichtlich wird, weisen Produkte mit nationaler Identität wie z.B. Wein oder Spirituosen zwar ein mittleres, Food-Produkte und Süßigkeiten aber nur ein geringes Standardisierungspotential für die Produktpolitik auf (vgl. Meffert/Bolz 1998, S. 183).

Natürlich gibt es demographische Entwicklungen innerhalb der EU, wie beispielsweise die steigende Anzahl von Single-Haushalten[109] oder die steigende Erwerbstätigkeit von Frauen, die länderübergreifende Tendenzen erkennen lassen wie beispielsweise einen steigenden Konsum von Tiefkühlkost und Fertigprodukten oder eine Tendenz zu kleineren Verpackungen. Solche Entwicklungen zeigen, daß demographische Entwicklungen mit einem bestimmten Konsumverhalten korrelieren (vgl. Breitnaher/Täger 1990, S. 198f.; Fuchs 2004, S. 94f.). Dies wird zumindest durch die statistischen Daten hinsichtlich des Anteils der erwerbstätigen Frauen in der EU nahegelegt, der eine steigende Tendenz aufweist (vgl. Abb. 14).

Abbildung 14: Anteil der erwerbstätigen Frauen in der EU

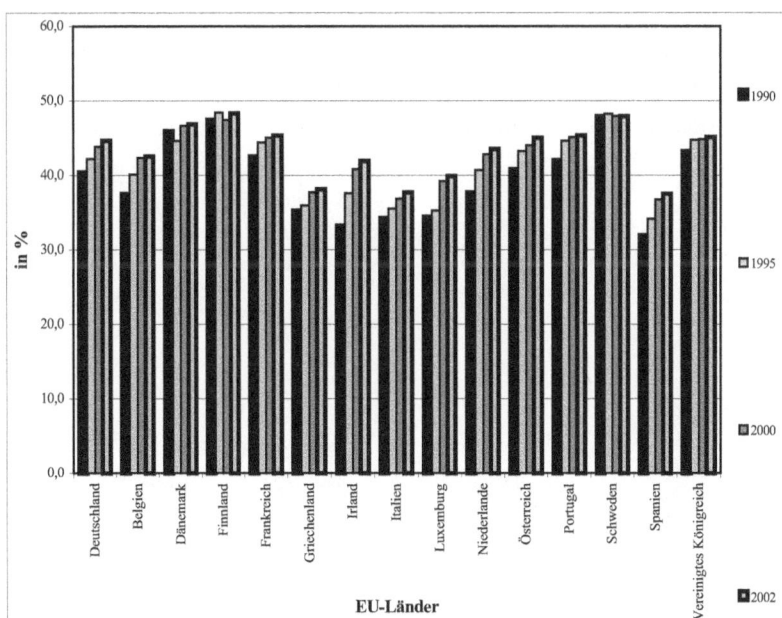

Quelle: Statistisches Bundesamt 2003c, S. 49

---

[109] Die Situation des „Einzelessers" ist heute nicht nur ein Merkmal von Ein-Personen-Haushalten, sondern auch von Mehr-Peronen-Haushalten, wenn aufgrund der Lebensumstände mehrere Mahlzeiten am Tag (bspw. Frühstück, Mittagsessen) getrennt von der Familie eingenommen werden (siehe mehr dazu Fuchs 2004, S. 93f.).

Wie aus Abbildung 14 ersichtlich wird, ist der Anteil von Frauen an der erwerbstätigen Bevölkerung in der EU im Laufe der Jahre gestiegen. Solche Veränderungen in der soziodemographischen Umwelt führen offenkundig zu neuen Nachfragetendenzen.

Einige der am meisten diskutierten Nachfragetendenzen werden weiter unten angeführt. Veränderungen im Arbeits- bzw. Freizeitverhalten sowie in der soziodemographischen Entwicklung haben zu einem Wandel des Ernährungsverhaltens beigetragen. Die zunehmende Freizeit[110], die steigende Zahl von Einpersonenhaushalten sowie die wachsende Zahl alter Menschen führen zu einer vermehrten Nachfrage nach Convenience-Produkten, Nahrungsmitteln in kleineren Portionen (vgl. Breitnaher/Täger 1990, S. 101; Fuchs 2004, S. 92ff.). Außerdem fördert die steigende Erwerbstätigkeit von Frauen einerseits den Verbrauch von Convenience-Produkten und andererseits den Außer-Haus-Verzehr im Sinne von Restaurant- oder Kantinenbesuchen usw. (vgl. Strecker/ Reichert/Pottebaum 1990, S. 60). Diese Aussage spiegelt sich auch in Tabelle 41. Hier wird ersichtlich, daß die Verbrauchsausgaben für Restaurants und Cafés in den EU-Ländern mit geringen Ausnahmen eine steigende Tendenz aufweisen.

---

[110] Eine Zunahme der Freizeit stellt eine allgemeine Tendenz dar. Wie die Freizeit in den einzelnen EU-Ländern gestaltet wird, ist jedoch eine Frage, die die Berücksichtigung kultureller Einflüsse erfordert (vgl. Teil IV, Abschn. 3.2; de Mooij 2003, S. 192).

Tabelle 41: Verbrauchsausgaben in % in Restaurants, Cafés und Beherbergungsbetrieben (1990=100)

Jahre EU-Länder	1991	1992	1993	1994	1995	1996	1997
Belgien	101,8	106,2	103,1	105,7	107,9	110,5	114,9
Dänemark	100,9	105,5	108,0	108,2	107,0	110,8	-
Deutschland	103,0	103,4	102,3	101,9	-	-	-
Griechenland	94,9	100,7	103,8	108,0	109,4	114,1	122,4
Spanien	-	-	-	-	-	-	-
Frankreich	101,3	101,0	100,0	100,6	100,4	100,8	102,8
Irland	106,4	110,4	116,7	127,4	135,4	143,4	148,0
Italien	104,0	102,3	100,9	104,0	108,5	112,7	113,7
Luxemburg	-	-	-	-	-	-	-
Niederlande	106,6	112,0	115,1	119,0	118,3	118,1	124,4
Österreich	104,0	108,3	106,2	104,7	105,0	102,4	102,4
Portugal	106,2	104,1	101,1	103,0	102,6	-	-
Finnland	91,9	87,0	83,4	86,2	89,3	92,8	98,1
Schweden	91,7	87,4	89,7	93,7	97,2	101,0	-
Großbritannien	92,5	92,7	95,0	95,2	97,7	103,0	-

Quelle: Eurostat 2001a, S. 157

Auch der Zuwachs an Freizeit eröffnet neue Absatzchancen. Durch die Gestaltung der Freizeit wächst die Nachfrage nach verschiedenen Produkten (vgl. Fuchs 2004, S. 97), beispielsweise bei passiver Freizeitgestaltung nach Produkten, die Entspannung und Genuß verschaffen; bei aktiver Freizeitgestaltung werden kalorienarme, vitamin- und eiweißreiche Produkte präferiert sowie alkoholfreie Getränke (vgl. Strecker/Reichert/Pottebaum 1990, S. 60).

Das wachsende Gesundheitsbewußtsein[111] der Verbraucher führt zu einer steigenden Nachfrage nach vitamin- und eiweißreichen, kalorienarmen und frischen Nahrungsmitteln (vgl. Fuchs 2004, S. 98). Dies schlägt sich auch im steigenden Verbrauch von alkoholfreien Getränken, Milch und Milcherzeug-

---

[111] Die steigende Gesundheitsorientierung der Konsumenten führt u.a. zum Konsum von funktionellen Nahrungsmitteln und Bioprodukten. Funktionelle Nahrungsmittel genießen allerdings eine geringere Glaubwürdigkeit, da ihr gesundheitsförderlicher Charakter oft nicht wissenschaftlich belegt ist (vgl. Fuchs 2004, S. 99).

nissen sowie Brot und Backwaren nieder. Dagegen ist der Verbrauch von alkoholischen Getränken und Speisefetten gesunken (vgl. Breitnaher/Täger 1990, S. 101f.). Die Tendenz zur gesundheitsbewußten Ernährung wird durch die Tabellen 42 und 43 für nicht-alkoholische Getränke sowie für Milch- und Käseprodukte bestätigt.

Tabelle 42:   Verbrauchsausgaben für nicht-alkoholische Getränke
(1990=100)

Jahre EU-Länder	1991	1992	1993	1994	1995	1996	1997
Belgien	97,9	103,2	97,6	106,4	111,7	109,2	114,6
Dänemark	100,2	113,0	137,1	159,4	167,2	171,0	-
Deutschland	-	-	-	-	-	-	-
Griechenland	102,3	106,4	112,2	119,5	119,4	119,3	119,9
Spanien	-	-	-	-	-	-	-
Frankreich	103,2	102,5	106,4	110,8	118,7	120,9	124,4
Irland	91,9	124,8	107,1	110,1	117,2	127,8	133,7
Italien	104,6	108,6	111,4	113,3	116,2	116,9	119,1
Luxemburg	109,0	-	-	-	-	-	-
Niederlande	100,6	106,3	108,0	114,2	119,3	122,2	126,1
Österreich	102,5	109,4	106,8	109,2	115,8	106,5	108,3
Portugal	105,5	103,1	102,8	113,1	121,6	-	-
Finnland	96,7	100,5	92,5	103,7	117,8	123,7	135,0
Schweden	102,8	110,1	119,4	123,0	138,6	139,1	-
Großbritannien	100,8	101,4	102,2	110,4	112,3	113,6	-

Quelle: Eurostat 2001a, S. 156

Tabelle 43: Verbrauchsausgaben für Milch, Käse, Eier (1990=100)

Jahre EU-Länder	1991	1992	1993	1994	1995	1996	1997
Belgien	100,2	106,7	106,8	104,5	98,8	104,3	113,4
Dänemark	104,1	107,8	105,2	113,3	116,6	117,3	
Deutschland	-	-	-	-	-	-	-
Griechenland	99,1	100,8	100,9	103,6	104,5	105,8	106,8
Spanien	-	-	-	-	-	-	-
Frankreich	100,9	101,9	103,0	104,4	106,4	107,5	109,4
Irland	99,4	106,3	108,2	111,3	108,9	110,2	111,2
Italien	100,4	101,1	101,2	101,5	102,7	104,1	101,8
Luxemburg	101,5	-	-	-	-	-	-
Niederlande	100,3	102,7	101,7	104,6	106,8	109,0	110,8
Österreich	103,0	103,3	104,3	105,7	114,5	110,4	112,0
Portugal	104,0	103,8	103,1	105,7	109,8	-	-
Finnland	97,9	98,3	98,9	98,8	102,2	101,9	100,5
Schweden	97,7	100,0	101,4	102,3	101,8	103,6	-
Großbritannien	100,6	101,5	98,8	94,7	91,2	90,9	-

Quelle: Eurostat 2001a, S. 154

Doch lassen sich auch gegenläufige Tendenzen zum Trend der gesundheitsbewußten Ernährung beobachten. So steht dem in den meisten EU-Ländern
sinkenden Anteil der Verbrauchsausgaben für Öle und Fette seit 1990 in einigen EU-Ländern eine steigende Tendenz der Verbrauchsausgaben für alkoholische Getränke entgegen (s. Tab. 44 und Tab. 45).

Tabelle 44: Verbrauchsausgaben für Öle und Fette (1990=100)

Jahre EU-Länder	1991	1992	1993	1994	1995	1996	1997
Belgien	97,2	97,4	101,4	101,8	101,2	101,6	100,0
Dänemark	106,3	107,5	105,8	97,9	100,8	101,4	-
Deutschland	-	-	-	-	-	-	-
Griechenland	101,0	101,0	93,0	94,0	94,4	96,2	102,8
Spanien	-	-	-	-	-	-	-
Frankreich	98,8	97,7	96,0	95,6	93,3	93,6	95,4
Irland	98,1	96,5	94,8	92,6	92,9	93,6	94,3
Italien	10,0	100,1	99,4	98,3	96,0	92,1	92,5
Luxemburg	88,5	-	-	-	-	-	-
Niederlande	100,9	102,7	104,5	107,1	107,1	106,3	108,9
Österreich	99,1	98,4	97,4	97,7	99,0	93,2	92,2
Portugal	102,2	103,2	102,3	103,5	107,6	-	-
Finnland	105,0	108,0	104,7	97,4	96,7	94,1	93,5
Schweden	97,6	96,4	97,0	95,6	98,1	98,3	-
Großbritannien	97,0	97,3	93,7	91,7	89,3	92,1	-

Quelle: Eurostat 2001a, S. 155

Tabelle 45: Verbrauchsausgaben für alkoholische Getränke (1990=100)

Jahre EU-Länder	1991	1992	1993	1994	1995	1996	1997
Belgien	94,1	98,0	99,4	100,0	104,4	109,2	115,8
Dänemark	102,6	108,0	105,6	106,2	107,6	111,4	-
Deutschland	120,4	123,0	122,9	125,4	126,4	125,9	125,1
Griechenland	99,0	99,8	98,3	99,8	100,1	100,5	101,4
Spanien	-	-	-	-	-	-	-
Frankreich	99,2	99,1	105,8	104,3	105,6	106,0	106,0
Irland	101,6	104,6	104,5	109,7	113,8	122,8	126,0
Italien	98,8	96,6	93,9	92,3	91,6	91,2	89,6
Luxemburg	109,1	-	-	-	-	-	-
Niederlande	101,0	102,1	100,6	101,3	103,3	108,8	108,1
Österreich	98,6	97,3	95,9	90,8	102,2	102,1	95,6
Portugal	92,2	88,8	81,9	81,3	82,4	-	-
Finnland	97,3	92,1	97,2	85,2	85,9	87,6	90,4
Schweden	100,6	100,9	98,8	98,9	95,8	91,0	-
Großbritannien	96,3	92,3	92,0	94,9	92,8	96,3	-

Quelle: Eurostat 2001a, S. 157

Somit sind unterschiedliche Entwicklungen bezüglich der Tendenz zur gesundheitsbewußten Ernährung in den EU-Ländern auszumachen. Diese Unterschiede zeigen einerseits, daß solche Tendenzen sich nicht für alle EU-Länder verallgemeinern lassen und andererseits, daß eine Erklärung des Konsumentenverhaltens nicht allein durch makroökonomische Größen gegeben werden kann, sondern der Berücksichtigung psychographischer oder soziokultureller Faktoren bedarf, die oben theoretisch analysiert worden sind.

Eine andere häufig diskutierte und auch für Nahrungsmittel relevante Tendenz ist die Suche nach Abwechslung und die Individualisierung des Konsums. Die gesamtwirtschaftliche Entwicklung hat zu steigendem Wohlstand der Gesellschaft geführt, so daß die Grundbedürfnisse nach Nahrungsmitteln befriedigt sind und die Konsumenten differenzierte Ansprüche entwickeln und nach Abwechslung suchen (vgl. Strecker/Reichert/Potttebaum 1990, S. 59; Fuchs 2004, S. 96f.). Auf der anderen Seite hat die Pluralisierung der Werte, die maßgebend für das Einkaufs- und Verbraucherverhalten ist, zu einer Differenzierung im Kaufverhalten geführt (vgl. Strecker/Reichert/Pottebaum 1990, S. 60). Die Differenzierung des Kaufverhaltens nimmt zwei Formen an: Einerseits die inter-indivinduelle und andererseits die intra-individuelle Differenzierung. Bei der intra-individuellen Differenzierung spricht man vom ‚hybriden' Konsumenten, der einerseits nach Sonderangeboten sucht und diese konsequent in Anspruch nimmt und andererseits nach Spezialitäten und Einkaufserlebnissen sucht und diese entsprechend teuer bezahlt. Darin erkennt man einen generellen Wandel bei der Nachfrage in Richtung Individualismus und Hedonismus (vgl. Strecker/Reichert/Pottebaum 1990, S. 61).

Wie gezeigt, gibt es innerhalb der EU-Länder Ähnlichkeiten hinsichtlich des Verbrauchs einiger Lebensmittel, aber auch gegenläufige Tendenzen bei den Verbrauchsausgaben für einzelne Nahrungsmittel.
Es ist auch gezeigt worden, daß sozioökonomische oder demographische Tendenzen allein nicht Aufschluß über die eigentlichen Bestimmungsgründe von Kaufentscheidungen geben können. Wie schon oben analysiert wurde, gibt es eine Reihe von Einflußgrößen, die die Kaufentscheidung der Konsumenten mitbestimmen. Zwar gibt es beispielsweise demographische Tendenzen wie

die steigende Erwerbstätigkeit von Frauen oder die steigende Anzahl älterer Menschen in den EU-Ländern, die vorderhand eine Erklärung für die Produktwahl geben können. Meistens aber verbergen sich hinter solchen allgemeinen Tendenzen noch andere Merkmale, z.B. psychologische, die die Kaufentscheidungen beeinflussen (vgl. Strecker/Reichert/Pottebaum 1990, S. 63). Obschon solche generellen Tendenzen in der Nachfrage nach Nahrungsmitteln nur eine beschränkte Aussagefähigkeit bezüglich eines einzelnen Produkts oder einer einzelnen Marke haben, können sie doch die Basis für eine primärstatistische Marktforschungsanalyse schaffen (vgl. Berekoven 1978, S. 3ff.).

5.2 Anpassung von KMU der deutschen Nahrungsmittelindustrie an sich wandelnde Nachfragetendenzen im europäischen Binnenmarkt

In den obigen Abschnitten wurde der Einfluß der Kultur auf das Verhalten der Konsumenten analysiert und durch Fallbeispiele aus der Praxis des Nahrungsmittelmarketing belegt. Es gilt nunmehr zu erörtern, ob sich die KMU der deutschen Nahrungsmittelindustrie von der kulturellen Heterogenität in der EU betroffen fühlen und ob sie Markttendenzen wahrnehmen, die sich aus kulturellen, aber auch aus demographischen Faktoren ableiten, und ob sie sich solchen Tendenzen anpassen können. Es ist entscheidend, daß Nahrungsmittelhersteller die kulturelle Beeinflussung des Konsumentenverhaltens in ihrer Marktbearbeitung berücksichtigen. Dies wird auch durch die Ergebnisse einer eigenen Erhebung gestützt, wonach die Mehrheit (62,7%) der befragten internationalisierten KMU der deutschen Nahrungsmittelindustrie sich in sehr hohem Maße bzw. in mittlerem Maße von der kulturellen Heterogenität der Nachfragepotentiale in der EU betroffen fühlen (vgl. Tab. 46).

Tabelle 46: **Kulturelle Betroffenheit der KMU der deutschen Nahrungs-mittelindustrie**

Kulturelle Betroffenheit (n=22)			
In hohem Maße	In mittlerem Maße	In geringem Maße	Überhaupt nicht
22,7%	50,0%	13,6%	13,6%

Quelle: Eigene Erhebung

Die oben diskutierten Nachfragetendenzen werden von den 23 internationalisierten KMU unterschiedlich wahrgenommen, wie in Tabelle 47 sichtbar wird.

Tabelle 47: **Wahrnehmung von Tendenzen**

Wahrnehmungsgrad (n=23) Tendenzen	besonders	mittel	gering	überhaupt nicht	keine Angabe
Soziodemographische Entwicklung (z.B. Haushalts- und Erwerbsstruktur)	21,7%	17,4%	26,1%	13,0%	21,7%
Individualisierungstendenzen	30,4%	43,5%	0,0%	4,3%	21,7%
Genuß- und qualitätsorientierte Tendenzen	52,2%	34,8%	0,0%	0,0%	13,0%
Gesundheitsorientierte Tendenzen (z.B. frisch, kalorienarm, vitaminreich)	30,4%	26,1%	17,4%	4,3%	21,7%

Quelle: Eigene Erhebung

Tendenzen der soziodemographischen Entwicklung werden von 21,7% für besonders wichtig erachtet, von 17,4% für mittel wichtig, von 26,1% für wenig wichtig und von 13,0% für überhaupt nicht wichtig. Der größte Anteil der KMU der deutschen Nahrungsmittelindustrie nimmt Individualisierungstendenzen (73,9%), genuß- und qualitätsorientierte Tendenzen (87,0%) sowie gesundheitsorientierte Tendenzen (56,5%) als besonders wichtig bis mittel wichtig wahr (vgl. Tab. 47).

Tabelle 48: Produktsortimente zur Befriedigung von Nachfragetendenzen

Produktkategorien (n=29)	FV[1]	FGH[2]	KH[3]	WSH[4]	BBH[5]	SWH[6]	BH[7]
Convenience-Produkte i.S. von kleinpropotionierter Kost, schnell gemachter Kost	50%	0%	50%	0%	67%	14%	0%
Erfrischungsgetränke i.S. von Mixgetränken	0%	67%	0%	0%	0%	0%	25%
Light-Produkte, Diätetische Produkte	0%	0%	25%	0%	0%	14%	25%
Sonstige: Produktneuerungen, Premium-Produkte, Spezialitäten	50%	33%	17%	0%	33%	14%	0%
Keine (nur traditionelles Produktsortiment)	0%	0%	8%	50%	0%	14%	25%
Keine Angabe	0%	0%	0%	50%	0%	43%	25%

[1]Fleischverarbeitung, [2]Frucht- und Gemüsesäfteherstellung, [3]Konservenherstellung, [4]Würzen- und Soßenherstellung, [5]Brot- und Backwarenherstellung, [6]Süßwarenherstellung, [7]Bierherstellung
Quelle: Eigene Erhebung

Die KMU haben auf die oben angeführten Tendenzen mit folgenden Produktsortimenten reagiert: 50% in der Fleischverarbeitung sowohl mit Convenience-Produkten als auch mit Premium-Produkten und Spezialitäten; in der Frucht- und Gemüsesäfteherstellung überwiegend, nämlich zu 67%, mit Mixgetränken; in der Konservenherstellung sowohl mit Convenience- als auch mit diätetischen Produkten; in der Brot- und Backwarenherstellung ebenfalls zum größten Teil mit Convenience-Produkten; in der Würzen- und Soßenherstellung nur mit dem traditionellen Produktsortiment; in der Süßwarenherstellung mit unterschiedlichen Produktsortimenten; in der Bierherstellung schließlich sowohl mit Mix-Getränken als auch mit Light-Getränken (vgl. Tab. 48).

Es ist allerdings zu berücksichtigen, daß diese Ergebnisse nicht die Grundgesamtheit der KMU der deutschen Nahrungsmittelindustrie widerspiegeln. Es ist dennoch wichtig festzustellen, daß es Unternehmen gibt, die solche Tendenzen wahrnehmen und in der beschriebenen Weise darauf reagieren.

Abschließend soll die Frage gestellt werden, ob es den europäischen Konsumenten gibt. Oben wurde gezeigt, daß zwar gewisse Tendenzen auszumachen sind, die für viele EU-Länder zutreffen, wie beispielsweise kleiner werdende Haushalte, zunehmende Erwerbstätigkeit von Frauen, wachsende Zahl älterer

184

Menschen u.a. Aber diese Tendenzen allein reichen nicht aus, um schlüssige Aussagen über das Verhalten der Konsumenten zu treffen. Vielmehr lassen sich solche Ergebnisse nur durch Konsumentenforschungen herausfiltern. Um die Unterschiede im Konsumentenverhalten zu erfassen und zu analysieren, benötigt man nicht nur demographische, sondern auch sozioökonomische und psychographische Daten (s. mehr dazu Teil IV, Abschn. 4.1).

Die Unterschiede im Konsumentenverhalten im Nahrungsmittelbereich hängen oft mit nationalen oder regionalen Besonderheiten zusammen, die jedoch vermutlich durch die wachsende Internationalisierung des Lebensmitteleinzelhandels in Europa zurückgehen werden (vgl. Tordjman 1994, S. 19). Die Internationalisierung des Einzelhandels in der EU kann dazu führen, daß immer mehr Konsumenten ähnliche Waren in ähnlichen Geschäften kaufen werden. Das setzt aber nicht die Existenz eines europäischen Konsumenten voraus. Denn beim Kauf und täglichen Konsum von Nahrungsmitteln wird die Rolle und Bedeutung eines Produkts entscheidend von der heimischen Kultur beeinflußt (vgl. Solomon/Bamossy/Askegaard 2001, S. 492).

Damit werden natürlich nicht die Gemeinsamkeiten zwischen den Konsumenten in den verschiedenen EU-Ländern in Abrede gestellt. Es kommt jedoch maßgeblich darauf an, daß sie in der Praxis mit Methoden analysiert werden, die zugleich die jeweiligen Unterschiede in Rechnung stellen (vgl. Solomon/ Bamossy/Askegaard 2001, S. 492).

Somit kann man heute noch nicht von einer vollständigen Standardisierung des Marketing innerhalb des europäischen Binnenmarkts sprechen, wie es die Vertreter der Konvergenzthese tun würden. Vielmehr ist eine Anpassung an die lokalen Gegebenheiten in den verschiedenen europäischen Ländern ratsam. Zudem erscheint gegenwärtig eine vollständige Standardisierung der Marktbearbeitung für Nahrungsmittelhersteller utopisch, da sich Europa gerade durch seine kulturelle Vielfalt[112] auszeichnet. Wenn es auch nicht den „Euro-Konsumenten" gibt, so gibt es doch sicherlich Gruppen von Konsumenten[113] mit ähnlichen Konsum- und Verzehrgewohnheiten, die eine standardisierte Marktbearbeitung ermöglichen.

---

[112] Siehe dazu ausführlicher Teil IV, Abschn. 3.2 und 3.3.

[113] Ausführlicher zur Erfassung transnationaler bzw. transkultureller Zielgruppen siehe Teil IV, Abschn. 4 und insbesondere Abschn. 4.1.3.2 und Abschn. 4.1.3.3.

TEIL V: Internationalisierungsstrategien von KMU der deutschen Nahrungsmittelindustrie innerhalb des europäischen Binnenmarkts

1 Die Internationalisierung von KMU der deutschen Nahrungsmittelindustrie

1.1 Die Notwendigkeit einer Internationalisierung innerhalb des europäischen Binnenmarkts für die KMU der deutschen Nahrungsmittelindustrie

Im obigen Teil IV ist ersichtlich geworden, daß spätestens mit dem Wegfall der nationalen Grenzen durch die Vollendung des europäischen Binnenmarkts gravierende Veränderungen in der Umwelt der KMU der deutschen Nahrungsmittelindustrie eingetreten sind.

Die steigende Internationalisierung der europäischen Wirtschaft hat zu erheblichen Konzentrationen in allen Wirtschaftsbranchen geführt. Von diesen Konzentrationstendenzen blieb auch die Ernährungsbranche nicht unberührt. Zur Bestimmung der Angebotskonzentration im Ernährungsgewerbe wird jeweils der Umsatzanteil der drei größten Anbieter (CR_3) herangezogen, und zwar sowohl für die Ernährungsbranche insgesamt als auch für ihre einzelnen Zweige. Die Einteilung der Konzentrationsgrade erfolgt dann nach folgenden Prozentsätzen (vgl. Monopolkommission 1990, S. 60):

CR_3	50% und mehr	sehr hohe Konzentration
CR_3	25% bis unter 50%	hohe Konzentration
CR_3	10% bis unter 25%	mäßige Konzentration
CR_3	unter 10%	geringe Konzentration

Demnach war die Angebotskonzentration in der Ernährungsbranche im Jahr 1999 (vgl. Anhang, Tab. 11-A) in

- elf Güterklassen sehr hoch (Herstellung von rohen Ölen und Fetten, Herstellung von raffinierten Ölen und Fetten, Herstellung von Speiseeis, Herstellung von Stärke und Stärkeerzeugnissen, Zuckerindustrie, Verarbeitung von Kaffee und Tee und Herstellung von Kaffee-Ersatz, Herstellung von Würzen und Soßen, Herstellung von homogenisierten und diätetischen Nahrungsmitteln, Herstellung von Wein aus frischen Trauben, Herstellung von Apfelwein und sonstigen Fruchtweinen, Herstellung von Malz).

- zwölf Güterklassen hoch (Schlachten (ohne Schlachten von Geflügel), Schlachten von Geflügel, Fischverarbeitung, Verarbeitung von Kartoffeln, Herstellung von Frucht- und Gemüsesäften, Verarbeitung von Obst und Gemüse, Mahl- und Schälmühlen, Herstellung von Dauerbackwaren, Herstellung von Süßwaren (ohne Dauerbackwaren), Herstellung von Teigwaren, Herstellung von Spirituosen, Mineralbrunnen und Herstellung von Erfrischungsgetränken).

- zwei Güterklassen mäßig (Milchverarbeitung (ohne Herstellung von Speiseeis), Herstellung von Bier).

- zwei Güterklassen gering (Fleischverarbeitung, Herstellung von Backwaren (ohne Dauerbackwaren)).

Vergleicht man die Anteile der drei umsatzstärksten Unternehmen jedes Zweiges am Gesamtumsatz dieses Zweiges so lassen sich folgende Konzentrationstendenzen im Zeitraum von 1995 bis 1999 benennen[114]:

Eine sinkende Konzentration weisen die Zweige Schlachten (ohne Schlachten von Geflügel), Verarbeitung von Kartoffeln, Verarbeitung von Obst und Gemüse, Mahl- und Schälmühlen und die Herstellung von Backwaren (ohne Dauerbackwaren) auf (vgl. Tab. 49).

---

[114] Die Berechnung der Differenz des Konzentrationsgrades erfolgt nur für diejenigen Zweige, für die entsprechende Daten verfügbar waren.

Tabelle 49: Sinkende Konzentration im Zeitraum von 1995 bis 1999

Zweige des Ernährungsgewerbes	Rückgang des Umsatzanteils der jeweils drei umsatzstärksten Unternehmen am gesamten Umsatz des Zweiges
Schlachten (ohne Schlachten von Geflügel)	-2,3%
Verarbeitung von Kartoffeln	-1,7%
Verarbeitung von Obst und Gemüse	-0,5%
Mahl- und Schälmühlen	-2,4%
Herstellung von Backwaren (ohne Dauerbackwaren)	-1,9%

Quelle: Monopolkommission 1998, S. 29ff.; Monopolkommission 2003, S. 5ff. (Eigene Berechnungen)

Eine steigende Konzentration weisen die Zweige Schlachten von Geflügel, Fleischverarbeitung, Fischverarbeitung, Herstellung von Frucht- und Gemüsesäften, Herstellung von raffinierten Ölen und Fetten, Zuckerindustrie, Herstellung von Spirituosen und Herstellung von Bier auf (vgl. Tab. 50).

Tabelle 50: Steigende Konzentration im Zeitraum von 1995 bis 1999

Zweige des Ernährungsgewerbes	Zunahme des Umsatzanteils der jeweils drei umsatzstärksten Unternehmen am gesamten Umsatz des Zweiges
Schlachten von Geflügel	4,0%
Fleischverarbeitung	0,8%
Fischverarbeitung	6,5%
Herstellung von Frucht- und Gemüsesäften	2,8%
Herstellung von raffinierten Ölen und Fetten	12,6%
Zuckerindustrie	1,6%
Herstellung von Spirituosen	10,6%
Herstellung von Bier	1,2%
Mineralbrunnen, Herstellung von Erfrischungsgetränken	13,1%

Quelle: Monopolkommission 1998, S. 29ff.; Monopolkommission 2003, S. 5ff. (Eigene Berechnungen)

Als wichtigste Gründe für die Konzentrationstendenzen im Ernährungsgewerbe sind laut Breitnaher/Täger einerseits die steigende Konzentration im

Lebensmitteleinzelhandel[115] anzusehen und andererseits der Versuch der großen Unternehmen, in jedem wichtigen Teilmarkt mit einem Produkt vertreten zu sein. Der erste Punkt erklärt sich aus dem Versuch der Unternehmen, der wachsenden Macht des Lebensmittelhandels ein Gegengewicht zu bieten. Der zweite Punkt erklärt sich daraus, daß sich für das Anbieten von Produkten in jedem wichtigen Teilmarkt in der Ernährungsbranche der Aufkauf von Unternehmen als kostengünstiger erwiesen hat als der Aufbau neuer Unternehmen (vgl. Breitnaher/Täger 1990, S. 109).

Für die KMU der deutschen Nahrungsmittelindustrie ist die Veränderung der Unternehmensumwelt innerhalb der EU also je nach Zweig durch steigende oder sinkende Konzentrationstendenzen gekennzeichnet. Gleichzeitig deuten sinkende Gewinne in einigen Produktmärkten der Ernährungsbranche auf eine Sättigung der heimischen Märkte hin, die mit einer Verschärfung des Wettbewerbs einhergehen. Daher ist ein Unternehmenswachstum durch Internationalisierung der Geschäftätigkeit ins Auge zu fassen.
An dieser Stelle erhebt sich die Frage nach den Gründen, die die KMU der deutschen Nahrungsmittelindustrie von einer Internationalisierung abhalten bzw. zu einer Internationalisierung veranlassen.

1.2 Motive und Ziele bei der Internationalisierung der Geschäftätigkeit im europäischen Binnenmarkt

Motive und Ziele sind sehr wichtig für die strategische Planung im internationalen Marketing. Im Unterschied zum nationalen Zielsystem ist das internationale Zielsystem sehr komplex. Die Ziele hängen sehr eng mit den Motiven einer Internationalisierung zusammen. Die Motive für eine Internationalisierung der Geschäftätigkeit sind laut Meffert/Bolz folgende (vgl. Meffert/Bolz 1998, S. 97f.):

---

[115] Siehe dazu die Ausführungen in Teil IV, Abschn. 1.2.4.

- Gewinnorientierte Motive, u.a. Export ins Ausland, Auslagerung der Produktion ins Ausland, falls die Produktion im Inland zu teuer ist, Stabilisierung des Unternehmensumsatzes durch die Belieferung mehrerer Märkte.
- Unternehmenssicherungsorientierte Motive, u.a. Ausgleich der Marktanteile wegen Konkurrenzauftritt im Heimatmarkt, Ausbau bestehender Marktpositionen im Ausland.
- Wachstumsorientierte Motive beinhalten u.a. die geographische Ausdehnung des bisherigen Absatzmarkts ins Ausland, Stabilisierung bzw. Steigerung der Umsätze nach Erreichung der Sättigungsphase im Inland.

Die generellen Ziele für die Internationalisierung der Geschäftstätigkeit lassen sich aus den Motiven ableiten. Als Internationalisierungsziele könnte man folgende nennen (vgl. Meffert/Bolz 1998, S. 99f.; Becker 2001, S. 16ff.; Heinen 1982, S. 31ff.):

- Marktstellungsziele sind mit Umsatz- und Marktanteilssteigerungen durch die Erschließung neuer Märkte verbunden. Neue Märkte können sich sowohl auf dem Heimatmarkt als auch auf den internationalen Märkten eröffnen, wobei in unserem Fall das Interesse auf neuen Ländermärkten innerhalb des europäischen Binnenmarkts liegt.
- Kostenziele beziehen sich auf Produktivität und Wirtschaftlichkeit, wobei beispielsweise durch eine Exporttätigkeit die Fixkosten auf eine größere Absatzmenge verteilt werden können.
- Rentabilitätsziele beruhen auf Gewinn, Umsatz- und Kapitalrentabilität. Die Rentabilitätsziele hängen eng mit Marktstellungs- und Kostenzielen zusammen und nehmen somit Unterzielcharakter an.

Als weitere Internationalisierungsziele lassen sich nennen:

- Finanzielle Ziele betreffen u.a. Kreditwürdigkeit, Liquidität, Selbstfinanzierungsgrad. Die finanzielle Lage des Unternehmens stellt einen wesentlichen Faktor für die Aufnahme oder Ausweitung der Internationalisierungsaktivitäten dar.

- Soziale Ziele sind wesentliche Begleitziele und richten sich auf die Mitarbeiter im Sinne von Motivation, Arbeitszufriedenheit, sozialer Sicherheit.
- Sicherheitsziele beruhen u.a. auf Risikostreuung durch Verteilung des Marktrisikos auf mehrere Märkte, so daß die Wettbewerbsfähigkeit gesichert wird.
- Macht- und Prestigeziele beziehen sich auf Unabhängigkeit, Image, Einfluß auf Lieferanten, Konkurrenten, Abnehmer. Die Macht- und Prestigeziele stehen in enger Beziehung zu den Gewinn- und Rentabilitätszielen.

Die Realisierung der Unternehmensziele ist nur dann möglich, wenn in den einzelnen Funktionsbereichen Teilziele präzisiert werden. Die präzise Formulierung der Marketingziele stellt einen wichtigen Schritt bei der Anpassung der Unternehmens- und Marketingaktivitäten an die veränderten Rahmenbedingungen dar (vgl. Meffert/Bolz 1998, S. 100). Die Marketingziele rücken die Marktstellungsziele in den Vordergrund und gestalten diese detailliert. Bei den Marketingzielen könnte man zwischen ökonomischen, psychographischen und streutechnischen differenzieren (vgl. Berndt/Fantapié-Altobelli/Sander 1997, S. 16f.):

- Die ökonomischen Marketingziele beruhen auf Zielgrößen wie Gewinn, Umsatz, Marktanteil. Diese lassen sich aus den beobachtbaren Variablen wie Absatzmengen ableiten und werden von den obersten Unternehmenszielen vorgegeben. Der Marktanteil liefert noch weitere Informationen wie beispielsweise über die Ausschöpfung des Marktvolumens oder die Marktposition des eigenen Unternehmens.
- Die psychographischen Marketingziele beruhen auf nicht-beobachtbaren Faktoren des Kaufentscheidungsprozesses. Die Ausgangsüberlegung bezieht sich darauf, daß die Motive, Einstellungen und Produkt- oder Markenbekanntheit die Kaufbereitschaft und somit die Kaufwahrscheinlichkeit bestimmen. Die kulturellen Faktoren spielen für die psychographischen Marketingziele eine besondere Rolle, da unterschiedliche Marketing-Maßnahmen wie Produktgestaltung oder werbliche Ansprachen in verschiedenen Kulturräumen unterschiedliche Interpretationen erfahren können (vgl. Teil IV, Abschn. 1.1.4 und Teil IV, Abschn. 3).

- Die streutechnischen Marketingziele beziehen sich auf die Steigerung der Zahl der erreichten Personen im Rahmen der Gestaltung einer erfolgreichen Kommunikationspolitik. Streutechnische Marketingziele können auch in der Distributionspolitik formuliert werden. Dafür muß man die Distributionsstrukturen jedes Landes gründlich erforschen (vgl. Berndt/Fantapié-Altobelli/Sander 1997, 16f.).

1.3 Entscheidung über Internationalisierung der Geschäftstätigkeit bei KMU der deutschen Nahrungsmittelindustrie

Die Landschaft in der Ernährungsbranche bietet, wie oben skizziert, kein einheitliches Bild. Die Internationalisierung der Aktivitäten hängt bei KMU sehr eng mit der Ausgangssituation jedes einzelnen Unternehmens zusammen.

Die Motive und Ziele, die von KMU durch eine Internationalisierung verfolgt werden, können folgendermaßen unterteilt werden: Absatz- und Marktmotive, Produktions- und Kostenmotive, Beschaffungsmotive sowie standortbedingte Voraussetzungen im Ausland (vgl. Schmidt u.a. 1995, S. 77ff.). Dabei ist einschränkend zu sagen, daß nicht sämtliche obengenannten Motive die gleiche Relevanz für alle KMU haben müssen. Andere Studien zeigen, daß besonders die Produktionsmotive für die deutschen KMU eine untergeordnete Rolle spielen, während Absatz- und Marktmotive eine übergeordnete Stellung einnehmen (vgl. Schmidt u.a. 1995, S. 78).

Durch die eigene Befragung von KMU der deutschen Nahrungsmittelindustrie kamen folgende Ergebnisse zustande. Für die 23 internationalisierten KMU stellte sich heraus, daß die meistverfolgten Internationalisierungsziele mit gewinnorientierten, unternehmenssicherungs- und wachstumsorientierten Motiven zusammenhängen (vgl. Teil V, Abschn. 1.2). So haben die meisten Unternehmen folgende Internationalisierungsziele genannt (vgl. Tab. 51).

- das Ausweichen aus stagnierenden nationalen Märkten
- die Auslastung bzw. Erweiterung der Kapazitäten
- Gewinnerhöhung
- Existenzsicherung

192

Tabelle 51: **Internationalisierungsziele von KMU der deutschen Nahrungsmittelindustrie**

Ziele (n=86)	
Imagesteigerung	5,8%
Ausweichen aus stagnierenden nationalen Märkten	17,4%
Vorsprung gegenüber inländischer Konkurrenz	5,8%
Bekämpfung ausländischer Konkurrenz auf deren eigenem Markt	2,3%
Auslastung bzw. Erweiterung der Kapazitäten	24,4%
Ausschöpfung von Synergiepotentialen	3,5%
Ausschöpfung von Größenvorteilen	7,0%
Gewinnerhöhung	16,3%
Existenzsicherung	17,4%

Quelle: Eigene Erhebung

Internationalisierungsziele wie Bekämpfung ausländischer Konkurrenz auf deren eigenem Markt oder Ausschöpfung von Synergiepotentialen spielen dabei eine untergeordnete Rolle.

An dieser Stelle erhebt sich aber auch die Frage, welche Gründe KMU von einer Internationalisierung innerhalb des europäischen Binnenmarkts abhalten (vgl. Tab. 52). Von den befragten 16 nicht-internationalisierten KMU der deutschen Nahrungsmittelindustrie wurden als häufigste Gründe für die Ablehnung einer Internationalisierung genannt:

- Ausreichender Gewinn im Heimatmarkt
- Unterschiedliche Verzehr- und Konsumgewohnheiten

Tabelle 52: Gründe für die Ablehnung einer Internationalisierung innerhalb der EU seitens KMU der deutschen Nahrungsmittelindustrie

Gründe (n=21)	
Ausreichender Gewinn im Heimatmarkt	28,6%
Geringes Auslandswissen	14,3%
Kosten einer Tätigkeit (auch Exporttätigkeit) sind höher als die Erträge	14,3%
Großer Wettbewerbsdruck in der EU	14,3%
Verzehr- und Konsumgewohnheiten sind in der EU sehr unterschiedlich	28,6%
Struktur des Lebensmittelhandels ist in der EU sehr unterschiedlich	0,0%

Quelle: Eigene Erhebung

In einem weiteren Schritt werden die internationalen Orientierungen und internationalen Strategien der KMU der deutschen Nahrungsmittelindustrie analysiert.

2 Grundorientierungen im internationalen Management und Internationalisierungsstrategien

2.1 Grundorientierungen im internationalen Management

Die Grundorientierung eines Unternehmens spielt eine große Rolle bei der Wahl seiner Internationalisierungsstrategie (vgl. Meffert/Bolz 1998, S. 101). In diesem Zusammenhang sind vier Orientierungen zu nennen (vgl. Heenan/Perlmutter 1979, S. 17ff.): Die ethnozentrische, polyzentrische, regiozentrische und geozentrische Ausrichtung. Diese vier Ausrichtungen bei der Planung und Gestaltung des internationalen Marketing hängen eng mit der Grundorientierung des Managers bzw. des Inhabers zusammen (vgl. Tab. 53).

Tabelle 53: Vier Grundorientierungen im internationalen Management

Unternehmensspezifische Kriterien	Orientierung			
	Ethnozentrisch	Polyzentrisch	Regiozentrisch	Geozentrisch
Komplexität der Organisation	Komplex im Heimatland, einfach bei den Tochterunternehmen	Variabel und unabhängig	Stark interdependent auf regionaler Basis	Zunehmend komplex und stark interdependent auf weltweiter Basis
Autorität, Entscheidungsfindung	hoch beim Stammsitz	Relativ gering beim Stammsitz	Hoch bei den regionalen Stammsitzen und/oder enge Zusammenarbeit zwischen den Tochtergesellschaften	Weltweite Zusammenarbeit des Stammsitzes mit den Tochtergesellschaften
Evaluierung und Kontrolle	Inlandsstandards bezogen auf Personen und Leistung	Lokal bestimmt	Regional bestimmt	Standards sind universal
Kommunikation; Informationsfluß	Große Anzahl von Anweisungen, Befehlen, Ratschlägen an Tochterunternehmen	Wenig zum und vom Stammsitz; wenig unter den Tochtergesellschaften	Wenig vom und zum Stammsitz, kann aber hoch sein zwischen regionalen Firmensitzen und zwischen den Ländern	Zwischen Stammsitz und Tochtergesellschaften und unter Tochtergesellschaften weltweit
Belohnungen und Bestrafungen; Anreize	Hoch beim Stammsitz; gering bei den Tochterunternehmen	Große Unterschiede; hohe oder niedrige Prämien für die Leistung der Tochterunternehmen	Prämien für den Beitrag zur Erreichung regionaler Ziele	Prämien für internationale und lokale Manager für die Erreichung lokaler und weltweiter Ziele
Geographische Identifikationen	Nationalität der Eigentümer	Nationalität des Gastlandes	Regionales Unternehmen	Weltweites Unternehmen, aber Identifikation mit nationalen Interessen
Rekrutierung, Stellenbesetzung, Entwicklung	Personen des Heimatlandes ausgebildet für Schlüsselpositionen in der ganzen Welt	Personen der lokalen Nationalität ausgebildet für Schlüsselpositionen im eigenen Land	Regionale Personen ausgebildet für Schlüsselpositionen überall in der Region	Die besten Personen aus der ganzen Welt ausgebildet für Schlüsselpositionen in der ganzen Welt

Quelle: Heenan/Perlmutter 1979, S. 18f.; Meffert/Bolz 1998, S. 13

Die Bedeutung dieser vier Grundorientierungen für eine Internationalisierung der Geschäftstätigkeit innerhalb der EU wird in den folgenden Abschnitten näher analysiert.

2.1.1 Die ethnozentrische Orientierung

Im Anfangsstadium der Internationalisierung sind die Marketingaktivitäten des Unternehmens schwerpunktmäßig auf den Heimatmarkt orientiert. Das Marketingkonzept des Stammlandes stellt auch das Unternehmenskonzept dar (vgl. Berndt/Fantapié-Altobelli/Sander 1997, S. 17). Unternehmen, die eine solche Orientierung verfolgen, werden als internationale Unternehmen bezeichnet.

Ethnozentrisch orientierte Unternehmen gehen davon aus, daß Produkte, die sich auf dem Heimatmarkt durchgesetzt und einen großen Erfolg erzielt haben, auch auf Auslandsmärkten ohne besondere Produktanpassungen einen gleichen Erfolg erzielen werden (vgl. Keegan/Schlegelmilch/Stöttinger 2002, S. 20). Diese Unternehmen benutzen das auf dem Heimatmarkt erworbene Marketingwissen, um Auslandsmärkte zu bearbeiten. Daher suchen sie nach ähnlichen Auslandsmärkten, auf denen sie ihr Marketingwissen anwenden können (vgl. Backhaus/Büschken/Voeth 2001, S. 152). Ein Auslandsengagement bedeutet für internationale Unternehmen eine Gelegenheit, Überkapazitäten in der Produktion abzubauen. Somit konzentriert sich die Planung für die Bearbeitung ausländischer Märkte auf Leitlinien, Verfahren und Grundsätze der Bearbeitung des Heimatmarkts (vgl. Keegan/Schlegelmilch/Stöttinger 2002, S. 20). Die ethnozentrische Internationalisierungsstategie wird meistens von kleinen und mittleren Unternehmen bevorzugt, weil sie mit einem geringen Kapitalrisiko verbunden ist. Diese Internationalisierungsform bietet sich insbesondere als Anfangsstadium einer Internationalisierung an, da sie unter anderem zur Steigerung des Auslandswissens beiträgt. Die Bearbeitung von eher wenigen Ländermärkten ist auch mit einem geringen Koordinationsaufwand verbunden. Die Marktbearbeitung folgt den Anweisungen des Stammhauses auf strategischer und operativer Ebene. Ethnozentrisch orientierte Unternehmen bearbeiten bevorzugt solche Märkte, die Ähnlichkeiten zum Heimatmarkt aufweisen. Dabei wird unterstellt, daß die dortigen Konsumenten ähnliche Präferenzen und Bedürfnisse haben und die ausländische Konkurrenz ähnlich wie die inländische Konkurrenz auf die Strategie des Unternehmens reagiert. Typischerweise wird bei dieser Orientierung der Export als Markterschließungsstrategie gewählt (vgl. Backhaus/Büschken/Voeth 1998, S. 121ff.).

2.1.2 Die polyzentrische Orientierung

Eine polyzentrische Ausrichtung geht davon aus, daß jeder einzelne Auslandsmarkt einzigartig ist. Somit gewinnt das lokale Management eine besondere Bedeutung für Unternehmen mit dieser internationalen Orientierung (vgl. Keegan/Schlegelmilch/Stöttinger 2002, S. 23). Polyzentrisch orientierte Unternehmen decken neben ihrem Heimatmarkt auch Auslandsmärkte ab, gehen dabei aber im Unterschied zu ethnozentrisch orientierten Unternehmen auf die Besonderheiten des jeweiligen Ländermarkts mit landesspezifischen Strategien ein (vgl. Backhaus/Büschken/Voeth 2001, S. 153.). Bei dieser Orientierung erfolgt die Auslandsmarktbearbeitung meistens über internationale Produktionsstätten, Joint Ventures sowie 100%ige Tochtergesellschaften, wobei die Organisation der Tochtergesellschaften weitgehend autonom ist, so daß sie einen großen Entscheidungsspielraum bei der Bearbeitung des jeweiligen nationalen Markts haben (vgl. Meffert/Bolz 1998, S. 26). Das strategische wie auch das operative Marketing wird länderspezifisch konzipiert und eingesetzt. Das führt dazu, daß die Angebotpolitik sehr differenziert ist und sich an die speziellen Konsumpräferenzen und -bedürfnisse des jeweiligen Ländermarkts anpaßt. Die Personalpolitik weist eine dezentrale Organisation auf, weil die Führungsaufgaben von einheimischen Führungskräften des jeweiligen Landes wahrgenommen werden. Bei der polyzentrischen Ausrichtung werden bei der Auswahl von Ländermärkten an erster Stelle Faktoren wie zusätzlicher Kapitalbedarf, personelle und technologische Ressourcen sowie Koordinationsmöglichkeiten der einzelnen Ländermarktaktivitäten in Betracht gezogen (vgl. Backhaus/Büschken/Voeth 1998, S. 123f.). Unternehmen mit einer solchen Orientierung werden multinationale Unternehmen genannt (vgl. Keegan/Schlegelmilch/Stöttinger 2002, S. 23).

2.1.3 Die regiozentrische und die eurozentrische Ausrichtung

Unternehmen mit regiozentrischer Ausrichtung sehen ähnliche Ländermärkte als Regionen, die mit ähnlichen Marketing-Konzepten bearbeitet werden können (vgl. Keegan/Schlegelmilch/Stöttinger 2002, S. 23). Durch Ländersegmentierung werden Ländermärkte mit ähnlichen Voraussetzungen zu übergeordneten Gebieten zusammengefaßt. Diese Orientierung wird durch die Bildung gemeinsamer Märkte wie EU, NAFTA u.a. gefördert. Die regiozentrische Orientierung kann auch die Vorstufe für eine eurozentrische[116] Orientierung bilden (vgl. Berndt/Fantapié-Altobelli/Sander 1999, S. 12).

In der eurozentrischen Ausrichtung werden die einzelnen EU-Ländermärkte aus der Sicht des Managements als einheitlicher Markt behandelt. Hier werden Ziele auf EU-Marktebene ohne besondere Berücksichtigung der nationalen Wünsche und Bedürfnisse formuliert (vgl. Backhaus/Büschken/Voeth 2001, S. 154). Ziel dieser Ausrichtung ist die Verbesserung der internationalen Wettbewerbsfähigkeit durch die Integration aller Unternehmensaktivitäten in einem einheitlichen System. Durch eine standardisierte Massenproduktion werden Kostenvorteile ausgenutzt und die Tochtergesellschaften zur Spezialisierung und Arbeitsteilung verpflichtet (vgl. Meffert/Bolz 1998, S. 26; Backhaus/Büschken/Voeth 1998, S. 124f.). Die Unternehmensaktivitäten sind dabei in einem System integriert, das die internationale Wettbewerbsfähigkeit durch die Realisierung von ‚economies of scale' (Größenvorteile) und ‚economies of scope' (Verbundvorteile) sichert (vgl. Meffert 1989, S. 447).

Die Verfolgung einer eurozentrischen Marktausrichtung soll interne und externe Erfolgsbedingungen erfüllen. Einerseits sollte eine weitgehende Ähnlichkeit der Kundenbedürfnisse, der technologischen Anforderungen sowie der positiven Marktzugangsbedingungen gegeben sein. Andererseits sollten die Unternehmen, die eine eurozentrische Orientierung verfolgen, zur Anpassung ihrer Unternehmensorganisation bereit sein. Es sollten aber auch mögliche

---

[116] Während normalerweise von einer geozentrischen Ausrichtung gesprochen wird, ist hier der Terminus eurozentrische Orientierung vorzuziehen, da es nicht um eine weltweite, sondern bloß um eine EU-weite Orientierung der Unternehmen geht. Zur Begriffsabgrenzung siehe auch Teil IV, Abschn. 2.1.

Kostensenkungspotentiale aufgrund standardisierter Massenproduktion vorhanden sein (vgl. Backhaus/Büschken/Voeth 1998, S. 126).

2.2 Die Auswahl von Ländermärkten

2.2.1 Internationale Ländermarktselektion

Für eine Internationalisierungsentscheidung ist die internationale Ländermarktselektion[117] von besonderer Bedeutung. Ziel der internationalen Marktselektion ist die Identifizierung solcher Auslandsmärkte, die für das Unternehmen langfristig erfolgversprechend sind. Das setzt voraus, daß die potentiellen Absatzmärkte unter Berücksichtigung der unternehmensspezifischen Ressourcen und der länderspezifischen Restriktionen bewertet werden (vgl. Meffert/Bolz 1998, S. 108). Insoweit bedeutet die Ländermarktselektion keine einfache Aufgabe für die Unternehmen, sondern stellt hohe Anforderungen an eine systematische Informationsbeschaffung und -auswertung (vgl. Meffert/Bolz 1998, S. 109).

Die internationale Ländersegmentierung versucht die Auslandsmärkte entsprechend ihrer jeweiligen Unternehmensumwelt zu klassifizieren. Daraus können Aussagen über die Art und den Umfang der abzusetzenden Produkten abgeleitet werden. Die bei der Ländermarktselektion einbezogenen Ländermerkmale können eine unterschiedliche Zahl von Kriterien beinhalten. So gibt es Studien, die bis zu 200 Ländermerkmale berücksichtigen, wobei die einbezogenen Variablen von allgemeinen bis hin zu spezifischen Merkmalen reichen (vgl. Bauer 1994, S. 224). Für die Ländermarktselektion können ökonomische, politisch-rechtliche, natürliche und soziokulturelle Variablen herangezogen werden (vgl. Althans 1989, Sp. 1470ff.; s. dazu auch Tab. 54).
Diese Variablen der Ländermarktselektion stehen in enger Beziehung zu den Faktoren der Unternehmensumwelt, die in den obigen Abschnitten analysiert worden sind (s. dazu Teil IV, Abschn. 1.1).

---

[117] In der Literatur werden die Begriffe Ländermarktselektion und Länderauswahl nicht immer einheitlich gebraucht. Im Rahmen dieser Arbeit werden beide Begriffe synonym verwendet.

Die ökonomischen Variablen charakterisieren allgemein den Entwicklungsstand und die Konsumkraft eines Landes sowie die Struktur der Konkurrenz (vgl. Teil IV, Abschn. 1.1.3).

Tabelle 54: Variablen der internationalen Ländermarktselektion

	Verhaltensrelevanz	Meßbarkeit	Zeitliche Stabilität	Bezug zur Marktbearbeitung
Ökonomische Merkmale - Marktvolumen - Konkurrenzsituation	Relativ enger Bezug zu den Kaufvoraussetzungen (Einkommensverteilung etc.) Konkurrenzsituation globaler Hinweis auf eigene Marktchancen	Leicht erfaßbar durch Länderstatistiken etc.	Relativ hoch	Gering; lediglich generelle und globale Bezeichnung von Verkaufschancen
Natürliche und technische Merkmale - Topographie - Klima - Entwicklungsstand - Infrastruktur - Grad der Verstädterung	Relativ gering; natürliche Merkmale beeinflussen das generelle Kaufverhalten (Verstädterung), haben aber keinen Einfluß auf das Bewertungsverhalten; Hinweis auf die Kaufvoraussetzungen	Leicht erfaßbar; sekundärstatistisches Material	Hoch	Kenntnis dieser Merkmale, insbesondere der Infrastruktur, zeigt die Grenzen der Einsatzmöglichkeiten der Marketinginstrumente auf
Politisch-rechtliche Merkmale - Unternehmertätigkeit des Staates - Gesellschaftsordnung - Politische Stabilität - Wirtschaftspolitik - Außenhandelsgesetze - Ausl. Rechtsprechung - Internationale Vereinbarungen	Relativ enger Bezug zu den Kaufvoraussetzungen (Importbedingungen); globale Hinweise auf das Bewertungsverhalten (Gesellschaftsordnung)	Rechtliche Aspekte sind problem- und lückenlos zu erheben; zur Erfassung der politischen Situation eines Landes sollte auf Experten zurückgegriffen werden	Geringe Stabilität der politischen Merkmale möglich; rechtliche Merkmale verfügen i.a. über eine hohe zeitliche Stabilität	Rechtliche Merkmale zeigen die Grenzen der Marktbearbeitungsmaßnahmen auf; politische Merkmale geben Hinweise auf die inhaltliche Gestaltung des Marketing
Soziale und kulturelle Merkmale - Sprache - Bildungssystem - Werte und Einstellungen - Religion - Sozialgefüge	Hinweise auf Gebrauchs- und Kaufgewohnheiten unterschiedlicher sozialer und kultureller Gruppen in einem Land; allerdings zu global, um auf das tatsächliche Käuferverhalten zu schließen	Relativ leicht erfaßbar anhand von sekundärstatistischem Material	Sehr hohe zeitliche Stabilität	Hinweise auf eine notwendige abnehmerspezifische Marktsegmentierung; generelle Hinweise auf die Art der Marktbearbeitung

Quelle: Meffert/Althans 1982, S. 59

200

Die politisch-rechtlichen Variablen geben Auskunft über die politische Stabilität eines Landes. Auch die wirtschaftspolitischen Richtlinien eines Landes liefern wichtige Informationen, weil sie die Nachfrageentwicklung und Marktgröße bestimmter Produkte beeinflussen können (vgl. Teil IV, Abschn. 1.1.2). Die natürlich-technischen oder geographischen Variablen geben Aufschluß über das Vorhandensein bestimmter Kaufvoraussetzungen. Beispielsweise geben Topographie und Klima Auskunft über mögliche Distributionskanäle für Produkte (vgl. Teil IV, Abschn. 1.1.1).

Die soziokulturellen Variablen für die Ländermarktselektion können generelle Aussagen über das Kauf- und Verbraucherverhalten der Bevölkerung liefern. Sprachliche und religiöse Merkmale liefern erste Informationen über ethnische Unterschiede oder Ähnlichkeiten zwischen den Ländern. Das Bildungsniveau der Bevölkerung gibt Informationen über mögliche Gestaltung von Werbeanzeigen und Produktverpackungen (vgl. Teil IV, Abschn. 1.1.4).

Nach der Analyse der generellen Variablen für die Länderselektion werden im weiteren die Verfahren der internationalen Länderselektion näher analysiert.

2.2.2 Verfahren der internationalen Länderselektion

Ziel der Ländermarktselektion ist die Identifikation von Auslandsmärkten, deren Bearbeitung für das Unternehmen langfristig Erfolg verspricht (vgl. Meffert/ Bolz 1998, S. 105f.). Sie ist mit einem hohen Aufwand von Informationsbeschaffung und -auswertung gekoppelt. Hier muß auch betont werden, daß bei einer Ländermarktselektion nicht nur Länder, sondern auch einzelne Segmente innerhalb dieser Länder ausgewählt werden können (vgl. Köhler/Hüttemann 1989, Sp. 1428).

Für die Länderauswahl stehen zwei Varianten zur Auswahl, nämlich systematische und nicht-systematische Verfahren (vgl. Bradley 2002, S. 154ff.).

Die nicht-systematische Vorgehensweise beruht nicht auf planmäßigen Analyse- und Auswahlprozessen. Unternehmen, die ihre Geschäftätigkeit über den Heimatmarkt hinaus expandieren wollen, treffen ihre Entscheidungen über die Länder, in denen sie aktiv werden wollen dabei ohne besondere Planung. Ein solches Auslandsengagement kommt eher zufällig durch die Eröffnung von Gelegenheiten oder durch subjektive Präferenzen des Managements zustande (vgl. Obbelode 1993, S. 95).

Diese Vorgehensweise wird auch von KMU angewendet. Die Internationalisierung von KMU erfolgt dementsprechend meistens über vorhandene Kontakte und persönliche Beziehungen oder durch Anfragen von ausländischen Abnehmern (vgl. Bradley 2002, S. 154). Demgegenüber ist eine Internationalisierung aufgrund systematischer Planung eher selten anzutreffen (vgl. Beuttel/Simmerl/ Escherle 1980, S. 51f.). Vielmehr werden Messekontakte genutzt oder Tourismusströme verfolgt (vgl. Beuttel/Simmerl/Escherle 1980, S. 54ff.). Natürlich besteht bei dieser Vorgehensweise der Länderselektion die Gefahr, in wenig erfolgversprechende Länder zu investieren und erfolgversprechende Länder zu verfehlen (vgl. Henzler 1979, S. 123).

Von dieser Vorgehensweise unterscheidet sich die systematische Länderauswahl[118]. Sie basiert auf einer planmäßigen Auswahl der potentiellen Absatzmärkte durch den Einsatz unternehmensspezifischer Selektionskriterien und analysiert in einem oder in mehreren Schritten die potentiellen Länder (vgl. Obbelode 1993, S. 95 und S. 106f.).

Eine einfache Selektionsform der Auslandsmärkte ist das einstufige Modell, bei dem ein Vergleich der verschiedenen Ländermärkte durch leicht erhebbare Selektionskriterien vorgenommen wird (vgl. Beuttel/Simmerl/Escherle 1980, S. 53). Dem stehen mehrstufige Modelle gegenüber, die natürlich kosten- und informationsintensiver sind, die dafür aber eine größere Sicherheit bei der Ländermarktselektion bieten (vgl. Obbelode 1993, S. 120; Berekoven 1985, S. 119ff.).

---

[118] Insbesondere die ersten beiden Stufen des Filterverfahrens lassen sich auch von KMU anwenden, da sie sich auf sekundärstatistisches Material gründen, das mit begrenzten finanziellen Mitteln zu beschaffen ist. Sie bieten sich somit für KMU als Einstieg in die systematische Marktselektion an (vgl. Teil V, Abschn. 2.2.2.2.1 und 2.2.2.2.2).

Die systematische Auswahl wird in Gruppierungs-[119] und Filterverfahren unterteilt (vgl. Schneider/Müller 1989, S. 17ff.; Backhaus/Büschken/Voeth 2001, S. 142). Beide werden in den folgenden Abschnitten analysiert.

2.2.2.1 Gruppierungsverfahren

Gruppierungsverfahren nehmen den Weltmarkt als Ausgangspunkt des Selektionsprozesses, und sind in der Regel mit einem entsprechend hohen finanziellen und zeitlichen Aufwand gekoppelt (vgl. Berekoven 1985, S. 119). Üblicherweise wird ein zweistufiger Prozeß zur Marktauswahl durchgeführt. In einem ersten Schritt findet eine Grobauswahl anhand spezifischer Kriterien statt (vgl. Meffert/Bolz 1998, S. 118). Dieser Prozeß nennt sich internationale Marktsegmentierung, wobei es sich hier um eine Ländersegmentierung handelt (vgl. Meffert/Bolz 1998, S. 110). Dabei werden die Länder zu homogenen Gruppen zusammengefaßt (vgl. Jain 1996, S. 377f.; Berekoven 1985, S. 119ff.; Meffert/Bolz 1998, S. 110ff.). Nach Abschluß der ersten Phase der Ländersegmentierung erfolgt die zweite Stufe des Segmentierungsverfahrens, bei der die Auswahl der in Frage kommenden Ländersegmente bzw. Ländergruppen auf homogene Konsumentensegmente hin untersucht wird. Diese zweite Stufe wird auch als intranationale Marktsegmentierung[120] bezeichnet (vgl. Althans 1989, Sp. 1470; Meffert/Bolz 1998, S. 113ff.). In der ersten Stufe des Gruppierungsverfahrens kommen meistens multivariate Analyseverfahren zum Einsatz, wobei in der zweiten Stufe die Segmentauswahl durch Plausibilitätsüberlegungen erfolgt. Dies geschieht häufig durch einen Vergleich von Segmentanforderungen und Stärken- bzw. Schwächen-Profil des Unternehmens (vgl. Backhaus/Büschken/Voeth 2001, S. 142).

Im Rahmen der zunehmenden Globalisierung der Märkte wird auch der Verzicht auf eine Ländertypologisierung und Länderauswahl und die Durchführung einer integralen Marktsegmentierung vorgeschlagen (vgl. Berekoven

---

[119] Meffert/Bolz benutzen den Terminus Segmentierungsverfahren, während Backhaus/Büschken/Voeth den Terminus Gruppierungsverfahren verwenden (vgl. Meffert/Bolz 1998, S. 113ff.; Backhaus/Büschken/Voeth 2001, S. 142ff.). Da beide Termini den gleichen Prozeß bezeichnen, werden sie in dieser Arbeit synonym verwendet.

[120] Siehe dazu auch die Ausführungen in Teil IV, Abschn. 4.

1985, S. 119). Die Nutzung der integralen Marktsegmentierung ist jedoch mit einer Reihe von Problemen verbunden, bspw. mit fehlerbehafteten Schätzungen der nationalen Umfänge transnationaler Segmente u.a. (vgl.Bauer 1994, S. 227). Aufgrund dieser Mängel ist sie also für das damit verfolgte Ziel, nämlich die Erfassung transnationaler bzw. transkultureller Zielgruppen (vgl. Kreutzer, 1991, S. 5f.; Meffert/Bolz 1998, S. 116), eher ungeeignet; statt dessen ist die additive intranationale Marktsegmentierung vorzuziehen, bei der diese Probleme nicht auftreten (vgl. Bauer 1994, S. 227).

Der Vorteil von Gruppierungsverfahren liegt in ihrer hohen Genauigkeit. Durch die Vielzahl von Determinanten, die in diesem Verfahren in Betracht gezogen werden, lassen sich optimale Ergebnisse erzielen. So besteht bei diesen Verfahren nicht die Gefahr, attraktive Marktsegmente auszuschließen, weil wenig optimale Ausprägungen bei einigen Kriterien durch die überdurchschnittliche Beurteilung anderer Kriterien einen Ausgleich finden. Als Nachteil dieser Verfahren sind allerdings die hohen Informationsbedürfnisse zu nennen, die mit einem hohen Kostenaufwand verbunden sind. Insbesondere für kleine und mittlere Unternehmen scheidet der Einsatz des Segmentierungsverfahrens von vornherein aus, wenn sie nur auf einigen wenigen Auslandsmärkten tätig werden wollen (vgl. Backhaus/Büschken/Voeth 2001, S. 145).

2.2.2.2 Filterverfahren

Im Gegensatz zum Gruppierungsverfahren, das die Bildung von Marktsegmenten betreibt, steht im Filterverfahren die Marktauswahl im Vordergrund (vgl. Backhaus/Büschken/Voeth 2001, S. 143).

In der Literatur wird vielfach für das Filterverfahren ein dreistufiges Auswahlmodell benutzt, bei dem es idealerweise in Vor-, Grob- und Feinauswahl gegliedert ist (vgl. Obbelode 1993, S. 114; Stahr 1980, S. 279; Köhler/Hüttemann 1989, Sp. 1431). Natürlich gibt noch andere Modelle der Marktauswahl mit variablen Analyseschritten[121]. So schlägt bspw. Henzler ein fünfstufiges

---

[121] Zu einer detaillierten kritischen Würdigung der verschiedenen Marktauswahlmodelle vgl. Stegmüller 1995, S. 88ff.

Marktauswahlmodell vor, während Schneider ein zweistufiges Verfahren präferiert (vgl. Henzler 1979, S. 122ff.; Schneider 1985, S. 71ff.).

2.2.2.2.1 Vorauswahlphase

Anhand der unternehmensspezifischen Ressourcen und Ziele sollen die in Betracht zu ziehenden Länder auf eine begrenzte Anzahl reduziert werden. Alle Länder, die die Kriterien nicht erfüllen können, scheiden in dieser Phase aus (vgl. Köhler/Hüttemann 1989, Sp. 1431; Stahr 1980, S. 279f.).

Einige wichtige Kriterien, die in dieser Phase berücksichtigt werden müssen, sind (vgl. Bernkopf 1980, S. 75ff.; Seidel 1977, S. 30ff.; Köhler/Hüttemann 1989, Sp. 1431; Stahr 1980, S. 280):

- Produkt- bzw. absatzbezogene Gründe: Sie beinhalten alle Gründe, die dem Absatz des Produkts in einigen Länder entgegenstehen, wenn beispielsweise aufgrund von klimatischen, kulturellen, religiösen, infrastrukturellen u.a. Bedingungen kein Bedarf besteht.
- Risikoabhängige Gründe: Länder mit hohem politischen und wirtschaftlichen Risiko werden von der weiteren Länderselektion ausgeschlossen.
- Werthaltungen des Managements im Sinne von Vorlieben oder Abneigungen gegenüber bestimmten Ländern.
- Geographische Länderbeschränkungen im Sinne von Fokussierung auf einige geographische Räume, in denen beispielsweise die gleiche Sprache oder Kultur vorherrscht. Besonders für KMU ist die Auswahl nahe gelegener Länder aus Kostengründen von Relevanz.

Für eine Entscheidungsfindung empfiehlt es sich natürlich, alle Faktoren in die Analyse einzubeziehen, die für Lieferung, Absatz und Verwendung des Produkts in einem Land verantwortlich sind (vgl. Berekoven 1985, S. 119f.). Sonst entsteht die Gefahr, bestimmte Marktpotentiale nicht zu erkennen und bestimmte Marktchancen zu vernachlässigen (vgl. Köhler/Hüttemann 1989, Sp. 1431). Es empfiehlt sich bei dieser Stufe, die Länderzahl nur auf die attraktivsten Länder zu reduzieren, um den Forschungsaufwand zu begrenzen. Diese

Entscheidung ist immer von den unternehmensspezifischen Ressourcen abhängig. Sie empfiehlt sich natürlich besonders für kleine und mittlere Unternehmen, die meistens über begrenzte finanzielle und zeitliche Ressourcen verfügen (vgl. Berekoven 1985, S. 120; Waning 1994, S. 153).

Für diese Stufe der Vorauswahl eignet sich das Checklist-Verfahren. Sein Ziel ist es, die Länder auf eine überschaubare Anzahl zu reduzieren, die für die weitere Länderselektion sinnvoll ist. Durch die Anwendung dieses Verfahrens lassen sich die Länder schnell, einfach und kostengünstig selektieren (vgl. Meffert/Bolz 1998, S. 118; Bernkopf 1980, S. 72f.). Allgemein empfehlen sich die heuristischen Verfahren zur Bewertung von Ländermärkten in der Vor- und Grobauswahl (vgl. Meffert/Bolz 1998, S. 118ff.).

Da die Daten für die Vor- und Grobauswahl von Ländern sekundärstatistischen Quellen entnommen werden können, scheint es auch für KMU mit begrenzten finanziellen Mitteln sehr realistisch zu sein, diese beide Stufen der Vor- und Grobauswahl als Einstieg in die systematische Marktselektion zu verwenden.

2.2.2.2.2 Grobauswahlphase

In der Phase der Grobauswahl werden diejenigen Länder herangezogen, die sich in der Vorauswahlphase als qualifiziert erwiesen haben. Anhand spezieller Kriterien werden diese Länder als attraktiv bzw. nicht attraktiv klassifiziert (vgl. Köhler/Hüttemann 1989, Sp. 1434).
Es sollten solche Kriterien herangezogen werden, die eine Bewertung der Unternehmensumwelt in den jeweiligen Ländern zulassen. Als solche Kriterien gelten (vgl. Meffert/Bolz 1998, S. 110ff.; Köhler/Hüttemann 1989, Sp. 1432; Althans 1989, Sp. 1470ff.):

- Ökonomische Faktoren[122] beschreiben den Entwicklungsstand und die Kaufkraft eines Landes. Die Erfolgschancen eines Unternehmens werden im weiteren von Struktur und Verhalten der Konkurrenz im jeweiligen

---

[122] Siehe mehr dazu Teil IV, Abschn. 1.1.3

Land bestimmt. Erste Informationen über die Ausfuhr einzelner Produkte in die jeweiligen Länder liefern den Unternehmen die entsprechenden Statistiken ihres Herkunftslandes, so daß die Marktchancen abgeschätzt werden können (vgl. Stahr 1980, S. 281f.). Für die Analyse des Marktpotentials empfiehlt sich die Ermittlung der Importe des jeweiligen Landes (Bestimmungsland) im Verhältnis zu seinem Selbstversorgungsgrad. So können geringe Selbstversorgungsgrade mit gleichzeitig hohem Importanteil darauf hindeuten, daß die Inlandsproduktion die Inlandsnachfrage nicht ausreichend befriedigt. Außerdem sind in dieser Phase erste grobe Informationen über die Konkurrenzsituation im jeweiligen Land wünschenswert. Sie können aus dem Konzentrationsgrad, den Umsatzzahlen und Marktanteilen der Wettbewerber gewonnen werden (vgl. Stahr 1980, S. 282f.). Der Vorteil ökonomischer Faktoren liegt in ihrer kostengünstigen Beschaffung, weil es sich hier um sekundärstatistisches Material handelt.

- Politisch-rechtliche Faktoren[123] stellen wichtige Schlüsselgrößen für die Beurteilung von Auslandsmärkten dar. Dabei spielen die politische Stabilität, aber auch die Wirtschaftspolitik eines Landes eine große Rolle, weil sie die Nachfrageentwicklung bei bestimmten Produkten und somit auch die Kaufvoraussetzungen beeinflussen (vgl. Althans 1989, Sp. 1471). Auch Gesetze und Verordnungen können Einfluß auf die Kaufvoraussetzungen für bestimmte Produkte haben, so beispielsweise gesetzliche Regelungen bestimmter Produkteigenschaften oder Werbeverbote für gewisse Produkte. Natürlich geben die politisch-rechtlichen Faktoren keine Hinweise auf das tatsächliche Verhalten der Konsumenten. Der Vorteil bei der Beschaffung solcher Informationen liegt aber in ihrer leichten Erfaßbarkeit, da es sich um sekundärstatistisches Material handelt (vgl. Althans 1989, Sp. 1472).

- Natürlich-technische oder geographische Faktoren[124] umfassen Klima, Topographie, Infrastruktur, technischen Entwicklungsstand u.a., von denen auf den Einsatz der Marketinginstrumente geschlossen werden kann. So kann beispielsweise die Topographie eines Landes Hinweise auf besondere Logistikprobleme geben oder das Klima kann Anhaltspunkte bspw.für die Nachfrage nach Erfrischungsgetränken liefern (vgl. Meffert/Bolz 1998, S.

---

[123] Siehe dazu mehr Teil IV, Abschn. 1.1.2
[124] Siehe mehr dazu Teil IV, Abschn. 1.1.1

112; Althans 1989, Sp. 1472). Diese Faktoren sind, wie alle oben analysierten, leicht und kostengünstig erfaßbar, da sie aus sekundärstatistischem Material erhoben werden können. Natürlich ist ihr Bezug auf das Nachfrageverhalten der Konsumenten sehr niedrig, so daß der Einsatz der Marketinginstrumente nicht ohne weiteres erfolgversprechend sein muß.

- Soziokulturelle Faktoren[125] geben erste generelle Informationen über das Konsumverhalten in einem Land. Der Bildungsstand eines Landes kann beispielsweise erste Hinweise für die Werbung oder Verpackungsgestaltung geben. Ferner geben Sprache und Religion erste Aufschlüsse über ethnische Unterschiede, oder es lassen sich erste Hinweise zur Akzeptanz von Produkten im jeweiligen Land von den allgemeinen Einstellungen der Verbraucher ableiten. Die soziokulturellen Faktoren sind zeitlich stabil, aber meist nur unter hohem Kostenaufwand zu ermitteln, da sekundärstatistisches Material in der Regel nicht ausreicht, um sichere Rückschlüsse für den Einsatz der Marketinginstrumente zu gewinnen (vgl. Althans 1989, Sp. 1472f.; Meffert/Bolz 1998, S. 113).

Zusammenfassend läßt sich also festhalten, daß sich die meisten der genannten Faktoren in dieser Auswahlphase aus sekundärstatistischem Material erheben lassen. Zumal innerhalb der EU bringt die Erhebung dieser Daten keine besonderen Probleme mit sich, da alle Daten untereinander vergleichbar sind. Somit stellt die Grobauswahlphase auch für KMU der deutschen Nahrungsmittelindustrie eine günstige Methode dar, um in die systematische Auswahl von Ländermärkten einzusteigen.

2.2.2.2.3 Feinauswahlphase

In der Feinselektion werden diejenigen Länder berücksichtigt, die in der Vorauswahl- und Grobauswahlphase als attraktiv (hohes Marktpotential) eingestuft wurden. In dieser Phase wird das Ziel verfolgt, in den jeweiligen Ländern die geeigneten Marktsegmente zu identifizieren und daraus ein erfolgversprechendes Bündel von Marktsegmenten zu ermitteln und zu bearbeiten (vgl.

---

[125] Siehe mehr dazu Teil IV, Abschn. 1.1.4

Köhler/Hüttemann 1989, Sp. 1435). Im Filterverfahren schließt diese Stufe der Auswahl mit einer Konsumentensegmentierung[126] ab (vgl. Köhler/Hüttemann 1989, Sp. 1435ff.).

Die Feinselektion stellt sehr hohe Anforderungen an die Informationsbeschaffung durch Auslandsmarktforschung, da in diesem Fall die Daten sehr produktspezifisch sein müssen und daher primärstatistisches Material erfordern (vgl. Althans 1989, Sp. 1473).

Die heranzuziehenden Kriterien sollen folgende Anforderungen erfüllen (vgl. Althans 1989, Sp. 1470; Freter 1983, S. 18):

- sie sollen erfaßbar und meßbar sein
- eine hohe zeitliche Stabilität aufweisen
- international vergleichbar sein
- Bezug zur Marktbearbeitung haben
- wirtschaftlich sein

Für die Konsumentensegmentierung werden hier demographische, sozioökonomische und psychographische Kriterien herangezogen (vgl. Meffert/Bolz 1998, S. 113ff.; Stegmüller 1995, S. 54; Althans 1989, Sp. 1473ff.). Der Vorteil der ersten beiden Kriterien liegt in ihrer leichten Erfaßbarkeit. Demgegenüber besteht jedoch der Nachteil eines mangelnden Bezugs zur Erklärung und Prognose des tatsächlichen Kaufverhaltens der Konsumenten (vgl. Meffert/Bolz 1998, S. 114). Dagegen sind die psychographischen Kriterien[127] schwer erfaßbar, weil sie eine Primärerhebung erfordern und demzufolge kostenintensiver zu erheben sind als die demographischen und die sozioökonomischen Kriterien. Allerdings haben sie eine höhere Aussagekraft hinsichtlich des tatsächlichen Konsumentenverhaltens (vgl. Althans 1989, Sp. 1475; Meffert/Bolz 1998, S. 115).

---

[126] Mehr zur Konsumentensegmentierung siehe Teil IV, Abschn. 4.

[127] Wie schon in Teil IV, Abschn. 3.3 erwähnt, ist eine Lebensstil- oder eine Nutzensegmentierung im Zusammenhang mit der Erfassung kultureller Länder-Cluster dazu geeignet, transnationale bzw. transkulturelle Segmente zu identifizieren.

Während in der Vor- und Grobauswahlphase heuristische Bewertungsverfahren Anwendung finden, stehen in der Feinauswahlphase sowohl analytische Verfahren zur Verfügung, die eine Quantifizierung von Alternativen und Umweltsituationen ermöglichen (vgl. Meffert/Bolz 1998, S. 116), als auch heuristische Verfahren (vgl. Obbelode 1993, S. 218ff.). Angesichts des außerordentlich hohen Informationsbedarfs, den die analytischen Methoden mit sich bringen, scheint ihre Anwendung für KMU mit begrenzten Ressourcen jedoch eine Hürde darzustellen. Im Vergleich zu den analytischen Verfahren stellen also die heuristischen Verfahren eine kostengünstige Alternative dar, insbesondere wenn die unternehmensspezifischen Zielsetzungen und die zur Verfügung stehenden Ressourcen eines KMU eine Konsumentensegmentierung verzichtbar erscheinen lassen.

2.3 Das internationale Timing des Markteintritts

Nach der Auswahl der Ländermärkte erfolgt die Auswahl der Markteintrittszeitpunkte und natürlich auch die Auswahl der Marktbearbeitungsstrategie. Unter Berücksichtigung ihrer finanziellen und personellen Ressourcen müssen sich die Unternehmen für einen Markteintrittszeitpunkt entscheiden (vgl. Hünerberg 1994, S. 129).
Die Auswahl des Timing wird hier als eine Entscheidung über die zeitliche Reihenfolge des Markteintritts in die ausgewählten Ländermärkte verstanden (vgl. Meffert/Bolz 1998, S. 137). Unter diesem Aspekt wird hier zwischen einem sukzessiven und einem simultanen Markteintritt unterschieden. Die beiden Timing-Strategien sind auch als Wasserfall- und Sprinkler-Strategie bekannt[128] (vgl. Backhaus/Büschken/Voeth 2001, S. 158ff; Ohmae 1985, S. 43f.; Bagozzi u.a. 2000, S. 1124f.).

---

[128] Neben den länderübergreifenden Timing-Strategien, bei denen die zeitliche Abfolge des Markteintritts im Vordergrund steht, gibt es noch länderspezifische Timing-Strategien, bei denen der Markteintritt unter dem Aspekt der Pionier- bzw. Folgerstrategien entschieden wird (ausführlicher dazu: Meffert/Pues 2002, S. 409ff.). Diese länderspezifischen Timing-Strategien können hier aber außer Betracht bleiben.

2.3.1 Die Wasserfall-Strategie

Der sukzessive Markteintritt wird besonders von Unternehmen mit einer ethnozentrischen Orientierung bevorzugt. Die Gründe dafür sind in der begrenzten Anzahl der Länder zu sehen, die Ähnlichkeiten mit dem Heimatmarkt haben, sowie in den begrenzten Ressourcen von Unternehmen mit dieser Orientierung. Da es sich hierbei zumeist um KMU handelt, liegt ein sukzessiver Markteintritt nahe, weil die Ressourcen in der Regel nicht für eine simultane Erschließung mehrerer Ländermärkte ausreichen (vgl. Backhaus/Büschken/ Voeth 2001, S. 158).

In Abbildung 15 ist die zeitliche Reihenfolge des Markteintritts bei der Wasserfall-Strategie dargestellt.

Abbildung 15: Wasserfall-Strategie

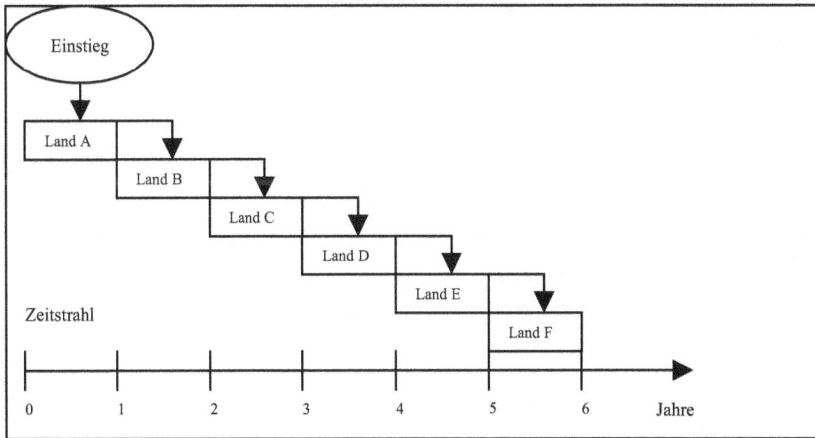

Quelle: Backhaus/Büschken/Voeth 2001, S. 158

Bei dieser Strategie der Markterschließung erfolgt eine weitere geographische Expansion der internationalen Geschäftstätigkeit nur unter der Voraussetzung, daß sich die vorgegebenen Marktbearbeitungsziele tatsächlich haben realisieren lassen (vgl. Wesnitzer 1993, S. 73). Die sukzessive Erschließung von Ländermärkten läßt sich auch mit einem geringen Ressourceneinsatz bewerkstelligen, so daß die Wasserfall-Strategie gerade auch für die KMU der deutschen Nahrungsmittelindustrie mit ihren geringen Ressourcen ratsam erscheint. Eine solche Markterschließungsstrategie erfordert die Fokussierung der Aktivitäten auf einen Markt und die Beachtung länderspezifischer Besonderheiten (vgl. Meffert/Bolz 1998, S. 138). Zugleich hält die Strategie das Risiko des Auslandsengagements in Grenzen, da das Unternehmen durch die schrittweise Erschließung von Ländermärkten bei einem etwaigen Mißerfolg sein weiteres Engagement abbrechen kann (vgl. Kreutzer 1990, S. 239).

Allerdings kann die sukzessive Einführung von Produkten eines Unternehmens in den von ihm ausgewählten Ländern auch als Frühwarnsystem für die Wettbewerber wirken und diese beispielsweise zu Nachahmungsstrategien und Preisvorteilen für die Konsumenten veranlassen (vgl. Kreutzer 1990, S. 240).

An dieser Stelle muß noch erwähnt werden, daß die Wasserfall-Strategie auch deshalb eine realistische Markterschließungsstrategie für die KMU der deutschen Nahrungsmittelindustrie darstellt, weil sich durch die sukzessive Herangehensweise an verschiedene Ländermärkte recht einfach internationales Know-how erwerben läßt.

2.3.2 Die Sprinkler-Strategie

Im Gegensatz zum sukzessiven Markteintritt bietet die Sprinkler-Strategie einen simultanen Markteintritt, wobei innerhalb eines kurzen Zeitraums viele Ländermärkte erschlossen werden (vgl. Hünerberg 1994, S. 130).

Abbildung 16 veranschaulicht den Markteintritt nach der Sprinkler-Strategie.

Abbildung 16: Sprinkler-Strategie

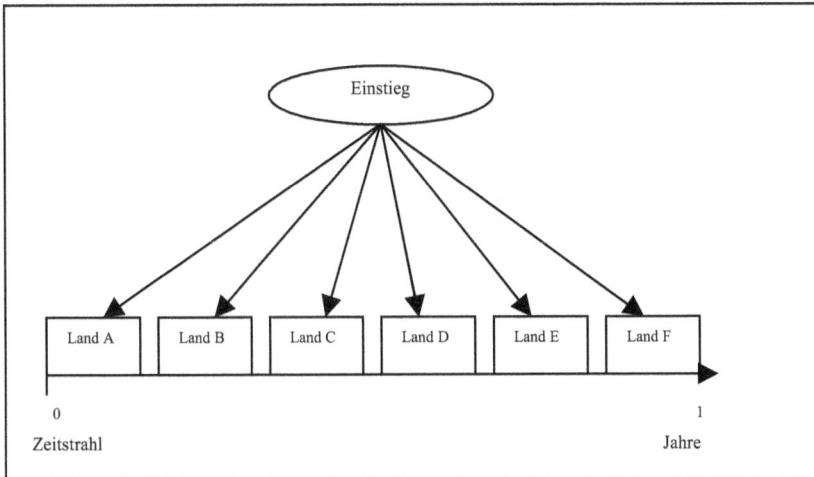

Quelle: Backhaus/Büschken/Voeth 2001, S. 167

Die simultane Markterschließung läßt aufgrund begrenzter Ressourcen eine intensivere Marktbearbeitung nicht zu und setzt damit eine weitgehend standardisierte Marktbearbeitung voraus (vgl. Meffert/Bolz 1998, S. 137f.). Die gleichzeitige Erschließung von mehreren Ländermärkten gewährleistet aber zugleich eine Risikostreuung (vgl. Kreutzer 1990, S. 247f.).

Als Nachteil erscheint jedoch der vergleichsweise hohe Koordinationsaufwand der Sprinkler-Strategie. Durch die gleichzeitige Präsenz in mehreren Ländern ergeben sich Rückkopplungen, die eine Koordination zwingend erforderlich machen. Deshalb sollte das jeweilige Unternehmen seine Koordinationsinstrumente schnell entwickeln (vgl. Backhaus/Büschken/Voeth 2001, S. 168), zumal in der Anfangszeit die schwache Stellung des Unternehmens am Markt lokalen Wettbewerbern Angriffsmöglichkeiten bietet (vgl. Hünerberg 1994, S. 133).

Außer den beiden genannten internationalen Timing-Strategien gibt es noch die kombinierte Timing-Strategie, die eine Kombination von Wasserfall- und Sprinkler-Strategie bietet. Abbildung 17 stellt die Vorgehensweise bei der kombinierten Timing-Strategie dar.

Abbildung 17: Kombinierte Timing-Strategie

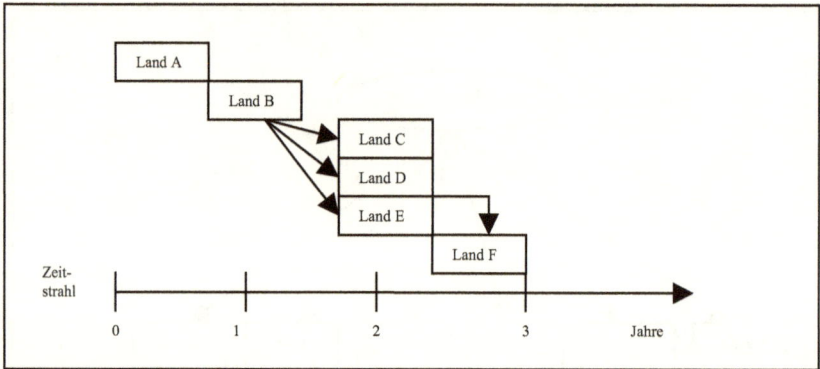

Quelle: Hünerberg 1994, S. 132

Diese Strategie ist immer dann zu bevorzugen, wenn die Ressourcen nicht für einen simultanen Markteintritt ausreichen oder wenn das Risiko eines internationalen Flops als hoch eingeschätzt wird. So erfolgt die Markterschließung zunächst mittels der Wasserfall-Strategie, um dann bei absehbaren Erfolgen in einzelnen Ländermärkten auf die Sprinkler-Strategie umzuschwenken (vgl. Kreutzer 1990, S. 250).

3 Formen internationaler Markteintrittsstrategien

Nach der erfolgreichen Auswahl von Ländermärkten erhebt sich die Frage nach der Form des Markteintritts in den ausgewählten Ländern. Neben der Entscheidung über den zeitlichen Markteintritt ist auch eine Entscheidung über die Form des internationalen Markteintritts zu treffen.

Die Formen des internationalen Markteintritts sind vielfältig und lassen sich auch parallel einsetzen. Die Auswahl einer Internationalisierungsform[129] steht nicht der gleichzeitigen Verwendung einer anderen im Wege (vgl. Quack 1995,

---

[129] Als Internationalisierungsform wird hier die Form des internationalen Markteintritts bezeichnet. Im Rahmen dieser Arbeit werden diejenigen Internationalisierungsformen analysiert, die als Markteintritt von KMU der deutschen Nahrungsmittelindustrie genutzt werden. Die verschiedenen Organisationsformen jeder einzelnen Internationalisierungsform werden aufgrund der Zielsetzung dieser Arbeit nicht eigens berücksichtigt.

S. 107). In der Literatur finden sich folgende Klassifizierungsmerkmale für die Formen des internationalen Markteintritts[130] (vgl. Quack 1995, S. 108; Keegan/ Schlegelmilch/Stöttinger 2002, S. 289; Meissner 1995, S. 51):

- Standort der Leistungserstellung bzw. Produktion
- Kontrollmöglichkeiten und Ressourceneinsatz
- Ausmaß der Kapital- und Managementleistungen im Inland bzw. Ausland

Bezüglich des Ausmaßes der Kapital- und Managementleistungen im Inland bzw. im Ausland werden drei generelle Formen des Auslandsengagements genannt (vgl. Meissner 1995, S. 51): Für Exporte benötigen die Unternehmen ein geringes Ausmaß an Kapital- und Managementleistungen für das Ausland, den größten Teil dagegen im Inland. Bei Kooperationen wird, grob gesagt, die Hälfte der Management- und Kapitalleistungen im Inland und die andere Hälfte im Ausland umgesetzt. Bei Direktinvestitionen wird der Großteil aller Kapital- und Managementleistungen im Ausland eingesetzt.

Anhand des Kriteriums der Leistungserstellung bzw. Produktion im Inland bzw. im Ausland werden die internationalen Formen des Markteintritts wie folgt untergliedert (vgl. Abb. 18).

---

[130] Neben dem Begriff Markteintritt (vgl. Keegan/Schlegelmilch/Stöttinger 2002, S. 288ff; Meffert/Bolz 1998, S. 124ff.; Bagozzi u.a. 2000, S. 1127ff.) werden in der Literatur auch ähnliche Begriffe wie Auslandsmarktengagement (vgl. Quack 1995, S. 107ff.) oder Auslandsengagement (vgl. Meissner 1995, S. 48ff.) verwendet, mit denen im wesentlichen das gleiche gemeint ist. Sie werden daher im Rahmen dieser Arbeit synonym verwendet.

Abbildung 18: Formen des internationalen Markteintritts

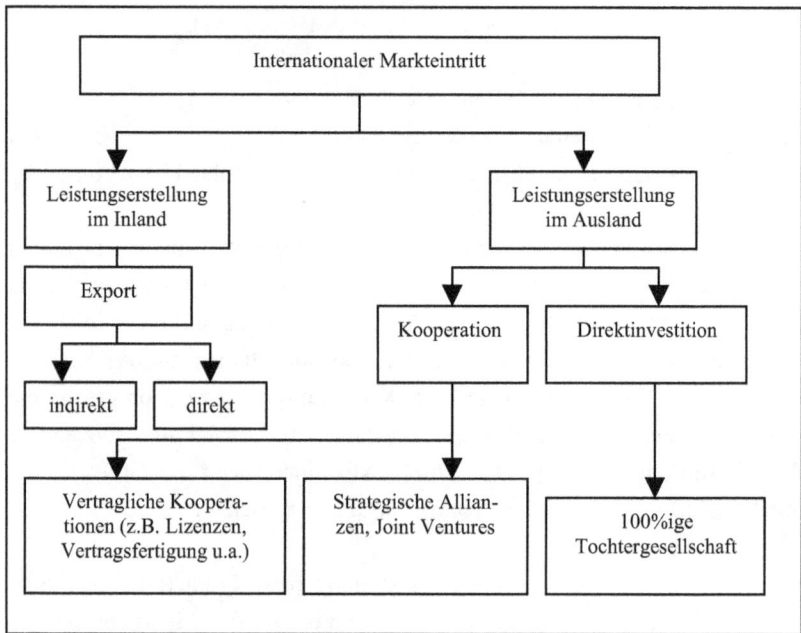

```
┌─────────────────────────────────────────────────────────────────┐
│                 Internationaler Markteintritt                     │
│                                                                   │
│   ┌──────────────────────┐           ┌──────────────────────┐   │
│   │  Leistungserstellung  │           │  Leistungserstellung  │   │
│   │      im Inland        │           │      im Ausland       │   │
│   └──────────────────────┘           └──────────────────────┘   │
│                                                                   │
│   ┌──────────────────┐      ┌──────────────┐  ┌──────────────┐  │
│   │     Export        │      │  Kooperation │  │ Direktinves- │  │
│   │                   │      │              │  │   tition     │  │
│   └──────────────────┘      └──────────────┘  └──────────────┘  │
│                                                                   │
│   ┌─────────┐ ┌─────────┐                                        │
│   │ indirekt│ │ direkt  │                                        │
│   └─────────┘ └─────────┘                                        │
│                                                                   │
│  ┌────────────────────┐ ┌────────────────┐ ┌────────────────┐   │
│  │ Vertragliche Koopera-│ │ Strategische   │ │                │   │
│  │ tionen (z.B. Lizenzen,│ │ Allianzen,     │ │  100%ige       │   │
│  │ Vertragsfertigung u.a.)│ │ Joint Ventures │ │ Tochtergesell- │   │
│  │                      │ │                │ │ schaft         │   │
│  └────────────────────┘ └────────────────┘ └────────────────┘   │
└─────────────────────────────────────────────────────────────────┘
```

Quelle: Quack 1995, S. 108 (Leicht verändert)

Aus der Abbildung wird ersichtlich, daß bei der inländischen Leistungserstellung indirekte bzw. direkte Exporte als Internationalisierungsform genutzt werden, während sich bei einer ausländischen Leistungserstellung unterschiedliche Formen des internationalen Markteintritts bieten (vgl. Abb. 18).

3.1 Exporte

Exporte bilden oftmals das Anfangsstadium einer Internationalisierung von Unternehmen (vgl. Meffert/Bolz 1998, S. 125). Definiert werden Exporte als „[...] Verkauf von Sachgütern oder Dienstleistungen in Auslandsmärkte" (Ringle 1977, S. 18; ähnlich auch Berndt/Fantapié-Altobelli/Sander 1999, S. 129). Anlaß für eine Exporttätigkeit können sowohl Überkapazitäten der produzierten Güter im Inland als auch eine aktive Erschließung ausländischer

Märkte sein (vgl. Berndt/Fantapié-Altobelli/Sander 1999, S. 129). Exporte sind meistens mit geringen Veränderungen von Produkten und Unternehmensorganisation sowie mit geringen Investitionen verbunden (vgl. Quack 1995, S. 109). Exporte stellen besonders für KMU eine wichtige Markterschließungsstrategie dar, da sie mit einer Vielzahl von Vorteilen verbunden sind. So könnte man die hohe Flexibilität von KMU gegenüber Exportangelegenheiten, die leichte Abwicklung dieser Form von Auslandsengagement sowie den persönlichen Kontakt zwischen dem Management des KMU und dem Kunden nennen (vgl. Young/Hamil/Wheeler/Davies 1989, S. 71f.). Der Export kann grundsätzlich auf indirektem oder direktem Weg erfolgen. Diese beiden Formen werden in den nachfolgenden beiden Abschnitten näher analysiert.

3.1.1 Indirekte Exporte

Diese Form des Auslandsmarkteintritts wird zumeist von Unternehmen bevorzugt, die am Beginn ihres Auslandsengagements stehen (vgl. Keegan/Schlegelmilch/Stöttinger 2002, S. 291). Eine solche Form des Markteintritts ist immer dann zu wählen, wenn die Unternehmen über wenig Auslandserfahrung verfügen und eine Steigerung ihres Absatzes mit geringem Risiko erzielen möchten (vgl. Quack 1995, S. 109). Im allgemeinen werden indirekte Exporte folgendermaßen definiert[131]:

> „[...] wenn der Produzent alle oder den überwiegenden Teil der zur grenzüberschreitenden Distribution erforderlichen Funktionen betriebsfremden, rechtlich und wirtschaftlich selbständigen Organen überträgt, auf die auch die spezifischen Außenhandelsrisiken übergehen" (Ringle 1977, S. 82).

Natürlich besteht bei dieser Form der Internationalisierung nur ein geringes Risiko, doch ist der Einfluß des Produzenten auf die Produktvermarktung im Ausland sehr eingeschränkt (vgl. Quack 1995, S. 109). Durch indirekte Exporte können auch kleinere Auslandsmärkte bearbeitet werden, deren direkte Bearbeitung dem Unternehmen zu risikoreich erscheint (vgl. Ringle 1977, S. 82).

---

[131] Eine ähnliche Definition der indirekten Exporte bieten auch Berndt/Fantapié-Altobelli/Sander 1999, S. 129.

Für die Abwicklung von indirekten Exporten können folgende Absatzorgane eingeschaltet werden:

- Inländische Exporthändler bzw. Exporthäuser, die sich auf bestimmte Produkte bzw. Produktsortimente oder Länder spezialisiert haben. Diese handeln auf eigene Rechnung und übernehmen alle Risiken, die mit dem Export verbunden sind (vgl. Berndt/Fantapié-Altobelli/Sander 1999, S. 129). Sie übernehmen eine Vielzahl von Leistungen z.B. Marktforschung, Auswahl der Vertriebspartner, Finanzierung und Transport (vgl. Keegan/Schlegelmilch/Stöttinger 2002, S. 291).

- Inländische Exportagenten[132] sind im Land des Produzenten stationiert. Sie kaufen die Produkte ein, handeln dabei aber nicht auf eigene Rechnung, sondern auf Rechnung des Auftraggebers. Somit bleiben das Wareneigentum und die Vertriebsrisiken beim Produzenten (vgl. Schanz 1995, S. 18). Handelsvertreter vermitteln und schließen die Verträge im Namen der Unternehmen ab, die sie vertreten. Als Einfirmenvertreter oder Mehrfirmenvertreter stehen sie in einem langfristigen Vertragsverhältnis mit ihren Auftraggebern. Ihre Vergütung ist so gestaltet, daß sie einen festgelegten Provisionssatz vom erzielten Umsatz plus ein monatliches Fixum oder garantierte Mindestprovision bekommen (vgl. Ringle 1977, S. 96). Handelsmakler schließen Auslandsgeschäfte auch in fremdem Namen ab, ohne sich am eigentlichen Absatzvorgang zu beteiligen. Sie treten auch als Vermittler zwischen Produzenten und Importeuren auf. Ihr Entgelt ist eine Gebühr, die nach dem Kaufabschluß von beiden Vertragsparteien (Produzent und Importeur) zu zahlen ist.

- Eine andere Form des indirekten Exports ist die Exportkooperation, bei der zwei oder mehrere inländische Unternehmen ihre Produkte gemeinsam vertreiben und die Kostenvorteile genießen, die aus dem gemeinsamen Export resultieren (vgl. Berndt/Fantapié-Altobelli/Sander 1999, S. 131; Ringle 1977, S. 89ff.; Schanz 1995, S. 19).

---

[132] Hierunter versteht man Handelsvertreter oder Handelsmakler (vgl. Berndt/Fantapié-Altobelli/Sander 1999, S. 129; Ringle 1977, S. 96ff.).

Damit sind die wichtigsten Absatzorgane im indirekten Export genannt. Es gibt noch einige Sonderformen von Absatzmittlern, die meist für indirekte Exporte bei größeren Entfernungen eingesetzt werden, auf die aber zur Darstellung der indirekten Exporte innerhalb der EU nicht weiter eingegangen werden muß.

Als Vorteil von indirekten Exporten ist zu nennen, daß kein Auslandswissen vorausgesetzt wird, was gerade auch für KMU von besonderer Bedeutung ist (vgl. Berndt/Fantapié-Altobelli/Sander 1999, S. 129). Durch die Einschaltung von Zwischenhändlern im Sinne von Exporthändlern bzw. Exportagenten wird der Absatz der Produkte beschleunigt, da diese über die erforderlichen Kenntnisse und über Erfahrung auf den entsprechenden Auslandsmärkten verfügen. Außerdem ist diese Art von Exporten mit limitiertem Kapitalbedarf durchführbar (vgl. Ringle 1977, S. 82f.). Als wichtiger Nachteil ist der eingeschränkte Einfluß des Produzenten auf die Vermarktung zu nennen, da er nicht direkt die Bedürfnisse der Endabnehmer kennt und mögliche Marktveränderungen nicht wahrnehmen kann (vgl. Ringle 1977, S. 83). Eine Gegenüberstellung der Vor- und Nachteile des indirekten Exports findet sich in Tabelle 55.

Tabelle 55:   Vor- und Nachteile indirekter Exporte

Exportform	Wichtige Vorteile	Wichtige Nachteile
	Kostengünstig	Geringe Steuerung der Absatzaktivitäten im Zielland
	Geringeres Risikopotential	Markt- und Bedarfsferne
Indirekter Export	Nutzung des spezifischen Wissens fachkundiger Exportmittler	Keine optimale Ausschöpfung
	Penetration mehrerer Ländermärkte ohne länderspezifische Kenntnisse möglich	Abhängigkeit von Exportmittlern

Quelle: Hünerberg 1994, S. 125

Schließlich ist darauf hinzuweisen, daß bei Identifizierung von wachsenden Marktpotentialen auf bestimmten Auslandsmärkten eine intensivere Form der Marktbearbeitung erforderlich ist, so daß indirekte Exporte in diesem Fall nicht zu empfehlen sind.

3.1.2 Direkte Exporte

Im Gegensatz zu indirekten Exporten stellen direkte Exporte eine unmittelbare Geschäftsbeziehung zu ausländischen Abnehmern her. Der Produzent hat in diesem Fall direkten Kontakt, übernimmt alle Exporttätigkeiten selbst und liefert direkt ins Ausland, ohne inländische Absatzmittler einzuschalten (vgl. Nerreter 1983, S. 104).
Diese Form von Exporten ist sowohl mit Vorteilen als auch mit Nachteilen verbunden (vgl. Tab. 56).

Tabelle 56:   Vor- und Nachteile direkter Exporte

Exportform	Wichtige Vorteile	Wichtige Nachteile
Direkter Export	Direkter Einfluß auf die Marktbearbeitungsstrategie	Abhängigkeit von administrativen und rechtlichen Ex- und Importbestimmungen/-beschränkungen
	Stärkere Markt- und Kundennähe	Wechselkursrisiken
	Bessere Marktbeobachtung in den einzelnen Ländern möglich	Steigender Ressourcenbedarf
	Erwerb von spezifischem Ländermarkt-Know-how	Internationalisierungs-Know-how erforderlich

Quelle: Hünerberg 1994, S. 125

Der Vorteil bei direkten Exporten liegt darin, daß der Hersteller direkten Kontakt zu den Endabnehmern bzw. zu den branchenspezifischen Importeuren aufnimmt, ohne inländische Absatzmittler einzuschalten und somit über bessere Kontrollmöglichkeiten über den Distributionsweg seiner Produkte verfügt. Dadurch steigt zugleich sein Einfluß auf die Marktbearbeitung, und es bietet sich ihm dementsprechend die Möglichkeit, länderspezifisches Wissen zu erwerben (vgl. Hünerberg 1994, S. 125). Im Gegensatz zu indirekten Exporten übernimmt der Hersteller also eine aktive Rolle und kann dadurch seine Produkte besser den länderspezifischen Konsumgewohnheiten anpassen. Auf diese Weise kann auch ein Produktimage aufgebaut werden, was beim indirekten Export nicht möglich ist (vgl. Ringle 1977, S. 85).

Doch bestehen auch Nachteile beim direkten Export. So sind die hohe Abhängigkeit von administrativen und rechtlichen Ex- und Importbestimmungen, steigender Ressourcenbedarf sowie ein zum Teil hohes Internationalisierungswissen zu nennen (vgl. Hünerberg 1994, S. 125). Innerhalb der EU spielt das Wechselkursrisiko allerdings nur noch eine untergeordnete Rolle, da es für die Eurozone inzwischen weggefallen ist[133].

Für die Abwicklung direkter Exporte stehen folgende Möglichkeiten zur Verfügung:

- Direktexport an die ausländischen Endabnehmer (vgl. Ringle 1977, S. 87).
- Direktexport an ausländische Importeure. Dazu zählen Provisionsvertreter bzw. Alleinvertreter[134]. Diese besitzen gute Markt- und Branchenkenntnisse und kennen die Markt- und Handelsgepflogenheiten (vgl. Quack 1995, S. 109).

Schließlich ist zu erwähnen, daß die Entscheidung für die eine oder andere Form von Exporten vom jeweiligen Unternehmen unter Berücksichtigung der vorhandenen Ressourcen, des Internationalisierungs-Know-hows sowie der absatzmäßigen Bedeutung des Markts zu treffen ist. Sind vor allem gelegentliche Absatzchancen auf einem Markt erkennbar, dann ist der Weg über indirekte Exporte zu empfehlen. Sind dagegen hohe Absatzchancen für das Unternehmen ersichtlich, so ist es vorteilhaft, direkte Exporte als Internationalisierungsstrategie zu wählen. Natürlich schließt die Wahl der einen Form des Markteintritts die andere nicht aus. So könnte man zunächst indirekte Exporte als Internationalisierungsstrategie nutzen, um dann bei Erkennen hoher Absatzpotentiale auf einzelnen Märkten zu direkten Exporte übergehen. Insbesondere KMU können durch Exporte Auslandswissen erwerben und schrittweise

---

[133] Noch bis Anfang 1999 stellten Wechselkurse ein Risiko für die Exporttätigkeit innerhalb des europäischen Binnenmarkts dar. Heute sind sie aber zumindest in der Eurozone weggefallen (vgl. Schnaebele 2000, S. 333).

[134] Von einer definitorischen Abgrenzung von Provisions- bzw. Alleinvertretern kann hier abgesehen werden. Eine ausführliche Analyse dazu findet sich bei Nerreter 1983, S. 105f. Hier werden beide Begriffe aus Gründen der Vereinfachung unter dem Begriff des Importeurs zusammengefaßt.

in eine intensivere Marktbearbeitung einsteigen (vgl. Kumar/Epple 2002, S. 270).

Tendenziell werden direkte Exporte von den KMU der deutschen Nahrungs-mittelindustrie als Internationalisierungsstrategie bevorzugt (s. auch Teil V, Abschn. 3.4, Tab. 64). Damit sind aber nicht nur Chancen, sondern auch Risiken für den Exporteur verbunden (vgl. Meissner 1995, S. 78). Außer den allgemeinen Risiken einer Internationalisierung gibt es nämlich noch spezielle Risiken, die mit Exporten verbunden sind. Als besondere Exportrisiken sind kommerzielle Risiken und politische Risiken zu nennen. Dazu zählen Transportrisiken, Kreditrisiken bzw. Zahlungsrisiken sowie Wechselkursrisiken (vgl. Topritzhofer/Moser 1987, S. 7ff.)[135]. Die in einer eigenen Erhebung befragten KMU der deutschen Nahrungsmittelindustrie haben die Exportrisiken innerhalb des europäischen Binnenmarkts folgendermaßen beurteilt (vgl. Tab. 57).

Transportrisiken wird von den KMU zu 30,4% ein mittleres Risikoniveau zugesprochen, zu 26,1% ein geringes Risikoniveau und 30,4% sehen überhaupt kein Risiko darin. Die Kursrisiken hatten auch innerhalb der EU eine besondere Stellung, was heute zumindest in der Eurozone aufgrund der gemeinsamen Währung entfällt. Dagegen werden Kreditrisiken von 39,1% der KMU als sehr hohes Risiko eingeschätzt, 34,8% ordnen ihnen ein mittleres Risikoniveau zu, 8,7% ein geringes Risikoniveau und nur 4,3% sehen kein Risiko darin.

---

[135] Topritzhofer/Moser (1987, S. 9) nennen noch weitere politische Risiken, die aber innerhalb des europäischen Binnenmarktes ohne Bedeutung sind.

Tabelle 57: Beurteilung von Exportrisiken innerhalb des europäischen Binnenmarkts seitens KMU der deutschen Nahrungsmittelindustrie

	Hoch	Mittel	Gering	Nicht vorhanden	Keine Angabe
			Exportrisiken (n=23)		
Transportrisiko	0,0%	30,4%	26,1%	30,4%	13,0%
Kreditrisiko	39,1%	34,8%	8,7%	4,3%	13,0%
Kursrisiko	8,7%	30,4%	17,4%	26,1%	17,4%

Quelle: Eigene Erhebung

Risiken im Transport bestehen in der Transportverzögerung oder der Beschädigung der Waren (vgl. Topritzhofer/Moser 1987, S. 8). Solche Risiken sind durch eine Transportversicherung auszuräumen. Eine Transportversicherung ist vom Exporteur oder vom Importeur abzuschließen, je nach den zwischen Importeur und Exporteur vereinbarten Lieferklauseln (vgl. Meissner 1981, S. 106).

Zahlungsrisiken entstehen immer dann, wenn der Importeur seinen Zahlungspflichten nicht nachkommen kann (Zahlungsunfähigkeit) oder nicht nachkommen will (Zahlungsunwilligkeit) (vgl. Topritzhofer/Moser 1987, S. 7). Als Beispiel für Zahlungsunwilligkeit nennen Topritzhofer/Moser einen höheren vereinbarten Fixpreis als den Marktpreis am Tag der Übernahme. Zahlungsrisiken entstehen durch verschiedene Interessen von Exporteur und Importeur. Der Exporteur versucht meistens das Zahlungsrisiko zu vermeiden und ist bestrebt, die Zahlung möglichst schnell vom Importeur zu erhalten. Dagegen möchte der Importeur das Liefer- und Qualitätsrisiko ausschließen und ist daran interessiert, möglichst erst nach Erhalt der Waren zu zahlen (vgl. Holland 1997, S. 189f.). Vorauskasse bzw. Anzahlung wird in den seltensten Fällen vereinbart, obwohl diese Form der Zahlung für den Exporteur günstig ist (vgl. Holland 1997, S. 190). Ferner bestehen noch weitere Möglichkeiten wie etwa Zahlung gegen Rechnung, Akkreditiv, offenes Zahlungsziel. Die letztgenannte Form der Zahlung setzt allerdings ein besonderes Vertrauen zwischen Exporteur und Importeur voraus (vgl. Holland 1997, S. 109f.). Bei Akzeptanz eines Akkreditivs ist der Importeur verpflichtet, seiner Bank den Auftrag zu erteilen, daß der vereinbarte Betrag dem Exporteur bei Aushändigung bestimmter Dokumente gezahlt wird (vgl. Nerreter 1983, S. 126). Bei der Finanzierung des Exportgeschäfts durch den Exporteur bietet sich die Kreditsicherheit durch Garantie statt Akkreditiv an. In diesem Fall gewährt die Bank des Exporteurs einen Kredit, wenn eine Garantie von einer ausländischen Bank geleistet wird. Auf diese Weise wird die Finanzierung der Exporte seitens der Banken sichergestellt und dem Exporteur die Sicherheit gegeben, daß die Zahlung durch den Importeur erfolgen wird (vgl. Nerreter 1983, S. 141f.).

Zu den politischen Risiken zählt das Wechselkursrisiko. Wechselkursrisiken entstehen, wenn sich die Wertrelationen zwischen den Währungen des Import- und Exportlandes im Vergleich zum vereinbarten Preis beim Abschluß des Kaufvertrages ändern (vgl. Topritzhofer/Moser 1987, S. 9). Das Wechselkursrisiko stellt, wie gesagt, zumindest innerhalb der Eurozone kein Exporthindernis mehr dar. Da aber nicht alle EU-Länder der Eurozone beigetreten sind, ist eine kurze Darstellung der Reduzierung von Kursrisiken angebracht. Zwei generell anwendbare Optionen zur Reduzierung von Kursrisiken sind Devisentermingeschäfte und Diskontierung von Fremdwährungswechseln (vgl. Topritzhofer/Moser 1987, S. 194ff.). Der erste Fall der Kurssicherung liegt dann vor, wenn der Exporteur seine zukünftigen Zahlungseingänge in ausländischer Währung per Termin verkauft. Das bedeutet, daß der Wechselkurs zu einem bestimmten in der Zukunft liegenden Termin geschätzt wird. So entsteht ein Terminkurs, der den Zinsunterschied der beiden Währungen in Betracht zieht (vgl. Brenner 1999, S. 129). Der Vorteil des Devisentermingeschäfts liegt darin, daß es kein Kursrisiko entstehen läßt und somit eine sichere Kalkulationsbasis bietet. Auf der anderen Seite kann man aber auch nicht von einer positiven Kursentwicklung profitieren (vgl. Brenner 1999, S. 130). Auch die Diskontierung von Fremdwährungswechseln ist eine Kurssicherungstechnik für Exporteure. Um den vertraglich vereinbarten Preis vor Kursrisiken zu sichern, reicht der Exporteur bei seiner Bank den Fremdwährungswechsel zum Diskont ein, um den aktuellen Kassakurs zu sichern, und läßt eine Gutschrift in seiner Landeswährung vornehmen. Somit erzielt der Exporteur nicht nur eine Kurssicherung, sondern auch einen Finanzierungsvorteil, weil ihm der Exporterlös sofort zur Verfügung steht (vgl. Topritzhofer/Moser 1987, S. 210).

Zur Reduzierung von Exportrisiken benutzen die befragten KMU der deutschen Nahrungsmittelindustrie folgende Möglichkeiten (vgl. Tab. 58).

Tabelle 58: Reduzierung von Exportrisiken seitens KMU der deutschen Nahrungsmittelindustrie

Reduzierung von Transportrisiken (n=19)	
Transportversicherung	63,2%
Übertragung des Transportrisikos auf den Vertragspartner	36,8%
Reduzierung von Kreditrisiken (n=13)	
Kreditsicherheit durch Garantie	53,8%
Ausfuhrversicherung durch Versicherungsgesellschaft	30,8%
Vorauskasse	7,7%
Akkreditiv	7,7%
Reduzierung von Kursrisiken (n=19)	
Devisentermingeschäfte	26,3%
Diskontierung von Fremdwährungswechseln	73,7%
Abschluß in inländischer Währung	0,0%

Quelle: Eigene Erhebung

Eine Reduzierung von Transportrisiken erzielen 63,2% der befragten KMU der deutschen Nahrungsmittelindustrie, indem sie eine Transportversicherung abschließen, 36,8% übertragen das Transportrisiko dem Vertragspartner. Der zweite Fall ist möglich, wenn im Vertrag die Lieferklausel „ex works" bzw. „ab Werk" vereinbart wird. In diesem Fall trägt der Importeur Risiko und Kosten des Transports ab Werk bis zum Bestimmungsort. In allen anderen Fällen werden die Transportrisiken vom Exporteur getragen oder günstigenfalls auf beide Vertragsparteien verteilt (vgl. Brenner 1999, S. 61f.).

Zur Reduzierung von Kreditrisiken und natürlich zur Absicherung des Zahlungseingangs werden von den befragten KMU der deutschen Nahrungsmittelindustrie folgende Möglichkeiten genutzt: 53,8% geben an, daß sie Kreditsicherheit durch Garantie nutzen, 30,8% schließen eine Ausfuhrversicherung ab, 7,7% benutzen Akkreditiv und 7,7% Vorauskasse als Zahlungsform (vgl. Tab. 58).

Schließlich nutzen die befragten KMU der deutschen Nahrungsmittelindustrie zur Absicherung von Kursrisiken gegenüber EU-Ländern, die nicht der Eurozone beigetreten sind, zu 26,3% Devisentermingeschäfte und zu 73,7% Diskontierung von Fremdwährungswechseln. Ein Abschluß in inländischer Währung (DM) fand sich bei keinem der befragten Unternehmen (vgl. Tab. 58). Wie gesagt, besteht gegenwärtig kein Wechselkursrisiko mehr innerhalb der Länder der Eurozone, während die beiden anderen Risiken innerhalb des europäischen Binnenmarkts weiterhin bestehen.

Neben Exporten gibt es noch weiteren Formen des internationalen Markteintritts, die in den nächsten Abschnitten analysiert werden.

3.2 Die Kooperation

Als Kooperation wird die Zusammenarbeit zwischen zwei oder mehreren wirtschaftlich und rechtlich selbständigen Unternehmen bezeichnet, wobei in den kooperationsabhängigen Bereichen die wirtschaftliche Selbständigkeit teilweise eingeschränkt wird (vgl. Sell 1995, S. 81; Blohm 1980, Sp. 1112).

Eine Kooperation kann auf stillschweigenden oder vertraglichen Vereinbarungen basieren, mit denen gemeinsame Ziele verfolgt werden. Kooperationen können mit oder ohne Kapitalbeteiligung entstehen (vgl. Welge/Holtbrügge 1998, S. 111).

Als Kooperationen ohne oder mit meist geringem Kapitaleinsatz sind zu nennen[136] (vgl. Sell 2002, S. 8ff.; Quack 1995, S. 110f.; Köhler 1999, S. 11ff.):

- Lizenzverträge[137] sind ein häufig eingesetztes Mittel, um den Markteintritt auf Auslandsmärkten zu beschleunigen und gegebenenfalls bestehende tarifäre und nicht-tarifäre Handelshemmnisse zu umgehen. Durch die Vergabe von Lizenzverträgen wird das Recht für die Nutzung eines gewerblichen Schutzrechts oder eines bestimmten Know-hows an Lizenznehmer weitergegeben. Natürlich birgt das auch Nachteile wie beispielsweise die geringe Kontrollmöglichkeit des Lizenzgebers und ein dementsprechend geringer Einfluß auf die Geschäftspolitik des Lizenznehmers. Außerdem kann die Übertragung speziellen Know-hows auf Lizenznehmer potentielle Wettbewerber in den jeweiligen Auslandsmärkten schaffen.

---

[136] Die folgenden Formen der Kooperation tauchen in der Literatur auch unter dem Begriff „vertragliche Kooperationen" auf (vgl. Quack 1995, S. 110f.; Köhler 1999, S. 11ff.).

[137] Zu Lizenzverträgen siehe ausführlicher Sell (2002, S. 111ff.).

- Management-Verträge sind solche Verträge, die dem ausländischen Vertragspartner eine Wissensübertragung durch qualifiziertes Personal zur Verfügung stellen. Für KMU ist eine solche Form der Kooperation aufgrund der eingeschränkten Personalkapazitäten eher unwahrscheinlich. Ein solcher Vertrag kann aber auch mit einem Lizenzvertrag kombiniert werden (vgl. Köhler 1999, S. 13).
- Vertragsfertigung (Kontraktproduktion): Bei dieser Kooperationsform läßt das inländische Unternehmen einen ausländischen Hersteller einige Teile bzw. die gesamte Produktherstellung übernehmen. Diese Form erlaubt ebenfalls einen schnellen und kostengünstigen Markteintritt und wird immer dann empfohlen, wenn etwa bestimmte Exportrestriktionen den Markteintritt erschweren, der Zielmarkt zu klein ist oder die Produktionskosten im Ausland niedriger ausfallen. Hier besteht gleichfalls das Risiko der Schaffung potentieller Wettbewerber aufgrund der speziellen Kenntnisse in Bezug auf das Produkt und die Produktionstechniken.
- Franchising: Darunter versteht man die Übertragung des Rechts und gleichzeitig der Pflicht, bestimmte Produkte oder Leistungen abzusetzen. Der Franchise-Nehmer ist verpflichtet, das Organisations- und Marketingkonzept des Franchise-Gebers zu beachten (vgl. Welge/Holtbrügge 1998, S. 106). Der Vorteil liegt darin, daß der Franchise-Geber umfassende Kontrollmöglichkeiten und Einfluß auf den Franchise-Nehmer hat. Die Nachteile liegen im Aufbau von Kontrollmechanismen, die meistens sehr aufwendig sind (vgl. Welge/Holtbrügge 1998, S. 106). Eine solche Kooperationsform wird von KMU mit ihrem geringen Marketing-Know-how bei der Bearbeitung von Auslandsmärkten nur selten angewendet, zumal diese Kooperationsform ein vorhandenes Markenimage des Produkts sowie ein hohes Maß an Fähigkeiten bei der Auslandsmarktbearbeitung voraussetzt (vgl. Köhler 1999, S. 13).

Als weitere Kooperationsformen mit hoher Kapitalbeteiligung werden Joint Ventures und strategische Allianzen genannt (vgl. Köhler 1999, S. 13ff.).

- Joint Ventures[138] beruhen auf einem mit Kapitalbeteiligung gegründeten Gemeinschaftsunternehmen. Dadurch entsteht ein juristisch selbständiges Unternehmen aus zwei oder mehreren Partnern aus unterschiedlichen Ländern, die gemeinsame Ziele verfolgen. Die Motive für die Gründung eines Joint Ventures können sowohl freiwillige Kooperationsmotive als auch bestimmte Vorschriften des Gastlandes sein, die diese Kooperationsform erzwingen (vgl. Welge/Holtbrügge 1998, S. 111f.). Im Vergleich zu den oben erwähnten Formen der vertraglichen Kooperationen liegen die Vorteile eines Joint Ventures bei der Zusammenarbeit mit Unternehmen des Gastlandes in der Nutzung ihrer Markt- und Landeskenntnisse sowie ihrer Kontakte zu Kunden, Lieferanten und Behörden (vgl. Sell 2002, S. 14). Die Teilung des finanziellen Risikos ist ein zusätzlicher Vorteil, weshalb Joint Ventures auch für KMU als geeignete Form des Markteintritts erscheinen (vgl. Berndt/Fantapié-Altobelli/Sander 1999, S. 136). Dem stehen allerdings auch Nachteile, insbesondere Ziel- und Verhaltenskonflikte, gegenüber (vgl. Sell 2002, S. 14). Aber auch die hohen Koordinationskosten bei der Integration sind nicht zu unterschätzen (vgl. Welge/Holtbrügge 1998, S. 113). Um die Nachteile bei dieser Form der Kooperation zu begrenzen, wird eine sorgfältige Partnerwahl[139] empfohlen (vgl. Köhler 1999, S. 14f.).
- Bei Strategischen Allianzen[140] handelt es sich um zwischenbetriebliche Kooperationen zwischen zwei oder mehreren juristisch selbständigen Unternehmen. Bei Strategischen Allianzen wird versucht, Synergiepotentiale auszuschöpfen, die in erster Linie auf Markt-, Kosten- und Risikoaspekten beruhen (vgl. Perlitz 2002, S. 542). Eine Strategische Allianz beruht auf langfristiger Zusammenarbeit mit anderen Unternehmen, deren Ziel es ist, die eigenen Schwächen durch Stärken der Partnerunternehmen zu kompensieren (vgl. Welge/Al-Laham 2002, S. 627). Der Unterschied zwi-

---

[138] Es gibt zwei Formen von Joint Ventures: Zum einen die Equity Joint Ventures, die im Rahmen einer Zusammenarbeit die Gründung eines juristisch selbständigen Gemeinschaftsunternehmens vorsehen. Zum anderen Contractual Joint Ventures, die nicht die Gründung eines Gemeinschaftsunternehmens vorsehen, sondern eine vertragliche Zusammenarbeit, wobei hier die Kosten, Risiken und Gewinne vertraglich geregelt werden (vgl. Perlitz 2002, S. 546ff.). Im Rahmen dieser Arbeit wird die erste Form unter dem Begriff Joint Ventures verstanden, während Contractual Joint Ventures den vertraglichen Kooperationen zugeordnet werden.

[139] Ausführlich zur Partnerwahl siehe Schlapp (1997) sowie Binder/Lux (1997, S. 497ff.).

[140] Ausführlicher zu strategischen Allianzen siehe Sell (2002, S. 79ff.).

schen Strategischen Allianzen und Joint Ventures liegt in folgenden Kriterien (vgl. Welge/Holtbrügge 1998, S. 115f.): Die Bereiche der Zusammenarbeit sind unterschiedlich. Bei Joint Ventures steht in erster Linie der Absatz von Produkten im Vordergrund, bei Strategischen Allianzen hingegen die Bereiche Produktion sowie Forschung und Entwicklung. Die Zusammenarbeit bei Strategischen Allianzen beruht häufig auch auf dem Austausch von Informationen, Know-how und institutionellen Fähigkeiten. Joint Ventures werden meistens zwischen Unternehmen aus Industrieländern und Unternehmen aus Entwicklungs- bzw. Transformationsländern abgeschlossen, während Strategische Allianzen in der Regel zwischen Unternehmen aus Industrieländern geschlossen werden. Als Nachteil wird das Risiko des Verlusts von Wettbewerbsvorteilen aufgrund des Zugangs der Partnerunternehmen zu wettbewerbsrelevanten Erfolgspotentialen genannt (vgl. Welge/Holtbrügge 1998, S. 117). Aber auch der hohe Aufwand für die Gestaltung eines Planungs-, Organisations- und Kontrollmechanismus ist nicht zu unterschätzen (vgl. Welge/Al-Laham 2002, S. 638ff.).

Abschließend ist zu erwähnen, daß die kooperativen Formen des Markteintritts sowohl Vorteile als auch Nachteile in sich bergen[141]. Die Auswahl einer Kooperationsform für den Markteintritt ist von der spezifischen Situation eines Unternehmens abhängig. Kooperationen sind auch für KMU vorteilhaft, da sie den Markteintritt beispielsweise durch eine Vertriebskooperation[142] mit einem ausländischen Partner erleichtern können.

3.3 Die Direktinvestition

Eine Direktinvestition im Sinne der Errichtung einer hundertprozentigen Tochtergesellschaft durch Neugründung eines Unternehmens im Ausland bzw. Akquisition oder Fusion[143], stellt die intensivste Form der Internationalisierung

---

[141] Zu den Erfolgsfaktoren einer Kooperation siehe Sell (2002, S. 17f.).

[142] Auf die verschiedenen Kooperationsformen nach Funktionsbereichen geht ausführlich Mengele 1994, S. 26ff. ein.

[143] In der Literatur werden Akquisition und Fusion unterschieden, wobei die juristische Selbständigkeit als Unterscheidungskriterium fungiert: Bleibt die juristische Selbständigkeit eines Unternehmens bestehen, spricht man von einer Akquisition, sonst von einer Fusion. In der

dar. Sie ist immer dann vorstellbar, wenn ein ausreichend großes Marktpotential erkennbar ist (vgl. Meffert/Bolz 1998, S. 128). Die Alternative Neugründung versus Akquisition unterscheidet sich nicht nur hinsichtlich der Form
des Markteintritts, sondern setzt auch jeweils unterschiedliche Managementmethoden voraus (vgl. Young u.a. 1989, S. 18f).

Die Gründung von Tochtergesellschaften ist im Vergleich zu den kooperativen
Formen des Markteintritts kostenintensiv, da sie mit einem hohen Kapital- und
Ressourceneinsatz verbunden ist (vgl. Welge/Holtbrügge 1998, S. 118). Bei
Errichtung einer Tochtergesellschaft als Markteintrittsstrategie bleibt dem
Stammhaus die völlige Entscheidungshoheit über die gesamte Unternehmens-
politik erhalten, insbesondere die Steuerungs- und Kontrollmechanismen (vgl.
Meffert/Bolz 1998, S. 129).

Beim Markteintritt mittels Unternehmensneugründung entfallen auf den Inter-
essenten alle Kosten, die mit der Einrichtung von Produktions-, Vertriebs- und
Verwaltungsstätten korreliert sind. Ein solcher Markteintritt setzt natürlich
entsprechende Ressourcen und Managementfähigkeiten voraus (vgl. Waning
1994, S. 177f.). Der Markteintritt durch Neugründung ist langwieriger als bei
einer Akquisition, weil er mit dem Aufbau von neuen Produktionskapazitäten,
Distributionskanälen, Mitarbeiterpotentialen und Marktkenntnissen verbunden
ist (vgl. Young u.a. 1989, S. 241ff.; Terpstra/Sarathy 2000, S. 399). Im Unterschied zur Unternehmensakquisition ermöglicht eine Neugründung aber auch,
eine eigenständige Unternehmensidentität aufzubauen (vgl. Terpstra/Sarathy
2000, S. 400).
Im Unterschied zur Neugründung liegen die Vorteile der Akquisition eines
bereits auf dem Auslandsmarkt etablierten Unternehmens darin, daß auf die
vorhandenen Ressourcen und das Know-how der Mitarbeiter des aufgekauften
Unternehmens zurückgegriffen werden kann (vgl. Backhaus/Büschken/Voeth
2001, S. 180).

Praxis werden beide Begriffe aber gleich behandelt (vgl. Jansen 2001, S. 44), die vorliegende
Arbeit folgt diesem synonymen Gebrauch.

Allgemein lassen sich die Vorteile des Markteintritts durch die Errichtung einer hundertprozentigen Tochtergesellschaft in vier Bereichen lokalisieren (vgl. Kotler/Bliemel 2001, S. 632):

- Kostenvorteile aufgrund kostengünstiger Ressourcen, Investitionsanreize des Gastlandes sowie Reduzierung von Transportkosten aufgrund einer Produktion im Gastland.
- Verbesserung des Images des Unternehmens durch die Vor-Ort-Erscheinung.
- Intensivere Kontakte zu Kunden, Lieferanten, Behörden und Händlern.
- Schließlich lassen sich durch die Errichtung einer Tochtergesellschaft etwaige protektionistische Maßnahmen des Gastlandes umgehen, die einem Export entgegenstehen.

Dem stehen aber auch Nachteile entgegen, die mit den hohen Anforderungen an Kapital und Managementressourcen zusammenhängen (vgl. Young u.a. 1989, S. 240). Bei internationalen Akquisitionen ist außerdem das Risiko des Scheiterns aufgrund ungleicher Unternehmenskulturen als hoch einzuschätzen (vgl. Backhaus/Büschken/Voeth 2001, S. 180). Deswegen ist die Auswahl des Übernahmekandidaten sorgfältig zu planen und umzusetzen (vgl. Jung 1993, S. 19f.).

Abschließend ist darauf hinzuweisen, daß diese Form des Markteintritts für KMU aufgrund der hohen Anforderungen an finanzielle und personelle Ressourcen nicht sehr attraktiv ist und wahrscheinlich für die größere Zahl von KMU nur eine untergeordnete Rolle bei ihren internationalen Markteintrittsentscheidungen spielt (vgl. Young 1989, S. 240).

3.4 Grundorientierungen im internationalen Management und Internationalisierungsstrategien aus Sicht von KMU der deutschen Nahrungsmittelindustrie

Nach der Analyse der Timing-Strategien und der wichtigsten Formen der Internationalisierung stellt sich die Frage nach ihrer Relevanz für die KMU der deutschen Nahrungsmittelindustrie. Zur Klärung dieser Frage wird auf die Ergebnisse einer eigenen Erhebung zurückgegriffen, die Tendenzen erkennen lassen, von denen Hypothesen abgeleitet werden können. Natürlich hier spielt auch das Informationsverhalten der KMU der deutschen Nahrungsmittelindustrie vor ihrer Internationalisierungsentscheidung eine große Rolle. Die Frage, ob sie eher systematisch oder nicht-systematisch bei der Beurteilung und Auswahl von Ländermärkten vorgehen, ist deshalb ebenfalls von großer Bedeutung.

Oben ist bereits gezeigt worden, welche Internationalisierungsziele KMU der deutschen Nahrungsmittelindustrie vorwiegend verfolgen (vgl. Teil V, Abschn. 1.3, Tab. 51) bzw. welche Gründe sie von einer Internationalisierung innerhalb des europäischen Binnenmarkts abhalten (vgl. Teil V, Abschn. 1.3, Tab. 52).

Die internationale Orientierung der befragten KMU der deutschen Nahrungsmittelindustrie ist in Tabelle 59 wiedergegeben.

Tabelle 59: Internationale Orientierung von KMU der deutschen Nahrungsmittelindustrie

Orientierung (n=28)	
Ethnozentrisch	71,4%
Polyzentrisch	21,4%
Regiozentrisch	0,0%
Eurozentrisch	7,1%

Quelle: Eigene Erhebung

Es ist ersichtlich, daß die überwiegende Zahl von KMU der deutschen Nahrungsmittelindustrie ethnozentrisch orientiert ist und sich schwerpunktmäßig auf den Heimatmarkt konzentriert, wobei Auslandsmärkte ohne besondere Anpassung der Marktbearbeitungsstrategie bearbeitet werden (vgl. Teil V, Abschn. 2.1.1). Die Bearbeitung von Auslandsmärkten wird von KMU der deutschen Nahrungsmittelindustrie zumeist als Chance für eine Erweiterung bzw. Auslastung der Kapazitäten in der Produktion gesehen (vgl. Teil V, Abschn. 1.3, Tab. 51).

Die starke Orientierung auf den Heimatmarkt wird bestätigt durch den prozentualen Umsatz, den die Unternehmen innerhalb der EU tätigen (vgl. Tab. 60).

Tabelle 60: Aufteilung der Umsätze bei internationalisierten KMU der deutschen Nahrungsmittelindustrie im Jahr 1999

Umsatzanteil	Unternehmen mit einem Umsatzanteil von ... bis... in den EU-Ländern (n=23)
1%-10%	47,8%
11%-20%	26,1%
21%-40%	13,0%
41%-50%	0,0%
51%-60%	4,3%
61%-70%	4,3%
71%-80%	0,0%
81%-90%	0,0%
91%-100%	0,0%
Keine Angabe	4,3%

Quelle: Eigene Erhebung

Tabelle 60 zeigt, daß nur die wenigsten KMU der deutschen Nahrungsmittelindustrie einen höheren Umsatzanteil durch die Bearbeitung anderer EU-Ländermärkte erwirtschaften, so daß die obige Aussage, daß sich die KMU der deutschen Nahrungsmittelindustrie vorrangig auf den Heimatmarkt konzentrieren, eine Bestätigung findet.

Ein wichtiger Bestandteil ihrer Internationalisierung ist auch das Informationsverhalten der KMU der deutschen Nahrungsmittelindustrie. Tabelle 61 nennt

233

die Quellen, die die befragten KMU für ihre Internationalisierungsentscheidung nutzen. Dabei wird ersichtlich, daß der Großteil der befragten KMU nicht-systematische Verfahren der Ländermarktselektion bevorzugt. Die meisten Unternehmen beziehen ihre Informationen aus Kontakten mit Importeuren, Händlern, auf Messen oder durch Institutionen wie Industrie- und Handelskammer, Außenhandelskammer, Centrale Marketinggesellschaft für Agrarprodukte. Nur 9,3% geben an, ihre Informationen aus eigenen Marktforschungen zu beziehen (vgl. Tab. 61).

Natürlich besitzen nicht-systematische Verfahren der Ländermarktselektion aufgrund ihrer kostengünstigen Durchführung eine hohe Attraktivität für viele KMU, sie bergen allerdings die Gefahr, in wenig erfolgversprechende Märkte zu investieren (ausführlicher dazu Teil V, Abschn. 2.2.2).

Tabelle 61: Informationsquellen von KMU der deutschen Nahrungsmittelindustrie vor einer Internationalisierungsentscheidung

Informationsquellen vor einer Internationalisierung (n=43)	
Industrie- und Handelskammer	34,9%
Außenhandelskammer	9,3%
Bundesstelle für Außenhandelsinformationen	11,6%
Messen	11,6%
Brancheninterne Informationen	9,3%
CMA (Centrale Marketinggesellschaft für Agrarprodukte)	9,3%
Kontakte zu Importeuren, Handelsgesellschaften	4,7%
Eigene Marktforschung i.S. einer Länder- bzw. Konsumentensegmentierung	9,3%

Quelle: Eigene Erhebung

Unabhängig von ihrem Verfahren der Ländermarktselektion wurden die KMU der deutschen Nahrungsmittelindustrie befragt, welche Auswahlkriterien für sie bei der Bestimmung eines Zielmarkts von Relevanz seien. Ihre Antworten sind in der Tabelle 62 dargestellt. So messen 21,7% der KMU der deutschen Nahrungsmittelindustrie bei der Länderauswahl den politisch-rechtlichen Faktoren eine sehr wichtige bis mittel wichtige Bedeutung bei. 34,8% der KMU ordnen den ökonomischen Faktoren bei der Länderauswahl eine sehr wichtige bis mittel wichtige Bedeutung zu. 39,1% der KMU ordnen den geographischen Faktoren eine sehr wichtige bis mittel wichtige Bedeutung zu und 17,3% ordnen den soziokulturellen Bedingungen eines Landes eine sehr wichtige bis mittel wichtige Bedeutung zu (vgl. Tab. 62). Daß die meisten KMU keine Konsumentensegmentierung durchführen, könnte auch ein Indiz dafür sein, daß sie vorwiegend diejenigen Güter produzieren, die von den Export- bzw. Importhändlern nachgefragt werden.

Tabelle 62: Kriterien bei der Länderauswahl seitens KMU der deutschen Nahrungsmittelindustrie

Faktoren	Antworten der Unternehmen (n=23)				
	sehr wichtig	mittel wichtig	gering wichtig	überhaupt nicht wichtig	Keine Angabe
Politisch-rechtliche	13,0%	8,7%	13,0%	17,4%	47,8%
Ökonomische	8,7%	26,1%	17,4%	21,7%	26,1%
Geographische	13,0%	26,1%	21,7%	13,0%	26,1%
Soziokulturelle	4,3%	13,0%	34,8%	17,4%	30,4%

Quelle: Eigene Erhebung

Auch das Timing des internationalen Markteintritts von KMU der deutschen Nahrungsmittelindustrie ist von Bedeutung (vgl. Tab. 63).

Tabelle 63: Internationales Timing* von KMU der deutschen Nahrungs-mittelindustrie

EU 15	KMU der deutschen Nahrungsmittelindustrie (n=15)						
	KMU1	KMU2	KMU3	KMU4	KMU5	KMU6	KMU7
B	2	4					2
DK				2			2
D	1	1	1	1	1	1	1
FIN				2			3
F	2	3	2				5
GR	3						3
GB	2	2					2
IRL							
I	2		3		3	2	
L	2						
N	2	4		2			2
Ö	2	3		2	2		3
P	2					2	4
SCHW				2			4
S	2						4

EU 15	KMU der deutschen Nahrungsmittelindustrie (n=15)							
	KMU8	KMU9	KMU10	KMU11	KMU12	KMU13	KMU14	KMU15
B	2	2	2	3		2	3	2
DK	2	9	2	3		2		2
D	1	1	1	1	1	1	1	1
FIN	3		2		2		2	
F	2	3	2					2
GR	3		2				4	
GB	2	4	2	3			5	2
IRL	3	10			2			
I	2	5	2					2
L	2	11	2	3				
N	2	2	2	2			2	2
Ö	2	7	2	2			4	2
P	3	6						
SCHW	3						2	
S	3	8						

* Die Numerierung eins, zwei, drei usw. zeigt die Reihenfolge des Markteintritts jedes einzelnen befragten KMU der deutschen Nahrungsmittelindustrie in die von ihm bearbeiteten Ländermärkte
Quelle: Eigene Erhebung

Es zeigt sich also, daß die KMU der deutschen Nahrungsmittelindustrie sowohl die Wasserfall- als auch die Sprinkler-Stategie als auch kombinierte Markteintrittsstrategien realisieren (vgl. Teil V, Abschn. 2.3.1 und 2.3.2).

Ebenfalls von Bedeutung sind die benutzten Internationalisierungsformen beim Auslandsengagement der befragten KMU der deutschen Nahrungsmittelindustrie (vgl. Tab. 64). Wie erwartet, benutzt die Mehrheit der befragten KMU direkte bzw. indirekte Exporte als vorrangige Internationalisierungsstrategie. So geben 32,6% der KMU an, indirekte Exporte zu betreiben und 41,9% direkte Exporte. Kooperationen ohne bzw. mit geringer Kapitalbeteiligung werden von 18,6% genutzt, das heißt in höherem Maße als Kooperationen mit Kapitalbeteiligung, die nur von 4,7% der KMU als Internationalisierungsform genutzt werden. Am seltensten nutzen die befragten KMU der deutschen Nahrungsmittelindustrie Direktinvestitionen im Sinne einer hundertprozentigen Tochtergesellschaft im Ausland (vgl. Tab 64).

Tabelle 64: Internationalisierungsformen von KMU der deutschen Nahrungsmittelindustrie

Internationalisierungsformen (n=43)	Anteil der Antworten
Indirekter Export	32,6%
Direkter Export	41,9%
Kooperation i.S. von Lizenzen, Kontraktproduktionen, Franchise	18,6%
Strategische Allianzen, Joint Ventures	4,7%
Direktinvestition i.S. von ausländischer Tochtergesellschaft	2,3%

Quelle: Eigene Erhebung

Wie gesehen, stellen Exporte die am häufigsten genutzte Form der Internationalisierung bei KMU der deutschen Nahrungsmittelindustrie dar[144]. Es steht zu erwarten, daß auch eine repräsentative Befragung von KMU der deutschen Nahrungsmittelindustrie zu diesem Ergebnis kommen würde.

---

[144] Die Gründe, aus denen die meisten KMU Exporte als Internationationalisierungsstrategie nutzen, sind in Teil V in den Abschnitten 3.1, 3.1.1 und 3.1.2 ausführlicher analysiert.

Ebenfalls von Bedeutung ist die Frage nach den Gründen einer Exportentscheidung seitens der KMU der deutschen Nahrungsmittelindustrie, die als offene Frage gestellt wurde. Die angeführten Gründe für Exportentscheidungen lassen sich folgendermaßen zusammenfassen (vgl. Tab. 65).

Tabelle 65:   Gründe für eine Internationalisierung durch Exporte

➤   Räumliche Nähe
➤   Geringes Auslandswissen
➤   Nachfrage für das Produkt vorhanden
➤   Handelspartnerkontakte vorhanden
➤   Ausschöpfung/Erweiterung der Kapazitäten

Quelle: Eigene Erhebung

Es kann also festgehalten werden, daß Exporte die bevorzugte Internationalisierungsstrategie von KMU der deutschen Nahrungsmittelindustrie darstellen. Dieses Ergebnis steht im Einklang mit der oben analysierten vorwiegend ethnozentrischen Orientierung der befragten Unternehmen. Exporte sind zudem im Vergleich zu anderen Internationalisierungsformen relativ kostengünstig und bieten sich insbesondere als Anfangsstadium einer Internationalisierung an, solange nur geringes Auslandswissen vorhanden ist (vgl. Tab. 65, sowie auch Teil V, Abschn. 3.1, 3.1.1, 3.1.2).

4   Standardisierung bzw. Differenzierung des internationalen Marketing-Programms

Abschließend wird das internationale Marketing-Programm unter dem Aspekt einer standardisierten bzw. differenzierten Gestaltung der Marketing-Instrumente diskutiert und danach die Standardisierungs- bzw. Differenzierungsmöglichkeiten der KMU der deutschen Nahrungsmittelindustrie untersucht.

4.1   Marketing-Programm im internationalen Marketing

Das internationale Marketing-Programm umfaßt die Gestaltung der internationalen Produkt-, Preis-, Kommunikations- und Distributionspolitik.

Als Gegenstand der Produktpolitik werden Produktkern, Verpackung und Marke genannt.

Der Produktkern stiftet den Grundnutzen für den Konsumenten. Das Standardisierungspotential des Produktkerns ist bei Nahrungsmitteln sehr stark von der Homogenität der Kundenbedürfnisse abhängig (vgl. Meffert/Bolz 1998, S. 183). Die kulturelle Heterogenität im europäischen Binnenmarkt ist jedoch mit einem heterogenen Konsumentenverhalten verbunden, so daß eine länderspezifische Anpassung der Produkte bei Nahrungsmitteln sinnvoll ist (vgl. dazu Teil IV, Abschn. 3.2). Die Unterschiede im Konsumentenverhalten zeigen sich insbesondere in landestypischen Geschmacksrichtungen. Obwohl in vielen EU-Ländern nicht nur landestypische Nahrungsmittel konsumiert werden, scheint dennoch eine Anpassung an die landestypischen Geschmacksmuster angebracht zu sein (vgl. Berekoven 1978, S. 144ff.; Walter 2004, S. 4). Natürlich gibt es noch andere Gründe, die für eine Differenzierung des Produktkerns bei Nahrungsmitteln sprechen. So kann beispielsweise unter bestimmten klimatischen Bedingungen die Haltbarkeit von Nahrungsmitteln eine Differenzierung des Produktkerns erfordern (vgl. Meffert/Bolz 1998, S. 182; Berndt/Fantapié-Altobelli/Sander 1997, S. 72).

Ein weiteres wichtiges Element der Produktpolitik stellt die Gestaltung der Verpackung dar. Die Verpackung hat im Laufe der Zeit eine besondere Gewichtung in der Produktpolitik der Unternehmen gewonnen (vgl. Backhaus/Büschken/Voeth 2001, S. 202ff.). Abgesehen von der Funktion der Verpackung zur Gewährleistung von Qualität und Haltbarkeit bei Transport und Lagerung der Produkte kommt in zunehmendem Maße die Funktion der Verpackung als verkaufsförderndes Mittel hinzu (vgl. Backhaus/Büschken/Voeth 2001, S. 203f.) Diese letztere Funktion spielt insbesondere bei gesättigten Märkten eine besondere Rolle, da eine entsprechend gestaltete Verpackung Impulskäufe anregen kann (vgl. Backhaus/Büschken/Voeth 2001, S. 204).

Die rationalen Anforderungen an die Produktverpackung von Lebensmitteln sind aus Sicht des Konsumenten folgende (vgl. Strecker/Reichert/Pottebaum 1990, S. 178):

- Erkennbarkeit der wichtigsten Informationen über das Produkt im Sinne von Zutaten, Haltbarkeit u.a.

- Entnahme, Transport und Lagerung von Nahrungsmitteln sollen für den Konsumenten bequem und leicht sein.
- Öffnen und Verschließen der Verpackung sollte bei Nahrungsmitteln möglichst einfach sein. Insbesondere die Zubereitung von Tiefkühlgerichten sollte ohne Beschädigung von Produkt oder Verpackung möglich sein.

Neben diesen funktionalen Anforderungen an die Nahrungsmittelverpackung lassen sich noch weitere Komponenten nennen, wie z.b. ästhetische Anforderungen an Form und Gestaltung (vgl. Strecker/Reicher/Pottebaum 1990, S. 179). Insofern ist eine standardisierte Produktverpackung für den Aufbau einer länderübergreifenden Identität in den folgenden Fällen zu empfehlen (vgl. Mühlbacher 1995, S. 155):

- Wenn keine gesetzlichen Vorschriften und Verordnungen dies verbieten (vgl. Meffert/Bolz 1998, S. 185).
- Wenn die Funktionsansprüche der Märkte nicht unterschiedlich sind im Sinne von unterschiedlicher Kaufkraft der Konsumenten. Beispielsweise sollten in Ländern mit geringerer Kaufkraft kleinere Verpackungen mit geringeren Mengen vorgezogen werden.
- Wenn die Einzelhandelsstruktur in den bedienten Märkten nicht sehr unterschiedlich ist. Beispielsweise wenn die Geschäfte in einem Land wie in Italien sehr klein sind, dann sollen Verpackungen nicht groß und raumaufwendig sein.
- Wenn keine kulturellen Probleme im Sinne von unterschiedlichen Assoziationen wegen Farbe, Form oder Kennzeichnung der Verpackung auftreten.

Natürlich gibt es innerhalb der EU ein Standardisierungspotential in der Verpackungsgestaltung im Sinne von mehrsprachig bedruckten Verpackungen oder europaweiter Warenzeichenidentität. Eine Standardisierung der Verpackung ist also möglich, soweit die oben genannten Faktoren gegeben sind (vgl. Mühlbacher 1995, S. 155).

Hinsichtlich der Produktmarke könnte man sagen, daß sie den Aufbau einer Produktidentität sowie eines europäischen bzw. weltweiten Markenimages zum Ziel haben soll (vgl. Meffert/Bolz 1998, S. 185). Genauso wie die Produktverpackung soll auch die Produktmarke einen über den Grundnutzen des Produktkerns hinausgehenden Zusatznutzen für den Konsumenten stiften (vgl. Backhaus/Büschken/Voeth 2001, S. 376). Eine Standardisierung der Produktmarke ist auf internationalen Märkten immer dann möglich, wenn sie keine negativen Assoziationen bei den Verbrauchern hervorruft (vgl. Backhaus/Büschken/Voeth 2001, S. 209) oder wenn die Produktmarke keinen Bezug zur Produktleistung hat (vgl. Meffert/Bolz 1998, S. 185). Generell steigt das Image einer Produktmarke bei Lebensmitteln, je stärker sie verbreitet sind (vgl. Strecker/Reichert/Pottebaum 1990, S. 183). Bei Nahrungsmitteln spielt für den Aufbau einer Marke nicht nur die äußere Gestaltung des Produkts, sondern in hohem Maße die Gewährleistung einer hohen Qualität eine Rolle. Die Qualität von Nahrungsmitteln ist insbesondere bei Frischprodukten ausschlaggebend. Mit zunehmender Verarbeitung von Nahrungsmitteln gewinnen jedoch zusätzliche Faktoren an Gewicht für das Image einer Produktmarke, wie Zubereitbarkeit oder Handlichkeit und Genußwert des Produkts, aber auch Verpackung, Farbe und Form (vgl. Strecker/Reichert/Pottebaum 1990, S. 187).

Auch die Gestaltung einer internationalen Preispolitik wird hier unter dem Aspekt einer Preisstandardisierung bzw. -differenzierung auf allen von den Unternehmen bearbeiteten Märkten analysiert. Eine Entscheidung über Preisstandardisierung bzw. -differenzierung sollte folgende Faktoren in Betracht ziehen (vgl. Backhaus/Büschken/Voeth 2001, S. 231ff.; Simon/Wiese 1995, S. 238ff.):

- Rechtliche Rahmenbedingungen im Sinne von unterschiedlichen Steuergesetzgebungen führen zu einer differenzierten Preispolitik des Unternehmens auf verschiedenen Ländermärkten. Auch wenn Unternehmen einen gleichen Nettopreis für alle EU-Länder festsetzen, differieren doch die Bruttopreise ihrer Produkte, da gegenwärtig innerhalb der EU die Mehrwertsteuersätze nach dem Bestimmungslandprinzip erhoben werden (vgl. Simon/Wiese 1995, S. 238ff.). Dagegen können unterschiedliche Nettopreise von Absatzmittlern zu Reimporten genutzt werden (vgl. Backhaus/Büschken/Voeth 2001, S. 238f.).

- Das Kaufkraftniveau der bearbeiteten Länder stellt ebenfalls einen Faktor dar, der in die Entscheidung über Preisstandardisierung bzw. -differenzierung einbezogen werden sollte. So ist eine Preisstandardisierung bei unterschiedlichen Kaufkraftniveaus der bearbeitenden Länder eher als nachteilig zu bewerten (vgl. Backhaus/Büschken/Voeth 2001, S. 231). Die Kaufkraft gibt Informationen über die Zahlungsfähigkeit der Konsumenten in den jeweiligen Ländern, während die Zahlungsbereitschaft der Konsumenten für bestimmte Produkte durch Konsumpräferenzen indiziert wird. Die Käuferpräferenzen sind für die Preisfestsetzung ein viel wichtigerer Faktor als das Kaufkraftniveau (vgl. Simon/Wiese 1995, S. 240f.). Es kann vorkommen, daß in Ländern mit gleichem Kaufkraftniveau eine unterschiedliche Kaufpräferenz vorhanden ist und somit eine unterschiedliche Zahlungsbereitschaft für das gleiche Produkt gegeben ist. Hier muß allerdings erwähnt werden, daß Untersuchungen von Kaufpräferenzen mit hohen Kosten verbunden sind (vgl. Backhaus/Büschken/Voeth 2001, S. 233). Bei unterschiedlicher Zahlungsbereitschaft in verschiedenen Ländern sollte auf eine Preisstandardisierung verzichtet werden (vgl. Walter 2004, S. 6).
- Als bedeutender Faktor ist auch die Struktur des Wettbewerbs in den jeweiligen Ländern zu beachten. Je nachdem, wie die Konkurrenten in den jeweiligen Ländern etabliert sind, wird die Entscheidung über eine Preisstandardisierung bzw. -differenzierung ausfallen. Je unterschiedlicher die Wettbewerbsstruktur in den von einem Unternehmen bearbeitenden Ländern ist, desto stärker werden die Preisdifferenzierungen sein (vgl. Backhaus/Büschken/Voeth 2001, S. 238).
- Eine Preisstandardisierung bzw. -differenzierung hängt auch von der Kostensituation des Unternehmens ab. In diesem Sinne nehmen viele Unternehmen eine Preisdifferenzierung vor, wenn der Transport einen großen Kostenfaktor darstellt (vgl. Backhaus/Büschken/Voeth 2001, S. 238). Auch einige Zweige der Nahrungsmittelindustrie sind davon betroffen, weil die Transportkosten im Vergleich zum Wert des Produkts pro Gewichtseinheit als sehr hoch anzusetzen ist. Dies gilt für Brauereien, Mineralwasser- und Limonadenhersteller (vgl. Breitnaher/Täger 1990, S. 86). Preisdifferenzen, die auf hohe Transportkosten zurückzuführen sind, können auf zwei Wegen umgangen werden (vgl. Backhaus/Büschken/

Voeth 2001, S. 238): Zum einen durch die Errichtung von Produktionsstätten im Ausland, so daß keine hohen Transportkosten mehr für die Unternehmen anfallen. Zum anderen können die Unternehmen, durch die Bearbeitung mehrerer Ländermärkte ihre Stückkosten reduzieren.

Generell könnte man sagen, daß eine Preisstandardisierung bzw. -differenzierung sehr eng mit allen oben analysierten Faktoren zusammenhängt. Sie hängt aber auch von der Strategie ab, die ein Nahrungsmittelhersteller verfolgt. Innerhalb der EU scheint eine Preisstandardisierung für alle Länder aufgrund unterschiedlicher Kaufkraftniveaus sowie zu vermutender unterschiedlicher Zahlungsbereitschaften der Konsumenten und unterschiedlicher Distributionswege wenig empfehlenswert zu sein. Die preisstrategischen Überlegungen eines Unternehmens sollten auf jeden Fall die Konsequenzen einer Preisstandardisierung bzw. -differenzierung in Betracht ziehen (vgl. Schnaebele 2000, S. 334ff.). Nicht zuletzt übt der Handel einen besonderen Einfluß auf die Preispolitik von Nahrungsmittelherstellern aus, so daß viele Nahrungsmittelhersteller gezwungen sind, ihre preispolitischen Maßnahmen den Forderungen des Handels anzupassen (vgl. Strecker/Reichert/Pottebaum 1990, S. 216 und S. 226).

Das Standardisierungspotential der internationalen Distributionspolitik eines Unternehmens ist eher gering (vgl. Walter 2004, S. 6; Hüttner/Ahsen/Schwarting 1999, S. 536). Die Distributionspolitik eines internationalen Unternehmens hängt sehr eng zusammen mit seiner Auswahl von Ländermärkten sowie mit den dabei realisierten Markteintrittsstrategien, aber auch mit seinem Marketingkonzept (vgl. Backhaus/Büschken/Voeth 2001, S. 279). So bieten sich den Unternehmen bei einer Marktbearbeitung per indirektem Export nur sehr geringe oder gar keine Steuerungs- und Kontrollmöglichkeiten (vgl. Schneider 1995, S. 258). Eine Standardisierungsentscheidung im Rahmen der Gestaltung einer internationalen Distributionspolitik hängt auch sehr eng zusammen mit der Anzahl der Absatzmittler und den jeweiligen Absatzwegen, die in den bearbeiteten Ländern existieren (vgl. Meffert/Bolz 1998, S. 229). Dabei spielt auch die Verteilung der Distributionsaufgaben eine gewichtige Rolle. Dies betrifft nicht nur die Einschaltung von Absatzmittlern im Sinne von Zwischenstufen im Ab-

satzweg, sondern auch die Vielzahl von Unternehmen, die Teilaufgaben im gesamten Absatzweg erledigen, beispielsweise Spediteure, Lagerhalter sowie Handelsvertreter und Agenten (vgl. Hünerberg 1994, S. 296).
Die Länge der Distributionswege hängt jedoch nicht immer allein vom Unternehmen selbst ab. Dies gilt insbesondere bei der Einschaltung von externen Absatzmittlern, die dann über die Stufen des Distributionswegs des Unternehmens entscheiden (vgl. Hünerberg 1994, S. 299), etwa beim indirekten Export, das heißt der Einschaltung wirtschaftlich und rechtlich selbständiger Exportunternehmen, die die Waren vom Hersteller kaufen und auf eigenes Risiko weiterverkaufen (vgl. Teil V, Abschn. 3.1.1). Die Frage der Standardisierung der Distributionspolitik hängt auch sehr eng mit der Vielfalt der Distributionssysteme in den verschiedenen Ländern zusammen, so daß die Entscheidung für eine eingleisige oder mehrgleisige Distribution an länderspezifische Absatzwege sowie an die Struktur eines Landes im Sinne von Größe, Infrastruktur, Handelsstruktur u.a. gekoppelt ist (vgl. Hünerberg 1994, S. 300f.).
So könnte man sagen, daß die Distribution um so standardisierter erfolgen kann, je geringer die Vielfalt der genutzten Absatzmittler und Absatzwege ist. Da aber meistens die länderspezifischen Distributionswege erhebliche Unterschiede aufweisen, erschwert dies eine Standardisierung der Distributionspolitik von Unternehmen oder macht sie gänzlich unmöglich (vgl. Hünerberg 1994, S. 304).

Eine internationale Standardisierung der Kommunikationspolitik bedeutet eine länderübergreifende Vereinheitlichung der kommunikationspolitischen Instrumente des Marketing (vgl. Meffert/Bolz 1998, S. 219). Die Kommunikationspolitik eines Unternehmens soll auf die bewußte Steuerung des Verhaltens der aktuellen, aber auch der potentiellen Konsumenten abzielen und alle relevanten Informationen so gestalten, daß dieses Ziel erreicht werden kann (vgl. Meffert/Bolz 1998, S. 189). Als kommunikationspolitische Instrumente können hier Werbung im klassischen Sinne sowie Verkaufsförderung, aber auch Öffentlichkeitsarbeit im Sinne von Sponsoring u.a. genannt werden (vgl. Strecker/Reichert/Pottebaum 1990, S. 297):

- Die Werbung im klassischen Sinn zielt darauf ab, durch die Medien die Aufmerksamkeit der Verbraucher zu wecken, ihr Interesse zu steigern und eine Kaufentscheidung herbeizuführen.
- Die Verkaufsförderung zielt darauf ab, einerseits die Händler zu motivieren, das Produkt in ihr Sortiment aufzunehmen und seinen Absatz zu steigern, andererseits beim Verbraucher Impulskäufe zu initiieren und sein Verhalten zu lenken.
- Durch das Sponsoring im Rahmen der Öffentlichkeitsarbeit wird versucht, Vertrauen zu gewinnen sowie Kontakte aufzubauen und zu pflegen (vgl. Strecker/Reichert/Pottebaum 1990, S. 297; Keegan/Schlegelmilch/Stöttinger 2002, S. 544).

Bei der Entscheidung für eine Standardisierung bzw. Differenzierung der Kommunikationspolitik müssen aber auch die folgenden Faktoren berücksichtigt werden (vgl. Berndt/Fantapié-Altobelli/Sander 1995, S. 180ff.):

- Wirtschaftsdaten im Sinne von Demographie, Bruttoinlandsprodukt, Werbeaufwendungen pro Kopf in den einzelnen Ländern u.a.
- Soziokulturelle Rahmenbedingungen im Sinne von Sprache, Bildungsniveau, Religion, Rollenverteilung in der Familie sowie Werte und Normen einer Gesellschaft.
- Rechtliche Rahmenbedingungen im Sinne von notwendiger Anpassung der Werbung auf vorgegebene Richtlinien und Verordnungen, wobei die Werberichtlinien innerhalb der EU weitgehend vergleichbar sind; trotzdem besitzt das nationale Recht immer noch eine hohe Relevanz.
- Medienlandschaft und Mediennutzungsverhalten im Sinne der Kenntnis von Verbreitung und Reichweite der Werbeträger; das betrifft auch Fragen wie: Welche Werbeträger werden wie oft von welchen Altersklassen oder von welchem Geschlecht genutzt.

Für eine Standardisierung in der internationalen Werbung sprechen bspw. Kostenvorteile oder die Möglichkeit zum Aufbau eines einheitlichen Images. Dies setzt jedoch homogene Bedürfnisse in den bearbeiteten Ländermärkten voraus. Bei einer Standardisierung der internationalen Werbung bleiben länderspezifische Besonderheiten wie etwa unterschiedliche Konsumgewohnheiten unberücksichtigt (vgl. Meffert u.a. 1986, S. 17ff.).

Durch die Sättigungstendenzen in den Nahrungsmittelmärkten steigt der Zwang zur Werbung im klassischen Sinne. Werbung im Nahrungsmittelbereich ist vor allem Expansionswerbung für Produkte, die bereits auf dem Markt sind und richtet sich gegen Konkurrenzprodukte (vgl. Strecker/Reichert/ Pottebaum 1990, S. 315). Im Nahrungsmittelbereich richtet sich Werbung meistens an Frauen, weil sie überwiegend die Kaufentscheidungen treffen. Das bedeutet aber nicht, daß Lebensmittelwerbung standardisiert durchgeführt werden kann, denn verschiedene Typen von Frauen müssen natürlich auch unterschiedlich angesprochen werden (vgl. Strecker/Reichert/Pottebaum 1990, S. 316). Außerdem muß Lebensmittelwerbung stark auf emotionale Aspekte setzen, um eine Differenzierung des Produkts von Konkurrenzprodukten zu erzielen (vgl. Strecker/Reichert/Pottebaum 1990, S. 317).

Generell muß man sagen, daß die internationale Werbung eher differenziert gestaltet werden sollte (vgl. Meffert/Meurer 1993, S. 225). So ist einerseits die bildliche und inhaltliche Umsetzung, aber auch die Auswahl von Werbeträgern zu differenzieren. Andererseits weist die Werbebotschaft eher ein Standardisierungspotential auf (vgl. Hensmann 1989, S. 58ff.; Takeuchi/Porter 1989, S. 144ff.).

Im Nahrungsmittelbereich nimmt die Verkaufsförderung am Ort des Verkaufs ebenfalls einen hohen Stellenwert ein. Für eine Verkaufsförderung sprechen folgende Gründe (vgl. Strecker/Reichert/Pottebaum 1990, S. 285):

- Entscheidungen über die zu kaufenden Produkte werden im Nahrungsmittelbereich meistens erst am Ort des Verkaufs gefällt.
- Durch den steigenden Verdrängungswettbewerb sind die Hersteller gezwungen, sich durch Produktneuentwicklungen von ihren Konkurrenten abzuheben.
- Die Wirksamkeit der klassischen Werbung wird mitunter als gering angesehen, da die Mehrzahl der Verbraucher der großen Zahl von Werbekontakten überdrüssig ist.

Die Verkaufsförderung der Nahrungsmittelhersteller sollte sich nicht allein an den Verbrauchern ausrichten, sondern auch an den Händlern (vgl. Strecker/ Reichert/Pottebaum 1990, S. 286). Verkaufsförderung gegenüber dem Handel ist für Nahrungsmittelhersteller wichtig, um Listungen im Lebensmitteleinzelhandel zu erreichen und zu sichern sowie Waren dort verstärkt zu präsentieren (vgl. Strecker/Reichert/Pottebaum 1990, S. 285). Solche Verkaufsförderungsaktivitäten werden in Tabelle 66 zusammengefaßt.

Tabelle 66: Verkaufsförderungsaktivitäten gegenüber Handel und Verbrauchern

Verbraucher-Promotions	Händler-Promotions
Produktproben	Kaufnachlässe
Gutscheine und Coupons	Funktionsrabatte
Rückvergütungsrabatte	Rücknahmegarantien
Sonderpreispackungen	Gratiswaren
Geschenke	Direkte Zahlungen (Regalmieten)
Gewinnspiele	Mengenrabatte
Treueprämien	Display-Aktionen
Probenutzungsangebote	Präsente
Displays und Vorführungen am „Point of Purchase" (Verkaufsort)	

Quelle: Hüttner/Ahsen/Schwarting 1999, S. 245

Besonders empfiehlt sich die Verkaufsförderung gegenüber Werbung im klassischen Sinne, wenn die Produkte nur regional abgesetzt werden oder wenn das Produkt- und Markenprofil des Erzeugnisses nicht sonderlich bekannt ist (vgl. Strecker/Reichert/Pottebaum 1990, S. 289).
Eine länderübergreifende Standardisierung der Verkaufsförderung scheint aufgrund unterschiedlicher rechtlicher Vorschriften und Richtlinien sowie unterschiedlicher Handelsstrukturen kaum realisierbar zu sein (vgl. Meffert/Bolz 1998, S. 220f.; Hünerberg 1994, S. 268; Walter 2004, S. 8).

Das Sponsoring stellt insbesondere in den letzten Jahren ein bedeutendes Kommunikationsinstrument für Nahrungsmittelhersteller dar, zumal für Hersteller von Erfrischungsgetränken und alkoholischen Getränken (vgl. Hüttner/ von Ahsen/Schwarting 1999, S. 246ff.). Die Unternehmen sind beim Sponsoring bestrebt, ihr Produkt, ihre Marke oder ihren Firmennamen bekannt zu machen (vgl. Keegan/Schlegelmilch/Stöttinger 2002, S. 544). Als Sponsoring-Arten unterscheidet man Sport-, Kultur- und Sozialsponsoring (vgl. Hünerberg 1994, S. 283). Insbesondere das Sportsponsoring ist sehr bekannt und wird oft von Bierherstellern genutzt (vgl. Hüttner/Ahsen/Schwarting 1999, S. 249). Sponsoring erscheint nicht zuletzt deshalb als interessantes Instrument der Kommunikationspolitik, weil es sich international standardisiert einsetzen läßt, abgesehen von gelegentlich notwendigen Übersetzungen (vgl. Hünerberg 1994, S. 283).

Abschließend könnte man sagen, daß in der Kommunikationspolitik eines Unternehmens eher ein differenziertes Konzept für die Ländermarktbearbeitung die Regel ist. Als einzige Möglichkeit für eine EU-weite Standardisierung der Kommunikationspolitik bieten sich Dachkampagnen an, bei denen die Kernbotschaft länderübergreifend übernommen werden kann, wobei die Umsetzung dann durch länderspezifische Maßnahme ergänzt werden sollte (vgl. Meffert/Bolz 1998, S. 221; Walter 2004, S. 8).

4.2 Das Standardisierungs- bzw. Differenzierungspotential des Marketing-Programms von KMU der deutschen Nahrungsmittelindustrie

Betrachtet man die Marketingprogramme der KMU der deutschen Nahrungsmittelindustrie, so wird ersichtlich, welche Marketinginstrumente sie standardisiert bzw. differenziert bei der Bearbeitung der von ihnen ausgewählten EU-Länder einsetzen (vgl. Tab. 67).

So geben 30,4% der befragten KMU der deutschen Nahrungsmittelindustrie an, daß sie ihre Produktpolitik absolut standardisiert auf alle bearbeiteten Märkte übertragen. Ebenfalls 30,4% geben an, daß sie ihre Produktpolitik sowohl standardisiert als auch differenziert einsetzen und 26,1% bearbeiten die EU-Ländermärkte mit einer völlig differenzierten Produktpolitik.

Tabelle 67: Standardisierung bzw. Differenzierung des Marketing-Programms von KMU der deutschen Nahrungsmittelindustrie

Marketinginstrumente (n=23)	absolute Standardisierung	halb Standardisierung – halb Differenzierung	absolute Differenzierung	keine Angabe
Produktpolitik	30,4%	30,4%	26,1%	13,0%
Preispolitik	23,9%	39,1%	28,3%	8,7%
Distributionspolitik	13,0%	34,8%	34,8%	17,4%
Kommunikationspolitik	13,0%	34,8%	39,1%	13,0%

Quelle: Eigene Erhebung

Die preispolitischen Strategien werden von 23,9% der befragten KMU völlig standardisiert eingesetzt. Dagegen nutzen 39,1% gemischte preispolitische Maßnahmen und 28,3% differenzieren ihre Preispolitik völlig. In der Distributionspolitik werden von 34,8% der KMU gemischte Strategien benutzt, ein ebensohoher Anteil differenziert die Distributionspolitik völlig, während nur 13,0% der KMU angeben, daß sie ihre Distributionspolitik völlig standardisieren. In der Kommunikationspolitik geben nur 13,0% der befragten KMU an, standardisierte kommunikationspolitische Maßnahmen einzusetzen, während 34,8% eher gemischte Strategien nutzen und 39,1% ihre Ländermärkte mit völlig differenzierten kommunikationspolitischen Konzepten bearbeiten (vgl. Tab. 67).

TEIL VI: Zusammenfassung der Ergebnisse und Ausblick

1 Zusammenfassung der Ergebnisse

Ausgehend von einer Situation stark fragmentierter nationaler Wirtschaften in Europa ist mit der Verwirklichung des europäischen Binnenmarkts zum 1. Januar 1993 ein entscheidender Schritt im Prozeß der zunehmenden Verflechtung der europäischen Wirtschaften getan worden. Die Schaffung des europäischen Binnenmarkts hat für die europäischen Unternehmen neue Chancen, aber auch Risiken mit sich gebracht. Der Abbau materieller, technischer und steuerlicher Schranken gab vielen Unternehmen die Chance zur Überwindung der nationalen gesättigten Absatzmärkte durch den Ausbau ihrer Tätigkeit in anderen Ländern des europäischen Binnenmarkts. Diese Entwicklung hat aber zugleich zu einer Verschärfung des Wettbewerbs geführt.

Allerdings hat sich in der Forschung im Bereich des strategischen internationalen Marketing bislang nur eine kleine Zahl von Arbeiten mit der Nahrungsmittelindustrie und insbesondere mit den KMU der deutschen Nahrungsmittelindustrie im europäischen Binnenmarkt beschäftigt. Diese Arbeiten beschränkten sich zudem auf Teilaspekte wie bestimmte Zweige der Ernährungsbranche oder widmeten sich nicht schwerpunktmäßig kleinen und mittleren Unternehmen. Vor allem aber ist die Kultur als Bestandteil der soziokulturellen Faktoren der externen Unternehmensumwelt der Nahrungsmittelhersteller in ihrer Bedeutung bislang nicht genügend erkannt worden. So stand eine Analyse der Situation der KMU der deutschen Nahrungsmittelindustrie hinsichtlich ihrer Internationalisierungsbetroffenheit und ihrer Internationalisierungsstrategien nach der Schaffung des europäischen Binnenmarkts bislang aus. Angesichts dieses Forschungsdefizits richtete sich die vorliegende Arbeit auf die Untersuchung der externen Unternehmensumwelt, mit der die KMU der deutschen Nahrungsmittelindustrie nach der Schaffung des europäischen Binnenmarkts konfrontiert sind, um zu ermitteln, inwieweit die Rahmenbedingungen in der EU homogenisiert sind und eine Standardisierung der Marktbearbeitung überhaupt zulassen. Ferner wurde untersucht, inwieweit sich die

KMU der deutschen Nahrungsmittelindustrie von der Schaffung des europäischen Binnenmarkts betroffen fühlen und welche Internationalisierungsstrategie sie benutzen, um ihre Geschäftstätigkeit auszuweiten.

Im kurzen Überblick über die historische Entwicklung der Europäischen Union wurde gezeigt, wie stark die einzelnen nationalen Wirtschaften vor der Schaffung des europäischen Binnenmarkts durch Handelshemmnisse fragmentiert waren und inwieweit mit der Schaffung des europäischen Binnenmarkts solche Hemmnisse abgebaut worden sind, die sich bis dahin negativ auf Internationalisierungsentscheidungen von Unternehmen der Nahrungsmittelindustrie und hier besonders von kleinen und mittleren Unternehmen ausgewirkt hatten.
Bei der Analyse der deutschen Nahrungsmittelbranche innerhalb des deutschen verarbeitenden Gewerbes und innerhalb der EU ist die starke Stellung der deutschen Nahrungsmittelindustrie deutlich geworden, die bislang allgemein unterschätzt wurde. Die deutschen Nahrungsmittelhersteller sind durch eine hohe Exportorientierung innerhalb der EU charakterisiert, die sich natürlich mit der Schaffung des europäischen Binnenmarkts noch weiter verstärkt. Außerdem hat sich gezeigt, daß die Struktur der deutschen Nahrungsmittelbranche stark von kleinen und mittleren Unternehmen geprägt ist.

Die Analyse hat gezeigt, daß die Schaffung des europäischen Binnenmarkts eine Veränderung der externen Unternehmensumwelt mit sich gebracht hat, die auch für die KMU der deutschen Nahrungsmittelindustrie neue Rahmenbedingungen stellt. Die Analyse der Unternehmensumwelt bildete das Fundament für die anschließende Diskussion der Internationalisierungsbetroffenheit von KMU der deutschen Nahrungsmittelindustrie. Dabei wurde herausgestellt, daß sich die Faktoren der globalen Unternehmensumwelt innerhalb des europäischen Binnenmarkts eher als Internationalisierungstreiber auswirken, beispielsweise durch die Harmonisierung von Lebensmittelgesetzen und die Abschaffung weiterer Handelshemmnisse, jedoch mit Ausnahme der soziokulturellen Faktoren, die eher ein Internationalisierungshemmnis im Sinne von heterogenen Kundenbedürfnissen darstellen.
Ausgehend von der Feststellung, daß die weitgehende Homogenisierung der Rahmenbedingungen innerhalb der EU zu Veränderungen der Unternehmens-

umwelt geführt hat, war die Frage zu klären, von welchen dieser Veränderungen sich die KMU der deutschen Nahrungsmittelindustrie besonders betroffen fühlen, so daß sie sich zur Ausweitung ihrer Geschäftstätigkeit über den Heimatmarkt hinaus in den europäischen Binnenmarkt hinein entscheiden. Dabei hat sich herausgestellt, daß tendenziell die Mehrzahl der befragten KMU der deutschen Nahrungsmittelindustrie dem Abbau von Grenzformalitäten, aber auch den zunehmenden Konzentrationstendenzen in der Ernährungsbranche einen hohen Stellenwert bei ihrer Internationalisierungsentscheidung beigemessen haben. Geht man von steigenden Konzentrationstendenzen in der Nahrungsmittelbranche aus, ist eine weitere Verschärfung des Wettbewerbs innerhalb der EU sicherlich nicht auszuschließen, so daß den KMU der deutschen Nahrungsmittelindustrie zur Sicherung ihrer Existenz eine Verstärkung ihres Auslandsengagements zu empfehlen wäre.

Bei der Analyse der Unternehmensumwelt galt das Interesse auch der Frage, ob die Homogenisierungstendenz der Umweltfaktoren im europäischen Binnenmarkt den KMU der deutschen Nahrungsmittelindustrie eine Standardisierung ihrer Marktbearbeitung erlaubt.

Auf den ersten Blick scheint die sich zunehmend angleichende wirschaftliche Entwicklung, gemessen am Pro-Kopf-BIP, zu einer Annäherung des Nachfrageverhaltens innerhalb der EU zu führen. Der Abbau von Hemmnissen im Nahrungsmittelhandel durch die Angleichung der technischen Standards und infrastrukturellen Entwicklungen, beispielsweise durch die Verbesserung der Informations- und Kommunikationstechnologien, schafft innerhalb der EU günstige Bedingungen für eine Standardisierung der Marktbearbeitung. Auf der anderen Seite stellen soziokulturelle Faktoren ein Hemmnis für die Standardisierung der Marktbearbeitung für Nahrungsmittelproduzenten dar.

Als wesentlicher Bestandteil der globalen Unternehmensumwelt wurde der Faktor Kultur in Teil IV der Arbeit unter die Lupe genommen, um seinen Einfluß auf das Konsumentenverhalten in Bezug auf Nahrungsmittel darzustellen. Dieser Faktor bildet tendenziell ein nicht zu unterschätzendes Internationalisierungshemmnis für viele KMU der deutschen Nahrungsmittelindustrie. Die Kultur wurde daher hinsichtlich ihres Einflusses auf das Konsumentenverhalten genauer analysiert. Auf diese Weise konnte gezeigt werden, daß auch innerhalb der EU die Nachfrage nach Nahrungsmitteln stark von kulturellen Faktoren bestimmt wird. Somit ist für Nahrungsmittel das Standardisierungspotential bei der Marktbearbeitung innerhalb des europäischen Binnenmarkts als eher gering zu veranschlagen. Deshalb ist den Unternehmen der Nahrungsmittelindustrie die Berücksichtigung kultureller Besonderheiten innerhalb der EU zu empfehlen. Durch die Ergebnisse einer eigenen Erhebung konnte gezeigt werden, daß sich die Mehrheit der internationalisierten KMU der deutschen Nahrungsmittelindustrie in einem hohem bis mittlerem Maße von der kulturellen Heterogenität der Nachfrage nach Nahrungsmitteln betroffen fühlt. Um aber kulturelle Unterschiede zu erfassen, die sich auf das Verhalten von Nahrungsmittelkonsumenten auswirken, ist die Methode der Marktsegmentierung im Sinne einer Konsumentensegmentierung besonders geeignet. Sie wurde in dieser Arbeit als Idealfall zur Abgrenzung von transnationalen bzw. transkulturellen Konsumentengruppen mit ähnlichem Verhalten und zur Standardisierung der Marketinginstrumente innerhalb gleicher Segmente vorgeschlagen. Allerdings spielt eine Konsumentensegmentierung tendenziell für die meisten befragten KMU der deutschen Nahrungsmittelindustrie nur eine untergeordnete Rolle als Informationsquelle bei einer Internationalisierung.

In der Analyse wurde zudem versucht, die Frage zu klären, ob trotz kultureller Unterschiede eine Annäherung der Nachfragetendenzen innerhalb der EU zu verzeichnen ist. Demographische oder sozioökonomische Faktoren innerhalb der EU weisen zwar eine ähnliche Struktur auf, von der prinzipiell eine Annäherung der Nachfragetendenzen nach Nahrungsmitteln ausgehen könnte, aber dies gilt nicht für alle Nahrungsmittel in gleichem Maße. Die Untersuchung zeigte jedoch tendenziell, daß die KMU der deutschen Nahrungsmittelindustrie auf die zu verzeichnenden Nachfragetendenzen je nach Zweig des Unternehmens mit unterschiedlichen Produkten reagieren, dies allerdings nicht als Ergebnis einer Marktsegmentierung, sondern aufgrund nicht-systematischer Verfahren der Informationssammlung.

Allgemein kann man davon ausgehen, daß auch innerhalb des europäischen Binnenmarkts die Geschmacks- und Konsumpräferenzen aufgrund ihrer kulturellen Prägung unterschiedlich sind, was eine Differenzierung der Marktbearbeitung ratsam erscheinen läßt. Es läßt sich aber tendenziell ableiten, daß seitens der KMU solch unterschiedliche Präferenzen und Verzehrgewohnheiten eher durch nicht-systematische Verfahren ausgemacht werden, z.B. durch Anfragen ausländischer bzw. inländischer Handelspartner, Messekontakte oder Beobachtung von Konkurrenzprodukten. Dagegen besitzt eine eigene Marktforschung im Sinne einer Konsumentensegmentierung für die KMU der deutschen Nahrungsmittelindustrie zumindest gegenwärtig keine nennenswerte Relevanz.

Im fünften Teil wurde der Frage nachgegangen, ob und wie sich die KMU der deutschen Nahrungsmittelindustrie unter den Bedingungen einer sich homogenisierenden Unternehmensumwelt innerhalb des europäischen Binnenmarkts und entsprechend zunehmenden Konzentrationstendenzen in der Ernährungsbranche internationalisieren. Dabei hat sich gezeigt, daß sich trotz günstiger Bedingungen längst nicht alle Unternehmen für eine Internationalisierung ihrer Geschäftstätigkeit auf den europäischen Binnenmarkt entscheiden. Tendenziell verfolgen die internationalisierten KMU der deutschen Nahrungsmittelindustrie überwiegend Internationalisierungsziele wie Ausweichen aus stagnierenden nationalen Märkten, Auslastung bzw. Erweiterung der Kapazitäten, Gewinnerhöhung und Existenzsicherung. Gegenüber den dreiundzwanzig internationalisierten KMU der deutschen Nahrungsmittelindustrie gab es in der Befragung aber auch sechzehn nicht-internationalisierte Unternehmen, die eine Internationalisierung innerhalb der EU ablehnten; Gründe waren zumeist ausreichender Gewinn im Heimatmarkt, unterschiedliche Verzehr- und Konsumgewohnheiten in der EU und geringes Auslandswissen. Sie erachten den Wettbewerbsdruck in der EU als hoch und schätzen die Kosten einer Expansion (auch durch Exporte) innerhalb der EU höher ein als die Erträge.
Es läßt sich also sagen, daß die Internationalisierung der Geschäftstätigkeit sehr stark von der Situation jedes einzelnen Unternehmens abhängt.

Hinsichtlich der Internationalisierungsorientierung, die die KMU der deutschen Nahrungsmittelindustrie innerhalb des europäischen Binnenmarkts verfolgen, läßt sich tendenziell sagen, daß sie überwiegend ethnozentrisch orientiert sind, während polyzentrische, regiozentrische und eurozentrische Orientierungen eine untergeordnete Rolle spielen. Dies zeigt sich auch am prozentualen Anteil des

Auslandsumsatzes innerhalb der EU am Gesamtumsatz des Unternehmens, denn den größten Umsatzanteil realisieren sie auf dem Heimatmarkt.

Bezüglich der genutzten Informationsquellen bei der Länderauswahl zeigt sich tendenziell, daß die KMU der deutschen Nahrungsmittelindustrie unsystematisch vorgehen. So wählen sie Länder aufgrund vorhandener Kontakte mit Absatzmittlern aus bzw. aufgrund von Kontakten, die sie auf branchenspezifischen Messen knüpfen, oder aufgrund von Beratung durch verschiedene Institutionen im Heimatland. Eine eigene Marktforschung im Sinne einer Länderselektion besitzt tendenziell eine untergeordnete Relevanz. Somit läßt sich sagen, daß der größte Teil der KMU der deutschen Nahrungsmittelindustrie keine systematischen Verfahren bei der Länderselektion anwendet, also im Gegensatz zu der in Literatur vielfach postulierten idealen Vorgehensweise verfährt.

Hinsichtlich der Gestaltung internationaler Markteintrittsstrategien der KMU der deutschen Nahrungsmittelindustrie läßt sich die Tendenz hervorheben, daß sie die Märkte meistens über direkte und indirekte Exporte bearbeiten. Demgegenüber haben Kooperationen im Sinne von Lizenzen, Kontraktproduktionen, Franchise, aber auch Strategische Allianzen, Joint-Ventures sowie Direktinvestitionen im Sinne der Errichtung von ausländischen Tochtergesellschaften eine geringe Bedeutung. Als Gründe für eine Internationalisierung durch Exporte werden in erster Linie vorhandene Nachfrage für das Produkt, vorhandene Kontakte zu Handelspartnern, geringes Auslandswissen, räumliche Nähe sowie Ausschöpfung bzw. Erweiterung der Kapazitäten genannt. Bezüglich der Exportrisiken innerhalb der EU ergibt sich tendenziell ein differenziertes Bild. So stellen für die meisten der befragten KMU Transportrisiken nur ein geringes bis gar kein Risiko dar, Kursrisiken werden von ebensovielen Unternehmen als hohes bis mittleres Risiko eingeschätzt wie als geringes bis gar kein Risiko. Hingegen bergen Exportkredite nach Einschätzung der befragten KMU immer noch ein hohes bis mittleres Risiko. Tendenziell läßt sich feststellen, daß die KMU der deutschen Nahrungsmittelindustrie folgende Mittel anwenden, um diese Risiken zu minimieren: Für die Reduzierung von Transportrisiken bevorzugen sie eine Transportversicherung gegenüber der Übertragung des Transportrisikos auf den Vertragspartner. Für die Kreditrisiken läßt sich erkennen, daß die Mehrzahl der befragten KMU Kreditsicherheit durch Garantie bevorzugt und Kursrisiken durch Diskontierung von Fremdwährungswechseln reduziert. Beim zeitlichen Timing des Markteintritts läßt sich keine ausgeprägte Bevorzugung von Wasserfall- bzw. Sprinkler-Strategie erkennen. Vielmehr zeigt sich die Tendenz, daß die KMU der deutschen Nahrungsmittelindustrie beide Strategien miteinander kombinieren.

Für die Debatte über Standardisierung bzw. Differenzierung der marketingpolitischen Maßnahmen lassen sich abschließend folgende Tendenzen herausstellen. Ein großer Teil der befragten KMU bearbeitet die Ländermärkte mit standardisierten produktpolitischen Maßnahmen, aber ein ebensogroßer Teil geht mit gemischten (sowohl standardisierten als auch differenzierten) Strategien vor. Bei der Preispolitik überwiegen gemischte Maßnahmen, gefolgt von völlig differenzierten preispolitischen Maßnahmen. Das gleiche gilt auch für die distributionspolitischen Maßnahmen. Es läßt sich also sagen, daß eine absolute Standardisierung der Distributions- wie auch der Kommunikationspolitik für die wenigsten KMU der deutschen Nahrungsmittelindustrie von Relevanz ist. Der größte Teil der KMU bearbeitet die Märkte mit völlig differenzierten kommunikationspolitischen Maßnahmen, gefolgt von KMU mit gemischten kommunikationspolitischen Maßnahmen.

Schließlich wurde in dieser Arbeit zum ersten Mal eine ausführliche Analyse der externen Unternehmensumwelt der KMU der deutschen Nahrungsmittelindustrie nach der Vollendung des europäischen Binnenmarkts durchgeführt, die es erlaubt, Internationalisierungstreiber und Internationalisierungshemmnisse für KMU der deutschen Nahrungsmittelindustrie zu identifizieren. Damit ist eine Vorarbeit hinsichtlich der Anpassungsfähigkeit von KMU der deutschen Nahrungsmittelindustrie an die veränderten Rahmenbedingungen innerhalb des europäischen Binnenmarkts geleistet worden, die auch die Anpassungsfähigkeit der KMU an veränderte Nachfragetendenzen in der EU in Betracht zieht. Ferner wurden erstmals der zeitliche Aspekt des Markteintritts für die KMU der deutschen Nahrungsmittelindustrie und ihre Markterschließungsstrategien analysiert.

So bietet die vorliegende Arbeit eine Grundlage für weitere statistisch repräsentative Untersuchungen im Bereich der Internationalisierungsbetroffenheit und der Internationalisierungsstrategien von KMU der deutschen Nahrungsmittelindustrie.

2 Ausblick

Durch die jüngste Erweiterung der EU werden sich die bisherigen Konstellationen der Unternehmensumwelt innerhalb des europäischen Binnenmarkts weiter ändern. Die Erweiterung der EU, insbesondere durch die Aufnahme von Ländern des ehemaligen Ostblocks, erhöht sicherlich die Absatzchancen auch für die KMU der deutschen Nahrungsmittelindustrie. Gleichzeitig steht aber eine weitere Wettbewerbsintensivierung zu erwarten, da die KMU der deutschen Nahrungsmittelindustrie auch mit Nahrungsmittelherstellern aus Ländern mit niedrigen Produktions- und Lohnkosten konkurrieren müssen. Durch die Vergrößerung des europäischen Binnenmarkts wird sicherlich die Frage nach der Internationalisierungsbetroffenheit der KMU der deutschen Nahrungsmittelindustrie neu gestellt. Diese neue Realität und die daraus resultierenden Veränderungen der Unternehmensumwelt der KMU der deutschen Nahrungsmittelindustrie werden weitere Forschungen im Bereich des strategischen internationalen Marketing erforderlich machen.

Im Rahmen dieser Arbeit sind die marketingpolitischen Maßnahmen im Hinblick auf die Entscheidung für eine Standardisierung bzw. Differenzierung diskutiert worden. Dagegen wäre die Frage des Einflusses der Kultur auf die operative Ausgestaltung der Marketinginstrumente in einer weiterführenden Analyse zu klären.

Ferner stellen die internationale Tätigkeit von KMU der deutschen Nahrungsmittelindustrie über den europäischen Binnenmarkt hinaus, aber auch die organisationale Gestaltung einer Internationalisierung Anlässe für weitere Forschungen dar.

Abschließend läßt sich sagen, daß sich die strategische Planung des internationalen Marketing durch die immer enger werdende Verflechtung der europäischen Wirtschaften, aber auch durch die Erweiterung des europäischen Binnenmarkts, zukünftig immer komplexer gestalten wird. Das stellt sowohl die Wissenschaft als auch die Praxis vor die Herausforderung, neue Lösungsansätze und Konzepte zu entwickeln.

Anhang

Tabelle 1-A: Deutsche Ein- und Ausfuhren von Erzeugnissen des Ernährungsgewerbes innerhalb der EU (in 1000 DM)

Jahr	Einfuhren (abs.)	Ausfuhren (abs.)
1990*	23.562.929	18.248.743
1991*	27.274.865	20.395.388
1992*	29.736.960	21.446.746
1993*	25.037.729	19.605.303
1994*	27.640.975	20.283.476
1995*	29.460.926	22.184.874
1996*	30.255.771	24.531.455
1997	32.844.636	25.680.744
1998	31.612.472	26.071.628
1999	30.635.340	25.800.700
2000	31.514.426	29.288.997
2001	33.980.257	31.988.389
2002**	34.834.527	32.487.686
Summe	388.391.813	318.014.129

* Von 1990 bis 1996 Ein- und Ausfuhren inkl. Tabakwaren.
** Die Angaben für 2002 sind in DM umgerechnet (1€ = 1,95583 DM).
Quelle: Statistisches Bundesamt 1991-2003 (Teilweise eigene Berechnungen)

Tabelle 2-A: Jährlicher Zuwachs der deutschen Ein- und Ausfuhren von Erzeugnissen des Ernährungsgewerbes innerhalb der EU zwischen 1990 und 2002

Jahr	Prozentualer Zuwachs der deutschen Einfuhren zwischen 1990 und 2002	Prozentualer Zuwachs der deutschen Ausfuhren zwischen 1990 und 2002	Differenz zwischen Ausfuhren und Einfuhren
1990*	6,1%	5,7%	-0,3%
1991*	7,0%	6,4%	-0,6%
1992*	7,7%	6,7%	-0,9%
1993*	6,4%	6,2%	-0,3%
1994*	7,1%	6,4%	-0,7%
1995*	7,6%	7,0%	-0,6%
1996*	7,8%	7,7%	-0,1%
1997	8,5%	8,1%	-0,4%
1998	8,1%	8,2%	0,1%
1999	7,9%	8,1%	0,2%
2000	8,1%	9,2%	1,1%
2001	8,7%	10,1%	1,3%
2002	9,0%	10,2%	1,2%

* Von 1990 bis 1996 Ein- und Ausfuhren inkl. Tabakwaren.
Quelle: Statistisches Bundesamt 1991-2003 (Teilweise eigene Berechnungen)

Tabelle 3-A: Vergleich zwischen deutschen Direktinvestitionen im Ausland und ausländischen Direktinvestitionen in Deutschland für das Ernährungsgewerbe zwischen 1995 und 1997 (in Mill. DM)

Jahr	Unmittelbare und (über abhängige Holdinggesellschaften im Ausland bestehende) mittelbare deutsche Direktinvestitionen im Ausland	Unmittelbare und (über abhängige inländische Holdinggesellschaften bestehende) mittelbare ausländische Direktinvestitionen in Deutschland
1995	2.821	8.157
1996	3.093	7.597
1997	3.241	7.949
1998	3.040	8.712
1999*	3.272	8.480
2000*	3.489	8.546
Summe	18.956	49.441

* Die Angaben für 1999 und 2000 sind in DM umgerechnet (1€ = 1,95583 DM).
Quelle: Deutsche Bundesbank 1999, S. 27 und S. 61; Deutsche Bundesbank 2002a, S. 27 und S. 61 (Teilweise eigene Berechnungen)

Tabelle 4-A: Grenzüberschreitende Zahlungen für Patente und Lizenzen im deutschen Nahrungs- und Genußmittelgewerbe (in Mill. DM)

Jahr	Einnahmen	Ausgaben	Saldo
1992	29	396	-367
1995	18	370	-352
2001*	27	213	-186
Summe	74	979	-905

* Die Angaben für 2001 sind in DM umgerechnet (1€ = 1,95583DM).
Quelle: Deutsche Bundesbank 1994, S. 10-11; Deutsche Bundesbank 1996, S. 12-13; Deutsche Bundesbank 2002b, S. 17 (Teilweise eigene Berechnungen)

Tabelle 5-A: Zahlungen des deutschen Nahrungs- und Genußmittel-gewerbes für Patente und Lizenzen innerhalb der EU (in Mill. DM)

Länder	Jahr					
	E.* 1992	A.* 1992	E.* 1995	A.* 1995	E.* 2001**	A.* 2001**
Belgien/Luxemburg	0	28	1	55	-	18
Dänemark	-	-	-	-	-	-
Finnland	-	-	-	-	-	-
Frankreich	0	4	0	5	-	4
Griechenland	-	-	-	0	-	-
Irland	-	0	-	-	-	-
Italien	-	0	0	0	-	2
Niederlande	-	1	0	5	-	10
Österreich	6	-	7	1	2	-
Portugal	-	-	-	-	-	-
Schweden	0	0	1	0	-	-
Spanien	0	0	1	0	-	-
Vereinigtes Königreich	7	9	0	3	-	4
Summe	13	42	10	69	2	38

* E: Einnahmen; A: Ausgaben.
** Einnahmen und Ausgaben im Jahr 2001 sind in DM umgerechnet (1€ = 1,95583 DM).
Quelle: Deutsche Bundesbank 1994, S. 13 und S. 15; Deutsche Bundesbank 1996, S. 15 und S. 17; Deutsche Bundesbank 2002b, S. 17 (Teilweise eigene Berechnungen)

Tabelle 6-A: Umsatz und Exportquote des deutschen Ernährungsgewerbes im Jahr 2001

Zweige des Ernährungsgewerbes	Umsatz in Tsd. Euro			Exportquote
	Inland	Ausland	Insgesamt	
Schlachten (ohne Schlachten v. Geflügel)	6.962.623	943.904	7.906.527	11,9%
Schlachten v. Geflügel	2.239.385	74.488	2.313.873	3,2%
Fleischverarbeitung	12.575.124	469.448	13.044.572	3,6%
Fischverarbeitung	1.746.765	282.976	2.029.741	13,9%
Verarbeitung von Kartoffeln	866.471	142.060	1.008.531	14,1%
H. v. Frucht- u. Gemüsesäften	2.279.751	540.476	2.820.227	19,2%
Verarbeitung v. Obst u. Gemüse	3.303.323	472.590	3.775.913	12,5%
H. v. rohen Ölen u. Fetten	1.467.489	983.312	2.451.401	40,1%
H. v.raffinierten Ölen u. Fetten	574.939	431.963	1.006.902	42,9%
H. v. Margarine u.ä. Nahrungsfetten	1.154.085	49.817	1.203.902	4,1%
Milchverarbeitung (ohne H. v. Speiseeis)	17.508.910	3.536.893	21.045.803	16,8%
H. v. Speiseeis	897.374	103.039	1.000.413	10,3%
Mahl- und Schälmühlen	2.176.576	457.551	2.634.127	17,4%
H. v. Stärke u. Stärkeerzeugnissen	621.159	537.094	1.158.253	46,4%
H. v. Backwaren (ohne Dauerbackwaren)	9.780.643	218.484	9.999.127	2,2%
H. v. Dauerbackwaren	2.697.664	387.496	3.085.160	12,6%
Zuckerindustrie	2.648.656	820.586	3.469.242	23,7%
H. v. Süßwaren (ohne Dauerbackwaren)	6.347.612	1.500.353	7.847.965	19,1%
H. v. Teigwaren	472.487	13.804	486.291	2,8%
Verarb. v. Kaffee u. Tee, H. v. Kaffee-Ersatz	3.465.631	405.212	3.870.843	10,5%
H. v. Würzen u. Soßen	3.401.893	482.927	3.884.820	12,4%
H. v. homogenisierten u. diätetischen Nahrungsmitteln	721.825	225.013	946.838	23,8%
H. v. sonstigen Nahrungsmitteln (ohne Getränke)	2.717.201	719.273	3.436.474	20,9%

Zweige des Ernährungsgewerbes	Umsatz in Tsd. Euro			Exportquote
	Inland	Ausland	Insgesamt	
H. v. Spirituosen	2.936.080	113.974	3.050.054	3,7%
Alkoholbrennerei			42.680	
H. v. Wein aus frischen Trauben	1.214.908	84.082	1.298.990	6,5%
H. v. Apfelwein u. sonst. Fruchtweinen				
H. v. Wermutwein u. sonst. aromatisierten Weinen				
H. v. Bier	8.513.335	714.222	9.227.557	7,7%
H. v. Malz	347.205	151.772	498.977	30,4%
Mineralbrunnen, H. v. Erfrischungsgetränken	6.085.439	202.689	6.288.128	3,2%

Quelle: Statistisches Bundesamt 2002b, S. 43ff.

Tabelle 7-A: Anzahl der Unternehmen des deutschen Ernährungsgewerbes im Jahr 2001 nach Beschäftigtengrößenklassen

Beschäftigtengrößen-klasse	Mit ... bis ... Beschäftigten								Insge-samt
	1 bis 19	20 bis 49	50 bis 99	100 bis 199	200 bis 299	300 bis 499	500 bis 999	1.000 und mehr	
Zweige des Ernährungsgewerbes*	Kleine Unternehmen		Mittlere Unternehmen				Große Unternehmen		
Schlachten u. Fleisch-verarbeitung	124	656	241	185	62	33	17	2	1.320
Fischverarbeitung	25	34	13	9	6	9	4	-	100
Obst- u. Gemüse-verarbeitung	59	103	83	41	17	6	7	2	318
Herstellung v. pflanz-lichen u. tierischen Ölen u. Fetten	1	5	9	10	5	2	1	-	33
Milchverarbeitung	26	62	74	58	18	19	11	3	271
Mahl- u. Schälmühlen, Herstellung v. Stärke und Stärkeerzeugnissen	9	40	27	18	4	4	4	-	106
Sonstiges Ernährungs-gewerbe (ohne Getränkeherstellung)	295	1.311	636	379	127	86	62	15	2.911
Getränkeherstellung	91	305	164	118	32	28	17	3	758
Summe der Unterneh-men des Ernährungs-gewerbes nach Beschäf-tigtengrößenklassen	630	2.516	1.247	818	271	187	123	25	5.951

* Ohne Herstellung von Futtermitteln.
Quelle: Statistisches Bundesamt 2002a, S. 13ff.

Tabelle 8-A: **Prozentualer Anteil der Unternehmen in den jeweiligen Zweigen des Ernährungsgewerbes im Jahr 2001**

Zweige des Ernährungsgewerbes	KMU	GU
Schlachten u. Fleischverarbeitung	98,6%	1,4%
Sonstiges Ernährungsgewerbe (ohne Getränkeherstellung)	97,4%	2,6%
Getränkeherstellung	97,4%	2,6%
Obst- u. Gemüseverarbeitung	97,2%	2,8%
Herstellung v. pflanzlichen u. tierischen Ölen u. Fetten	97,0%	3,0%
Mahl- u. Schälmühlen, Herstellung v. Stärke und Stärkeerzeugnissen	96,2%	3,8%
Fischverarbeitung	96,0%	4,0%
Milchverarbeitung	94,8%	5,2%

Quelle: Statistisches Bundesamt 2002a, S. 13ff. (Eigene Berechnungen)

Tabelle 9-A: **Durchschnittsumsatz nach kleinen, mittleren und großen Unternehmen in den einzelnen Zweigen des Ernährungsgewerbes im Jahr 2001 (in Tsd. Euro)**

Unternehmensgrößenklassen Zweige des Ernährungsgewerbes	KU	MU	GU
Schlachten u. Fleischverarbeitung	331	2.800	0
Fischverarbeitung	298	2.603	9.849
Obst- u. Gemüseverarbeitung	341	2.695	0
Herstellung v. pflanzlichen u. tierischen Ölen u. Fetten	4.652	11.404	0
Milchverarbeitung	1.272	7.232	28.540
Mahl- u. Schälmühlen, Herstellung v. Stärke und Stärkeerzeugnissen	1.028	3.053	19.317
Sonstiges Ernährungsgewerbe (ohne Getränkeherstellung)	225	1.446	12.363
Getränkeherstellung	534	2.903	17.843

Quelle: Statistisches Bundesamt 2002a, S. 37ff. (Eigene Berechnungen)

Tabelle 10-A: Anteil der KU, MU und GU am Gesamtumsatz des jeweiligen Zweiges im Jahr 2001

Zweige des Ernährungsgewerbes	Unternehmensgrößenklasse		
	KU	MU	GU
Schlachten u. Fleischverarbeitung	13,3%	74,8%	0,0%
Fischverarbeitung	11,5%	62,8%	25,7%
Obst- u. Gemüseverarbeitung	9,2%	65,8%	0,0%
Herstellung v. pflanzlichen u. tierischen Ölen u. Fetten	7,6%	80,4%	0,0%
Milchverarbeitung	6,5%	70,5%	23,0%
Mahl- u. Schälmühlen, Herstellung v. Stärke und Stärkeerzeugnissen	15,8%	50,7%	24,2%
Sonstiges Ernährungsgewerbe (ohne Getränkeherstellung)	11,7%	57,5%	30,8%
Getränkeherstellung	13,6%	63,6%	22,9%

Quelle: Statistisches Bundesamt 2002a, S. 35ff. (Eigene Berechnungen)

Tabelle 11-A: Konzentrationen in der Ernährungsbranche

Jahr	1995		1999	
Zweige des Ernährungsgewerbes	Merkmal: Umsatz in Tsd. DM	Anteil der jeweils drei umsatzgrößten Unternehmen am gesamten Merkmalsbetrag	Merkmal: Umsatz in Tsd. DM	Anteil der jeweils drei umsatzgrößten Unternehmen am gesamten Merkmalsbetrag
Ernährungsgewerbe gesamt	215.472.780	4,8%	223.966.155	5,0%
Schlachten (ohne Schlachten von Geflügel)	11.210.932	32,7%	11.004.971	30,4%
Schlachten von Geflügel	2.474.717	27,1%	3.445.054	31,1%
Fleischverarbeitung	20.836.531	6,2%	22.062.590	7,0%
Fischverarbeitung	3.483.789	37,4%	3.334.606	43,9%
Verarbeitung von Kartoffeln	1.954.449	44,4%	1.732.690	42,7%
Herstellung von Frucht- und Gemüsesäften	2.592.478	31,8%	4.679.190	34,6%
Verarbeitung von Obst und Gemüse	5.528.056	37,1%	6.401.242	36,6%
Herstellung von rohen Ölen und Fetten	3.444.748		3.853.048	71,9%
Herstellung von raffinierten Ölen und Fetten	1.283.575	70,3%	1.693.396	82,9%
Herstellung von Margarine u.ä. Nahrungsfetten	4.034.089		3.353.551	
Milchverarbeitung (ohne Herstellung von Speiseeis)			35.738.209	13,3%

Jahr	1995		1999	
Zweige des Ernährungs- gewerbes	Merkmal: Umsatz in Tsd. DM	Anteil der jeweils drei umsatzgrößten Unter- nehmen am gesamten Merkmalsbetrag	Merkmal: Umsatz in Tsd. DM	Anteil der jeweils drei umsatzgrößten Unternehmen am gesamten Merk- malsbetrag
Herstellung von Speiseeis			2.622.911	92,7%
Mahl- und Schälmühlen	4.117.205	31,4%	4.178.557	29,0%
Herstellung von Stärke und Stärkeerzeug- nissen	1.756.971		1.807.094	81,0%
Herstellung von Back- waren (ohne Dauerback- waren)	12.415.706	9,7%	17.839.800	7,8%
Herstellung von Dauer- backwaren	4.483.695		5.464.591	32,8%
Zucker- industrie	7.239.843	68,6%	6.454.928	70,2%
Herstellung von Süßwaren (ohne Dauer- backwaren)	14.107.506		12.038.171	34,1%
Herstellung von Teigwaren			941.298	42,6%
Verarbeitung von Kaffee und Tee, Her- stellung von Kaffee-Ersatz	7.956.035		6.929.537	64,3%
Herstellung von Würzen und Soßen	9.235.289		10.766.922	72,6%
Herstellung von homogeni- sierten und diätetischen Nahrungs- mitteln			1.669.484	56,5%

Jahr	1995		1999	
Zweige des Ernährungsgewerbes	Merkmal: Umsatz in Tsd. DM	Anteil der jeweils drei umsatzgrößten Unternehmen am gesamten Merkmalsbetrag	Merkmal: Umsatz in Tsd. DM	Anteil der jeweils drei umsatzgrößten Unternehmen am gesamten Merkmalsbetrag
Herstellung von Spirituosen	7.333.938	24,7%	5.810.910	35,3%
Alkoholbrennerei	43.013			
Herstellung von Wein aus frischen Trauben	2.380.088		2.492.677	54,6%
Herstellung von Apfelwein und sonstigen Fruchtweinen	92.054		211.776	77,9%
Herstellung von Wermutwein und sonstigen aromatisierten Weinen	118.137			
Herstellung von Bier	19.251.974	14,4%	18.344.416	15,6%
Herstellung von Malz	767.295		807.680	52,1%
Mineralbrunnen, Herstellung von Erfrischungsgetränken	12.606.372	18,3%	12.369.479	31,4%

Quelle: Monopolkommission 1998, S. 29ff.; Monopolkommission 2003, S. 5ff.

Fragebogen der empirischen Untersuchung

1. In welchem Wirtschaftszweig ist Ihr Unternehmen tätig?
(BITTE ZUTREFFENDES ANKREUZEN)

Fleischverarbeitung	
Herstellung von Frucht- und Gemüsesäften	
Konservenherstellung	
Herstellung von Würzen und Soßen	
Brot- und Backwarenherstellung	
Süßwarenherstellung	
Herstellung von Bier	

2. Sind Sie innerhalb der Europäischen Union (EU) tätig?
(BITTE ZUTREFFENDES ANKREUZEN)

Ja	
Ich habe es vor	
Nein	

(WENN DIE ANTWORT <u>NEIN</u> IST, DANN WEITER MIT **FRAGE 21**)

3. Seit wann sind Sie innerhalb der EU tätig bzw. ab wann haben Sie dies vor? (BITTE ZUTREFFENDES ANKREUZEN)

Vor 1990	
Seit 1991	
Seit 1992	
Seit 1993	
Seit 1994	
Seit 1995	
Seit 1996	
Seit 1997	
Seit 1998	
Seit 1999	
Seit 2000	
Ab 2001	

4. In welchen Ländern der EU sind Sie tätig (oder wollen Sie tätig werden)?

Länder	Bitte setzen Sie zunächst gleiche Zahlen für Länder, die von Ihnen mit dem gleichen Marketingkonzept bearbeitet werden (z.B. Deutschland-Österreich-Belgien=1 usw.)	Bitte setzen Sie gleiche Zahlen für die Länder, in denen Sie gleichzeitig tätig geworden sind bzw. werden wollen (z.B. Deutschland-Österreich=1 usw.) [Falls der Eintritt nicht gleichzeitig war bzw. geplant wird, setzen Sie beispielsweise Deutschland=1, Österreich=2 usw.]
Belgien	☐	☐
Dänemark	☐	☐
Deutschland	☐	☐
Finnland	☐	☐
Frankreich	☐	☐
Griechenland	☐	☐
Großbritannien	☐	☐
Irland	☐	☐
Italien	☐	☐
Luxemburg	☐	☐
Niederlande	☐	☐
Österreich	☐	☐
Portugal	☐	☐
Schweden	☐	☐
Spanien	☐	☐

5. Welche Veränderungen haben Ihre Entscheidung für eine Tätigkeit innerhalb der EU beeinflußt? (KREUZEN SIE BITTE GEMÄSS DER BEDEUTSAMKEIT FOLGENDE ZAHLENWERTE AN: 1=SEHR VIEL, 2=MITTEL, 3=SEHR GERING, 4=ÜBERHAUPT NICHT)

Bedeutsamkeit Umweltveränderungen	1	2	3	4
Abbau von Grenzformalitäten				
Verbesserung der Informations- und Kommunikationstechnologie				
Harmonisierung der Lebensmittelgesetze (z.B. Beseitigung der Reinheitsgebote)				
Schutz von Warenzeichen und Patenten in der EU				
Harmonisierung der Mehrwert- und Verbrauchssteuern				
Konzentration in der Ernährungsbranche				
Konzentration im Lebensmitteleinzelhandel				
Sonstiges:				

6. Es wird behauptet, daß Angebot und Nachfrage in der Ernährungsbranche sehr stark von kulturellen Aspekten geprägt seien. Gilt diese Behauptung auch für Ihren Wirtschaftszweig? (BITTE ZUTREFFENDES ANKREUZEN)

Kulturelle Betroffenheit in der Ernährungsbranche			
In hohem Maße	**In mittlerem Maße**	**In geringem Maße**	**Überhaupt nicht**
☐	☐	☐	☐

7. **Woher haben Sie Ihre Informationen vor der Aufnahme einer Tätigkeit innerhalb der EU erhalten (bzw. werden Sie diese erhalten)?** [BITTE ZUTREFFENDES ANKREUZEN (MEHRFACHE NENNUNGEN SIND MÖGLICH)]

Industrie- und Handelskammer	
Außenhandelskammer	
Bundesstelle für Außenhandelsinformationen	
Messen	
Brancheninterne Informationen	
CMA (Centrale Marketinggesellschaft für Agrarprodukte)	
Kontakte zu Importeuren, Handelsgesellschaften	
Eigene Marktforschung im Sinne einer Länder- bzw. Konsumentensegmentierung	
Sonstiges:	

8. **Betrachten Sie die EU heute als Heimatmarkt oder als Auslandsmarkt?** (BITTE KREUZEN SIE DIE FÜR SIE RELEVANTE AUSSAGE AN)

Heimatmarkt	
Auslandsmarkt	

9. **Welche Faktoren spielen für Sie eine Rolle bei der Länderauswahl in der EU?** (KREUZEN SIE BITTE GEMÄSS DER BEDEUTSAMKEIT FOLGENDE ZAHLENWERTE AN: 1=SEHR WICHTIG, 2=MITTEL WICHTIG, 3=GERING WICHTIG, 4=ÜBERHAUPT NICHT WICHTIG)

Faktoren	Wichtigkeit	1	2	3	4
Politisch-Rechtliche					
Ökonomische					
Geographische					
Soziokulturelle					

10. **Welche Faktoren spielen für Sie eine Rolle bei der Abgrenzung von Nachfragepotentialen in der EU?** (KREUZEN SIE BITTE GEMÄSS DER BEDEUTSAMKEIT FOLGENDE ZAHLENWERTE AN: 1=SEHR WICHTIG, 2=MITTEL WICHTIG, 3=GERING WICHTIG, 4=ÜBERHAUPT NICHT WICHTIG)

Faktoren	Wichtigkeit	1	2	3	4
Demographische (z.B. Altersstruktur)					
Sozioökonomische (z.B. soziale Schicht)					
Psychographische (z.B. Lebensstil)					
Ich bin der Meinung, daß					

11. Welche von den unten angeführten Tendenzen, die sich in der Nachfrage nach Nahrungsmitteln widerspiegeln, nehmen Sie besonders wahr? (BITTE KREUZEN SIE DIE ZAHL AN: 1=BESONDERS, 2=MITTEL, 3=GERING, 4=ÜBERHAUPT NICHT)

Wahrnehmungsgrad Tendenzen	1	2	3	4
Soziodemographische Entwicklung (z.B. Haushalts- und Erwerbsstruktur)				
Individualisierungstendenzen				
Genuß- und qualitätsorientierte Tendenzen				
Gesundheitsorientierte Tendenzen (frisch, kalorienarm, vitaminreich)				

12. Mit welchen Produktsortimenten versuchen Sie, solche Tendenzen zu befriedigen? [BITTE ZUTREFFENDES ANKREUZEN (MEHRFACHE NENNUNGEN SIND MÖGLICH)]

Convenience-Produkte (schnell gemachte, kleinproportionierte Kost)	
Erfrischungsgetränke i.S. von Mixgetränken	
Light-, diätetische Produkte	
Sonstige: Produktneuerungen, Premium-Produkte, Spezialitäten	
Keine (nur traditionelles Produktsortiment)	

13. Welche internationale Orientierung verfolgt Ihr Unternehmen?
(BITTE ZUTREFFENDES ANKREUZEN)

Ethnozentrische (Bearbeitung von Märkten, die dem Heimatmarkt ähnlich sind)	
Polyzentrische (Jeder Markt wird mit einem lokalen Konzept bearbeitet)	
Regiozentrische (Bildung von mehreren Ländergruppen, die jeweils mit einem eigenen Marketingkonzept zu bearbeiten sind)	
Eurozentrische (Alle Märkte in der EU werden mit einem und demselben Konzept bearbeitet)	

14. Welche Internationalisierungsstrategie wenden Sie an (bzw. werden Sie anwenden)? [BITTE ZUTREFFENDES ANKREUZEN (MEHR-FACHE NENNUNGEN SIND MÖGLICH)]

Indirekter Export	
Direkter Export	
Kooperation i.S. von Lizenzen, Kontraktproduktionen, Franchise	
Strategische Allianzen, Joint Ventures	
Direktinvestition i.S. von Tochtergesellschaft	

(FALLS SIE **DIREKTE ODER INDIREKTE EXPORTE NICHT** ANGE-KREUZT HABEN, BITTE WEITER MIT **FRAGE 16**)

15. Benutzen Sie die Exporte als Internationalisierungsstrategie in allen Ländern der EU oder nur für ausgewählte und warum?

a)   EU-Länder, die von Ihnen per Export bearbeitet werden:

b)   Aus welchen Gründen werden die angegebenen Länder per Export bearbeitet?

279

16. Welche Ziele verfolgen Sie mit Ihrer Internationalisierungsstrategie?
[BITTE ZUTREFFENDES ANKREUZEN (MEHRFACHE NENNUNGEN SIND MÖGLICH)]

Imagesteigerung	
Ausweichen aus stagnierenden nationalen Märkten	
Vorsprung gegenüber inländischer Konkurrenz	
Bekämpfung ausländischer Konkurrenz auf deren eigenem Markt	
Auslastung bzw. Erweiterung der Kapazitäten	
Ausschöpfung von Synergiepotentialen	
Ausschöpfung von Größenvorteilen	
Gewinnerhöhung	
Existenzsicherung	
Sonstige:	

17. Welche Marketinginstrumente halten Sie für standardisierbar und welche für differenzierbar innerhalb der EU? (KREUZEN SIE BITTE FOLGENDE ZAHLENWERTE AN: 1=ABSOLUTE STANDARDISIERUNG, 2=HALB STANDARDISIERUNG–HALB DIFFERENZIERUNG, 3=ABSOLUTE DIFFERENZIERUNG)

Marketinginstrumente	1	2	3
Rezeptur			
Produktverpackung			
Produktmarke			
Preisgestaltung			
Konditionen			
Absatzwege bzw. -mittler			
Werbeinhalt (Sprache, Botschaft)			
Sonstige:			

18. **Welche Absatzmittler benutzen Sie für die Absatzförderung Ihrer Produkte in der EU?** [BITTE ZUTREFFENDES ANKREUZEN (MEHRFACHE NENNUNGEN SIND MÖGLICH)]

Inländische Exporthändler bzw. Exporthäuser	
Inländische Exportagenten i.S. von Handelsmaklern, -vertretern	
Ausländische Importeure	
Keine (Produkte werden direkt an Groß- bzw. Einzelhandel abgesetzt)	
Sonstige:	

19. **Wo entstehen Ihrer Meinung nach die größten Risiken, die mit einer Exporttätigkeit in der EU verbunden sind?** (KREUZEN SIE BITTE FOLGENDE ZAHLENWERTE AN: 1=HOHES RISIKO, 2=MITTLERES RISIKO, 3=GERINGES RISIKO, 4=KEIN RISIKO)

Risikograd Risiken	1	2	3	4
Marktrisiko				
Preisrisiko				
Kreditrisiko				
Kursrisiko				
Transportrisiko				
Sonstige Risiken:				

20. **Wie reduzieren Sie diese Risiken (bzw. wie werden Sie diese Risiken reduzieren)?** [BITTE ZUTREFFENDES ANKREUZEN (MEHRFACHE NENNUNGEN SIND MÖGLICH)]

Reduzierung von Marktrisiken	
Prüfung der eigenen Leistungsfähigkeit	
Marktforschung i.S. einer Länder- bzw. Abnehmersegmentierung	
Produktgemäße Distribution	

Sonstige:	

Reduzierung von Preisrisiken	
Segmentbezogene Preispolitik	
Preisklauseln	
Langfristige Außenhandelsverträge	
Kurzfristige Preispolitik	
Sonstige:	

Reduzierung von Kreditrisiken	
Kreditsicherheit durch Garantie	
Ausfuhrversicherung durch Versicherungsgesellschaft	
Vorauskasse	
Akkreditiv	
Sonstige:	

Reduzierung von Kursrisiken **(Für Länder, die nicht der EWWU* beigetreten sind)**	
Devisentermingeschäfte	
Diskontierung von Fremdwährungswechseln	
Abschluß in inländischer Währung	
Sonstige:	

Reduzierung von Transportrisiken	
Transportversicherung	
Übertragung des Transportrisikos auf den Vertragspartner	
Sonstige:	

*EWWU: Europäische Währungsunion

21. **Wo liegen Ihrer Meinung nach die Gründe dafür, daß Sie eine Expansion in die EU abgelehnt haben?** [BITTE ZUTREFFENDES ANKREUZEN (MEHRFACHE NENNUNGEN SIND MÖGLICH)]

Ausreichender Gewinn im Heimatmarkt	
Geringes Auslandswissen	
Kosten einer Tätigkeit (auch Exporttätigkeit) sind höher als die Erträge	
Großer Wettbewerbsdruck in der EU	
Verzehr- und Konsumgewohnheiten sind in der EU sehr unterschiedlich	
Struktur des Lebensmittelhandels ist in der EU sehr unterschiedlich	
Sonstige:	

Beantworten Sie zum Abschluß bitte einige Fragen zu Ihrem Unternehmen. Alle Angaben werden <u>streng vertraulich behandelt</u>, so daß <u>eine Zuordnung der Ergebnisse zu Ihrem Unternehmen nach der Auswertung nicht mehr möglich ist.</u>

22. **Welche Eigentumsstruktur hat Ihr Unternehmen?**
    (BITTE ZUTREFFENDES ANKREUZEN)

Unternehmen wird vom Inhaber geführt	
Es besteht ausländische Mehrheitsbeteiligung	
Es besteht inländische Mehrheitsbeteiligung	
Es besteht ausländische Minderheitsbeteiligung	
Es besteht inländische Minderheitsbeteiligung	
Tochter eines ausländischen Unternehmens	
Tochter eines inländischen Unternehmens	

23. Nennen Sie bitte die Anzahl der in Ihrem Unternehmen beschäftigten Mitarbeiter

Anzahl der Mitarbeiter: _____

24. Welche Position nehmen Sie in Ihrem Unternehmen ein?

25. Wie teilte sich Ihr Umsatz im abgelaufenen Geschäftsjahr auf?

Umsatzanteil Inland: _____%

Umsatzanteil EU: _____%

26. Name des Unternehmens:

27. Wären Sie gegebenenfalls bereit, mir telefonisch Rückfragen zu beantworten?

Ja

Name des Ansprechpartners:

Telefon-Nr.:

Nein:

Vielen Dank für Ihre freundliche Unterstützung!

Literaturverzeichnis

Aharoni, Yair: The Foreign Investment Decisions Process, Boston 1966.

Albaum, Gerald/Strandskov, Jesper/Duerr, Edwin/Dowd, Laurence: International Marketing and Export Management, 2. Aufl., Harlow u.a. 1996.

Aliber, Robert Z.: A Theory of Direct Foreign Investment, in: Kindleberger, Charles P. (Hrsg.): The International Corporation, Cambridge, Mass./ London 1970, S. 17-34.

Aliber, Robert Z.: The Multinational Enterprise in a Multiple Currency World, in: Dunning, John H. (Hrsg.): The Multinational Enterprise, London 1971, S. 49-56.

Althans, Jürgen: Internationale Marktsegmentierung, in: Macharzina, Klaus/ Welge, Martin (Hrsg.): Export und internationale Unternehmung, Stuttgart 1989, Sp. 1469-1477.

Antonides, Gerrit/Raaij, W. Fred van: Consumer behaviour – a european perspective, Chichester u.a. 1998.

Arrow, Kenneth J.: The Economic Implications of Learning by Doing, in: The Review of Economic Studies 1962, Band 29, S. 155-173.

Askegaard, Søren/Madsen, Tage Koed: The Local and the Global: Patterns of Homogeneity and Heterogeneity in European Food Cultures, in: International Business Review 1998, Band 7, H. 4, S. 549-568.

Backhaus, Klaus/Büschken, Joachim/Voeth, Markus: Internationales Marketing, 2., überarb. und erg. Aufl., Stuttgart 1998.

Backhaus, Klaus/Büschken, Joachim/Voeth, Markus: Internationales Marketing, 4., überarb. und erw. Aufl., Stuttgart 2001.

Backhaus, Klaus u.a.: Multivariate Analysemethoden – Eine anwendungsorientierte Einführung, 10., neu bearb. und erw. Aufl., Berlin u.a. 2003.

Bäurle, Iris: Internationalisierung als Prozeßphänomen: Konzepte – Besonderheiten – Handhabung, Wiesbaden 1996.

Bagozzi, Richard P. u.a.: Marketing-Management, München/Wien 2000.

Balderjahn, Ingo: Marktreaktionen von Konsumenten – Ein theoretisch-methodisches Konzept zur Analyse der Wirkung marketingpolitischer Instrumente, Berlin 1993.

Balling, Richard: Das Image Deutschlands und deutscher Lebensmittel im Ausland – ein Vergleich mit Bayern. Implikationen für das Gemeinschaftsmarketing für Nahrungsmittel, in: Jahrbuch für Absatz- und Verbrauchsforschung 1994, 40. Jg., H. 1, S. 48-82.

Bamberger, Ingolf/Evers, Michael: Ursachen und Verläufe von Internationalisierungsentscheidungen mittelständischer Unternehmen, in: Macharzina, Klaus/Oesterle, Michael-Jörg (Hrsg.): Handbuch Internationales Management – Grundlagen, Instrumente, Perspektiven, Wiesbaden 1997, S. 103-137.

Bamberger, Ingolf/Wrona, Thomas: Globalisierungsbetroffenheit und Anpassungsstrategien von Klein- und Mittelunternehmen. Ergebnisse einer empirischen Untersuchung, in: Zeitschrift für Betriebswirtschaft, 1997, 67. Jahrgang, Heft 7, S. 713-735.

Bamberger, Ingolf/Wrona, Thomas: Ursachen und Verläufe von Internationalisierungsentscheidungen mittelständischer Unternehmen, in: Macharzina, Klaus/Oesterle, Michael-Jörg (Hrsg.): Handbuch Internationales Management – Grundlagen, Instrumente, Perspektiven, 2. überarb. und erw. Aufl., Wiesbaden 2002, S. 273-313.

Banning, Thomas E.: Lebensstilorientierte Marketing-Theorie: Analyse und Weiterentwicklung modelltheoretischer und methodischer Ansätze der Lebensstil-Forschung im Marketing, Heidelberg 1987.

Baron, Stefan/Bierach, Barbara/Thelen, Friedrich: „Konsum ist lokal", in: Wirtschaftswoche, Nr. 10, 27.02.1997, S. 130-132.

Bauer, Erich: Marktsegmentierung, Stuttgart 1977.

Bauer, Erich: Übersetzungsprobleme und Übersetzungsmethoden bei einer multinationalen Marketingforschung, in: Jahrbuch der Absatz- und Verbrauchsforschung 1989, 35. Jg., H. 2, S. 174-205.

Bauer, Erich: Markt-Segmentierung im internationalen Marketing, in: Schiemenz, Bernd/Wurl, Hans Jürgen (Hrsg.): Internationales Management: Beiträge zur Zusammenarbeit, Wiesbaden 1994, S. 209-233.

Bauer, Erich: Internationale Marketingforschung, 3., grundlegend überarb. und aktualisierte Aufl., München/Wien 2002.

Becker, Fred: Managementprobleme für Industrieunternehmen durch den Europäischen Binnenmarkt, in: Becker, Fred/Berthel, Jürgen (Hrsg.): Unternehmerische Herausforderung durch den europäischen Binnenmarkt 1992, Berlin u.a. 1990, S. 3-23.

Becker, Jochen: Marketing-Konzeption – Grundlagen des ziel-strategischen und operativen Marketing-Managements, 7., überarb. und erg. Aufl., München 2001.

Becker, Wolfgang: Verbraucherpolitische Ansatzpunkte zur Verbesserung des Wissenstransfers im Ernährungsbereich, in: Jahrbuch für Absatz- und Verbrauchsforschung 1992, 38. Jg., H. 3, S. 268-292.

Berekoven, Ludwig: Internationale Verbrauchsangleichung – Eine Analyse europäischer Länder, Wiesbaden 1978.

Berekoven, Ludwig: Internationales Marketing, 2. Aufl., Herne/Berlin 1985.

Berekoven, Ludwig/Eckert, Werner/Ellenrieder, Peter: Marktforschung – Methodische Grundlagen und praktische Anwendungen, 9., überarb. Aufl., Wiesbaden 2001.

Berger, Roland/Töpfer, Armin: Strategische Vorbereitung auf den Europäischen Binnenmarkt, in: Töpfer, Armin/Berger, Roland (Hrsg.): Unternehmenserfolg im europäischen Binnenmarkt, Landsberg/Lech 1991, S. 9-45.

Berger, Peter L./Luckmann, Thomas: Die gesellschaftliche Konstruktion der Wirklichkeit – Eine Theorie der Wissenssoziologie, Frankfurt am Main 1970.

Berndt, Ralph: Marketing 3 – Marketing-Management, Berlin u.a. 1995.

Berndt, Ralph/Fantapié-Altobelli, Claudia/Sander, Matthias: Internationale Kommunikationspolitik, in: Hermanns, Arnold/Wissmeier, Urban

Kilian (Hrsg.): Internationales Marketing-Management: Grundlagen, Strategien, Instrumente, Kontrolle und Organisation, München 1995, S. 176-224.

Berndt, Ralph/Fantapié-Altobelli, Claudia/Sander, Matthias: Internationale Marketing-Politik, Berlin u.a. 1997.

Berndt, Ralph/Fantapié-Altobelli, Claudia/Sander, Matthias: Internationales Marketing-Management, Berlin u.a. 1999.

Bernkopf, Günter: Strategien zur Auswahl ausländischer Märkte: Entscheidungsgrundlagen und Lösungsansätze, München 1980.

Beuttel, Wilfrid/Simmerl, Josef/Escherle, Hans Jürgen: Entscheidungsverhalten bei Auslandsaktivitäten: Ergebnisse einer empirischen Untersuchung, München 1980.

Biehl, Bernd: In Vierteln nach Süden. Im EG-Fleischmarkt zählen Schnelligkeit und Sortimentsbreite, in: Lebensmittelzeitung Dokumentation: EG-Binnenmarkt '92, Frankfurt am Main 1990, S. 75-79.

Binder, Heinrich/Lux, Jakob: Bedeutung und Methoden einer bewußten Partnerwahl im Rahmen der Erfolgssicherung von Kooperationen, in: Macharzina, Klaus/Oesterle, Michael Jörg (Hrsg.): Handbuch Internationales Management: Grundlagen, Instrumente, Perspektiven, Wiesbaden 1997, S. 497-510.

Blohm, Hans: Kooperation, in: Grochla, Erwin (Hrsg.): Handwörterbuch der Betriebswirtschaftslehre, 2., völlig neu gestaltete Aufl. Stuttgart 1980, Sp. 1112-1117.

Böcker, Franz: Präferenzforschung als Mittel marktorientierter Unternehmensführung, in: Zeitschrift für betriebswirtschaftliche Forschung 1986, 38. Jg., S. 543-574.

Böcker, Franz: Strategische Konsequenzen des europäischen Binnenmarktes für das Konsumgütermarketing, in: Die Betriebswirtschaft 1990, 50. Jg., H. 5, S. 665-673.

Böcker, Franz/Gierl, Heribert/Meier, Sabine: Preis-Typen in: Absatzwirtschaft, 1/1988, S. 92-97.

Böhler, Heymo: Methoden und Modelle der Marktsegmentierung, Heidelberg 1977.

Böhler, Heymo: Marktforschung, 2., überarb. Aufl., Stuttgart/Berlin 1992.

Bourdieu, Pierre: Zur Soziologie der symbolischen Formen, Frankfurt am Main 1970.

Bourdieu, Pierre: Die feinen Unterschiede – Kritik der gesellschaftlichen Urteilskraft, 4. Aufl., Frankfurt am Main 1987.

Bradley, Frank: International Marketing Strategy, 4. Aufl., London u.a. 2002.

Braun, Gerhard: Die Theorie der Direktinvestition, Köln 1988.

Breitnaher, Michael/Täger, Uwe Christian: Ernährungsindustrie: Strukturwandlungen in Produktion und Absatz, Struktur und Wachstum, Berlin/München 1990.

Breitnaher, Michael/Täger, Uwe Christian: Branchenuntersuchung Ernährungsindustrie, Struktur und Wachstum, Berlin/München 1996.

Brenner, Hatto/Dobisch, Walter J./Dörfler, Werner: Export-Strategien: Auslandsmärkte systematisch erschließen und erfolgreich bearbeiten, 2., neubearb. Aufl., Renningen/Malmsheim 1999.

Breuer, Norbert: Zur Generierung einer empirisch fundierten Einstellungstypen-tool-box für die Marktsegmentierung, in: Jahrbuch für Absatz- und Verbrauchsforschung 1980, 26. Jg., H. 2, S. 146-172.

Brockmeier, Martina: Analytische Bewertung von Reinheitsgeboten im Nahrungsmittelbereich, in: Jahrbuch für Absatz- und Verbrauchsforschung 1991, 37. Jg., H. 2, S. 159-178.

Buckley, Peter: A Critical Review of Theories of the Multinational Enterprise, in: Außenwirtschaft 1981, 36. Jg., H. 1, S. 70-87.

Buckley, Peter J.: A Critical View of Theories of the Multinational Enterprise, in: Buckley, Peter J./Casson, Mark (Hrsg.): The Economic Theory of the Multinational Enterprise, London 1985, S. 1-19.

Bundesministerium für Gesundheit/Bundesministerium für Ernährung, Landwirtschaft und Forsten (BfG/BfELF): Gedeckter Tisch Europa – Informationen zum EG-Lebensmittelrecht, Bonn o.J.

Bussiek, Jürgen: Anwendungsorientierte Betriebswirtschaftslehre für Klein- und Mittelunternehmen, 2. Aufl., München/Wien 1996.

Bussiek, Jürgen/Niemeier, Hans Jürgen: Enquete – Mittelständische Unternehmer der 80er Jahre, in: Manager Magazin, Hamburg 1981.

Cateora, Philip R./Graham, John L.: International Marketing, 11. Auflage, New York u.a. 2002.

Cecchini, Paolo: Europa '92 (Checchini-Bericht), Der Vorteil des Binnenmarktes, Baden-Baden 1988.

Cyert, Ricard M./March, James G.: A Behavioural Theory of the Firm, Englewood Cliffs 1963.

Davis, Harry L./Douglas, Susan P./Silk, Alvin J.: Measure Unreliability: A Hidden Threat to Cross-National Marketing Research?, in: Journal of Marketing 1981, 45. Jg., (Spring), S. 98-109.

Deutsche Bundesbank: Zahlungsbilanzstatistik – Technologische Dienstleistungen in der Zahlungsbilanz, Statistische Sonderveröffentlichung 12 (Mai 1994), Frankfurt am Main 1994.

Deutsche Bundesbank: Zahlungsbilanzstatistik – Technologische Dienstleistungen in der Zahlungsbilanz, Statistische Sonderveröffentlichung 12 (Mai 1996), Frankfurt am Main 1996.

Deutsche Bundesbank: Zahlungsbilanzstatistik – Kapitalverflechtungen mit dem Ausland, Statistische Sonderveröffentlichung 10 (Juni 1999), Frankfurt am Main 1999.

Deutsche Bundesbank: Zahlungsbilanzstatistik – Kapitalverflechtungen mit dem Ausland, Statistische Sonderveröffentlichung 10 (Mai 2002), Frankfurt am Main 2002a.

Deutsche Bundesbank: Zahlungsbilanzstatistik – Technologische Dienstleistungen in der Zahlungsbilanz, Statistische Sonderveröffentlichung 12 (Mai 2002), Frankfurt am Main 2002b.

Dichtl, Erwin: Die Bildung von Konsumententypen als Grundfrage der Markt-segmentierung, in: Wirtschaftswissenschaftliches Studium 1974, 2. Jg., H. 2, S. 54-59.

Dieckheuer, Gustav: Internationale Wirtschaftsbeziehungen, 5., vollst. überarb. Aufl., München/Wien/Oldenburg 2001.

Donges, Jürgen B. u.a.: Einheit und Vielfalt in Europa – Für weniger Harmo-nisierung und Zentralisierung, Bad Homburg 1992.

Doole, Isabel/Lowe, Robin/Phillips, Chris: International Marketing Strategy – Analysis, Development and Implementation, London u.a. 1996.

Douglas, Susan P./Urban, Christine D.: Life-Style Analysis to Profile Women in International Markets, in: Journal of Marketing 1977, 41. Jg., S. 46-54.

Drohner, Klaus: Über Kaffee-Geschmack läßt sich streiten, in: Lebensmittel-Zeitung (Hrsg.): Dokumentation EG-Binnenmarkt: Perspektiven – Strategien – Konzepte mit EG-Länderreports, 2. Ausgabe, Frankfurt am Main 1992, S. 151-153.

Dülfer, Eberhard: Internationales Management in unterschiedlichen Kultur-bereichen, 6. Aufl., München/Wien 2001.

Dunning, John H.: The Determinants of International Production, in: Oxford Economic Papers 1973, 25. Jg., Nr. 3, S. 289-336.

Dunning, John H.: Explaining Changing Patterns of International Production: In Defence of the Eclectic Theory, in: Oxford Bulletin of Economics and Statistics 1979, 41. Jg., Nr. 4, S. 269-295.

Dunning, John H.: Explaining the International Direct Investment Position of Countries: Towards a Dynamic or Developmental Approach, in: Weltwirtschaftliches Archiv 1981, Bd. 117, S. 30-64.

Durgee, Jeffrey/Colarelli o'Connor, Gina/Veryzer, Robert W.: Observations: Translating Values into Product Wants, in: Journal of Advertising Re-search 1996, 36. Jg., Nr. 6, S. 90-99.

Echevarria Garcia, Santiago: Competitiveness and Changing Process in a Global Economy, in: Engelhard, Johann/Oechsler, Walter A. (Hrsg.): Internationales Management, Wiesbaden 1999, S. 47-74.

Eliot, Thomas Stearns: Zum Begriff der Kultur, Frankfurt am Main 1961.

Emerson, Michael: The economics of 1992: the EC Commission's assessment of the economic effects of completing the internal market, Oxford u.a. 1988.

Eurobarometer: Die öffentliche Meinung in der Europäischen Union, Bericht Nr. 55, Brüssel 2001.

Eurostat: Daten zur Konjunkturanalyse, Luxemburg 1999.

Eurostat: Daten zur Konjunkturanalyse, Luxemburg 2000.

Eurostat: Jahrbuch 2001 – Der statistische Wegweiser durch Europa, Daten für die Jahre 1989–1999, Luxemburg 2001a.

Eurostat: Handel in Europa – Daten 1995–1999, Luxemburg 2001b.

Eurostat: Europäische Unternehmen – Zahlen und Fakten, Daten 1990–2000, Luxemburg 2002a.

Eurostat: Jahrbuch 2002 – Der statistische Wegweiser durch Europa, Daten aus den Jahren 1990–2000, Luxemburg 2002b.

Eurostat: Schlüsselzahlen zum Bildungswesen in Europa – 2002, Luxemburg 2002c.

Eurostat: Europäische Unternehmen – Zahlen und Fakten, Daten 1991–2001, Luxemburg 2003.

Fishbein, Martin: Attitude and the Prediction of Behavior, in: Fishbein, Martin (Hrsg.): Readings in Attitude Theory and Measurement, New York/ London/Sydney 1967, S. 477-492.

Frank, Ronald E./Massy, William F./Wind, Yoram: Market Segmentation, Englewood Cliffs, N.J. 1972.

Freidhof, Enrico: Strategisches Management im internationalen Umfeld: die Ausrichtung der italienischen Lebensmittelindustrie auf den Gemeinsamen Binnenmarkt, Frankfurt am Main u.a. 1995.

Freter, Hermann: Marktsegmentierung, Stuttgart u.a. 1983.

Freter, Hermann: Ändert sich wirklich etwas? Thesen aus der Sicht des Marketing, in: Becker, Fred/Berthel, Jürgen (Hrsg.): Unternehmerische Herausforderung durch den europäischen Binnenmarkt 1992, Berlin/ Heidelberg, u.a. 1990, S. 47-54.

Fuchs, Alena: Trends im Konsumverhalten von Lebensmitteln, in: Leyrer, Hans Joachim/Strecker, Otto/Elles, Anselm (Hrsg.): Erfolgsstrategien für Lebensmittel – Business-Trends, Analysen, Fallbeispiele, Frankfurt am Main 2004.

Gaerner, E.: Harmonisierung des Lebensmitterechts, in: Kommission der Europäischen Gemeinschaften (Hrsg.): Die Qualität der Lebensmittel im einheitlichen Binnenmarkt 1993, Luxemburg 1994, S. 39-46.

Gellner, Berthold: Wird die kleine und mittlere Unternehmung diskriminiert? – Eine Untersuchung über die wirtschaftspolitische Behandlung der Klein- und Mittelindustrie in der Bundesrepublik Deutschland, Berlin 1968.

Gerhards, Jürgen: Soziologie der Emotionen – Fragestellungen, Systematik und Perspektiven, Weinheim/München 1988.

Gibbs, Paul: Euro-Management – Geschäftskultur, Verbrauchertrends, Marketingstrategien, Zürich/Wiesbaden 1991.

Glaum, Martin: Internationalisierung und Unternehmenserfolg, Wiesbaden 1996.

Gogolin, Ingrid/Krüger-Potratz, Marianne/Neumann, Ursula: Kultur- und Sprachenvielfalt in Europa – Bilder von gestern, Visionen von morgen?, in: Gogolin, Ingrid/Krüger-Potratz, Marianne/Neumann, Ursula (Hrsg.): Kultur- und Sprachenvielfalt in Europa, Münster/New York 1991, S. 1-19.

Gööck, Roland.: Tee, Künzelsau 1990.

Graf, Carola: Zur Lebensmitteleinfuhr aus EG-Staaten: Schranken der Anwendung der §§ 3UWG und 17 Abs. Nr. 5b LMBG aus Art. 30 EWGV, Köln u.a. 1989.

Graham, Edward M.: Transatlantic investment by multinational firms: A rivalistic phenomenon?, in: Journal of Post Keynesian Economics 1978, 1. Jg., Nr. 1, S. 82-99.

Green, Paul E.: Hybrid Modells for Conjoint-Analysis: An Expository Review, in: Journal of Marketing Research, May 1984, S. 155-169.

Green, Paul E./Krieger, Abba M: Segmenting Markets with Conjoint Analysis, in: Journal of Marketing 1991, 55. Jg., S. 20-31.

Green, Paul E./Srinivasan V.: Conjoint Analysis in Consumer Research: Issues and Outlook, in: Journal of Consumer Research 1978, 5. Jg., S. 103-123.

Green, Paul E./Srinivasan V.: Conjoint Analysis in Marketing: New Developments with Implications for Research and Practice, in: Journal of Marketing 1990, 54. Jg., S. 3-19.

Greverus, Ina Maria: Kultur und Alltagswelt – Eine Einführung in Fragen der Kulturanthropologie, München 1978.

Haley, Russell I.: Benefit Segmentation: A Decision-oriented Research Tool, in: Journal of Marketing 1968, 32. Jg., S. 30-35.

Hamer, Eberhard: Marktwirtschaft durch Mittelstand, Essen 1990.

Hamer, Eberhard: Mittelstand und Sozialpolitik, Regensburg 1996.

Hamer, Eberhard: Volkswirtschaftliche Bedeutung von Klein- und Mittelbetrieben, in: Pfohl, Hans Christian (Hrsg.): Betriebswirtschaftslehre der Mittel- und Kleinbetriebe – Größenspezifische Probleme und Möglichkeiten zu Ihrer Lösung, 3. Aufl., Berlin 1997, S. 27-49.

Hauschildt, Jürgen: Globalisierung der Wirtschaft – Zur Rolle der Betriebswirtschaftslehre, in: Haller, Matthias u.a. (Hrsg.): Globalisierung der Wirtschaft – Einwirkungen auf die Betriebswirtschaftslehre, Bern/ Stuttgart/Wien 1993.

Heckscher, Eli: The Effect of Foreign Trade on the Distribution of Income, in: Ellis, Howard S./Metzler, Lloyd S. (Hrsg): Readings in the Theory of International Trade, 6. Aufl., London 1970, S. 272-300.

Hedewig-Mohr, Sabine: Jeder kocht sein eigenes Süppchen, in: Lebensmittel-Zeitung (Hrsg.): Dokumentation EG-Binnenmarkt: Perspektiven – Strategien – Konzepte mit EG-Länderreports, 2. Ausgabe, Frankfurt am Main 1992, S. 154-156.

Hedinger, Peter: Die Nutzung kooperativer Werbung zur Steigerung der Leistungsfähigkeit mittelständischer Betriebe, Göttingen 1978.

Heenan, David A./Perlmutter, Howard V.: Multinational Organization Development – A social architectural perspective, London u.a. 1979.

Heidhues, Franz: Zur Theorie der internationalen Kapitalbewegungen – Eine kritische Untersuchung unter besonderer Berücksichtigung der Direktinvestitionen, Tübingen 1969.

Heinen, Hjalmar: Ziele multinationaler Unternehmen – Der Zwang zu Investitionen im Ausland, Wiesbaden 1982.

Heise, Gilbert: Internationale Marktsegmentierung im Automobilmarketing, Wiesbaden 1997.

Hensmann, Jan: Kommunikationspolitik im europäischen Binnenmarkt – Zehn Thesen zu einigen wichtigen Entwicklungslinien, in: Bruhn, Manfred/ Wehrle, Friedrich (Hrsg.): Europa 1992 – Chancen und Risiken für das Marketing, Münster-Hiltrup 1989, S. 55-63.

Henzler, Herbert: Neue Strategie ersetzt den Zufall, in: Manager Magazin 1979, Nr. 4, S. 122-129.

Henle, Paul: Sprache, Denken und Kultur, in: Henle, Paul (Hrsg.): Sprache, Denken, Kultur, Frankfurt am Main 1969, S. 9-39.

Hermanns, Arnold/Wissmeier, Urban Kilian: Strategien der internationalen Marktbearbeitung, in: Macharzina, Klaus/Oesterle, Michael-Jörg (Hrsg.): Handbuch Internationales Management – Grundlagen, Instrumente, Perspektiven, 2., überarb. und erw. Aufl., Wiesbaden 2002, S. 417-436.

Hillmann, Karl Heinz: Soziale Bestimmungsgründe des Konsumentenverhaltens, Stuttgart 1971.

Hock, Eva Maria/Bader, Bruni: Kauf- und Konsumverhalten der 55plus-Generation – Ergebnisse einer empirischen Studie in der Schweiz, in: Thexis 2001, Nr. 3, St. Gallen 2001.

Hölper, Isabelle: Die Wettbewerbschancen der deutschen Süßwarenindustrie im EG-Binnenmarkt, Bergisch Gladbach/Köln 1994.

Hoffmann, Kurt: Grenzenloses Wurstvergnügen – Europäischer Binnenmarkt verlangt neue Strategien der Hersteller, in: Lebensmittelzeitung Dokumentation: EG-Binnenmarkt '92, Frankfurt am Main 1990, S. 81-84.

Hofstede, Geert: Interkulturelle Zusammenarbeit: Kulturen – Organisationen – Management, Wiesbaden 1993.

Hofstede, Geert: Cultures and Organizations – Software of the mind, Intercultural cooperation and its importance for survival, New York u.a. 1997.

Hofstede, Geert: Masculinity/Femininity as a Dimension of Culture, in: Hofstede, Geert (Hrsg.): Masculinity and Femininity – The Taboo Dimension of National Cultures, Thousand Oaks/London/New Delhi 1998, S. 3-28.

Hofstede, Geert: Lokales Denken, globales Handeln – Interkulturelle Zusammenarbeit und globales Management, 2. durchges. Aufl., München 2001.

Holland, Klaus J.: Export als Chance – Der Aufbau erfolgreicher Vertriebsstrukturen im Ausland, München 1997.

Holzmüller, Hartmut H.: Zur Strukturierung der grenzüberschreitenden Konsumentenforschung und spezifischen Methodenproblemen in der Datengewinnung, in: Jahrbuch der Absatz- und Verbrauchsforschung 1986, 32. Jg., H. 1, S. 42-70.

Hoppenstedt Verlag: Mittelständische Unternehmen 1999, Band 1, Register, Darmstadt u.a. 1999.

Hünerberg, Reinhard: Internationales Marketing, Landsberg/Lech 1994.

Hüttner, Manfred/Schwarting, Ulf: Grundzüge der Marktforschung, 7., überarb. Aufl., München/Wien 2002.

Hüttner, Manfred/Ahsen, Anette von/Schwarting, Ulf: Marketing-Management: Allgemein, Sektoral, International, 2., erg. Aufl., München/Wien 1999.

Hufbauer, Gary C.: Synthetic Materials and the Theory of International Trade, London 1966.

Hufbauer, G.C: The Impact of National Characteristics and Technology on the Commodity Composition of Trade in Manufactured Goods, in: Vernon, Raymond (Hrsg.): The Technology Factor in International Trade, New York 1970, S. 145-231.

Hustad, Thomas P./Pessemier, Edgar A.: The Development and Application of Psychographic, Life Style and Associated Activity and Attitude Measures, in: Wells, William D.(Hrsg.): Life Style and Psychographics, Chicago 1974, S. 31-70.

Hymer, Stephen Herbert: The international operations of national firms – A study of direct Investment, Cambridge, Mass./London 1976.

Jahrreiß, Wolfgang: Zur Theorie der Direktinvestitionen im Ausland – Versuch einer Bestandsaufnahme, Weiterführung und Intergration partialanalytischer Forschungsansätze, Berlin 1984.

Jain, Subhash C.: Standardization of International Marketing Strategy: Some Research Hypotheses, in: Journal of Marketing 1989, 53. Jg., S. 70-79.

Jain, Subhash C.: International Marketing Management, 5. Aufl., Cincinnati, Ohio 1996.

James, Allison: Cooking the Books: Global or Local Identities in Contemporary British Food Cultures?, in: Howes, David (Hrsg.): Cross-Cultural Consumption – Global Markets, Local Realities, London 1996, S. 77-92.

Jansen, Stephan A.: Mergers und Acquisitions, Unternehmensakquisitionen und -kooperationen. Eine strategische, organisatorische und kapitalmarkttheoretische Einführung, 4., überarb. und erw. Aufl., Wiesbaden 2001.

Johanson, Jan/Vahlne, Jan Erik: The Internalization Process of the Firm – A Model of Knowledge Development and Increasing Foreign Market Commitments, in: Journal of International Business Studies 1977, 8. Jg., Nr. 1, S. 23-32.

Johanson, Jan/Vahlne, Jan Erik: Building a Model of Firm Internationalization, in: Blomstermo, Anders/Sharma, Dharma Deo (Hrsg.): Learning in the Internationalization Process of Firms, Cheltenham, Mass. 2003, S. 3-15.

Johanson, Jan/Wiedersheim-Paul, Finn: The Internalization of the Firm – Four Swedish Cases, in: The Journal of Management Studies 1975, 12. Jg., Nr. 3, S. 305-322.

Jung, Helga: Erfolgsfaktoren von Unternehmensakquisitionen, Stuttgart 1993.

Kahle, Lynn R./Timmer, Susan Goff: A Theory and a Method for Studying Values, in: Kahle, Lynn R. (Hrsg.): Social values and social change, New York 1983, S. 43-69.

Keegan, Warren J./Schlegelmilch, Bodo B./Stöttinger, Barbara: Globales Marketing-Management: eine europäische Perspektive, München/Wien 2002.

Kelly, George A.: Der Motivationsbegriff als irreführendes Konstrukt, in: Thomae, Hans (Hrsg.): Die Motivation menschlichen Handelns, Mönchengladbach 1975, S. 498-509.

Kindleberger, Charles P.: American Business Abroad. Six Lectures on Direct Investment, New Haven/London 1969.

Knickerbocker, Frederic T.: Oligopolistic Reaction and Multinational Enterprise, Boston 1973.

Koch, Jörg: Marktforschung: Begriffe und Methoden, 3., völlig überarb. und erw. Aufl., München/Wien 2001.

Köhler, Richard/Hüttemann, Hans: Marktauswahl im internationalen Marketing, in: Macharzina, Klaus/Welge, Martin (Hrsg.): Export und internationale Unternehmung, Stuttgart 1989, Sp. 1428-1440.

Köhler, Richard: Internationale Kooperationsstrategien kleinerer Unternehmen, in: Meiler, Rudolf-Carl (Hrsg.): Mittelstand und Betriebswirtschaft – Beiträge aus Wissenschaft und Praxis, Wiesbaden 1999, S. 1-27.

Kommission der Europäischen Gemeinschaften: Vollendung des Binnenmarktes – Weißbuch der Kommission an den Europäischen Rat (Mailand, den 28./29. Juni 1985), KOM(85), 310 endg. Brüssel, den 14. Juni 1985a.

Kommission der Europäischen Gemeinschaften: Vollendung des europäischen Binnenmarktes: Das gemeinschaftliche Lebensmittelrecht, KOM(85), 603 endg. Brüssel, den 8. November 1985b.

Kommission der Europäischen Gemeinschaften: Wirtschafts- und Währungsunion – I Der Weg zur Wirtschafts- und Währungsunion, II Das Szenario für den Übergang zur einheitlichen Währung, Luxemburg 1996a.

Kommission der Europäischen Gemeinschaften: Eine einheitliche Definition der europäischen KMU – EURO-info, Brüssel 03/1996b.

Kommission der Europäischen Gemeinschaften: Amtsblatt der Europäischen Gemeinschaften: Rechtsvorschriften, 40. Jg., L 43, Luxemburg, 14.02.1997a.

Kommission der Europäischen Gemeinschaften: Amtsblatt der Europäischen Gemeinschaften: Rechtsvorschriften, 40. Jg., L 257, Luxemburg, 20.09.1997b.

Kommission der Europäischen Gemeinschaften: Die Strategie für den europäischen Binnenmarkt, Brüssel, den 05.10.99.

Kommission der Europäischen Gemeinschaften: Panorama europäischer Unternehmen – Daten 1989–1999, Luxemburg 2000a.

Kommission der Europäischen Gemeinschaften: Ein neues Konzept für Europa: Die Erklärung von Robert Schumann – 1950–2000, Luxemburg 2000b.

Kommission der Europäischen Gemeinschaften: Auf dem Weg zum Unternehmen Europa – Arbeitsprogramm für die Unternehmenspolitik 2000–2005, SEC (2000) 771, Brüssel, 08.05.2000c.

Kommission der Europäischen Gemeinschaften: Strategie zur Verbesserung der Funktionsweise des MwSt-Systems im Binnenmarkt, KOM (2000) 348, Brüssel, 07.06.2000d.

Kommission der Europäischen Gemeinschaften: Communication from the Commission on practical aspects of the euro – State of play and tasks ahead, COM (2000) 443, Brüssel, 12.07.2000e.

Kommission der Europäischen Gemeinschaften: Besser, aber noch nicht die Besten – Unternehmenspolitische Maßnahmen zur Steigerung der Wettbewerbsfähigkeit Europas, SEK (2000) 1942, Brüssel, 09.11.2000f.

Kommission der Europäischen Gemeinschaften: Das europäische Beobachtungsnetz für KMU, sechster Bericht, Luxemburg 2000g.

Kommission der Europäischen Gemeinschaften: EURO-info: Die Direktionen der GD Unternehmen, Gemeinsame Zielsetzungen der Direktionen, Individuelle Ziele und Aufgaben der Direktionen, Luxemburg 2000h.

Kommission der Europäischen Gemeinschaften: Steuerpolitik in der Europäischen Union, Brüssel 2000i.

Kommission der Europäischen Gemeinschaften: Ein unternehmerisches Europa schaffen – Die Aktivitäten der Union zur Förderung von kleinen und mittleren Unternehmen (KMU), KOM (2001) 98, Luxemburg 2001.

Kommission der Europäischen Gemeinschaften: Der Binnenmarkt – Zehn Jahre ohne Grenzen, 01.01.1993 bis 01.01.2003, o.O. 2002.

Kotler, Philip/Bliemel, Friedhelm: Marketing-Management: Analyse, Planung und Verwirklichung, 10., überarb. und aktual. Aufl. Stuttgart 2001.

Krägenau, Henry: Binnenmarktstrategie – Vom Weißbuch bis Heute, in: Mayer, Otto G./Scharrer, Hans Eckart/Schmahl, Hans Jürgen (Hrsg.): Der Europäische Binnenmarkt: Perspektiven und Probleme, Hamburg 1989, S. 15-56.

Kramer, Sabine: Europäische Life-Style-Analysen zur Verhaltensprognose von Konsumenten, Hamburg 1991.

Kreilkamp, Edgar: Strategisches Management und Marketing – Markt- und Wettbewerbsanalyse, Strategische Frühaufklärung, Portfolio-Management, Berlin/New York 1987.

Kreutzer, Ralf T.: Global-Marketing – Konzeption eines länderübergreifenden Marketing: Erfolgsbedingungen, Analysekonzepte, Gestaltungs- und Implementierungsansätze, Wiesbaden 1990.

Kreutzer, Ralf T.: Länderübergreifende Segmentierungskonzepte – Antwort auf die Globalisierung der Märkte, in: Jahrbuch der Absatz- und Verbrauchsforschung 1991, 37. Jg., H. 1, S. 4-27.

Kroeber, Alfred Louis/Kluckhohn, Clyde: Culture – a critical review of concepts and definitions, New York 1963.

Kroeber-Riel, Werner: Konsumentenverhalten, 5., überarb. und erg. Aufl., München 1992a.

Kroeber-Riel, Werner: Globalisierung der Euro-Werbung – Ein konzeptioneller Ansatz der Konsumentenforschung, in: Marketing – Zeitschrift für Forschung und Praxis, H. 4, IV. Quartal 1992b, S. 261-267.

Kroeber-Riel, Werner/Weinberg, Peter: Konsumentenverhalten, 8. aktual. und erg. Auflage, München 2003.

Kulhavy, Ernest: Internationales Marketing, 5., unveränderte Aufl., Linz 1993.

Kumar, Brij N./Epple, Philipp: Exporte, Kooperationen und Auslandsgesellschaften als Stationen des Lernens im Internationalisierungsprozeß, in: Macharzina, Klaus/Oesterle, Michael-Jörg (Hrsg.): Handbuch Internationales Management – Grundlagen, Instrumente, Perspektiven, 2., überarb. und erw. Aufl., Wiesbaden 2002, S. 257-272.

Kutschker, Michael/Schmid, Stefan: Internationales Management, 3., überarb. Aufl., München/Wien 2004.

Lademann, Rainer P.: Europa gibt dem Handel Impulse – Die Internationalisierung der Ernährungswirtschaft, in: Lebensmittel-Zeitung Nr. 17 vom 30. April 1993, S. 87-88.

Lageman, Bernhard/Löbbe, Klaus u.a.: Kleine und mittlere Unternehmen im sektoralen Strukturwandel, Essen 1999.

Langen, Werner: Unternehmensgrößenbezogene Wirtschaftspolitik in der Bundesrepublik Deutschland, Göttingen 1978.

Langer, Waltraud/Sterk, Robert: EU-Konsumententipps: Vorteile nutzen bei: Mode, Zoll, Geld, Jobs, Bildung, Lebensmittel, Auto, Elektronik, Zweitwohnsitze, Versicherungen, Wien 1995.

Langner, Heike: Segmentierungsstrategien für den europäischen Markt, Wiesbaden 1991.

Leontief, Wassily: Factor Proportions and the Structure of American Trade, in: The Review of Economics and Statistics 1956, 38. Jg., Nr. 4, S. 386-407.

Levitt, Theodore: The globalisation of Markets, in: Harvard Business Review, May-June 1983, S. 92-102.

Liouville, Jacques/Nanopoulos, Constantin: Globalisierung der Märkte – Wettbewerbsstrategische Herausforderungen für kleine und mittlere Unternehmen, in: Scholz, Christian/Zentes, Joachim (Hrsg.): Strategisches Euro-Management, Bd. 2, Stuttgart 1998, S. 147-162.

Litzenroth, Heinrich: Dem Verbraucher auf der Spur, in: Jahrbuch der Absatz- und Verbrauchsforschung 1995, 41. Jg., H. 3, S. 219-305.

Macharzina, Klaus: Theorie der internationalen Unternehmenstätigkeit – Kritik und Ansätze einer integrativen Modellbildung, in: Lück, Wolfgang/ Trommsdorff, Volker (Hrsg.): Internationalisierung der Unternehmung als Problem der Betriebswirtschaftslehre, Berlin 1982, S. 111-143.

Martin, Michael: Mikrogeographische Marktsegmentierung, Wiesbaden 1992.

Marwede, Eberhard: Die Abgrenzungsproblematik mittelständischer Unternehmen – Eine Literaturanalyse, Augsburg 1983.

Marx, Thomas: Internationale Marketingstrategien in der deutschen Brauwirtschaft, Frankfurt am Main u.a. 1998.

Maslow, Abraham H.: Motivation und Persönlichkeit, 2., erw. Aufl., Olten 1978.

Meffert, Heribert: Globalisierungsstrategien und ihre Umsetzung im internationalen Wettbewerb, in: Die Betriebswirtschaftslehre (DBW) 1989, 49. Jg., H. 4, S. 445-463.

Meffert, Heribert: Euro-Marketing im Spannungsfeld zwischen nationalen Bedürfnissen und globalem Wettbewerb, in: Becker, Fred/Berthel, Jürgen (Hrsg.): Unternehmerische Herausforderung durch den europäischen Binnenmarkt 1992, Berlin u.a. 1990, S. 109-128.

Meffert, Heribert: Marketing, Grundlagen marktorientierter Unternehmensführung, Konzepte – Instrumente – Praxisbeispiele, 9., überarb. und erw. Aufl., Wiesbaden 2000.

Meffert, Heribert/Althans, Jürgen: Internationales Marketing, Stuttgart/Berlin/Köln 1982.

Meffert, Heribert/Bolz, Joachim: Internationales Marketing-Management, 3. Auflage, Stuttgart/Berlin/Köln 1998.

Meffert, Heribert/Meurer, Jörg: Internationales Marketing im neuen Europa, in: Der Markt 1995, 32. Jg., Nr. 127, S. 220-230.

Meffert, Heribert/Pues, Clemens: Timingstrategien des internationalen Markteintritts, in: Macharzina, Klaus/Oesterle, Michael-Jörg (Hrsg.): Handbuch Internationales Management – Grundlagen, Instrumente, Perspektiven, 2., überarb. und erw. Aufl., Wiesbaden 2002, S. 403-416.

Meffert, Heribert u.a.: Globale oder nationale Marktkommunikation? Eine empirische Studie aus der Sicht weltweit tätiger Werbeagenturen, Münster 1986.

Meier, Thomas: Das Image von Nahrungsmitteln als Bestimmungsfaktor des Verbraucherverhaltens – Eine Konzeption zur Operationalisierung der Image-Analyse für Gartenbauerzeugnisse, Hannover/Weihenstephan 1996.

Meinefeld, Werner: Einstellung und soziales Handeln, Reinbek bei Hamburg 1977.

Mengele, Jürgen: Horizontale Kooperationen als Markteintrittsstrategie im internationalen Marketing, Wiesbaden 1994.

Mengen, Andreas: Konzeptgestaltung von Dienstleistungsprodukten: Eine Conjoint-Analyse im Luftfrachtmarkt unter Berücksichtigung der Qualitätsunsicherheit beim Dienstleistungskauf, Stuttgart 1993.

Mennicken, Claudia: Interkulturelles Marketing: Wirkungszusammenhänge zwischen Kultur, Konsumverhalten und Marketing, Wiesbaden 2000.

Meissner, Hans Günther: Außenhandels-Marketing, Stuttgart 1981.

Meissner, Hans Günther: Strategisches internationales Marketing, 2., überarb. Aufl., München/Wien 1995.

Meissner, Hans Günther: Interkulturelle Marktforschung, in: Engelhard, Johann/Oechsler, Walter A. (Hrsg.): Internationales Management, Wiesbaden 1999, S. 353-366.

Meyer, Anton: Mikrogeographische Marktsegmentierung – Grundlagen, Anwendungen und kritische Beurteilung von Verfahren zur Lokalisierung und gezielten Ansprache von Zielgruppen, in: Jahrbuch der Absatz- und Verbrauchsforschung 1989, 35. Jg., H. 4, S. 342-365.

Mohrmann, Günter: Europäischer Binnenmarkt: Herausforderungen, Chancen, Risiken für Unternehmen, Arbeitnehmer und Politik, Hamburg 1990.

Monopolkommission: Wettbewerbspolitik vor neuen Herausforderungen: Hauptgutachten 1988/89, Baden-Baden 1990.

Monopolkommission: Marktöffnung umfassend verwirklichen, Hauptgutachten 1996/1997, Baden-Baden 1998.

Monopolkommission: Netzwettbewerb durch Regulierung, Hauptgutachten 2000/2001, Baden-Baden 2003.

Mooij, Marieke de: Global marketing and advertising – Understanding cultural paradoxes, Thousand Oaks/London/New Delhi 1998.

Mooij, Marieke de: The future is predictable for international marketers – Converging incomes lead to diverging consumer behaviour, in: International Marketing Review 2000, 17. Jg., Nr. 2, S. 103-113.

Mooij, Marieke de: Convergence and divergence in consumer behaviour: implications for global advertising, in: International Journal of Advertising 2003, 22. Jg., Nr. 2, S. 183-202.

Mooij, Marieke de: Consumer Behavior and Culture – Consequences for Global Marketing and Advertising, Thousand Oaks/London/New Delhi 2004.

Mooij, Marieke de/Hofstede, Geert: Convergence and divergence in consumer behavior: implications for international retailing, in: Journal of Retailing 2002, 78. Jg., S. 61-69.

Mühlbacher, Hans: Internationale Produkt- und Programmpolitik, in: Hermanns, Arnold/Wissmeier, Urban Kilian (Hrsg.): Internationales Marketing-Management: Grundlagen, Strategien, Instrumente, Kontrolle und Organisation, München 1995, S. 139-175.

Mühlbacher, Hans/Botschen, Günther: Benefit-Segmentierung von Dienstleistungsmärkten, in: Marketing – Zeitschrift für Forschung und Praxis, H. 3, III. Quartal 1990, S. 159-168.

Müller, Hans Peter: Sozialstruktur und Lebensstile – Der neue theoretische Diskurs über soziale Ungleichheit, 2. Aufl., Frankfurt am Main 1993.

Müller, Walter: Die handels- und konkurrentenbezogenen Marketingstrategien mittelständischer Nahrungsmittelhersteller unter besonderer Berücksichtigung der branchenspezifischen Marktstrukturen und Marktwirkungen, Frankfurt am Main/Bern/New York 1986.

Müller, Stefan/Gelbrich, Katja: Interkulturelles Marketing, München 2004.

Müller, Stefan/Kornmeier, Martin: Internationales Marketing – eine interkulturelle Perspektive, Dresden 1994.

Müller, Stefan/Kornmeier, Martin: Grenzen der Standardisierung im internationalen Marketing, in: Jahrbuch der Absatz- und Verbrauchsforschung 1996, 42. Jg., H. 1, S. 4-29.

Müller, Stefan/Kornmeier, Martin: Strategisches Internationales Management: Internationalisierung der Unternehmenstätigkeit, München 2002.

Müller-Hagedorn, Lothar: Das Konsumentenverhalten: Grundlagen für die Marktforschung, Wiesbaden 1986.

Naujoks, Wilfried: Unternehmensgrößenbezogene Strukturpolitik und gewerblicher Mittelstand – Zur Lage und Entwicklung mittelständischer Unternehmen in der Bundesrepublik Deutschland, Göttingen 1975.

Nerreter, Wilhelm/Stöcher, Josef: Der Import und Export, 5., erw. und verb. Aufl., Herne/Berlin 1983.

Nienaber, Knut B.: Internationalisierung mittelständischer Unternehmen – Theoretische Grundlagen und empirische Befunde zur Strategiewahl und -umsetzung, Hamburg 2003.

Nieschlag, Robert/Dichtl, Erwin/Hörschgen, Hans: Marketing, 19., überarb. und erg. Aufl., Berlin 2002.

Nordström, Kjell A./Vahlne, Jan Erik: Is the Globe Shrinking? – Psychic Distance and the Establishment of Swedish Sales Subsidiaries during the Last 100 Years, in: International Trade: Regional and Global Issues 1994, S. 41-56.

Obbelode, Frank: Strategisches Marktauswahlverfahren mittelständischer Unternehmen auf internationalen Märkten. Eine theoretische Fundierung und empirische Untersuchung, dargestellt am Beispiel der Oberbekleidungsindustrie in der BRD, Frankfurt am Main u.a 1993.

Ohlin, Bertil: Die Beziehung zwischen internationalem Handel und internationaler Bewegung von Kapital und Arbeit, in: Zeitschrift für Nationalökonomie 1931, 2. Band, H. 2, S. 161-199.

Ohmae, Kenichi: Macht der Triade – Die neue Form des weltweiten Wettbewerbs, Wiesbaden 1985.

o.V.: „Niemals vergeben wir Lizenzen", in: Lebensmittelzeitung Dokumentation: EG-Binnenmarkt '92, Frankfurt am Main 1990, S. 63-64.

o.V.: Ein goldenes Segment wird verkannt, in: Werben und Verkaufen, Nr. 4, 24.01.1992, S. 46.

o.V.: Alter schützt vor Eitelkeit nicht, in: Lebensmittelzeitung, Nr. 13 vom 2. April 1993, S. 88.

o.V.: Problematisches Urteil zu Säfte-Werbung, aid (Verbraucherdienst), 44. Jg., 5/1999a, S. 119.

o.V.: EG-Richtlinien über die Lebensmittelbestrahlung, aid (Verbraucherdienst), 44. Jg., 6/1999b, S. 149.

o.V.: EuGH-Entscheidungen zum Schutz geographischer Herkunftsangaben, in: aid (Verbraucherdienst), 44. Jg., 12/1999c, S. 322-323.

o.V.: Weitere Ergänzungen der EG-Verordnung über Tierarzneimittelrückstände, in: aid (Verbraucherdienst), 44. Jg., 12/1999d, S. 324.

o.V.: Rabobank: Zahl der Unternehmen in der Ernährungsindustrie wird drastisch abnehmen, in: Gordian 2000, H. 1-2, S. 2.

Pallarz, Karl-Heinz: EG-Binnenmarkt 1992: Daten, Fakten und Anregungen, Stuttgart/Berlin/Köln 1990.

Pallarz, Karl-Heinz: Der Europäische Binnenmarkt: Entwicklungen und Chancen, Stuttgart 1991.

Pausenberger, Ehrenfried: Die internationale Unternehmung – Begriff, Bedeutung und Entstehungsgründe, in: Das Wirtschaftsstudium 7/1982, 11. Jg., S. 332-337.

Penrose, Edith T.: The Theory of the Growth of the Firm, Oxford 1959.

Pensel, Jens: Die Produktions- und Investitionspolitik der internationalen Unternehmung – Erklärungsansätze und Entscheidungsmodelle multinationaler Unternehmensstrategien, Berlin 1977.

Pepels, Werner: Käuferverhalten und Marktforschung – Eine praxisorientierte Einführung, Stuttgart 1995.

Perlitz, Manfred: Spektrum kooperativer Internationalisierungsformen, in: Macharzina, Klaus/Oesterle, Michael Jörg (Hrsg.): Handbuch Internationales Management – Grundlagen, Instrumente, Perspektiven, 2., überarb. und erw. Aufl., Wiesbaden 2002, S. 533-549.

Perlitz, Manfred: Internationales Management, 4., bearb. Aufl., Stuttgart 2000.

Pichler, Hanns/Pleitner, Hans Jobst/Schmidt, Karl Heinz: Größe in der Kleinheit, in: Pichler, Hanns/Pleitner, Hans Jobst/Schmidt, Karl Heinz (Hrsg.): Management in KMU – Die Führung von Klein- und Mittelunternehmen, 3. Aufl., Bern/Stuttgart/Wien 2000, S. 11-41.

Plummer, Joseph T.: Life Style and Advertising: Case Studies, in: Allvine, Fred C. (Hrsg.): Combined Proceedings, Spring and Fall Conferences 1971, Chicago 1972, S. 290-295.

Plummer, Joseph T.: The Concept and Application of Life Style Segmentation, in: Journal of Marketing 1974, 38. Jg., S. 33-37.

Porter, Michael E.: Methoden zur Analyse von Branchen und Konkurrenten, 10., durchges. und erw. Aufl., Frankfurt am Main/New York 1999.

Posner, M.V.: International Trade and Technical Change, in: Oxford Economic Papers 1961, 13. Jg., Nr. 3, S. 323-341.

Quack, Helmut: Internationales Marketing, Entwicklung einer Konzeption mit Praxisbeispielen, München 1995.

Reader's Digest Eurodata: A Consumer Survey of 17 European Countries, London 1991.

Reeb, Marianne: Lebensstilanalysen in der strategischen Marktforschung, Wiesbaden 1998.

Reiners, Wolfram: Multiattributive Präferenzstrukturmodellierung durch die Conjoint Analyse: Diskussion der Verfahrensmöglichkeiten und Optimierung von Paarvergleichsaufgaben bei der adaptiven Conjoint Analyse, Münster 1996.

Ricardo, David: Principles of Political Economy and Taxation, 3. Aufl., London 1821.

Ringel, Sabine: Das deutsche und gemeinschaftliche Lebensmittelrecht als Sicherheitsrecht: lebensmittelrechtliche Aspekte innerhalb der Europäischen Union, Berlin 1996.

Ringle, Günther: Exportmarketing, Wiesbaden 1977.

Roland, Hermann: Gleicht sich der Nahrungsmittelverbrauch international an? Ein Meßkonzept und empirische Ergebnisse für ausgewählte OECD-Länder, in: Jahrbuch der Absatz- und Verbrauchsforschung 1994, 40. Jg., H. 4, S. 371-390.

Rose, Klaus/Sauernheimer, Karlhans: Theorie der Außenwirtschaft, 13., überarb. Aufl., München 1999.

Sander, Matthias: Unternehmen und Umwelt, in: Berndt, Ralph/Fantapié-Altobelli, Claudia/Schuster, Peter (Hrsg.): Springers Handbuch der Betriebswirtschaftslehre 1, Berlin u.a. 1998, S. 41-67.

Schäfer, Thomas: Auslandsinvestitionen und Währungsrisiken, Wiesbaden 1995.

Schanz, Kai Uwe: Internationale Unternehmensstrategien in der neuen WTO-Welthandelsordnung, Zürich 1995

Scharf, Andreas: Konkurierende Produkte aus Konsumentensicht: Erfassung und räumliche Darstellung unter besonderer Berücksichtigung der Korrespondenzanalyse, Frankfurt am Main 1991.

Scheffler, Hartmut: Stichprobenbildung und Datenerhebung, in: Herrmann, Andreas/Homburg, Christian (Hrsg.): Marktforschung – Methoden, Anwendungen, Praxisbeispiele, 2., aktual. Aufl., Wiesbaden 2000, S. 59-77.

Scherm, Ewald/Süß, Stefan: Internationales Management – Eine funktionale Perspektive, München 2001.

Schiffmann, Leon G./Kanuk, Leslie Lazar: Consumer Behavior, 7. Aufl., Upper Saddler River, N.J. u.a. 2000.

Schlapp, Harald A.: Die Partnerwahl für strategische Allianzen. Kriterien und Analyseinstrumente, Frankfurt am Main/Schotten 1997.

Schmid, Stefan: Die Internationalisierung von Unternehmungen aus der Perspektive der Uppsala-Schule, in: Wirtschaftswissenschaftliches Studium 2002, 31. Jg., H. 7, S. 387-392.

Schmidt, Axel u.a.: Die Internationalisierung mittelständischer Industrieunternehmen unter besonderer Berücksichtigung der Rolle der Banken, IfM-Materialien, Nr. 113, Bonn 1995.

Schnaebele, Peter: Euro und Preispolitik – Aufgaben und Strategien für das Marketing, in: Jahrbuch der Absatz- und Verbrauchsforschung 2000, 46. Jg., H. 4, S. 332-350.

Schneider, Dieter J. G.: Die Länderselektion als absatzstrategische Aufgabe exportorientierter mittelständischer Unternehmungen, in: Der Markt 1985, 24. Jg., Nr. 95, S. 69-78.

Schneider, Dieter J. G.: Internationale Distributionspolitik, in: Hermanns, Arnold/Wissmeier, Urban Kilian (Hrsg): Internationales Marketing-Management: Grundlagen, Strategien, Instrumente, Kontrolle und Organisation, München 1995, S. 256-280.

Schneider, Dieter J. G. Müller, Ralph U.: Datenbankgestützte Marktselektion: Eine methodische Basis für Internationalisierungsstrategien, Stuttgart 1989.

Scholl-Schaaf, Margret: Werthaltung und Wertsystem. Ein Plädoyer für die Verwendung des Wertkonzepts in der Sozialpsychologie, Bonn 1975.

Schröder, Konrad/Macht, Konrad: Wie viele Sprachen für Europa?, Augsburg 1983.

Schubert, Bernd: Entwicklung von Konzepten für Produktinnovationen mittels Conjoint-Analyse, Stuttgart 1991.

Schusser, Stephan W.: Eurostrategische Unternehmensführung – Eine situativ-integrative Analyse, Sternefels/Berlin 1996.

Schweikl, Herbert: Computergestützte Präferenzanalyse mit individuell wichtigen Produktmerkmalen, Berlin 1985.

Seidel, Heinrich: Erschließung von Auslandsmärkten: Auswahlkriterien, Handlungsalternativen, Entscheidungshilfen, Berlin 1977.

Sell, Axel: Neue Formen internationaler Unternehmenskooperationen und strategische Allianzen – Einführung, in: Sell, Axel (Hrsg.): Neue Perspektiven für internationale Unternehmenskooperationen, Münster/ Hamburg 1995.

Sell, Axel: Internationale Unternehmenskooperationen, 2., aktual. und erw. Aufl. München/Wien 2002.

Simon, Hermann/Wiese, Carsten: Internationale Preispolitik, in: Hermanns, Arnold/Wissmeier, Urban Kilian (Hrsg.): Internationales Marketing-Management: Grundlagen, Strategien, Instrumente, Kontrolle und Organisation, München 1995, S. 225-255.

Smith, Adam: [An Inquiry into the Nature and Causes of the Wealth of Nations, 1776] Der Wohlstand der Nationen – Eine Untersuchung seiner Natur und seiner Ursachen. Übersetzt von Horst Claus Recktenwald, München 1974.

Solomon, Michael/Bamossy, Gary/Askegaard, Søren: Konsumentenverhalten – Der europäische Markt, München 2001.

Stahr, Gunter: Marktselektionsentscheidung im Auslandsgeschäft, in: Zeitschrift für Betriebswirtschaftliche Forschung 1980, 32. Jg., S. 276-290.

Stahr, Gunter: Marktstrategien für Europa 1992 – 1995 – 2000, EG-Westeuropa – Osteuropa, Hamburg 1990.

Statistisches Bundesamt: Statistisches Jahrbuch 2001 – Für das Ausland, Wiesbaden 2001.

Statistisches Bundesamt: Produzierendes Gewerbe – Betriebe, Beschäftigte und Umsatz des Verarbeitenden Gewerbes sowie des Bergbaus und der Gewinnung von Steinen und Erden nach Beschäftigtengrößenklassen 2001, Fachserie 4, Reihe 4.1.2, Wiesbaden 2002a.

Statistisches Bundesamt: Produzierendes Gewerbe – Beschäftigung, Umsatz und Energieversorgung der Betriebe des Verarbeitenden Gewerbes sowie des Bergbaus und Gewinnung von Steinen und Erden 2001, Fachserie 4, Reihe 4.1.1, Wiesbaden 2002b.

Statistisches Bundesamt: Statistisches Jahrbuch 2003 für die Bundesrepublik Deutschland, Wiesbaden 2003a.

Statistisches Bundesamt: Produzierendes Gewerbe – Beschäftigte, Umsatz und Investitionen der Unternehmen und Betriebe des Verarbeitenden Gewerbes sowie des Bergbaus und der Gewinnung von Steinen und Erden 2001, Fachserie 4, Reihe 4.2.1, Wiesbaden 2003b.

Statistisches Bundesamt: Statistisches Jahrbuch 2001 – Für das Ausland, Wiesbaden 2003c.

Statistisches Bundesamt: Außenhandel – Außenhandel nach Ländern und Güterabteilungen der Produktionsstatistiken (Spezialhandel) 1990–2002, Fachserie 7, Reihe 7, Wiesbaden 1991-2003.

Stegmüller, Bruno: Internationale Marktsegmentierung als Grundlage für internationale Marketing-Konzeptionen, Bergisch Gladbach/Köln 1995.

Stein, Ingo: Die Theorien der Multinationalen Unternehmung, in: Schoppe, Siegfried G. (Hrsg.): Kompendium der internationalen Betriebswirtschaftslehre, 4., völlig überarb. Aufl., München/Wien 1998, S. 35-153.

Strecker, Otto/Reichert, Josef/Pottebaum, Paul: Marketing für Lebensmittel: Grundlagen und praktische Entscheidungshilfen, 2. Auflage, Frankfurt am Main 1990.

Strecker, Otto/Reichert, Josef/Pottebaum, Paul: Marketing in der Agrar- und Ernährungswirtschaft: – Grundlagen, Strategien, Maßnahmen, 3., vollkommen neu bearb. Aufl., Frankfurt am Main 1996.

Strohmayer, Manfred: Expansion durch Kooperation, Frankfurt am Main u.a. 1996.

Swoboda, Bernhard: Dynamische Prozesse der Internationalisierung: Managementtheoretische und empirische Perspektiven des unternehmerischen Wandels, Wiesbaden 2002.

Takeuchi, Hirotaka/Porter, Michael E.: Die drei Aufgaben des internationalen Marketing im Rahmen einer globalen Unternehmensstrategie, in: Porter, Michael E. (Hrsg.): Globaler Wettbewerb: Strategien der neuen Internationalisierung, Wiesbaden 1989, S. 127-164.

Terpstra, Vern/Russow, Lloyd C.: International Dimensions of Marketing, 4. Aufl., Cincinnati, Ohio u.a. 2000.

Terpstra, Vern/Sarathy, Ravi: International Marketing, 8. Aufl., Orlando 2000.

Tesch, Peter: Die Bestimmungsgründe des internationalen Handels und die Direktinvestition – Eine kritische Untersuchung der außenwirtschaftlichen Theorien und Ansatzpunkte einer standorttheoretischen Erklärung der leistungswirtschaftlichen Auslandsbeziehungen der Unternehmen, Berlin 1980.

Teske, Horst: Binnenmarkt 1992: Das Recht, in: Brindlmayer, Maria/Cwik, Michael/Teske, Horst/Weiler, Heinrich (Hrsg.): Wege zum EG-Binnenmarkt 1992 – Informationen für Unternehmer: Recht, Wirtschaft, Steuern, Währung und Finanzen, 3., neubearb. und erw. Aufl., Bonn 1991, S. 1-48.

Tietz, Bruno: Die Lebensmittelproduktion in der BRD von 1960–1990 – Konsument, Einzelhandel, Handwerk und Gastronomie, Bd. 1, Hamburg 1978.

Thürbach, Ralf Peter: Die Entwicklung der Unternehmensgrößen in der Bundesrepublik Deutschland von 1962 bis 1972 – Mittelstandsstatistik, Göttingen 1975.

Topritzhofer, Edgar/Moser, Reinhard: Das Exportgeschäft – Seine Abwicklung und Absicherung, 5., durchges. Aufl., Wien 1987.

Tordjman, André: European Retailing: Convergences, Differences and Perspectives, o.O. 1994.

Trommsdorff, Volker: Die Messung von Produktimages für das Marketing – Grundlagen und Operationalisierung, Köln u.a. 1975.

Trommsdorff, Volker: Konsumentenverhalten, 5. Aufl., Stuttgart 2003.

Usunier, Jean Claude: Marketing across cultures, 3. Aufl. London u.a. 2000.

Usunier, Jean Claude/Walliser, Björn: Interkulturelles Marketing – Mehr Erfolg im internationalen Geschäft, Wiesbaden 1993.

Uterwedde, Henrik: Die Europäische Gemeinschaft: Entwicklung, Zwischenbilanz und Perspektiven zum Binnenmarkt 1992, Opladen 1989.

Vernon, Raymond: International Investment and International Trade in the Product Cycle, in: Quartely Journal of Economics 1966, 80. Jg., S. 190-207.

Vernon, Raymond: The Product Cycle Hypothesis in a New International Environment, in: Oxford Bulletin of Economics and Statistics 1979, 41. Jg., Nr. 4, S. 255-267.

Vernon, Raymond: The Harvard Multinational Enterprise Project in Historical Perspective, in: Transnational Corporations 1999, 8. Jg., Nr. 2, S. 35-49.

Vogelsang, Silke: Der Einfluß der Kultur auf die Produktgestaltung, Köln 1999.

Walldorf, Erwin Georg: Auslandsmarketing – Theorie und Praxis des Auslandsgeschäfts, Wiesbaden 1987.

Walter, Nadine: Euro-Marketing: Wie europäisch ist es wirklich?, in: Markenartikel 2004, Nr. 5, S. 4-12.

Waning, Thomas: Markteintritts- und Marktbearbeitungsstrategien im globalen Wettbewerb, Münster/Hamburg 1994.

Warner, W. Lloyd/Mecker, Marchia/Eells, Kenneth: Social Class in America – A Manual of Procedure for the Measurement of Social Status, New York 1960.

Weber, Petra: Internationalisierungsstrategien mittelständischer Unternehmen, Wiesbaden 1997.

Weidenfeld, Werner: Die Reformbilanz der Europäischen Gemeinschaft: ‚Bundesrepublik Europa‘ als Perspektive?, in: Weidenfeld, Werner/Wessels, Wolfgang (Hrsg.): Wege zur Europäischen Union – Vom Vertrag zur Verfassung?, Bonn 1986, S. 19-35.

314

Weiler, Heinrich: Binnenmarkt 1992: Die Steuern, in: Brindlmayer, Maria/ Cwik, Michael/Teske, Horst/Weiler, Heinrich (Hrsg.): Wege zum EG-Binnenmarkt 1992 – Informationen für Unternehmer: Recht – Wirtschaft – Steuern – Währung und Finanzen, 3., neubearb. und erw. Aufl., Bonn 1991, S. 104-144.

Weinberg, Peter: Konsumentenforschung – Erklärungsansätze und aktuelle Trends, in: Marketing – Zeitschrift für Forschung und Praxis 1991, 13/14. Jg., H. 3, S. 186-190.

Weindl, Josef/Woyke, Wichard: Europäische Union: institutionelles System, Binnenmarkt sowie Wirtschafts- und Währungsunion auf der Grundlage des Maastrichter Vertrages, 4., aktual. und erw. Aufl., München/ Wien 1999.

Weinstein, Art: Market Segmentation. Using Niche Marketing to Exploit New Markets, Chicago 1987.

Weisenfeld, Ursula: Signifikanztest für die Anpassungsgüte in Conjoint-Analysen, in: Marketing – Zeitschrift für Forschung und Praxis, H. 4, November 1987, S. 267-270.

Welge, Martin K./Holtbrügge, Dirk: Internationales Management, Landsberg/ Lech 1998.

Welge, Martin K./Holtbrügge, Dirk: Internationales Management – Theorien, Funktionen, Fallstudien, 3., überarb. und erw. Aufl., Stuttgart 2003.

Welge, Martin K./Al-Laham, Andreas: Erscheinungsformen und betriebswirtschaftliche Relevanz von Strategischen Allianzen, in: Macharzina, Klaus/Oesterle, Michael Jörg (Hrsg.): Handbuch Internationales Management – Grundlagen, Instrumente, Perspektiven, 2., überarb. und erw. Aufl., Wiesbaden 2002, S. 625-650.

Wells, Louis T. (Hrsg.): The Product Life Cycle and International Trade, Boston 1972a.

Wells, Louis T.: International Trade: The Product Life Cycle Approach, in: Wells, Louis T. (Hrsg.): The Product Life Cycle and International Trade, Boston 1972b, S. 3-33.

Wells, Louis T.: Test of a Product Cycle Model of International Trade: U.S. Exports of Consumer Durables, in: Wells, Louis T. (Hrsg.): The Product Life Cycle and International Trade, Boston 1972c, S. 55-79.

Wells, William D.: Life Style and Psychographics: Definitions, Uses and Problems, in: Wells, William D. (Hrsg.): Life Style and Psychographics, Chicago 1974, S. 317-363.

Wells, William D./Gubar, George: Life Cycle Concept in Marketing Research, in: Journal of Marketing Research, November 1966, Bd. 3, S. 355-363.

Wells, William D./Tigert, Douglas J.: Activities, Interests und Opinions, in: Journal of Advertising Research 1971, 11. Jg., Nr. 4, S. 27-35.

Wendt, Heinz: Zur Situation der Ernährungswirtschaft vier Jahre vor der Verwirklichung des EG-Binnenmarktes, in: Agrarwirtschaft 1988, 37. Jg., H. 10, S. 307-317.

Werner, Ute: Konsum im multikulturellen Umfeld: eine semiotisch orientierte Analyse der Voraussetzungen kulturübergreifenden Marketing, Frankfurt am Main u.a. 1999.

Wesnitzer, Markus: Markteintrittsstrategien in Osteuropa – Konzepte für die Konsumgüterindustrie, Wiesbaden 1993.

Wetzig, Wolfram: Einfluß der EG und der WTO auf das Lebensmittelrecht – Bindung an internationale und ausländische Standards, Frankfurt am Main u.a. 2000.

Wilkes, Malte W.: Farbe kann verkaufen helfen, in: Marketing Journal, Nr. 2, 1977, S. 111-114.

Wind, Jerry: Life Style Analysis: A New Approach, in: Allvine, Fred C. (Hrsg.): Combined Proceedings, Spring and Fall Conferences 1971, Chicago 1972, S. 302-305.

Wind, Yoram/Green, Paul E.: Some Conceptual, Measurement and Analytical Problems in Life Style Research, in: Wells, William D. (Hrsg.): Life Style and Psychographics, Chicago 1974, S. 97-126.

Wiswede, Günter: Soziologie des Verbraucherverhaltens, Stuttgart 1972.

Wiswede, Günter: Motivation und Verbraucherverhalten – Grundlagen der Motivforschung, 2., neubearb. Aufl., München/Basel 1973.

Wittink, Dick R./Cattin, Philippe: Commercial Use of Conjoint Analysis: An Update, in: Journal of Marketing 1989, 53. Jg., S. 91-96.

Woesler de Panafieu, Christine: Vision '92: Der EURO-Verbraucher – Soziokulturelle Zielgruppen als Basis Globalen Marketing, in: Nürnberger Akademie für Absatzwirtschaft, Nürnberg 1988, S. 53-70.

Wrona, Thomas: Gestaltung von vertikalen Integrationsstrategien in globalisierenden Märkten. Ergebnisse einer empirischen Untersuchung, in: Knyphausen-Aufseß, Dodo zu (Hrsg.): Globalisierung als Herausforderung der Betriebswirtschaftslehre, Wiesbaden 2000, S. 67-93.

Yankelovich, Daniel: New Criteria for Market Segmentation, in: Harvard Business Review 1964, 42. Jg., S. 83-90.

Young, Stephen u.a.: International Market Entry and Development – Strategies and Management, Englewood Cliffs, N.J. 1989.

Ziff, Ruth: Psychographics for Market Segmentation, in: Journal of Advertising Research 1971, 11. Jg., Nr. 2, S. 3-9.

Ziff, Ruth: The Role of Psychographics in the Development of Advertising, Strategy and Copy, in: Wells, William D.(Hrsg.): Life Style and Psychographics, Chicago 1974, S. 127-155.